丘镇英先生哲学史讲稿

丘镇英 著
丘成桐 编

中信出版集团 | 北京

图书在版编目（CIP）数据

丘镇英先生哲学史讲稿 / 丘镇英著 ;（美）丘成桐编 . -- 北京 : 中信出版社 , 2022.11
ISBN 978-7-5217-4365-4

Ⅰ . ①丘… Ⅱ . ①丘… ②丘… Ⅲ . ①哲学史－世界－文集 Ⅳ . ① B1-53

中国版本图书馆 CIP 数据核字 (2022) 第 090849 号

丘镇英先生哲学史讲稿
著者：　　丘镇英　丘成桐
出版发行：中信出版集团股份有限公司
（北京市朝阳区惠新东街甲 4 号富盛大厦 2 座　邮编　100029）
承印者：北京雅昌艺术印刷有限公司

开本：787mm×1092mm 1/16　　印张：31.25　　字数：420 千字
版次：2022 年 11 月第 1 版　　印次：2022 年 11 月第 1 次印刷
书号：ISBN 978–7–5217–4365–4
定价：168.00 元

父亲去世后，
我想人生在世，
终需要做一些不朽的事罢。

——丘成桐

沙田家居雜詠 乙未歲夏於

英霞別墅

挈家雛歸到蓬壺鵠覓幽樓點自娛十

里海潮秋漲落滿林鳴鳥笑相呼

晚來溪溜疑風雨日上山光似畫圖

村蒼天機真洽淺好教耕讀續並

徒

錄 莫壽是 蒙

目录

序

丘成桐

我父亲镇英公于公元一九六三年辞世，至于今五十九年了。上个月是我父亲一百一十岁冥辰。我们本来一家十口，现在只留下我、两个弟妹和我的大姊，各在异乡，也没有办法聚在一起，纪念父亲的冥辰！

我父亲还在的时候，每年过年都会祭拜祖父母，教育我们后生小子不忘本也。

父亲逝世后，我们兄弟姊妹继续在香港受教育，但是以后都到美国发展，也没有继承过年祭拜父母的传统，恐怕是我父亲始料不及的事情。我的两个孩子明诚和正熙，弟弟的儿子德华、女儿德芙都很有出息，足以慰父母在天之灵。然而他们受到的教育，以美国文化为主。有时候我会想到父亲从前教我的汉朝文章《李陵答苏武书》中说的“令先君之嗣，更成戎狄之族”，往往使我感伤。但是毕竟现代的“戎狄”已非昔日可比！我们自称为“上国衣冠”的大国其实有很多地方需要向他们学习！

先父大概不会从这个观点去看问题。他的心胸辽阔。从他写下的对联的一部分说：“崇高惟博爱，本天地立心，无问东西。”可以看到他的胸襟。他书中引《文心雕龙》：“志共道申，标心于万古之上，而送怀于千载之下。”亦表示他希望完成救人济世哲学的不朽之业！

他希望寻找一个吸收西方、印度和中国长处的哲学思想。他认为中国儒家的“致中和”的思想是核心所在。但是由于中国人对于西方哲学并不熟悉，所以他在课堂上先从西洋哲学史讲起。他花了不少工夫将他的讲稿编辑起来成为一本书，叫作《西洋哲学史》，除了哲学的历史以外，也在多处将自己的哲学观点描述出来。直到如今，我认为这本书仍然是中国人学习西洋哲学的一本最重要的书籍。他已经开始准备写儒家哲学、老庄哲学两本著作，不幸染病，英年早逝！“出师未捷身先死，长使英雄泪满襟”！

我每读先父遗书，总会掩卷长叹息！上天眷顾了我，让我有机会展我所长，为什么没有给我父亲机会完成他在中国哲学和佛学的观点发挥？父亲和他的学生，和寺院中的和尚讨论学问时，我也会旁听。不能说毫无感觉，但是毕竟年幼、家贫，又要继续学习数学，不可能系统地了解父亲的宏观哲学思想。所幸父亲遗留下来的关于中国哲学的断纸残章，还是保留了下来。

现在中信出版社将这些数据整理出来，成为一本可读的书本，从中可以看到儒道佛和西方哲学交流、比较的踪迹，我每次阅读，都会有所收获。我相信我们的读者也会有同样的感觉。

2022 年 2 月 9 日

丘镇英先生自传[①]

① 此文作于一九三九年，为先生参加广东省县政人员训练所县政研究班时所撰写。原稿涂抹增删颇多，辨识不易。又，先生笔误处，谨以〔 〕订补。——编者注

一、世系略述

太公望封于营丘，支孙以地为氏，即今之丘姓也。丘氏系出中州，溯源渭北，故与中原民族胼手胝足以开疆拓土，继继绝绝，枝繁蔓衍。迨唐黄巢五代以后，播迁江淮，至宋室南渡，孤臣孽子次第越江淮而南，散居闽西、赣南、粤东、粤北，及其他各地。（见广州中山大学罗香林著《客家研究导论》[①]及古直著《客人对》诸书。）

先祖若宗分支闽、赣，（见《丘氏族谱》，邹鲁著《汉族客福史》，以及友人曾璧中所作《闽民族考》，见燕京大学《禹贡》。）至季宋文信国公[②]应诏勤王，蕉岭丘氏始祖创兆公，有感家国兴亡之责，入幕参军，文公督赣师败，进屯潮阳。创兆公奉养父母于蕉岭之员山，遂为今日蕉岭丘氏之开基祖，后以变乱仍陆续转徙。

丘氏为蕉岭望族，由创兆公五传而茂分东西南北四大房，北房袭居员山，钟鸣鼎食，扑地闾阎，殆占文福乡之半。洪〔秀全〕杨〔秀清〕

---

① 罗香林（1905—1978），《客家研究导论》（1933）。

② 文信国公，即文天祥。文天祥（1236—1283），宋吉水人。字宋瑞，又字履善，号文山。理宗时举进士、知赣州。德祐初，元兵入侵，天祥发郡中豪杰及溪峒山蛮，应诏勤王。益王立，召至福州、晋右丞相、都督江西，为元兵所败，走循州。卫王立，封信国公。进屯潮阳，又为元将张弘范所败，被执拘燕近四年，终不屈，遂被杀。曾作《正气歌》以明志。著有《文山先生全集》、《文山诗集》。事见《宋史》卷四百十八、《宋元学案》卷八十八。——编者注

举义，六支世孙相率渡台避难。台湾民主国副总统兼义军大元帅，堂伯逢甲（号仙根，一字仓海）其出于八世祖柯林公。[①]

吾家籍居员山之扬官，高曾祖均一传，门楣衰薄，孑影茕茕，高祖父，邑庠生，有义名，曾祖父亦入邑庠序，讲教于台湾三十年，未一回而殁。祖父福寿公聪敏慈慧，以艰难起家，承高曾祖父之儒业，掌县衙卷册，分家于县城，福寿公凡二娶，初姓古，继则姓汤，余父出于祖母汤氏，伯叔凡八人，先后殂落。今犹岿然健在者，只余冠儒伯父一人，追记上德，颇觉怆怀。

二、家庭环境

曾祖父殁后，祖父福寿公独肩祀养之责，家仅担石[②]，县衙薄俸之外，靠抄写及行医所得积沙成塔，始略置田园。据祖母汤氏云，祖父秉赋聪敏，心至慈厚，日可书蝇头小楷万余字，如风驰电掣，目不旁视，为文俊逸，动辄千言，侪辈靡不叹服。无士大夫阶级气，喜与农夫野老游，犹具怜贫恤苦，并博施襟怀，殁时年五十，上至士大夫，下至轿夫、理发匠，均凭棺陨涕。祖父殁后，余业以在员山之扬官为祖母古氏所出之长二伯父独占，不分滴沥，祖母汤氏及遗孤五子，最长年十龄，

① 先生此处略有误记。丘逢甲（1864—1912），台湾彰化（今苗栗）人，先世由闽之上杭，迁广东镇平，即今蕉岭，故亦署作蕉岭人。谱名秉渊，字仙根，一字仲阏，又字吉甫，号蛰仙、蛰庵、沧海，别署仓海君。辛亥革命后改名仓海，学者称仓海先生。甲午战后，倡建台湾民主国，编练义勇抵抗日军。兵败后由闽返粤，历任韩山书院山长，同文学堂总理，广东咨议局副议长，广东教育总会会长，南京临时政府参议院员等职。——编者注

② 担石，喻储量之少。《后汉书·明帝纪》："今百姓送终之制，竞为奢靡。生者无担石之储，而财力尽于坟土。"——编者注

即犹健在之冠儒伯父，五叔父时仅出世七月，尚在襁褓之中，余父行四，亦只四龄。祖父在县城遗产，除得县衙之小屋数椽外，每月尚可得之卷房费亦不过数百钱，祖母以巾帼之才，含辛茹苦，抚育诸孤。余七、八龄时，祖母常抱余于膝上，往复述其当年为况，历历犹在目前。伯父与二、三两伯父少小赴南洋经商，二、三两伯父均早逝。伯父好吟讽且久离乡井，不与家事。余父集熙（字逢光，别号愚英）与五叔父集唐（字逢辰）生而岐嶷[①]，处身艰困，祖父莫逆交邑宿儒徐习儒先生，免束脩教之读，弱冠之年，即可卓然自立。据余父对余言，当年伊与五叔半工读时，无余钱购纸，每日将集城隍庙之香袋纸为习字材料，隔三日始见饭一餐。嗟乎！“困而后学”，其此之谓乎？

迨家堂伯逢甲由台岛归，余父入其幕，以不满满清颟顸，遂奋志入广东省立统计学校，毕业后助家堂伯从事于教育救国，与丘君毅等创办城区公学，及后兴创兆学校。曾历充蕉平税务局长、羊子殿矿务局局长，及蕉岭、大埔、兴宁、龙川等县秘书、总务科长等职，均著政声。以生齿日繁，所入仅敷家费，余父性慈厚谨严，酷似祖父，待人忠恕尤超先德，在邑中事无大小悉听调处，知命之年，国府选为举士，秉赋绝伦，为文简练可读，得力左史。知实业为建国之本，已开矿产，复提倡纺织业，兼习医学，人多知其技明，政余有请必应，但不收分文。有贫者且施予药资，邑内编氓至今犹广颂其德。侍母至孝，定省晨昏，靡不躬亲，祖母稍不悦，即设法以释之，至怡然始去，待兄弟之友爱尤足风世。壮年以后，以一身负全家五十余口之生活教育费，终其生无闲言。母陈氏，为外祖父增喜公之长女，大家闺秀，处家温婉，助余父披荆斩

① 岐嶷，称人聪明有识。《诗·大雅·生民》：“诞实匍匐，克岐克嶷。”《诗传》：“岐，知意也；嶷，识也。”——编者注

棘撑持家务，凡八出：六子二女；长女早逝，次女美英已适人，余行第五，至前月始与世交梅（县）宿儒梁伯聪先生之次女梁若琳女士订婚，藉了未了之缘。长兄宗英电政专门学校毕业，曾充军旅参谋及平远电报局长，民十四年改任蕉岭电局长，尽忠职守以至于今。二兄和英毕业于北京中国大学，辞赋文章早著于乡里，壮岁从事于国民革命，曾历充营团党代表、八路总政治部编纂科长、东征之役（即广州事变前）代八路军总政治部主任、两淮盐务视察员、皖南盐务视察员，及两广盐务视察员等职，积劳成疾，以华富之年未娶而卒。三兄幹伟中学校毕业后改业商，现任职邑蕉武路总站长。四兄儒英肄业上海大夏大学，曾历充蕉岭、兴宁龙川河源秘书及公安局长等职，卓著政绩，龙河民众曾赠送奖额铭鼎表扬。因体弱辞职，今仍休养在家。六弟庆元与余同渡日本，肄业东京明治大学，七七归来，曾历充蕉岭县立镇南等中学教员，本期应南宁大厦大学附中之聘，充教员兼主任室秘书，南宁陷后归抵韶州。

揆余家自祖母汤氏殁后，势迫分炊，只余父所传现亦二十余口，时家仅小康，民国廿年余父殁，二兄又于次年继逝，家道中落，余尚在弱冠之年，学无所就，全凭长四兄艰难苦撑，教之成人，始有今日，叙述家典，益奋吾志。

三、就学时代

余生辛亥当鼎革之秋，故余父名余名日“庆定”，纪念共和已定之意。五岁启蒙，《论》、《孟》可朗朗上口，七岁随父母至大埔，改入新制小学，未半年，名列前茅。余父爱余甚，每晚温诵日课后即课以《唐诗三百首》，期年能属对作诗。曾作有“云趋分水凹，月照镇山楼”之联语，父执辈奖赞不已，目为才子。以埔邑水土不服，归原籍蕉岭，复就塾师学，每试辄冠。十一岁入县立模范国民学校，第一期卒业，县会试选考第一，转入城区高等小学校，十四岁卒业。余幼年好听祖母讲洪杨掌故及塾师讲唐宋传奇，十一岁窃读《水浒》，五日内不分宵旰读完。至城区卒业时，与四兄合购之传奇小说已盈箱累箧矣。余父以余体弱屡禁阅，均弗听。以所予零钱积为购书之用，祖母佞佛，博记经典，耄耋之年，犹能为幼孙辈复诵《金刚经》、《心经》，余尝以书比勘，一字无遗，佛家因缘之说、济世利他之怀，已深入幼小无邪之脑际，至今余对国家社会，仍抱"我不入地狱，谁入地狱"之精神。殆亦奠基于此，祖母极爱余，十二龄时即供祖母炊事，直至伊殁方辍。城区毕业后，与四兄合延前清庠生丘海筹教读经史时，已滥觞于书写才子佳人之鸳鸯蝴蝶派小说，及创作异闻，酷仿骈体、好吟风弄月。十六岁入蕉岭县立中学，同班同学百五十余人，分甲乙两班，人才济济，忠信皆是。余由入学始即得奖学金至毕业，校长东莞刘懋江先生曾赠苏批《孟子》、《左传》诸书以励余学，并时属步韵。时当五四运动后，国民革命正蓬勃焕发，记余初订阅《学生文艺丛刊》、《学生杂志》，间付稿发表于《东方创造日报》，遂转其嗜好于新小说，凡有新刊，不论译作，争先购读。邑中专售新刊之新华书局，年中购书最多者首推余与挚友丘实华云。教员中亦有借余藏书者。余心爱之《曼殊全集》即被某教员借去未还。以创作欲驱使，纠同志倡组"新文艺研究会"，并主编校刊与学生园地之《蕉中旬刊》。至于余之人生观、社会观，初期受佛、老、庄之影响极深，躇杂游侠观念，后为西洋哲学家如卢梭（J. J. Rousseau）与斯宾诺莎（Spinoza）之思想支配，是泛神论者，并是民权论者。言行则拟学曾国藩，前者受西洋思想家列传之赐予，后者则受曾氏著作之熏陶，而梁启超著作之诱发亦非浅鲜，至卢梭之不遇，斯宾诺莎之磨镜生涯，今犹慨叹。

蕉中毕业后，目余父知命之年，犹为余读书事虑，遂于十九年春，慨赴南京投考八期中央军校，名占第四，惜以质素羸弱，不能持久，未满五月以疾病连绵，蒙教育长张治中给长假休养，秉承父命遄归故乡，一纠不运动之错误，每日晨五时起床，到郊外作徒手运动，晚九时即寝，如是者半年，体气胜前。廿年春与余父商定赴香江补习英、德文，决拟赴德学工科，岂料正月廿七日余父以轻微之流行性感冒偶为庸医所误，一病不起，为余生活逆转、生命史重开一页之时期。余父易箦时迭嘱长兄以助余读书为重，书剑无成怆然涕下。夏赴广州拟投考中山大学，以小恙误期，遵前校长刘懋江先生之劝，转进厦门大学，改研政治经济。在厦四年，家庭迭遭巨变，二兄夭亡、三兄歇业，每学期结束都虞停学。余之大学生涯三分之一由家庭接济，一部分由稿费支持。三年后与友人主编《厦门江声报》副刊，其它则仰仗挚友之助借，当其时之大学生多为翩翩公子之小布尔乔亚泛化，则余不过抱残守缺农村野老，同乡同学有以余无西装暗呼余为“大乡里者”，衣布衣自洗，衣服四年如一日，有一时期且自炊，断餐之事常有。记卒业前曾作解嘲诗数首，中有“一只面包堪饱肚，半壶开水足暖寒”句。及今念之犹觉惘然。唯足以自慰者，获荣誉之奖学金，名列先班，卒业四年，所得为一部十万余言之《满清政制探讨》一书（尚存箧中未予发表）。余之行为准矩至此益接近于宋儒，惟自忖不至于有宋儒之拘迂，“文章事业”四字，更确立为余奋斗之标的。

厦大卒业后，曾一度从事于杂志及基层政治工作，以感学浅年轻，不足应世，复于廿四年秋偕六弟鼓志东游。此行非有丰富之经济力作后盾，而是以猛烈之求知欲所驱使。抵东瀛后与友人涂特民、丘蔼达等合赁一屋，自炊自洗，榜屋名为“养志斋”，以末世浮华寓韬光养志之意。

廿五年春考入早稻田大学大学院，专攻政治制度与政治思想史，指导教授为日本最负盛名之高桥清吾博士，同窗多国内后起之秀，如张庆泰、金长佑，诸人著作已梓行世，曾与友人合译高桥著《政治科学大纲》、《政治政策学》及《普希金诗集》，初稿已成。七七变起，返国后各有为国奋斗之岗位，遂束之高阁，唯有俟诸祖国复兴之日矣。

余髫龄时已得到堂伯逢甲守台之史实，及长日习国耻，更决心许国。而对于孙总理"天下为公"之襟胸，尤向不弥。渡日研究，首在了解敌情，并知己知彼，在东瀛三载，最使人不能忘者，厥为日本之警探，凡属刻苦自励、奋发有为之中国青年。彼等有如猎犬锲之弗舍，直比台、鲜亡国之浪人不如。故赠友人诗有："铁军终惭难杀敌，陆沉人困欲何之"句。余与日本、法西斯军阀势不两立，于此可以略表其端倪。

四、服务时代

厦大卒业后，赴沪与友人合办时代知识社，出版《时代知识》半月刊，为一政治、经济、文艺综合性之刊物，推销颇广。嗣以四兄挚友河源钟县长之电召，返河邑任公安局长。三月时间虽暂，然对于治安工作及警务行政已略具模式，据经验所得分举如次：一、事多钱少，尤以兵差至为难办。二、警察知识浅薄，难建健全之警察制。三、上层法令太多，无中心计划可按者推行，有朝令夕改者。使下层无所适从，常以虚文掩饰。四、保甲制太粗疏，治安不能确保万全。五、用人无权，常起对消作用。余之去职全由于感觉当时广东政局无希望，及求深造之欲迫成。七七返国，以为最直接可以稍尽文章报国之责者，只有加进新闻事业，今战火燎原，又觉空言无补时艰，去年春应闽财厅长张果为之召，赴闽初任省府服务员，兼财厅三科编辑，未及一月而将战时福建财政体系编成。随调升财厅秘书。正苦心筹划编纂四年来之《福建财政》一书，仅及其半，而厦门失守，九江沦亡，盱衡家国，中心如煮，痛感军事第一、胜利第一，以及文章入伍之重要，从戎之志弥坚，遂于九月间应前一五一师长莫希德及现新六二军长黄涛之招〔召〕，一再电呈辞职回粤，不转瞬而穗垣突变，拟即整装赴汉入政治部，而武汉又旋失，蹉跎故园者四月，极目时艰，岂能安坐，而东江受粤、汉之震动，人心惶惶，十月半纠集同志发起"青年群文化研究社蕉岭分社"，其工作得分述之：一、出版青年抗战周报与巨型壁报，广播抗战国策，打击失败主义与尾巴主义之谣传。二、分区成立工作分团，人数在五百以上，深入民间作宣传工作。三、动员在乡知识分子，利用冬假开展识字运动。共倡办民众夜校廿五所，计男女学生有千八百余人，教材含精神讲话、时事广播、识字歌咏为一。在蕉岭每个角落都为抗战识字浪潮所淹盖。（此种实验已纳入拙稿《发展东江政训工作计划》中。）四、鼓励冬耕及征募寒衣。本年春应十九集团军总司令罗卓英及参谋长林岳生之召，间关入赣任总部秘书[①]，未及一周而洪都退守，辗转吉水、清江之间。六月应九集团〔军〕总司令梧公[②]之恳切电召回抵大庾。以潮、汕陷敌，乡国齿寒。随总部移徙东江，如储盐积谷办法、畲禾运动，及十月中召开之东江生产会议诸计划，多由总参座命余拟具草稿后再修改推行。入部四月，其他总参座之耳提面命无不遵从，自忖刻苦精神不后侪辈。梧公以余所学埋藏可惜，并痛感东江基层行政不能与军事陪行，惋以特达之知，拟

① 间关，喻道路崎岖辗转。《汉书·王莽传》："间关至渐台。"《后汉书·马援传》："间关险难。"——编者注

② 梧公，吴奇伟（1890—1953），字晴云，号梧生，广东大埔人。1937 年率部参加八一淞沪会战。国民革命军陆军中将。——编者注

介余至韶关谒广东省府李主席[1]，下乡为基层政治效力，曾三次敦促随行，前月初始遵命来韶，蒙李主席允先派赴地方行政训练班受训。至余之希望，冀能以十年所学，三年来从事各部门生活经验之一得，求一发抒所怀天地，以尽瘁于家国耳。然余仍冀于家国重光时，再肩行李远学欧美，补读人间未读之书，以偿余之夙愿，并答先父之所望也。

五、自我检讨

余生不辰，顺逆迭起。故尝以东西哲人自况，以励余行。“众生一日不成佛，我梦中宵有泪痕。”实为余之怀抱，曾子曰：“虽千万人吾往矣！”末世颓风，浮华征逐。[2]余固守己志，不屈不挠，不轻易随人之上下，故师友辈中有鸡群矫鹤之誉。好读书可以忘餐，好抱不平，有侠客气，有忠于一而不移之清名，不苟同习俗之劲节。“烟酒淫佚”习惯，在余廿九年之生命史中从无此四字。记前作廿九自述一律中有“十八亿人还个我，誓抛身力拨寒灰”之句，亦可窥余性格之一斑矣。然人性有长短，圣人不能免专矧。当新旧递嬗之际，迎于新者未必合于旧，迎于旧者未必合新。苟吾性之不良，则为“狷介自持，不同人好”八字而已。“狷介自持”，则不合时尚；“不同人好”，则失友群。吾将笃行圣人“忠恕”之道，而广求其友声乎？或仍孤芳自赏而离世独立乎？二者不可得兼，吾将舍后者而锲前者而行之也。姑自述过去行迹以策励来兹，是为传。

---

① 李汉魂（1894—1987），字伯豪，号杰华，广东吴川人，抗日将领。——编者注

② 征逐，见韩愈《柳子厚墓志铭》：“今夫平居里巷相慕悦，酒食游戏相征逐。”——编者注

那些年，父亲教导我的日子

丘成桐

今年是先父的百岁冥辰，我已年过六十，回首这些年来的所作所为，无论在学术上和处事为人上都深受先父的影响。我在数学上或有异与同侪的看法，大致上都可溯源于父亲的教导。我在这里述说我少时的经历和当日父亲教导我的光景，或可作为诸位的一个参考。

我父亲丘镇英在广东省的蕉岭县长大，蕉岭县是一个比较偏僻的小县，毗邻的梅县则为大县。两县居民以客家人为主，我母亲是梅县人，所以我们家中以客家话交谈。我的祖父丘集熙曾做过丘逢甲的幕僚（丘逢甲乃是台湾抗日时的副总统），并创办学校和行医。祖父早逝，家道中落，赖四伯艰难苦撑，教先父成人。

我父亲幼时好读书，除经史外，亦饱读群书，又好创作，酷仿骈体，吟风弄月。父亲年幼时亦受祖母影响，受佛、老庄影响甚深，多游侠观念，后受西方哲学家卢梭（Jean-Jacques Rousseau）和斯宾诺莎（Baruch Spinoza）之思想熏陶，言行则学曾国藩，而梁启超之著作亦影响匪浅。

我的外祖父梁伯聪是前清秀才，在梅县中学教书，诗画都属一流，门生众多，父亲和母亲结婚时，他赠送我父亲一首诗："能使欧公让出头，眉山原不等庸流……"说的是欧阳修在苏东坡出身时赏识苏东坡的事情，可见父亲当时的文采。

父亲毕业于厦门大学，留学日本早稻田大学，学政治经济。年轻时以抗日为志，曾读军校，以身弱不克完成军训，遂从政。抗战胜利后，成为联合国救济总署在潮汕区的委员，因清廉而屡得奖赏。

战乱漂泊到香港

我在 1949 年 4 月出生于广东汕头，父亲继承家中传统名我为成桐，字我为凤生。1949 年 10 月初，父母亲携带一家七口和外祖母一家坐渔船到香港，留下了由母亲用父亲薪水投资得来的一些产业。父亲决定在元朗定居，当时以为很快就会返回汕头，并没有做长久的打算。他与朋友合资创办了一间农场，以维持生计。其实父亲对农场并无经验，只是听从朋友的建议。但是开农场并不简单，过了两年农场就倒闭了，家中大困。再无法维持亲戚的生计，外婆一家人也就搬离我们家。

我们一家人则搬到元朗一间大屋叫李屋的，几家人合住，屋中没有电灯，父亲晚上看书用小油灯。也没有自来水，每天到河里洗澡，我那时才三岁不到，水深时不敢下水，母亲和年纪比较大的姊姊们则到河边挑水回家。我和哥哥帮忙做一些琐事。有一次在倒垃圾时竟由二楼沿着楼梯滚下来，母亲带去医院在额头上缝了几针，至今疤痕犹在。

← 1949 年我坐于母亲怀里，旁为大哥、三位姊姊与亲戚。摄于汕头

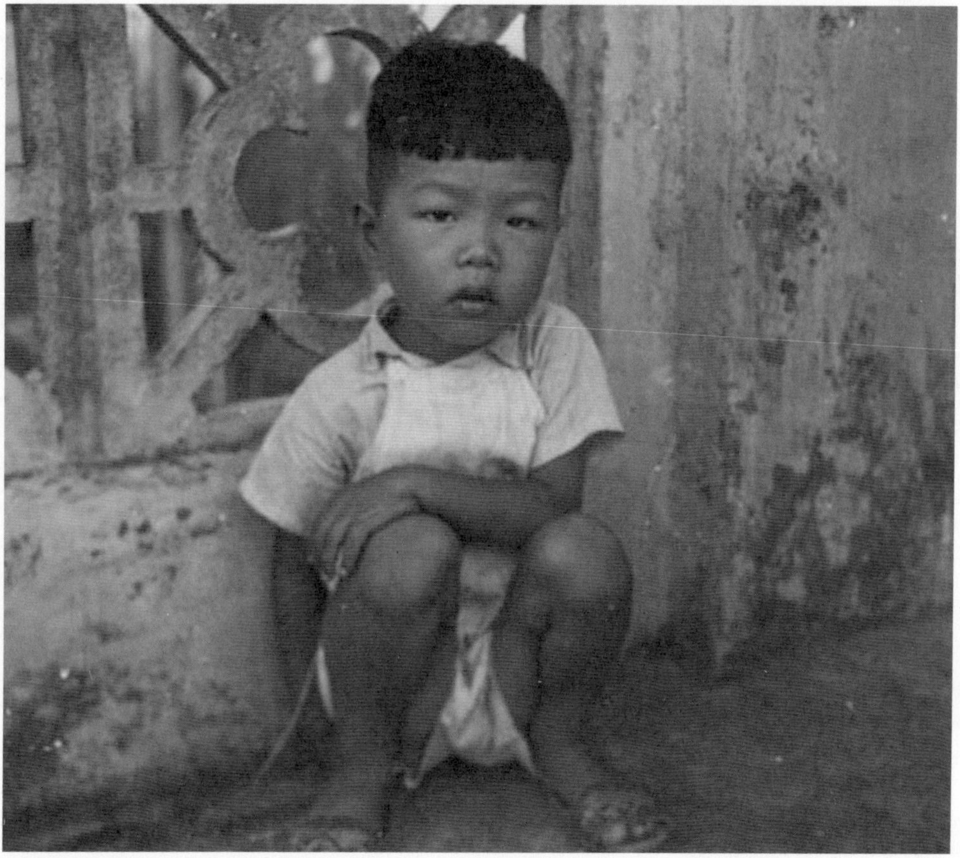

↑ 我三岁某次气愤大哭之后。摄于元朗

父亲每天到香港岛崇基书院去教书，当时崇基还在港岛。父亲由凌道扬博士安排，在崇基教经济、地理，他又跟从陈树渠（陈济棠的侄子）创办香江书院，教文史哲。当时教授的薪俸以钟点计，少得可怜，上班要坐脚踏车后座到元朗市搭乘公共汽车，再坐渡海轮船过海然后再坐公共汽车，单程就需要一个半到两个钟头，所以总是到了晚上才能回到家里，晚餐后已经很累了，还要准备讲义。母亲则一面维持家中生活，一面到判头处找一些能够在家里做的工作，这些工作包括绣花、穿珠、塑胶花等手工。我父亲还有一个养女叫妹妮姊的与我们同住，年纪比我们大，她和母亲在家中做着辛劳的工作。

在李屋住了一年多，因为离元朗市区太远，我家迁居到一间比较近市区的独立小屋，旁边有农民用来晒牛粪的小广场，风一起，牛粪满天飞，所以我们叫这间屋为牛屎屋。在农村生活虽苦，我们一家人倒是乐也融融。我自造风筝来放。母亲养了鸡，我和哥哥则到田里和小池塘钓青蛙来喂鸡。有时也到河边钓鱼，或到田里掘农民剩下的地瓜。当时看着农民春耕时，鞭牛犁田，在冷水中干活，实在辛苦。朴实的农村生活，却使我缅怀。听着农民谈种田的心得，看着他们祭祖和结婚的仪式，都很有意思。春天时禾苗绿油油一片，生气盎然。夏天则禾草茁壮，水田中还有水蛇、黄鳝和青蛙。秋收时则到处是金黄的禾秆，可以感受到农夫们喜气洋溢的气氛。以后我读陶渊明的田园诗，也能领略他描述的乡村风味。

我五岁时，父亲决定让我去读小学一年级，先去报考公立小学。考试题目很简单，每个学生都要写从 1 到 50 的阿拉伯数字，但是我自作聪明，认为中国书法从右到左。所以我写这些数字时，也从右到左，结果考试不合格，上不了这间公立小学。于是到一间乡村小学上学，每天单程要走 30 多分钟，母亲坚持我带雨伞，由于我当时身材还小，带了雨伞就像一个冬菇，所以姊姊们叫我作“冬菇”。当时的生活实在很苦，父亲去上课，母亲尽力去找手工做，找不到工做时，早上不知道晚上有没有吃的，妈妈有时去教会或救济机构拿到面条和面粉才能饱餐一顿。

在元朗这五年间，我妹妹成琪和弟弟成栋相继出生，加上父亲的养女，一家十口。晚饭能够有肉食，就算是很幸运了。所以小时都希望过年，因为过年时总有鸡吃，但却不知道父亲是借钱来过年的。家虽穷，父亲每年岁末三十必祭祖，让我们记得我们祖父母们建立的家庭传统。我家有个很特别的传统，我祖父不希望后人做状师，因为做状师要把持公正，并不是容易的事，做得不对时，往往会伤天害理。

我每天上学从家里到学校要经过外婆家，外婆和姨妈住在一起，有一次我路过她家时，外婆叫我中午到她家吃饭，说有好东西吃。结果吃中饭时，外婆提供的是白饭和酱油，到如今还记得外婆满足的笑容。

我小时候身体弱，早上到学校时，总有一大群乡村儿童欺负我。有一次他们甚至向老师诬告我。老师信以为真，使我无端受到老师惩罚，我因此受惊得病。一年班下学期就留在家里养病，有相当长的时间在发烧，由父母亲悉心照顾，常发噩梦，至今还记得父亲坐在床沿念经达旦。幸赖母亲喂我汤食，身体才慢慢地好转过来。还记得母亲喂我食藕粉的滋味。在这么穷的环境，母亲也还舍得花钱来喂养我比较好的食物。有了自己的小孩后，才知道父母抚养孩子的心情。

1954 年，凌道扬博士和父亲说服了马料水的丘姓客家人让出他们的西洋菜田给崇基学院办学。我们一家人也搬到沙田排头村居住。搬家时，我们坐货车到了沙田。从沙田一间寺院租了一幢房子的第二

↓ 全家福。1955 年，摄于沙田龙凤台

层住，沙田风景与元朗大不相同，在爬上半山时，山上有岩壁，泉水涓涓而流，山壁上的芒箕别有一番风味。我们住的地方叫作英霞别墅，长满大树，有荔枝和李子树，开始时我们觉得很新鲜，以后才发觉住宿阴暗，容易生病，珂妹却在此时出生，因为妹妮姊已经嫁人，家中还是十口。

美好的沙田时光

在这一年，姊姊、大哥和我都到大围的沙田公立小学上课，我读二年级，每日背着书包走路上学，觉得很累，往往走到半路时不肯走了，斗脾气，父亲总是叫三姊扶我回家。大哥比我听话，但是突然生病，时有发烧，看医生也没有发现毛病是怎样产生的。过了十年后，才晓得是脑瘤作怪。

在沙田排头村住了一年后，父亲又决定迁居到沙田下禾輋的龙凤台，此地靠山面海，环境舒畅。我们的房东叫余福，住在房子一楼的右方，共两房一厅，面积不大，一家十口住在两个房间里，确是挤拥。刚开始时，孩子们还小，倒也亲密愉快，在这里住了七年，可以说是我童年最愉快的一段日子。

我们和邻居相处和睦，住在我们隔壁的一家姓周，他们有两子一女，我们叫他们八哥、九哥和港珍。楼上亦姓周，我们叫他们夫妇作大周哥、周大嫂。我们刚到时，他们有三个女孩，以后则多了个男孩，他们找了我父亲替小男孩命名，叫作周基典。过年过节时，所有小孩一齐联欢，甚为热闹。中秋节则吃月饼、玩灯笼，过年则送红包、放鞭炮、烟火、玩纸牌、状元游街等游戏。九哥、哥哥和我年纪相约，常在一起玩耍，有时打波子、捉迷藏和爬山。周伯母很喜欢我们，视我们如亲生儿女，总是将最好的食物给我们吃，也带我们到海边游泳、

→ 母亲、大哥与我。摄于元朗

挖蚬、捉螃蟹。以后他们家搬到港岛住，还常和我们往来，有一次我病得相当严重，母亲带着我住在她家里看医生，有一个礼拜之久，她悉心照顾，使我毕生难忘。

在我们这个两层楼的房子旁边还有一个小别墅，住了一家人姓王，儿子叫王世源，他们住的环境比我们舒畅得多，是他姊夫的物业，他姊姊每月只来这里住一两天，一切以他姊姊为中心。他母亲叫作王婆，不太看得起穷困的我们。她女儿有时带朋友很晚回家，到中午才起床，我们的读书声吵醒了她，所以王婆常来干预我们读书，有时会弄得不愉快。她们有个佣人叫银姐，烹调很出色，有时会送点心给我们吃。我母亲也会礼尚往来。他们家有一大片竹树，还有一块极为润滑的大石头，我常在这大石头玩耍。

离我们比较远的一家人姓黄，他们有一个很大的房子和花园，他们叫他们的房子作江夏台，他们有四兄弟，生活相当美国化，小孩子看的连环图也是用英文写的。他们都是虔诚的基督徒。他们的花园，林木清翠，风景秀丽。还有一个很漂亮的乒乓桌子和一个很大的养鱼池，他们对我很是友善，所以我也常到他家玩耍。

沙田公立小学在大围的一个小丘上，我们每天一早沿火车路走到沙田火车站，再坐公共汽车上学。当时公共汽车每程需一毫子，有时我们就沿着火车轨走路上学，省下的钱可以买雪条吃。

到如今，龙凤台六号仍然是我一生最怀念的地方。在这里有高大的凤凰木，夏天开着火红的花朵，有青葱的竹树、松树，还有高大的白玉兰，春天时在翠叶丛中长满了洁白如象牙般的花朵，芬芳而美丽。我们自己又栽种了玫瑰花、牡丹花、海棠花、蔷薇花、茉莉花和爆仗花，春夏之交，花朵盛开，对着深蓝的海水，读书声和着松涛声，院子虽只容三数人坐，感觉却如人间仙境，尤其在月明之夜，月光照在海上的倒影，使人心旷神怡，读着苏东坡的《赤壁赋》，直有羽化而登仙的感觉。

在这里，我们有电灯，但水却从山溪引出，储在小水塘，再用管子引到屋里，但是在冬天时，山水不足，往往要与另外一个温姓人家争取水源，屡有纠纷。这家人在当地居住比较久，可以说是土豪罢，往往炫耀他们熟悉多少个警察，有恃强之势。

在缺水时，他们将我们三家人共享水塘的水渠用石头和草泥堵塞，使山水专注到他们的水塘，所以每当缺水时，九哥、哥哥和我及三姊就爬上山去拿开这些堵塞物，却因此而产生了不少摩擦。但是秀才胜不过强梁，往往忍声禁气，有很多个晚上，温氏阿婶站在当道，张大嗓门，辱骂我们两个钟头之久，我父亲和他的学生们也只能作壁上观。直到有一年，我们附近搬来了一家潮州人，他们有十个年轻力壮的小伙子，在一天深夜，拿了木棍与土豪大战。还记得大战完后，在大路上，十名大汉雄赳赳地一字儿排开，一时冷月无声。虽然不能说自此太平无事，土豪家的气焰却收敛不少。这事情对我印象深刻，了解到

↑ 1958年。摄于家后山上

自卫能力的可贵。

凡事有弊亦有利，由于常到山上“放水”，我和兄弟姊妹们却走遍了山上的大石，寻花觅草。山上有一山溪在山岩上流下，夏天水多时有如瀑布，所以我们命之为“瀑布”，我们常到该处流连，捉小鱼、小虾、昆虫，山上有一大片花卉，有杜鹃花、牡丹花、吊钟花，在春天时去看，有如花海。微雨过后，水滴花朵，鲜丽可爱，徘徊其中真是乐也融融。

过年时三姊和我会去山上采集这些花朵回家摆设在花瓶里，我自己则弄了一个大水缸养一些捉回来的鱼、蝌蚪和其他小动物。也养蚕虫，斗蟋蟀，还有一种叫作豹虎的，我常到山上找这些小昆虫，我会用龙吐珠，这种植物的肥厚叶子做成盒子，将这些昆虫养起来。有一次看到树上有蜂巢，和朋友用竹竿去采蜂蜜，给黄蜂叮了很多包包，过了很多天才恢复过来。我和哥哥喜欢下跳棋和象棋，至于打乒乓球，没有桌子，在地上打，所以始终没有学好。我们又喜欢放风筝，往往风筝在天上飞时，他人的风筝飞过来和我们的线绞在一起，将我们的线弄断了，以后才知他们是故意的，但我们也没有办法。

母亲在屋后养鸡和鸭，却引来了蛇和老鹰，打蛇和捉鹰都是相当精彩的节目，由我们的邻居主持。我们都喜欢在母鸡生蛋时，到处寻找这些蛋，又喜欢喂养这些鸡和鸭。

父亲的教导

从小学开始，父亲教我们念唐诗宋词，从简易的开始，我们在山上朗诵这些诗词古文，看着大自然的景色，意境确是不一样。

那时候家境穷，但是渴望读小说和课外书，记得隔壁八哥家有一位叫作沈君雄的年轻朋友到他们家住了一个多月，他从南洋来，热爱新中国，要回内地服务。他留下了一大堆书籍，其中有种种不同的演义和章回小说，包括《说岳全传》《七侠五义》《薛仁贵征东》《薛丁山征西》等，还有鲁迅先生的短文，八哥送了给我看，我看得津津有味。当时金庸先生开始办《明报》，每天写一栏武侠小说，我们很兴奋，争着去看。但是往往中间有间断看不到的日子，幸而隔壁的王世源兄会购买全套的金庸小说，他也愿意借给我看。给父亲知道了，认为这些书文意不佳，不挺满意，叫我们不要浪费时间。于是我就偷偷地看，躲在床上或上洗手间看。

为了弥补我读课外书的不足，父亲买了一些国内外名著，例如《三国演义》《水浒传》《西游记》，还有鲁迅的《中国小说史略》、安徒生的童话、荷马的史诗、但丁的《神曲》、歌德的《浮士德》等书籍给我读。他还向我们解释这些书籍的精义，读《西游记》就提到意马心猿的意思，读《水浒传》则提到农民的艰苦引致农民革命等等事情。那时我还小，没有这些深入的想法，只会惋惜孙悟空不能逃过如来佛的十根手指，也对林冲棒打洪教头的故事觉得兴奋。父亲认为这些章回小说里面的诗词占着整个故事的重要部分，所以要我背诵它们，初时实在也觉得困难。但是《三国演义》里面的诸葛亮祭周瑜文、《红楼梦》黛玉葬花词等都写得很好，念熟了也开始喜爱它们了。

从九岁起，父亲要我们每天习毛笔字，临柳公权和王羲之的帖，当时我们邻居几个年轻人每个星期聚在一起，比赛写毛笔字，由父亲做裁判。我还小，没有资格参加比赛，在旁边观赏，觉得这种有益身心的比赛很有意思。

父亲又开始教我们念古文，由浅入深，开始时念《礼记·檀弓》嗟来之食，又念陶渊明《五柳先生传》，回想起来都是跟做人和读书有关的文章。父亲去世后，我们家穷困得不得了，不断要对付的问题就是要不要吃“嗟来之食”，至于陶渊明说“好读书，不求甚解，每有会意，便欣然忘食”，则是我历来读书的习惯。有浓厚的兴趣去读书，最为重要，即使开始时不求其解，在时间的积累下，慢慢也“解其中意”了。

以后读王勃的《滕王阁序》《苏武答李陵书》《弔古战场文》等，长篇难解，但是父亲下班回家后，要我背诵这些文章，他拿着书，我一面偷看一面念，他也让我及格过去，现在想来他是有意让我偷看的罢。但父亲和我有时也一起去欣赏这些古文，记得我们在读《西门豹治邺》到河伯娶妇，巫婆下水时，我们相视大笑，有如父子互相切磋学问。

我们家境虽贫，但香港经济却渐有起色，相对来说，内地正在进行“大跃进”，从报纸上可以看到当时农村饥荒的惨状，我们家住的地方离火车轨不远，每天看到从火车上运载的牛和猪都很瘦瘠，这些畜牲都是替内地挣取外汇的，却没有足够的饲料，可见当时贫穷的光景。父亲也开始明白短期内无法回返家乡了。他和凌道扬校长跟一位朋友叫王同荣的开始筹办银行，本来计划由父亲到南洋去集资，由于人事的关系没有成功。从此我也知道谋事的艰难。

我这时长大了些，也能够替父亲送信或送礼给他的朋友，钱穆先生是新亚书院的校长，他住在西林寺附近，父亲有时从沙田火车站走到他家里聊天，我站在旁边，也学了一些历史和哲学上的知识。钱师母对我们很好，过年时除了给我们红包外还送礼，有一次送了我们一个猪头，真是别开生面。我母亲的手艺很好，她会做粽子、年糕、芋头糕，她也会酿酒和做腊肠、腊肉，过年过节时由我负责将这些食物送到父亲的朋友家里，因此常得到父亲朋友们的赞赏。

常有来往的教授有钟应梅和王韶生等，王教授替父亲著的书《西洋哲学史》写了一个书评，对父亲的思想极为推崇。父亲来往的朋友里，还有寺院里的和尚，父亲喜欢和他们讨论佛教的哲理。

当时崇基的学生有不少到家中和父亲交流，交谈的内容包含西方哲学，儒、道、佛等中国思想的融合，父亲尤其推崇王阳明的学说，也论及近代科学的思潮，常来家里的学生有何朋、傅元国、黄沛雄、李伯荣、陈耀南等，香江学院则有李锦镕、陈郁彬、陈庆浩、支宇涛、王友浩等，他们和父亲的交情很好。伯荣先生家里环境不错，还在经济上帮忙父亲。在那个时候我们兄弟姊妹渐渐长大，居住的地方已经不够用了，父亲相中了附近一块可以建筑的地方，伯荣兄愿意借钱购买此地。父亲以为没有问题，但是我们的温姓邻居却要求父亲送他茶钱，父亲拒绝了他的无理要求，他就带了一个比较有钱的商人，在投标时将那块地买走了。

我们在客厅里摆了一个吃饭的桌子，吃完饭后就要赶快清理出来，一同坐在那里念书，父亲的书桌则到旁边，他一边看书，一边看管我们。他将一个大书架放在他的书桌上，我常爬到他的书桌上看书。有一次看到一本书叫《文心雕龙》，以为是武侠小说，打开来看后，不觉大失所望，不过以后我倒是看了这本书里面很多文章。我的大姊在读中学二年班时，得到奖学金到英国念护士。而二姊则到澳门一间中学寄宿。当时澳门一间姓曾的中学校长，在汕头时欠了我父亲一大笔钱（有五万元之多）无法偿还，他就请父亲送孩子到他的学校住宿，不收学费，结果二姊在澳门染病，回家两年后去世，看着二姊憔悴而逝，心中实在悲哀，父亲哭得很伤心。

小学的学校生活

穷困的痛苦，是当时读书人共同的问题。父亲评论黄仲则的诗“全家都在风声里，九月寒衣未剪裁”时，说这是描写穷困最赤裸的一首诗。我们小孩子没有好的衣服穿，比不上同学，觉得惭愧，却不知道父母的心情。但是衣着不光鲜却容易让人歧视，记得珂妹小时上幼儿班，由我负责接送，在沙田信义小学接她时，校长以为我是顽童，居然打了我一巴掌迫我离开。

小学二三年级时，我喜欢玩，书读得不好，我有一个要好的朋友叫吴汉，在三年级学期结束时，我们在回家的路上走，碰到我的三姊，吴汉很高兴地跟她说，你弟弟考得很好，比我高分，回家后却给我父母亲大骂了一顿，因为我名列班上 36 名，我的数学大概还好，记得当时学校有一个别开生面的比赛，学生绕着校园跑步，每到一个角落，就解一道数学题，我跑得最慢，却将所有题目都答对了。小学五年级那一年，我书读得还算不错，大概数学还可以，中文也不错，考了第二名，父亲大为赞赏。与我们小学的校长刘随关系很好，这年校长去世，父亲还送了挽联。班上有劳作和美术课，三姊手工很好，常替我做劳作的功课。我绘画还可以，画山水画，还代表学校去比赛。

到小学六年班时，学校要我们准备香港所有小学都参加的会考，是升上公立中学最重要的考试，所以这一年下学期全部时间温习，上学期则开始学英文和学习算术里的鸡兔同笼等问题。英文老师叫马谦，刚从香港大学毕业，到我们这种乡下小学教书，大概有虎落平阳、牛刀小试的感觉。上课时全部用英文上课，对我们这种没有学过英文的小孩来说，真是措手不及。还记得我过了一个多礼拜后才晓得什么叫作“Do you understand”（你明白吗）。他出的题目也不容易，大家都考得不好，有些顽皮的同学竟在乡村的路上揍了他一顿，这事影响很大，大家都很惶恐。师道不尊，学生没有办法学习了。有一次一个学生竟从家中带了牛刀到学校上课，出动了很多老师才制服了这个学生。其实马谦老师人很不错，在我们小学毕业时，全校到梅窝旅游，几乎所有同学都去海中游泳去了，父亲却送了一张纸条给马老师，到梅窝后，将纸条打开，原来是“禁止小儿成桐游泳”。马老师则租了一乘小艇，带了我在海滩旁照顾同学玩耍。

乡村的儿童有很多可爱的地方，我们在学校的山丘上种菜，常会挖出金塔，是死人埋骨的地方，学校的洗手间则常有吸毒的“道友”在那里占据，有一年读范成大的诗时，同学们就顺口改为“有条老野想升仙，下有尿渠绕野田”。读书读得最好的同学张梅号毕业后却去耕田了。

到小六下学期，老师将我们班分作几组，每一小组由组长带领小组一同读书以准备考试。我分数比较好，所以成为我组的组长，带着六名同学，借温习为名，不去上课，到处游荡。我每天出门带着书包，父母亲还以为我很用功，因为父亲叫我读的书我还对付得了。我带着我们组的同学在山间田野和海边玩耍，也到市区与商贩来往。有一次在火车轨道旁边见到一群顽童在捉蛇，我们打扰了他们，惹火了他们来追逐我们。不知哪里来的勇气，我拿起车轨上铺的石头不停地丢向他们，竟然将他们驱逐走了。以后再见面时，他们竟对我有些佩服。

这半年当然没有好好地念书，去考会考时，我们组中其他人全军覆没，我则仅以身免。考完试后，老师将考题复述，看我们有多少同学得分，当我举手说我答对了某些题目时，同学们都觉得惊讶，不相信我有这些能力。当时发榜是通过报纸看到的，我正在隔壁与一群小孩玩追逐游戏，父亲看报纸时没有看到我的名字，因而大怒，由三姊负责捉我回来受责骂，父亲已经准备了藤条侍候。我打开报纸一看，很镇定地告诉父亲第二版还有名单，我的名字赫然在第二版上，名虽未落孙山，而却与之并等。

进入培正中学

原来这一年政府官校学位不够，所以将考生分两等，头等入官校，次等则考生自己找私校，私校愿意接收则由政府提供所有学费。我哥哥已经进了巴富街中学，是官校。我父亲却需要带着我到处奔走，找一间愿意收留我的私校。第一所就是培正中学，当然这是名校，不容易考取。培正中学校长是林子丰博士，很懂得办学，他曾经邀请父亲到培正任教，父亲婉拒了这个邀请，但也因此结识了林校长和他的秘书长林雁峰。因为这是最后一次的机会了，我为了准备入学考试，花了不少时间，破釜沉舟，终于考上了培正，但我也不排除林雁峰老师帮过忙。

我们家在沙田，培正中学则在何文田的窝打老道，我们每天走到沙田火车站坐火车到油麻地的火车站，再走路到培正中学上课，总共要花一个多钟头。火车每小时一班，赶不上火车，则坐巴士，经过城门水塘，绕着山路，花很多时间。学校八点半上课，准时到校没有问题，但是下午课由一点到两点半。火车在三点钟由油麻地车站出发，往往要赶火车，赶上后在火车上气喘连连。过狮子山隧道时，油气和水汽会从窗外冲入车厢内，所以一定要将窗门关紧。久而久之，在车上认识不少朋友，谈天说地，倒不寂寞，有时甚至沿着火车轨步行到沙田，经过隧道时，漆黑难行，很是惊险。沙田车站有一株大榕树，有很多小贩卖零食，受我们欢迎，我们喜欢吃他们卖的咖喱鱿鱼，钱则是从午餐省下来的。

刚开始到培正上学时，由母亲做中午饭带到学校吃，往往给同学讥笑，以后就在学校门口的茶餐馆吃干炒牛河，一元一碟。在读一年班时，小舅和妮姊结婚，住在学校旁边，有时到他们家吃饭省下一些午饭钱，这事情最后给外婆知道了，和母亲诉说小舅家也很穷，以后就不敢再去占便宜了。

在念中学第一班时，乡村孩子的野性未改，班主任叶息机老师在我手册上的第一段评语为“多言多动”，第二段评语为“仍多言多动”，第三段则为“略有改进”，可见我上课时并不安静，父亲不见得很开心，由二姊来管束我。但是教数学的易少华老师倒很喜欢我，她刚从大学毕业，还在谈恋爱，堂上总是笑口常开。我也很高兴地用刚学懂的线性方程来解鸡兔同笼问题，我还跑去跟我的小学老师谈这种解法，但他没有兴趣听。这一年我最头痛的是英文、音乐课和体育课，英文还刚开始学，勉强过关，音乐就真的不行了。纪福伯先生教音乐，每课必点名学生站起来唱一首歌，往往找最差那一名和班上最好那一名，最差的是我，最好则为宋立扬兄。

我唱歌会严重走音，而且根据我三姊说，每次走音的方式都不同，无可救药。当时我的表姊教音乐、弹钢琴，我每周末都到她那里花两个钟头学习唱歌，但是无补于事，中学一年级和二年级的音乐课都需要补考。其实我考音乐课的乐理却考得很好。有一次在班上考第二。纪先生派卷子时说：“这次考试使我很惊讶，某人居然考得很高分。”所幸我父亲不在乎我音乐考得不好。

至于体育课，要考跑步、仰卧起坐和拉单杠，跑五十公尺（米）我跑九点五秒、仰卧起坐大概有三十次，而拉单杠则不到两次，结果都不合格，到学期终，老师总会加起来使我得到六十分，不用补考。

一个乡下小孩到一个比较贵族化的中学念书总会受同学歧视。有一个体重二百多磅的王同学有空就拿着我的手臂不放，当时我只有六十多磅，所以拿他没有什么办法，只有绕过他的座位而行，以后才从物理学上知道重力的原理，所幸还有其他同学如吴善强和彭次山都跟我很要好，互相帮忙。

这年暑期，父亲要我读冯友兰的《新原道》《新原人》，还有唐君毅和熊十力的哲学书，虽然不知所云，但是也逐渐习惯比较抽象的学术讨论。父亲在家中与学生讨论希腊哲学和自然辩证法时，使我欣赏到数学的重要性。

1961年秋，我从初一正班升初二善班，开始比较习惯培正的生活。国文由潘宝霞老师教，她刚从台湾大学中文系毕业，戴了一副很有棱角的眼镜，做事很负责任，管我们很严，教书也很用心，她教我们学范仲淹的词，很合我的胃口。

我们每个星期都有一次全校在一起的早会，由校长或其他嘉宾训话，我们都要穿制服和打红色领带，我有时赶火车，没有将领带戴上。有一次早会时，学生在大堂里吵得很厉害，林子丰校长很不高兴，说我们学生衣衫不整、领带不戴。我一听就赶快将领带拿出来戴上，这下可惹火了潘老师，集会后，捉我到她的办公台处要狠狠地罚我，要记我两个小过，让我吓了一跳，因为父亲知道了可不得了，只有向潘老师求情。潘老师心肠却是极好，见我衣着并不光鲜，就问了我很多家中状况，知道我父亲是教授，却家境穷困，竟引起她的同情心，不但不惩罚我，还想办法帮我忙，送我一些奶粉。这事使我甚为感动，我也由一个喜欢玩耍的顽童变得一个专注读书的学生，我二姊倒是大为惊奇，认为我开始长进了。

50年代，香港的大专院校里面有很多来自内地的学生，他们工作大多没有着落。在崇基书院搬到马料水时，要辟山建校舍，不少学生帮忙打石头、盖房子，以赚取生活费。炎热的太阳下，做这些工作，其辛苦可知。何朋教授就是其中一位，何教授和他夫人常到我家，有一次还带了他翻译雪莱（Percy Shelley）的诗给父亲读，父亲很高兴写了一首诗贺他。有几个山东学生没有钱，常到我家吃饭，父亲还给他们车钱。有一位香江书院的女同学没有能力交学费，要到舞厅做事，父亲替她解决了问题，她以后嫁给父亲另外一个学生，父亲去世时，她哭得很伤心。这些学生以后多有出息，除何朋等人外，还有陈耀南、陈郁彬、李锦镕等常在我家高谈阔论，让我眼界大开。父亲没有直接教我们作诗词，但记得有一次一家人坐巴士从沙田到元朗的路上，经过大雾山，父亲出了一个上联“云遮大雾山”叫我们对，我随口说“雨洒浅水湾”，父亲很是高兴，认为孺子可教。

香港暑期时都会有台风，每次来的时候不用上课。由于市场关门，我们吃鱼或肉罐头，我们小孩都很高兴。但是风来时，吹得房子动摇，有天旋地转的感觉，一家人都惶惶恐恐，希望房子不会倒下，那时每年都有渔民淹死。1962 年秋 9 月初，台风温黛袭港，同时引起海啸，早上起来，从半山看下去，整个沙田水汪汪，才陆续知道整个沙田渔村被毁，大量人口丧生的惨况，渔船都飘到火车路上，过了很久市镇上还带臭味，我家门前高大秀美的玉兰树也倒了下来，花木凋零，不忍卒睹。

这年开学以后，坏事接二连三而至。先是二姊去世，虽然母亲多次带她看病，终于无救，母亲带我去和合石坟场找她的葬地，第一次遇到生离死别的伤心事，父亲写了一首悼诗，心情实在难过。

数学的召唤

这一年，梁君伟老师教平面几何学，讲解生动，将优美的几何公理系统在堂上一一解释，使我印象深刻，这是我对几何学发生兴趣的开始，看到这些定理，使我兴奋不已，在火车和在路上都会思考这些问题。直到中学三年班钟伟光老师继续上几何课时，我已经开始自己找寻一些有趣的问题，一面自己解答。有一些问题花了我很长久的时间都解答不出来，使我困扰很久。有一次到书店看参考书时，才发觉这些问题有人已经考虑过，同时可以证明它们不能够用圆规和直尺来构造。这些证明不是中学二三年班的学生的能力所能理解，但也让我惊讶于代数的威力，老师们循循善诱，使我对数学兴趣盎然，欲罢不能。

→ 1962 年，父母摄于沙田龙凤台

那时学校没有图书馆，所以常去逛书店，站在书店看书，一看就

是两三个钟头，有空也到洗衣街的旧书店买旧书，外文书太贵也看不太懂，倒是内地出版的书还可以买得起，但是程度参差不齐，我也不自量力去浏览。

自从中学二年班喜欢上数学后，我数学的成绩都差不多满分，父亲也很高兴。

这一年的秋天，突然有人送信到我们家，说是三伯的儿子丘成标从家乡偷渡到了罗湖，要我们去接应，母亲带了二姊一同将他带回家，在我们家住了两年多。父亲心地很好，悉心照顾侄儿，但是我们家空间不够，又多了一个人，不单是饭菜不够，父亲还决定送堂哥到香江学院去读书，家庭负担更重，母亲和父亲常为这事偷偷地争吵。当时父亲一年收入才两千多港币，而房租一个月就要一百元，现在想起来，不能不佩服父母亲的胸襟。他们对小贩、对一切穷苦大众都富有同情心，家门前常有各种挑担的小贩经过，有很多是家中并不需要的事物，父亲还是愿意帮衬他们，他还教导我们需要照顾穷苦人家。

紧接着重要的事情是父亲在香江学院的教席受到冲击。父亲跟陈树渠创办香江多年，做文史哲的系主任，系务蒸蒸日上，聘请了很多有学问的教授。父亲的意思认为他们系的质素已经超越香港大学，但是陈树渠却与台湾国民党勾结，一方面容许国民党特务到香江学院做学生，同时容许由台湾派人代替父亲系主任的位置，据闻台湾答应“反攻大陆”成功后，陈树渠可被任命为某市的市长。当时学生们都说陈树渠与红线女的桃色秘闻掌握在台湾特务手上。父亲对接受特务和校方有人欺负女学生的事情极为反感，同时开学两个多月后，突然受辞退他系主任的位置，和已经定下的合同不符合，遂愤而辞职。

在这三个月，由于二姊去世再加上辞职，父亲的心情很差。而且凌道扬在崇基学院校长的位置不稳，父亲是他的亲信，自然影响到父亲的职位。因此父亲又到联合书院兼职，家庭负担加重，极为辛苦。

父亲过世

三个月后，在农历过年时，父亲吃了醉蟹，就开始不舒服，晚上不能睡觉。由于祖父是中医，父亲也懂一些中医的知识，自己开药来治理自己，一直不见好转。经济环境又不许可到正式的医院看病，母亲到处奔波，找亲戚朋友帮忙。当时她的亲弟弟，我的大舅，竟然拒绝见她，尽管他们一家人从小都是父亲养育。当时大舅在办一间私立中学，得到天主教的大力支持，环境很是不错，一直到 1963 年的 4 月，父亲的几个学生才合伙送父亲到养和医院医疗。当时医生断定为尿中毒，要放尿。

在父亲生病这几个月，我们都很惶恐，外婆求神拜佛，用了种种不同的手段，父亲的病都没有任何起色。我从学校到养和医院，坐巴士、渡海轮，再坐巴士，在路上都很焦急父亲的病。开始时，父亲还可以说话，过了一两个礼拜后，父亲竟不能说话了，真是悲哀的事。有一天，父亲的学生租了港岛旅馆的一个房间叫哥哥和我在旅馆住，三姊则和母亲陪父亲。6 月 3 日深夜我们到医院看父亲，母亲大哭，父亲已经去世。哀哉，恍如晴天霹雳，迷迷糊糊，不知如何是好。

以后两个礼拜，就是到殡仪馆守夜，父亲的学生和朋友们组织了一个治丧委员会，我们兄弟姊妹六人年纪都还小，母亲则很坚强，一面打理父亲后事，一面考虑这个家庭如何维持下去。父亲的学生们都很仰慕父亲，无奈他们都穷苦。有些学生则很气愤，要找陈树渠算账。在灵堂守夜，看着亲友们送的挽联，使人伤心，至今还记得其中几首。也可见父亲得到朋友学生的爱戴。主祭的有凌道扬、钱穆、张发奎等父亲生前好友，我们家属则循中国礼节披麻并跪下来还礼，我们跟着殡仪馆的车子送父亲遗体到台湾华人永远坟场入葬。当时整个人麻木，看着母亲哭得很伤心，不知如何是好。亲友们送殡时，都有送钱，大都担心我们以后的生活，大舅竟然全部收去，说是殡仪馆的费用，经过管事的学生力争，才追回一部分。大舅又建议母亲停止我们念书，到荃湾去养鸭。母亲坚决拒绝，以后五年，再也没有见到大舅的影子。

在这期间，我们都在学校请假，并且补考，所幸成绩还好，然而没有注意到母亲每日泪流满面，还到处奔走。首先是住的房子，已经欠租半年，房东同意不收回欠债，但只容许多住两个月，所以第一件重大的事是解决住屋问题。父亲的学生李锦镕和王友浩跟着母亲到处找廉价的房子，终于在沙田白田村找到一个小房子。房东也姓丘，他有两个女儿和两个男孩，大女儿丘宇美与三姊同学，小女儿宇璧在小学时跟我同学。

在父亲去世这几个月，从龙凤台搬白田这一段日子，母亲和三姊实在辛苦。三姊刚好中学毕业，决定不念大学，到小学教书，以维持家计。一个月只能够有 150 元的薪金，又替小孩子补习，争取更多的收入。刚开始时，母亲将噩讯瞒着在英国的大姊，怕影响到她的学业，但是她在报纸上看到父亲去世的消息，她也很辛苦，间中会寄五镑或十镑回家帮忙解决问题，母亲和三姊会寄一些手工品到英国由大姊帮忙贩卖，母亲、三姊和大妹又帮忙车衣服去赚取工钱，往往深夜以后还在工作。

母亲则认为搬家到白田始终不是解决的办法，就到政府救济机构商量在沙田火炭拔子窝的山地上申请一块地作为盖房子的用途，母亲人缘很好，有位堂哥自愿帮忙，收取很少的费用，材料则用父亲出殡时亲友赠送的金钱来购买。当时沙田市区很小，母亲和贩卖蔬菜、肉食的小贩都很熟，其中有一个寡妇绰号叫作牛肉婆的，背着小孩，贩卖牛肉，却借钱给母亲渡过难关。据她们说，在她们遇到艰难时，父亲和母亲都曾帮过她们的忙。父亲的学生李锦镕在经济上也帮了很大的忙，锦镕先生和陈庆浩先生在黄大仙的徙置区顶楼办了一个天台小学叫作普贤小学，前者的父亲在美国做餐馆生意，后者则由佛教寺院支持，三姊以后也到这间小学教书。

困境中的成长

从前父亲叫我念书，我总是心不甘情不愿。父亲去世时，我没有流泪，但我总是不愿相信他已经去世，我们一家人的精神支柱一下子去了。我就从父亲教过我的书去找寻父亲的影子。从前念的古文一下子都容易懂了，这时最喜欢读陶渊明的诗文。

母亲很坚定，对大舅的态度极为不满，到这时我才了解到什么叫作“嗟来之食”。母亲要继承父亲的遗愿，坚持我们继续读书，当时培正的学费每月 50 元，以后加到 100 元，幸好我有政府的补助，不用交学费。但是政府的钱要在学期尾才送到学校，所以每年我都要去找教务长林英豪老师容许我迟交学费。英豪老师仍健在，大概他没有想到我会难为情，但是他每次都很爽快，使我感激。大概我家的穷困和父亲去世的事很多老师和同学都知道。有些老师竟表示惊讶我还可以继续读书，使我心情沉重，但也使我更为努力。

在白田住的地方离火车站更远，每天和隔壁两个漂亮女孩坐火车和走路，却始终没有交谈，直到五年前才跟宇璧碰面来往，宇美则五十年来不知所踪。住家门前是一个养猪的地方，每天早上不到六点钟，猪只起来吃饭，吵闹声将我们叫醒。

由于白田离火车站比较远，锦镕先生建议我住在他办的天台小学。我在那里住了一年半，黄大仙到窝打老道的巴士非常拥挤，每天都要想办法才挤得进巴士里面。在天台小学，有时一个老师同时带两班同学，其中一班上堂，另外一班则坐在椅子上做功课。这些都是贫苦的儿童，很是可爱，我也代过课，同时睡在学生的长木桌子上，有时不小心会掉下来，有时睡醒得晚了，学生会进来推醒我，竟然习以为常。水渠和厕所都是公共的，当然不太卫生，每天要忍受，倒是学了不少厕所文章，其中有一些还记得。“宁欺白须公，莫欺少年穷”，吃饭有时跟一个姓容的工友一同吃，有时则到楼下的廉价饭店吃，一元一煲煲仔饭就可以饱餐，每两个礼拜回家，带衣服回家洗。

锦镕先生和他的朋友常到学校来，高谈阔论，很多是学问的问题。他有个朋友正在研究许慎的《说文解字》这本书，我也听了一些这方面的理论，他有一个朋友也是我父亲在香江学院的学生，被发现是台湾特务，被香港政府捉去打了一身，递解出境。陈庆浩是潘重规教授的学生，研究《红楼梦》，很多中学女生跑来问他文学的问题。我不同意潘重规先生对红学的见解，所以和陈庆浩会有辩论。

但是大部分时间都是自己在读书，每天晚上八点多以后就只有我一个人在那间小学的办公室读书，学校的功课和课外书都有涉猎，我看了不少历史书，包括范文澜的书，和古典的《史记》和《汉书》。所以陈启潜老师教历史时，很喜欢我，他做班主任，还特别表扬我的历史知识。我们班上有一位同学邓文正，绰号“大飞”，坐在最后排的位置，启潜老师决定将他由后面调到前面，由比较安静的同学来包围他，我便是其中一个重要的围棋子。这一着棋却让邓兄学业进步，以后成为饱学之士。

国文由高晓夫先生教，他问的问题很有意思。有一则作文题叫“猪的哲学”，他是我父亲的朋友，他说好的书和不好的书都要看，可以做比较，所以我到理发店理发时，也看那些下流黄色的报纸。那一年上学期我的中文和历史、数学都基本上拿了满分。数学由黄逸樵先生教，他很喜欢我的同学徐少达和我，徐少达中四到中六光班都坐在我的旁边，互相切磋，中学这三年间得到良师益友的熏陶，大有长进。

在这一年我开始教补习生，当时要找补习生不易，做了广告，但要用电话，当时同学曾英材家里有电话，本来我们讲好一同去教补习生，最后他父亲不准他去，结果由我独自一人去做补习老师。有一次找到了一个补习生叫阮伟亭的，住在九龙塘，曾英材本来跟我说是一个月 100 元学费，结果学生交学费时，却是 25 元一个月，大概是误会罢。

我在中学四年班替三年班的学生补习，倒还得心应手，他在拔萃男校读书，他母亲很喜欢我的教学方法，还开车送我回家。第二次的补习学生是一个小学六年班的小女孩和小男孩，他们的父亲重病，我也不负所望，将他们教好。跟着到培正中学对面山上一家人教他们的女儿，她的名字叫作谭玉洁，大概跟我同年罢。她的妹妹在读小学六年班，数学不行。她妈妈很担心，也找我教导她的妹妹。我认为鸡兔同笼应该用线性方程来解，就开始教线性方程，她母亲大吃一惊，认为我在胡闹，她女儿小六的课程都还没有搞好，我居然去教她初一的数学，我要求她给我一个月的工夫。结果，她女儿学懂了如何计算线性方程，一下子这些问题都变得容易了。结果她每次考试都拿一百分，她母亲很高兴，认为我什么都懂，要我也教英文，那当然不是理想的事。

补习的生涯要到我大学二年班才放弃。那段时间让我跟中小学生直接接触，乐趣无穷。有些学生家境不见得很好，有些则很富有，但都还尊重我。在中学六年班时我教李伯荣先生的外甥，住在他们港岛罗便臣道的家。靠山面海，是香港世家，有佣人招待。由徙置区搬到香港有钱人家住，经验实在难得，也常听伯荣先生述说香港有钱人家的趣史。他的妹妹还未结婚，常有精彩的言论，以后她嫁给一个哥伦比亚的历史学教授。

由于我在高中时数学很好，老师要求做的习题都懂得做，我的同学如苏志刚、黄维荣等人常来找我借我的习题答案，有些体格比较强壮的同学想欺负我时，我可以用不借习题作为抵抗的办法。有一段时间，我到培正饭堂吃中午饭，十二点一下课，就跑步到饭堂，迟了就吃不到好的饭菜。十个同学一围台。谈天说地，很有意思。也踢球、打乒乓，但我的运动比不上他们，大部分时间是旁观者。

最后的中学时光

中四和中五读物理和化学，以张启滇老师教化学最为杰出。我虽然想学物理，但从老师处所得收获不大，我的同学徐少达读得很好，大概是他的兄长教导罢。

黄逸樵先生上课时口沫横飞，使我们听得津津有味，记得他讲三次方程和四次方程的解法时，讲述意大利数学家为了争取这些数学成果时的种种故事，即使天气炎热，我们也不至于打瞌睡了。在中学四年级时，他教射影几何和立体几何，中学五年级则教微积分，比其他的中学先进得多，所以在五年级下学期考中学会考时，我们都觉得很轻松。

英文老师李晋庭老师是一个很慈祥的老人，他不断地强调分数并不重要，只要过得去的话，他都会通融。刚巧我当时的分数是 59 分，李老师还是给了一个红分，因此做不了优异生，但我不觉得遗憾。老师们都很和气，也很鼓励我们上进，我还记得早会时常唱的一首《青年上进歌》的几句：我要真诚，莫负人家信任深。校歌中“培后进兮其志素，永为真理之干城。”都是我一生的理想。老师们鼓励我们要有志气，正如我父亲从前教我鲁国叔孙豹提出的三不朽——“立德、立功、立言”。父亲去世后，我想人生在世，终需要做一些不朽的事罢。1963 年时杨振宁教授到香港演讲，对我们有莫大的鼓舞。我虽然没有雄心去争取诺贝尔奖，但却想做一些贡献，能够对人类有益，而能够传世的工作。

我们班上的同学一面竞争，一面互相帮忙，当时老师在课余会替学生补习，直到中学五年级以后，我才知道这些事情。我还是很乐意跟我的同学们切磋。帮忙同学做习题对我大有裨益，所以我鼓励我的学生们互相帮忙。

刘茂华老师是很有学问的学者，他是我父亲的朋友，在中五时教我们中文。他很同情我们家的情形，他从我们的班主任吴荣招老师处知道我各个学科的分数。发觉有两门学科有问题，一门是体育，刘老师认为我身材不错，我的体育考分不高是毫无理由的，他的结论是我上课时不用心，得罪了老师，将我臭骂了一顿。第二门学科就是英文，吴荣招老师教英文。经过刘老师向他解释我的家境后，吴老师就替我们几个同班同学补习，有徐少达、苏志刚与我和吴老师的女儿吴日晶，每个礼拜上一次课，吴老师没有收我的补习费。

直到如今，我衷心感激教导我的老师们。这几位老师去世已经十多年了，在他们没有去世前，我工作很忙，没有太多时间去拜候他们，等到要拜候时，他们已经不在了，真是遗憾终生。当培正中学极盛的时代，确实是人才济济，今日说往事，有“白头宫女说玄宗”的感觉。

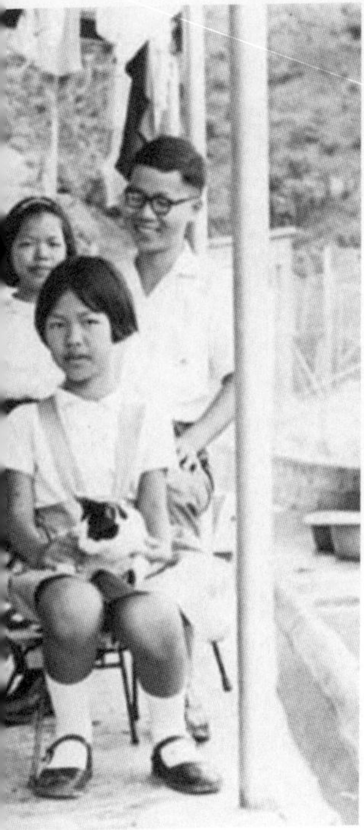

↑ 1965 年，摄于火炭村拔子窝的新家。父亲和二姊已过世，大姊在英国

1964 年秋，我们从白田村迁家到火炭的拔子窝。那个刚盖好的小屋居住的面积很小。我一个人住在阁楼上，要用梯子爬上，地方刚够躺下。夏天时常有蜈蚣光顾，水是从附近的小溪引来的山水，灯则用煤油点的灯。厨房是农村式的，大镬放在灶上用柴草烧饭。家事大部分由母亲和大妹承担。母亲每天要到市区买菜，拿着很重的食物和家庭用具，长途跋涉，真是不易。由于我和哥哥都要准备会考，母亲很紧张我们的学业，赶着回家给我们点灯烧饭。

从这里走路到火车站是更远了，母亲早上六点多就要叫我们起床。如今想来，我一生对父母亏欠真是不少。这个地方背山而面对一片沃野和农田。旁边有很多松树，清风徐来，松涛声和虫声，伴着读书声，真是心旷神怡，我们在园子里种了很多果树。又养了三条狗，一群鸡、鹅，养鹅的原因是因为常有蛇出没在家中，养鹅可以赶蛇，有多次我要用竹竿来将这些爬到园子来的青竹蛇打死。我们跟邻居和农夫们关系都很好，唯一遗憾的是我们的狗常跑到农田上践踏农作物，结果给农夫们毒死了，弟妹们很伤心。我在补习完后回家往往是明月当空，一路走一路念苏东坡的词：“明月如霜，好风如水”只不过在对付农村的狗追逐时，却得提心吊胆。同时每天返家要经过一条没有桥的山溪。大雨后，溪水大涨就过不去了。当时家里主要的娱乐除了看小说就是听收音机。

对我来说，读书不成，便无退路。每当看到母亲眼中的期望，她辛苦地为我们工作，岂能无动于衷，母亲从不罚我，父亲却会用藤条罚我，但是他罚我的时候，却于心不忍。有一次哥哥和我争着用洗手间，父亲认为我理亏，用两手推我，让我走开。看着他的额头上都是皱纹，两手无力，很是衰弱的样子，使我差不多哭了出来。父亲死后，我遇到挫折时，喜欢念梁启超翻译拜伦（George Byron）的诗：“在那波斯的古墓前，我凭栏远眺……难道我今生今世为奴为隶便了，不信我今生今世，为奴为隶便了。”

除读书外，我也喜欢看悲剧的小说，《红楼梦》看了好多遍。父亲在时，很多情节没有欣赏，到这时始有感触，也背诵里面的诗词。父亲曾经带我们去看过一部电影越剧《红楼梦》，看王文娟演的林黛玉。在父亲刚去世后，回想这部电影特别有感触，会想起剧中紫鹃唱的曲：“问姑娘眼中能有几多眼泪，怎禁得春流到夏，秋流到冬。”读司马迁自传，我会感怀他的身世，但是他后半生为完成《史记》的精神却使我钦佩，读他写的《报任安书》，如血泪书成，使我不能自已。读《李陵答苏武书》，屈原的《离骚》《哀郢》等文章，荡气回肠，使我毕生难忘，这些文章成为我以后消闲吟咏的重要著作。

有一次我生病在家，两天后回到学校。我事先不知道要考试，林侠魂老师坚持我跟同学一齐默写欧阳修的祭文。我因为喜欢这篇祭文，很早时就在家里念过这篇文章，所以默写时只错了三个字，林老师也有点惊讶。我述说这件事情的原因是指出我当时对念古文有很浓厚的兴趣，所以背诵它们并不觉得困难。

除了中国的文学外，我也看一些外国的翻译作品，花了不少时间读歌德的《浮士德》。也看父亲写的《西洋哲学史》，慢慢吸收了一些西方的哲学思想。

准备进入大学

我们中学会考是由中学五年班和中学六年班学生一同考，所以我和哥哥一同参加这个考试。我得了个两优五良，还算差强人意。在考完会考那个暑假，除了做一些补习外，也无所事事，就响应老师的号召，到徐少达兄家做了一个数学模型，他父母兄长们对我都很好，过得很愉快。但是我们这个模型在参加比赛时却是以失败告终。

母亲认识一个法国回来的华侨，她教法文，自告奋勇要教我，于是我找了徐少达、曾英材、黄维荣、苏志刚和他的妹妹，一同去学法文，语文实非我之所长，学得最差的还是我，倒是我们这些男生们在漂亮的女生面前有不同的表现甚为有趣。

中学六年级时，因为是新学制，老师们有些手足无措，不知道教什么内容，而同学们很多想留学美国，所以没有静下来读书。我自己也试图申请奖学金到国外留学，但最后因为连申请学校的费用都出不起，只好作罢。所以去考中文大学和台湾大学。我们没有资格考香港大学，因为他们规定只收英文书院的学生。我和我的同学苏志刚去申请考英国的 GCE 的考试，这个考试本来也不准我们去考。但是我出动了浑身解数，终于说服了把关的职员让我们报名。当时理科需要考实验，但是培正中学并没有好的实验室，也不教这个考试范围内的实验。我独自跑到我从前邻居江夏台的地下室做化学实验，所幸没有出事。但考试时将仪器打破了，结果自然是不合格。我考台湾大学却考得很高分，他们录取了我还给了很丰厚的奖学金，但我决定留在香港，可以照料家庭。

这一年我们考中文大学的入学考试，很多同学已经得到海外大学的录取，所以考试前并不挺用心功课，倒是花了不少时间编写同学录和话剧。茂华老师开始鼓励我们写文言文，我这年的作文大部分用文言文写，用了很多科学名词在文言文里，刘老师竟然大为赞赏，但是在考中文大学中文时，培正同学的成绩不如理想。我则仅以身免，大学给我的助学金因此比不上其他数学系的同学。毕业那天，茂华老师到处找我们同学来教他的女儿数学，结果只有我愿意去，他女儿长得很美，却不用功，想做电影明星。我很惭愧，因为没有教好她的数学。但是回想当时的情形，茂华老师的兴趣可能不止于教女儿数学。

我们中六光班只有两名女性，坐在最前排。我和英汝兴兄坐在两位女士后面，既然大家无所事事，年龄也差不多，那时候很多男同学约会坐在我前面的黄希真，劳烦我传递信件。她学貌兼优，得了个品学兼优第一奖，吸引力很大，但是我的“春心”未动，在中学时从未约会女孩。

中学以前的教育和人生经历可以说是多彩多姿，在时间的浸化里，我学到了影响我一辈子的知识，繁花如梦，何曾梦觉，对我影响最大的仍然是我的父亲。我父母亲从未要求我为富贵而读书，这一点影响了我的一生，我至为感激。

我父亲对曾祖母、对祖父、对叔伯、对侄儿、对母亲和对我们的爱护，发自内心深处。他对贫苦百姓、对国家的爱，是他终生不渝的。他终生不断地思考着中华民族的文化与西方思潮的异同，希望建立一个文化基础，来完成一个和谐中庸的社会。他的早逝，使他不能完成他的志愿，只留下了一本《西洋哲学史》。但是他留下的热情，留下的爱，使我终生受用不尽，也让我终生感激。父亲的去世，对我是一个很大的打击，但也因此使我成熟。孟子说："天将降大任于斯人也，必先苦其心志，劳其筋骨。"对我来说，甚有感受。今年是他的百岁冥辰，希望他死而有知，会为儿孙们的成就而骄傲。

父亲去世时有一副挽联说："亡尚有风规留梓里，哲人其逝，空余热泪洒桐棺。"我想父亲的热泪未有空流，遗爱尚在人间。谨作《忆江南》一首："百年梦，沧海月明中，还想旧时慈母泪，师友如磐父爱浓，世代守儒风。"

我父亲和我的大儿子明诚都喜欢读《三国演义》开章的第一首诗"滚滚长江东逝水，浪花淘尽英雄，青山依旧在，几度夕阳红？"只可惜沙田青山已改，沧海亦成为跑马场，培正的同学大多白发满头，无复当年意气，但是杨振宁教授喜欢的陆游诗句："形骸已随流年老，诗句犹争造化功。"却仍然鼓励着我。[①]

---

① 编注：本文原载于《数理人文》创刊号。

丘镇英全家：
（后排左起）成瑚，成瑶，成珊，成栋，丘镇英
（前排左起）成煜，成琪，成桐，梁若琳抱成珂

除了我的父亲外，我的母亲梁若琳是全家的支柱，父亲过世后更独立支撑全家的生活。她在 1979 年伴随大哥赴美治病。大哥死后，移居加州洛杉矶蒙特利市，度过她一生最无牵挂的岁月。1990 年逝于癌症。

我有三位姊姊。大姊成珊 1941 年生于老家梅县。她念英文中学至初四时，赴英国读护士课程，现居英国。二姊成瑚 1943 年生于梅县，小时负责管教我，后因送到澳门寄宿学校染上恶疾，于 1962 年不治。三姊成瑶 1945 年出生，后任小学教师，2008 年过世于美国。

我的大哥成煜 1947 年生于汕头。我和大哥最亲，大哥在中文大学主修中文，1968 年却因发现脑疾开刀，后来脑疾复发。1979 年赴美就医，1984 年过世。另外我的妹妹成琪 1950 年生于香港，小妹成珂 1955 年生于香港。她们现在都定居美国。弟弟成栋 1952 年生于香港，和我是同行，现为清华大学数学科学系教授。

上部

西洋哲学史

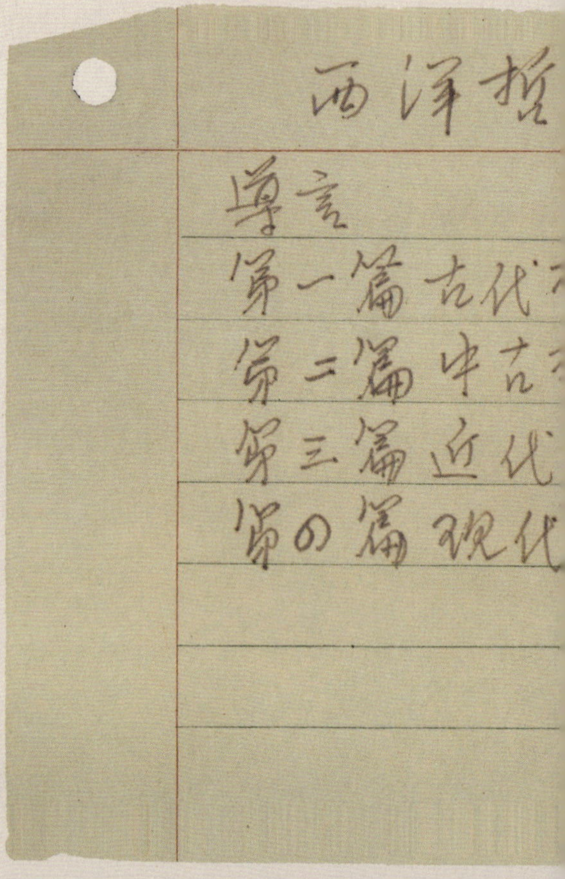

西洋哲

導言

第一篇古代

第二篇中古

第三篇近代

第四篇现代

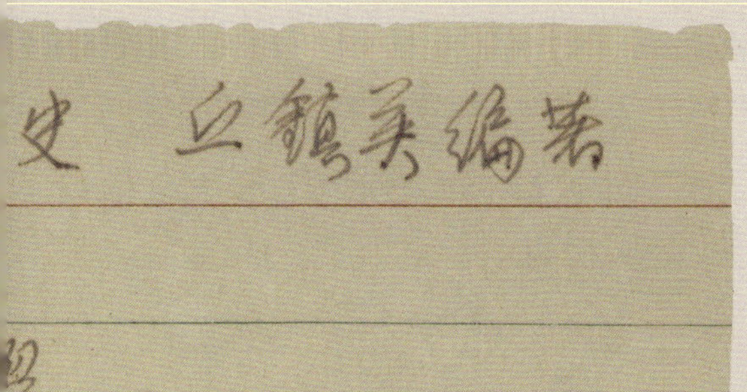
史 丘镇英编著
學的趋势

嗟夫！身与时舛，志共道申。标心于万古之上，而送怀于千载之下。

——《文心雕龙·诸子》

自序

这部西洋哲学史，系本人在香江学院教学十年来的结果。我记得开始讲授这门功课的时候，在香港要选择一本适合于中国学生用的课本，可不容易。在欧美关于西洋哲学史的著作，真是琳琅满目，美不胜收。但名家如 W. Windelband、W. T. Marvin、A. Weber、A. K. Rogers、H. E. Cushman、Bertrand Russell 等之著作，则以卷帙浩繁，只能供参考；而日本之大西祝、安倍能成、桑木严翼、岩崎武雄等之著作，则以学生多未习日文，无法浏览，至于中文著作，则寥若晨星。所以著者为教学上的关系，迫得一边编著一边讲授，然积数年所得，仅由古代编及近代哲学的开端。近以兴中出版社允付剞劂，遂于去年仲夏起续编近代，酌删古代与中世，半年来于课务之暇，夜以继晷，中间且因此而小病三次，现总算全部杀青。忆及作者在中学生时代受科玄论战的影响，三十年来即浸淫于东西哲学之研究。颇觉“五四”以后，国人皆崇西化，惟于构成西洋文化骨干之哲学，多仅啜其一勺，钻研失于太偏。崇尚古典的，则反对现代，崇尚现代的则反对古典。于心物亦然，崇尚唯心的反对唯物，崇尚唯物的则反对唯心。殊不知古今原属一脉，心物本亦同源。最近胡适之先生在台湾极力鼓吹新个人主义，而内地则推行全体主义的人民公社化运动，真是旗鼓相当。亦足征“全盘西化”毒害吾国之深！故今日对西方文化之再评价，实为当务之急。余生也晚，窃愿先将研究西洋哲学之一得贡献于国人之前，俾对西方文化作一简单的定性分析，然后方可了解西方文化的长短，以定其取舍的态度。并因此而引起对固有文化的再检讨，则予企望之。本书承学生陈杰三、刘健明、陈郁彬诸君的协助缮校，阮敬贤君代绘地图，仅此致谢。

一九五九年一月十九日于香港沙田寓居。

导言

一、哲学的特质

从哲学的字源上说，哲学乃探求纯粹智识的一种学问。但哲学的意义，随时代之不同而有所递嬗，在古代希腊，哲学为统摄群学的最高学问，柏拉图（Plato）将哲学分为辩证学（Dialectics）、物理学（Physics）和伦理学（Ethics）三部。亚里士多德（Aristotle）将哲学范围更加扩大，几乎包括讨论宇宙与人生的一切学问。迨亚里士多德逝世，雅典沦亡，以世变纷乘，人们均希望能得一安身立命之所，哲学遂一变为人生处世的指南，哲学讨论的问题均是伦理问题。由古代入中世，一以伦理哲学内部的冲突，理智的权威失坠，“贤人的理想”已不足以维系人心，超自然的权威即取而代之。二以东方宗教的传入，尤其是狄奥多西一世（Theodosius I）于三九二年定基督教为国教之后，宗教势力笼罩全土，经院哲学家以哲学疏解教义，以期建立合理的神学。哲学便一变为宗教的附庸。一四五三年东罗马首都君士坦丁堡（Constantinople）沦陷，接着文艺复兴，人文主义运动开始，古代希腊的穷理致知底[①]精神，又重复现于近代。培根（Francis Bacon）分哲学为神学、人类学及自然哲学；笛卡儿（René Descartes）的《哲学原理》（*Principia Philosophiae*）则分为

① 底，同今“的”。本书保留了先生的文字风格和写作时期的语言习惯，故不按现行惯用法、写法及表现手法改动原文；原文专名（人名、地名、术语）及译名与今不统一者，亦不作改动。——编者注

第一部讨论知识本体问题，第二部讨论机械物理学原理，第三部讨论宇宙，第四部为理化生理的解释。哲学重复古代希腊统摄群学的旧义。嗣经理性论派与经验论派的阐扬，康德（Immanuel Kant）加以综合批判，于是哲学之研究，一变为理性的自己考察。到黑格尔（G.W.F.Hegel）集思辨哲学的大成，认哲学为科学的最高法院。黑格尔逝世后，因自然科学与其他社会科学空前的发达，科学家多鄙视哲学研究，甚且有主张取消哲学者。十九世纪末以来，风气丕变，科学家如马哈（Mach）、皮尔生（Pearson）、潘加勒（Poincaré）等均起而作科学的批判，彼等以为研究科学，必先有其概念的假定，这种假定自非绝对的知识，要批判这种假定之是否正确的工作，则是哲学的任务。所以今日哲学的主要任务，即是以理智的方法（Intellectual method）来批判常识与科学。现代唯物论派的哲学家布哈林（Bucharin，1888—1938）认为科学只能分论宇宙与人生，唯哲学乃能综论宇宙与人生，哲学的任务，"在于聚集一切的事物，总集一切的知识，构成整个的宇宙观与人生观底基础"。

哲学既是群学之首，自有它与众不同的特质。

第一是注重根本的性质，所谓根本有三义：一为究极义，即穷究事物最后存在的根据，及探求绝对的根柢的原理。二为普遍义，探求一般现象共通的原理。三为统一义，研究宇宙统一的体系，希望能获得一整个的人生观与宇宙观。第二是注重思辨的性质，哲学既欲穷究宇宙的奥窔①，自不能局限于感觉的观察，必须经过思辨工夫，方可补其不足。柏拉图所谓真知识，是经过理性考察的，这便是思辨的工夫。第三注重综合的性质，斯宾塞（Spencer，1820—1903）认为科学是部分的统一的知识，而哲学则是完全的统一的知识。这即表明哲学是将各科学的部分

① 奥窔（ào yào），奥妙精微之处，隐蔽深曲之处。——编者注

所得，综合成为统一原理的学问。换言之，哲学是统摄群学的学问。第四注重进步反对因袭的性质，哲学已为科学的综合，则科学的进步发展，哲学亦必随之而进步发展。同时，哲学思想为一发展之有机体，最反对因袭陈说。故每一伟大的哲学家的哲学思想，必自为机杼，不肯随便盲从，所以便常与传袭的信仰冲突，甚至以身殉道。在西洋哲学史中，苏格拉底（Socrates）与白鲁诺（Bruno）便是最可佩的例证。

二、哲学史的领域

哲学史不同于一般历史，一般的历史是以政治经济的变动为主要线索的，但哲学思想则不一定与政治经济的发展相合拍。比方古代的希腊在伯里克理斯（Pericles）逝世后，民主政治走向最低潮的时候，哲学思想反而发达到了顶点，因而哲学史处理的范畴与一般历史处理的范畴不必完全一致。一般的历史重视时代的先后，哲学史则重视思想系统的发展。换言之，一般历史的记述先后，是纯乎时代的，而哲学史的先后，则须兼为逻辑的。

哲学史亦不同于一般哲学家自著的书，就是与普通所写关于哲学的书，如所谓人生哲学，或某某哲学家的哲学等，也有相当的距离。因为它所负荷的历史的意义，不止在说明种种哲学，而且在说明这种种哲学之有机的发展，同时，不止注意于哲学本身，而且要顾到哲学的外缘，这就要问哲学发生在怎样的环境之下，及如何扩散出去，影响了其他文化诸部门的。

可见哲学史不同于一般历史，也不同于一般哲学。它自有其特殊的领域。哲学史的目的可归纳为三个：

（1）求因 美国新实在论者马文（W. T. Marvin）认为“任何时代的哲学，系全部的文明（意指过去）和其时变迁中的文明底结果”（The Philosophy of any period or age is the outcome of the total civilization and the changing civilization of the time）。所以，任何一种哲学思想的发生，决非凭空出现，必有它发生此种哲学思想的原因。哲学史的第一任务，就在穷源溯委，阐明发生此种哲学思想的原因。

（2）明变 古今哲学思想，变化至繁，但亦有其一定相沿的轨迹。哲学史的第二任务，就在究明古今哲学思想递嬗相沿底轨迹。

（3）评论 将哲学思想发生的原因和它的变迁的轨迹究明之后，还不够。这就有赖于将各种哲学思想加以客观底评价以后，方算完成。换言之，将各种哲学思想对当时及后代的影响，产生了何种价值，作一种“客观的”评论，这是哲学史的第三任务。

黑格尔（Hegel）谓：“哲学史的全体，其自身是理性的，是被自己的理念所先天规定着的必然底首尾一贯的发展。”——这就是说，哲学史不是偶然的真理之平面性的列举或编排，而是要在各时代哲学体系的发展过程中，发现其必然性底内在关联，使哲学史本身成为一个合法则性的完整底有机体系。

三、西洋哲学史的内涵

人类的哲学思潮由古代发展到现在，以产生的背景（包括自然环境与社会环境）不同，大别可分为东西两大支。东支的分为印度与中国两系，到了东汉以后，印度系输入中国系，经魏、晋、隋、唐的发展，至宋、明由道学家加以调和融摄，便产生了中国的中古哲学——即所谓

“新儒家”的哲学。西支的也分为希腊与希伯来（Hebrews）两系，纪元以后，希伯来系随基督教的传入罗马，吸收希腊哲学中与神秘思想相合之部分，奠立所谓教父哲学（Patristic Philosophy）与经院哲学（Scholasticism），即西洋哲学中的中古哲学，文艺复兴运动后，希腊哲学思想随自然科学的发展而复兴，遂产生西洋的近世哲学。十九世纪后半到现在，为希腊、希伯来两系交流时代，亦即转入西洋现代哲学的阶段。

从此可知希腊精神与基督精神为西洋哲学的主要骨干，亦即西洋哲学的内涵。

兹据《新约》为主，略论希腊文明与基督文明的主要不同点：

（1）希腊精神的特质，以入世为第一义。基督精神的特质，以皈依天国为人生的究竟，重视出世。因而有三种差别的特征：

甲、希腊人重视理性，分人为理性、灵魂及体魄三部。以理性为最高。基督教以灵魂之得救为无上的目的，轻视理性。以灵魂代替理性的地位。《马太福音》第十七章二四与二五节：“若有人要跟从我，就当舍己，背起他的十字架，来跟从我。因为凡要救自己生命的，必丧掉生命，凡为我丧掉生命的，必得着生命。”——这是重视灵魂的佐证。

乙、希腊人对精神与肉体，两皆注重，但尤偏重于肉体。希腊的美术文艺与体育竞技同样发达，不过绘画与雕刻，多以人的裸体为对象，其注意于人体美的追求，便足为偏重于肉体的一种佐证。基督教以灵魂为主，认吾人之有身，为灵魂得救的一种障碍。《罗马书》第八章五至十节：“因为随从肉体的人，体贴肉体的事；随从圣灵的人，体贴圣灵的事。体贴肉体的就是死，体贴圣灵的乃是生命平安。原来体贴肉体的，就是与上帝为仇……如果上帝的灵住在你们心里，你们就不属肉体，乃属圣灵了……基督若在你们心里，身体就因罪而死，心灵却因义而活。”

丙、希腊人甚重家族观念，个人在社会上的地位，常与其家世有关，尤其在奴隶制盛行后之希腊为然。基督教则反对建立于私有制上的家族制度。《马太福音》第十章三四至三八节："你们不要想我来，是叫地上太平。我来，并不是叫地上太平，乃是叫地上动刀兵。因为我来，是叫儿子与父亲生疏，女儿与母亲生疏，媳妇与婆婆生疏。人的仇敌，就是自己家里的人，爱父母过于爱我的，不配作我的门徒，爱儿女过于爱我的，不配作我的门徒。不背着他的十字架跟从我的，也不配作我的门徒。"《路加福音》第十四章二六节又说："人到我这里来，若不爱我胜过爱自己的父母、妻子、儿女、弟兄、姐妹和自己的性命，就不能作我的门徒。"耶稣不单劝人反对他的家族，他自己也以身作则的反对家族。《马太福音》第十二章四六至五十节载："耶稣还对众人说话的时候，不料，他母亲和他弟兄站在外边，要与他说话。有人告诉他说，看哪，你母亲和你弟兄站在外边，要与你说话。他却回答那人说，谁是我的母亲，谁是我的弟兄。就伸手指着门徒说，看哪，我的母亲，我的弟兄，凡遵行我天父旨意的人，就是我的弟兄姐妹和母亲了。"——基督教的目的在创造一合于正义的天国，以拯救世人。凡信仰上帝的，没有种界国界的分别，都有资格进入天国。以家庭为种界国界的根本，故须首先加以破除。

（2）希腊精神的基础"主知"，希腊人崇尚智慧，所谓哲学，原义本为爱智，所谓哲学家，原义本为爱智者。苏格拉底（Socrates）谓"知识即道德"（Knowledge is virtue）。这句话便可作希腊精神的标识。基督精神的基础"主信"，尚爱情。基督教认为："凡不出于信心的都是罪"，又认为"信的必得救"，"义人必因信得生"，"父爱子，已将万有交在他手里。信子的有永生，不信子的得不着永生"。"你若口里认耶稣为主，心里信上帝叫他从死里复活，就必得救。因为人心里相信，就可以称义，口里承认，就可以得救”。所以“信”为基督精神的基础。与“信”互相发明的为“平等”，基督教认“智慧”为人与人间不平等的阶梯，故主张灭绝智慧，这与庄老所谓“绝圣弃知”的意思相似。《哥林多前书》第一章十九、二十节谓：“我要灭绝智慧人的智慧，废弃聪明人的聪明。智慧人在那里，文士在那里，这世上的辩士在那里，上帝岂不是叫这世上的智慧变成愚拙么。”又第三章十八、十九节谓：“人不可自欺，你们中间若有人在这世界自以为有智慧，倒不如变作愚拙，好成为有智慧的。因这世界的智慧，在上帝看是愚拙。”在基督教看，智慧是阻碍人们赎罪的绊脚石，只要信主，便可人人平等，人人得救。由“信”而“爱”，无一切差别的平等的爱，便是“博爱”，这是基督教全部精华之所在。耶稣基督便为人类赎罪而降生，一部《新旧约》皆为此“博爱”精神所构成。他如天父爱人，并命令人们要彼此相爱。《约翰福音》第十五章十二、十三节谓：“你们要彼此相爱，像我爱你们一样，这就是我的命令。人为朋友舍命，人的爱心没有比这个大的。”这一片恻怛慈祥博爱有情的态度，直可以裂金石而泣鬼神。至于希腊的理想人为“智者”（Wise man），希伯来的理想人为“先知”（Prophet），它的原义为源泉滚滚，不舍昼夜，谓倘遇乱世即出而救人，有如泉水之涌出，不可自抑的意思。

（3）希腊民族以中节（Moderation）为生活的标准。诗人希西阿（Hesiod）谓：“一半较完全好”（The half is better than whole）。毕达哥拉斯学派（Pythagoreans）谓：“凡事守中则最善。”总之，希腊自“七贤”以来，诸大哲人如柏拉图、亚里士多德等，无不强调“中节”的重要。希腊的“中节”的真义，一方面主张物质的享受，一方面又反对纵情恣欲。比方对财富的观念，亚里士多德认为极富的人必不能为善，但贫穷又为叛逆与罪恶的源泉。基督教则尚贫苦，如《马太福音》第十九章二一节载有一少年欲作完人，耶稣对他说：“你若愿意作完全人，可去变卖你所有的分给穷人，就必有财宝在天上，你还要来跟从我。”以基督教的天国，是为贫苦者建立的。《马太福音》第十九章二三、二四节载：“耶稣对门徒说：‘我实在告诉你们，财主进天国是难的……骆驼穿过针的眼，比财主进上帝的国还容易呢。’”基督教并认为在世间积聚的资财都是假的，而且有危险的。《马太福音》第六章十九、二十节载：“不要为自己积攒财宝在地上，地上有虫子咬，能锈坏，也有贼挖窟窿来偷；只要积攒财宝在天上，天上没有虫子咬，不能锈坏，也没有贼挖窟窿来偷。”同时，认为能够舍弃一切关系和舍弃一切财产的，方能永生。《马太福音》第十九章二九节载：“凡为我的名撇下房屋，或是弟兄，姐妹，父亲，母亲，儿女，田地的，必要得着百倍，并且承受永生。”

（4）希腊精神崇尚人性尊严。亚里士多德称希腊人的性情为“超卓的意志”（Highmindness），意指希腊人，昂昂然若千里之驹，自视甚尊，怜人而不为人怜，奴人而不为人奴。有似孟子所谓“富贵不能淫，贫贱不能移，威武不能屈”的大丈夫。基督精神则恰恰与此相反，力主谦卑，与老氏濡弱谦下相似，照《旧约·创世纪》人生便是待罪之身，换言之，即是生而有罪的人，要信主才可得救。《马太福音》第十八章四节载：“凡自己谦卑像这小孩子的，他在天国就是最大的。”又二十章二六至二八节载：“你们中间谁愿为大，就必作你们的用人。谁愿为首，就必作你的仆人。正如人子来，不是要受人服事，乃是要服事人；并且要舍命，作多人的赎价。”耶稣教人不特要谦卑，而且要逆来顺受，以德报怨。《路加福音》第六章二七至三十节载：“你们的仇敌要爱他，恨你们的，要待他好。咒诅你们的要为他祝福，凌辱你们的要为他祷告，有人打你这边的脸，连那边的脸也由他打，有人夺你的外衣，连里衣也由他拿去。凡求你的，就给他。有人夺你的东西去，不用再要回来。”

以上分析的希腊文明与希伯来文明（以基督教为代表），在约近二千六百年的西洋哲学史中，其流行时代可划分为四期：从纪元前六二五年至纪元后四七六年，即西罗马灭亡止，此一千一百零一年间为西洋哲学古代史，亦即希腊文明流行的时期。自纪元四七六年至一四五三年，此九百七十七年间为西洋哲学中古史，即基督文明支配的时期。自一四五三年东罗马都城君士坦丁堡（Constantinople）沦陷至一八三一年黑格尔（Hegel）之死，此三七八年间为西洋哲学近代史，亦即希腊文明之复活期。自黑格尔之死到现在，属现代哲学时期，为希腊与希伯来两系文明错综交流，而尚未得出结论的时代。

四、东西哲学的主要分歧点

西洋所谓哲学，它所研究的对象，约略相当于中国魏晋的玄学，宋明的道学，及有清的义理之学。《论语》所述："夫子之言性与天道。"——这里所指"天道"的部分，相当于西洋哲学中的宇宙论；所指"性命"的部分，相当于西洋哲学中的人生论。

西洋哲学史中有两次重要的事：一是纪元前四八〇年希腊与波斯战争后，在希腊发生的启蒙运动，所谓"希腊启蒙时代"；二是纪元一四五三年君士坦丁堡沦陷后，由意大利的佛罗棱萨（Florence）掀起的文艺复兴运动（Renaissance）。这两次运动有同一的主要趋向，促发人性的觉醒，即"我"之自觉。"我"已自觉之后，"我"的世界即中分为二："我"与"非我"。"我"是主观的，"我"以外为客观的世界，即"非我"。"我"及"非我"既分，主客观之间，便无形中有不可逾越的鸿沟，"我"应如何始能认识"非我"的问题，乃随之而生，因而认识论（Epistemology）遂成为西洋哲学中的重要部分。“我”已要认识“非我”，它的目的很自然的是在求得普遍妥当的真知识，所以“求真”问题成为西洋哲学中的主要目的。因为目的在“求真”，便不得不讲究方法论，所以“逻辑”在西洋哲学认识论中特别发达。

中国哲学中并非如有些哲学家所谓没有“我”之自觉，照我个人的研究，中国哲学中对“我”与“非我”的觉解，远较西洋哲学为深邃。中国哲学认“我”与“非我”同为一气之聚散，“万物与我同根，天地与我同体”，孟子谓：“万物皆备于我”，程明道谓：“仁者以天地万物为一体，莫非己也。”所以，中国哲学中最高的理念，无不认“我”为“非我”的一分子。即“我”与“非我”已觉解原为一体（不必一定是哲学家，即普通一般的中国人亦常说：“五百年前共一家”，无形中已自觉“我”与“非我”是同出一源）。所谓“我”与“非我”的差别，不过是暂时的对立。于是“我”在“非我”中应如何自处的问题，即伦理学（Ethics），在中国哲学中占最主要的部分。所以“求善”便很自然的成

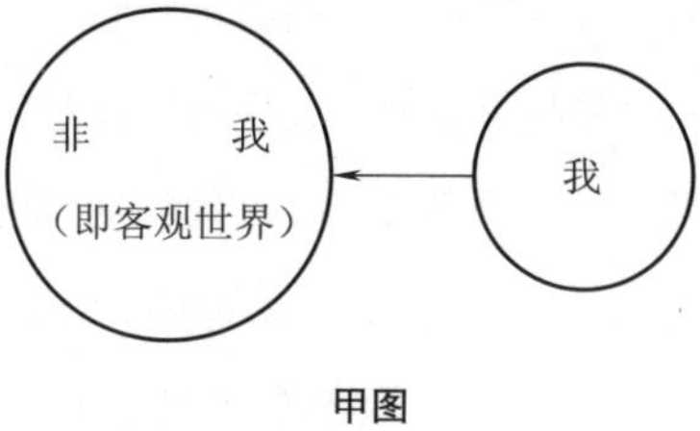

甲图

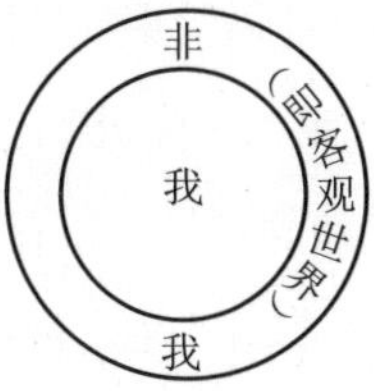

乙图

为中国哲学家追求的目的。——这是东西哲学的第一个分歧点。附图如下:(甲图代表西洋,乙图代表东方。)

东西哲学的第二个分歧点，是对人的评价方面。西洋哲学对人的评价，可分两方面来说：基督文明认人是上帝所创造的，而且是带罪降生的，故凡属人类都是罪人，所以人生于世毫无价值可言。至希腊文明对人的评价虽较高，但以宗教为希腊的科学、哲学的背景，神的地位远高于人。近代人文主义（Humanism）兴起，个人虽由宗教全体主义之下解放出来，但仍不敢自认为自然的主宰，不过为自然中的一独立分子而已。中国哲学对人的评价，则恰恰与西洋哲学相反。中国人传统的观念，人死可以为神，神是由人变的。传说中认盘古氏为天地万物之祖，可见天地万物亦由人创造。中国哲学认“人是宇宙之心”，即认人是宇宙最高的表现。换言之，中国哲学是承认“人”是自然的主宰的。人如能克制人心，发挥道心，人便可参天地之化育，与天地精神同流。所以中国哲学认“人”可以与天地参，把“人”的评价是提得很高的。即如佛教谓:“一念相应，便成正觉”，一阐提亦可以成佛。即承认人性中有佛性。从可知佛教对“人”的评价亦高过基督教。

东西哲学的第三个分歧点，便是关于神的观念。西洋哲学中的中古哲学对神底观念的重视，固不必说，即古代哲学与近代哲学，神的观念亦几乎笼罩了任何哲人。“上帝存在”的命题，在近代西洋哲学中仍为讨论的主题。即康德（Kant）与新康德学派（Neo-Kantians）尚带有极浓厚的神秘色彩。中国哲学便恰恰相反，儒家的祖师孔子虽承认有神的存在，但主张敬而远之。《论语·先进》:“季路问事鬼神，子曰:‘未能事人，焉能事鬼?’，曰:‘敢问死?’曰:‘未知生，焉知死?’”所以儒家哲学是以“事人”的仁道开其端。孟荀以后的儒家，更认天地与人为一气之聚散，横渠谓:“聚亦吾体，散亦吾体”，又谓:“存吾顺事，没吾宁也”底人生态度，为中国哲学对宗教观念之最重要底批评。中国哲学既反对神的观念，但为什么有祭祀的观念产生？据冯友兰氏《中国哲学史》的见解，认不特有提倡报本反始的意义，更赋有艺术的而非宗教的意义。其实祭祀亦是一种最高的伦理行为，为伦理观念中不可缺少的纽带。如果说它是迷信的，不如说它是抒情的，至于中国哲学中的老庄思想，反对神的观念，比儒家的孔孟更为积极。老子谓："天地不仁，以万物为刍狗。"庄子主张"外生死，无终始"。——这种"独与天地精神往来，而不傲睨于万物。不谴是非，以与世俗处"的人生态度，亦是超宗教观念而上之的。

第一篇　古代哲学

第一章　作为西洋哲学摇篮的希腊

西洋古代民族的思想，很少超出神话的阶段，比方古代的巴比伦和埃及虽有过灿烂的文明（如太阴、太阳历，楔形、象形文字和几何定理等的发明，金字塔的伟大建筑），甚至希腊文明也曾接受过它们的哺育，但今日确实有史可稽，认为有过哲学思想发生的，的确只有希腊。希腊哲学家，不仅建立了西洋哲学系统的基础，并且把二千年来，欧洲文化中种种问题，都提出过。

现在所谓西洋哲学古代史，是以希腊哲学为主，起自纪元前六二五年至纪元后四七六年，约有一千一百零一年，包括希腊本国知识运动，及发扬于雅典、罗马、亚历山大城（Alexandria）、小亚细亚（Asia Minor）等处，带有希腊思想根本色彩的哲学。

希腊哲学，是和古代希腊人所住的地理环境，古代希腊民族的特质，古代希腊所具备的一切精神生活，以及古代希腊人的政治，都有直接和间接的关系。

一、希腊的地理环境

古代的希腊，比现在大得多。它几乎包括地中海所有冲刷的一切海岸和岛屿。希腊的地形，颇像一只手的骨骼，那弯曲的指头便在地中海里向右伸着，这就是克里特（Crete）岛，或者叫做干地亚（Candia）的。东面渡过爱琴海（Aegean Sea），是小亚细亚（Asia Minor）。在纪元前七、六世纪时，这里是商业和学术思想极发达的所在。南以克里特岛为跳板，经地中海可到埃及。西面渡过爱奥尼亚海（Ionian Sea），先是逢到宛然斜倚在海中有似靴形的意大利，和靴尖似的西西里（Sicily）岛，再西便是伊比利亚半岛（Iberian Pen.）的西班牙。这些在古代都是希腊的殖民地。假如说古代的地中海是欧、亚、非三洲交通的枢纽，则希腊的地理位置，适为地中海的绾毂中心，所以希腊很自然的成为欧、亚、非三洲的经济交流之地，也是文化荟萃之区。还有希腊的自然环境的优美，气候的优良，也多少影响到古代希腊人的精神生活。

二、古代希腊民族的特质

旧日研究希腊史的历史家，多从纪元前十世纪左右的《荷马史诗》（*Homeric Epic*）开始。十九世纪后半，经考古学家努力发掘考古的结果，始知在《史诗》之前，尚有两期文明：

（1）爱琴文明（Aegean Civilization），以爱琴海与埃及间的克里特岛为中心。纪元前三千年，即与埃及通商，前二千五百年时已成独立统一的国家，以位于希腊与埃及间，又接近小亚细亚，所以能吸收埃及与幼发拉底河（Euphrates R.）底格里斯河（Tigris R.）两流域的文化，并传播其种子于爱琴海沿岸及希腊，为上古文化传入欧洲的一大津梁。

（2）迈锡尼文明（Mycenean Civilization），以科林斯（Corinth）西南的迈锡尼城（Mycenae）为中心。学者推断本期文化发达于纪元前十七世纪至十三世纪之间。

以上两种文明，均发达于《荷马史诗》之前，人种与希腊相同，有影响于希腊文明是很自然的事。至希腊民族开始移入巴尔干半岛（Balkan Pen.），约在纪元前十四五世纪。初在北方，由多瑙河（Danube R.）流域逐渐向南迁移。迁移的时间不止一次，迁移的种族也不止一族。不过诸种族中较重要的有两种：一为多利亚人（Dorians），一为爱奥尼亚人（Ionians）。前者相传原住帕那萨斯（Parnassus）山麓多立斯（Doris）地方，前十世纪中叶，移住于伯罗奔尼撒（Peloponnesus）及其附近诸岛，建立斯巴达（Sparta）城邦。以地处群山中，交通不便，四围又多敌人，为求自存起见，所以能吃苦耐劳，喜尚武习兵。至来喀古士（Lycurgus）定法，主公产公育，凡自成人后至六十岁，必共寝共食于兵营。以民性保守，自立法兴起，直到衰亡，仍保持旧规而不肯更改。后者迁住于小亚细亚西海岸，希腊中部的优卑亚（Euboea）及昔加拉第（Cyclades）诸岛间，建立雅典（Athens）城邦，以地位濒海，交通方便，民性喜进取，所以居民多半营商，作水手，甚至冒险作海盗。殖民是爱奥尼亚人的擅长，在纪元前七世纪，欧、亚、非三洲的商业，几乎全操于爱奥尼亚人之手，殖民地最富饶的，首推小亚细亚西岸的米利都（Miletus），这里可称为希腊科学和哲学的发祥地。雅典自梭伦（Solon）变法，政治、文艺、科学、哲学各方面，发达甚盛，一弹丸小国，几为西洋万般文明的滥觞。

有人谓雅典尚文，斯巴达尚武，其实这是一种错误的看法。证之希腊、波斯战争，雅典是希腊的中坚，结果力胜波斯，便足证明雅典也崇尚武备。柏拉图的《理想国》（*Republic*）中列举完人应具备的道德有四种，勇敢（Courage）即其中的一种，更足佐证雅典并非只崇文艺。

大体说来，希腊的哲学思潮，是从小亚细亚的米利都（Miletus）掀起的，由此而卷入意大利南部的爱理亚城（Elea），最后才转入雅典，亦即希腊的本土。最初的哲学主题，是讨论万物如何起源的，亦即讨论万物的生成问题（The problem of becoming）。就在这主题上，米利都（或称爱奥尼亚）与爱理亚的精神，有着显著的差别。前者所持的是唯物主义的泛神论（Materialistic Pantheism）。后者所持的是精神主义的泛神论（Spiritualistic Pantheism）。——这也可以说是希腊民族底特质，对哲学思潮上的一种反映。

三、希腊人的精神生活

迭更生（Dickinson）在其所著《希腊人的人生观》（*The Greek view of life*）一书中，曾说过这样一句话："调和哟！就在这一字的意义上，我们可以有办法解说希腊文明底主要观念！"（A harmony！and in the word we have the key to the dominant idea of Greek Civilization！）——"调和"（Harmony），诚然是希腊精神的真谛。希腊人是美与善、身与心、个人与国家、神与人调和为一的。上边讲过希腊精神是入世的客观的，换言之，亦即人与自然的调和。

（1）美与善的调和　希腊人的美学（Aesthetics）可以说就是希腊人的伦理学（Ethics）。希腊人的艺术是全民族的，无所谓艺人的特嗜。艺人重技巧，但和希腊其他一般人一样，更重者乃是内容。艺术不为艺术而存在，却以生活的一部分而存在。希腊人的生活之任兴趣而超利害是艺术家式的，希腊的艺术家却又是深入于生活的。柏拉图在《理想国》中谓："美术家能洞鉴美与善之真性，发挥之于技艺，使吾侪之青年，身之所居，目之所见，耳之所闻，无一而非善，而美之真际，即同时流露于其身若目，有如清风来自蓬莱，引人之灵魂与同情之美，生同情于不知不觉间也。"（见缪凤林笔记刘伯明演讲：《西洋古代中世哲学史大纲》页二四所引）——这最足以说明希腊人对美与善调和的态度。

（2）身与心的调和 希腊的大政治家伯里克理斯（Pericles）曾说过："我们是美之爱好者，但我们的趣味是淡雅的；我们陶冶性灵，但我们也不让失却丈夫气。"（For we are lovers of the beautiful，yet simple in our tastes；and we cultivate the mind without lose of manliness.）（见李长之编著：《西洋哲学史》页二〇引译。）——这即是说"美的灵魂寓于美的体魄"（A beautiful soul housed in a beautiful body.）。希腊人是艺术和音乐的爱好者，但同时也是体育的爱好者。宗教为希腊人戏剧与体育的动力，本源于娱神。伯里克理斯执政时，特批有专款，让人免费观剧。奥林匹克（Olympic）竞技，在宙斯（Zeus）神殿前于祭神后举行，每四年一次。现在世界奥林匹克运动会（Olympic Games），即渊源于希腊。柏拉图于《理想国》中所论希腊的教育，即分体育与音乐二种。前者用以养身，后者用以修心。可见注重身心的调和，为希腊普遍的现象。

（3）个人与国家的调和 亚里士多德谓："国家系相同的人们，求达可能的最善生活底一种组合"（A state is an association of similar persons for the attainment of the best life possible.）。——这即表明希腊人的个人底目的与国家底目的是合一的。希腊人已认国家为求达个人底最善生活的工具，所以国家在逻辑上应先个人而存在。希腊人对于国家的向心力比现代人强，绝不逃避对国家应尽的义务。可是希腊人虽爱国家，也爱个人的自由，个人权利之所关，在所必争。在希腊文和"服从"（Obey）

相当的字是"Peithesthai"，原意是"被说服"（Persuaded）的意思。个人与国家在一定分限上调和无间，这是希腊人的精神生活底重要特点。

（4）神与人的调和　希腊的宗教是循一定的途径演化而成的。先是拜物教，继演进为多神教，终则变为一个有系统的神。希西阿（Hesiod or Hesiodos）的《神统记》（*Theogony*），菲里可地斯（Pherecydes）的《宇宙开辟说》（*Cosmogony*），皆是说明众神有一定系统的。最初众神有种种残暴奸诈的秽德，后为诗人所美化，哲人所修订，而逐渐成为完美的神。但此诸神，具有人间性，很能代表希腊人的精神。希腊人认为神是美丽而有人性的生物。男神即修伟的美男子，女神即纯洁的美女子。神是人间化。而人间也神化。神与人的调和，这是希腊人的理想，假众神而表现罢。

四、希腊的政治

希腊人的政治生活，可由他们的城邦（City states，或译作"市府国家"）而表现出来。这种城邦无论在本土，或在殖民地，最初都由家长专政，经过贵族政治，而至平民政治的一种政治的变迁。据荷马（Homer）史事诗中所描写的社会，是一种阶级制度的社会，它的政治，是一种家长的专政。后来，因旧的共同体制崩溃，奴隶生产形态代之而起，分工成为可能，遂演成为贵族政治，偶或演为寡头政治。等到新兴的非贵族的平民阶级，借工商业逐渐发达的关系，而获有财富及智识，遂起而反抗贵族的特权阶级；到了纪元前六世纪至五世纪，市民的议会制度便代替了贵族政治，这一民主政体的出现，不单是希腊繁荣的特征，而也是希腊哲学就在这时代发展起来的主要原因。

古代希腊的城邦，每个有如现在英国的州、郡（County），人民则自数千至数万，例如雅典的人口仅有二万余。城邦与城邦各自为政，人民与城邦多谐合为一。城邦的公民，非仅负担纳税的义务，且有选举的权利（采直接选举制）。自克里色尼（Cleisethenes）改革后，雅典即步入“全民政治”（Pure-democracy）的时代，公民常兼为兵，兼为法官，兼为议员等。个个公民必求能演说于广场，能选举于议院，与城邦的关系，几同手足之与头目，丝毫不能分离。

第二章　希腊哲学的青春期（625—480B.C.，起于希腊之有哲学思想，迄波斯战争）

希腊的科学、哲学，皆发源于宗教，已为今学者所公认。故宗教为希腊哲学思想的背景，亦不言可喻。

希腊的宗教，大别有两派：一为奥林匹克宗教（Olympic Religion），以Zeus（神名）为天，以Demeter（神名）为地，以Poseidon（神名）为海。这派的神除作自然之解释外，复兼有人性，如人有战争，神亦有战争；人有爱憎，神亦有爱憎；人有喜怒，神亦有喜怒。总之，凡人所有的一切，神亦全有；换言之，即神的人格化而已。此一派为泰理斯（Thales）一派（即米利都学派“Miletus School”），又名爱奥尼亚学派（Ionian School）哲学的先驱。

一为奥尔佛克宗教（Orphic Religion），系北来野人的遗习，信灵魂之轮回，谓灵魂如夏冬的递嬗。此派注重仪式，入教之初，洗罪清心，宛如换去骨骼，以前种种，譬如昨日死，以后种种，譬如今日生。它的神秘的趋势，为爱理亚学派（Eleatic School）之先导。

希腊青春期的哲学，有东西二大支：东派如泰理斯（Thales）等，生于小亚细亚沿岸之米利都（Miletus），或厄费萨斯（Ephesus），故又名米利都学派，或爱奥尼亚学派；西派学者，生于意大利南部之爱理亚城（Elea），又名爱理亚学派。

肯宁汉（Cunningham）著《哲学导言》（*An Introduction to Philosophy*），谓西洋哲学史，以科学的与神秘的两种趋势交流。科学的趋势起自泰理斯，盛于希腊黄金时代，更自文艺复兴运动直至今日；神秘的趋势，由西派之毕达哥拉斯学派（Pythagoreans）至新柏拉图学派（Neo-Platonism）、基督教哲学。

希腊青春期的哲学，多半讨论关于宇宙生成的问题，又可称为宇宙论时期。时间自纪元前六二五年至前四八〇年，约有一百五十年。前四八〇年是希腊海军战败波斯的一年，这时是中国周敬王四〇年，孔子逝世的前一年。前四八〇年是希腊历史的一个转换点，自此以后，希腊文化达于极峰，在思想上渐入于反省、批评的时期，同时，人们对于宇宙问题的趣味渐淡，对于人事问题的趣味极浓，所以在哲学史上便以这一年作为两个时期的分水岭。

一、东派

（一）东派的代表，也可以说是西洋第一个哲学家，就是泰理斯（Thales，640—550 B.C. 或 610—545B.C.），泰氏为米利都（Miletus）大族，生息于太拉西蒲拉的霸权之下（The Tyranny of Thrasybulus），正当米利都（Miletus）富饶的时代。他同时被认为是古代第一个几何学家，也是第一个天文学家，又是第一个物理学家。传说他曾以手杖观影方法，解答埃及王阿美雪斯（Amasis）如何可以测得金字塔高之问（即杖影与杖高相等时，塔影亦必与塔高相等）。并曾预言过纪元前五八五年五月二十八日的日蚀，同时他熟悉磁石现象，且知道磨擦过的琥珀具有吸引力。他和梭伦（Solon）并称为当时"七贤"之一。他认为万有的根源发端于水，没有水，就没有创造，亦没有消灭，一切生灭存废，皆是水的变化。水不断地变化自己的成形，因而转变为各物。他即因此摧毁了宗教的信念，否认神为人与自然的创造者。这种说法自然是古代洪水神话的残影；同时或亦由于米利都（Miletus）地方靠海，天天观察海而领悟出来的。他的此种说法与中国《管子》上说的"水者何也，万物之本原也"；并与印度《涅槃论》所说的"水是万物的根本"的说法有相似的道理。(《外道小乘涅槃论·第十八·服水论》，师说：水是万物根本，水能生有命无命一切物，水能生物，水能坏物，水是常，名"涅槃因"。）此种思想，本极肤浅，然于希腊本质的观念（Idea of Physio，按：Physio一字，在拉丁文为 Natora，在英文为 Nature，译言本体或本质），于此启其端。

泰理斯之学，一传为安纳西门德（Anaximander），再传而为安纳西门尼斯（Anaximenes），他们都是同乡。

（二）安纳西门德（Anaximander，611—547 B.C.），是一位天文学家和地理学家。他制了一座天文的球，一个日规，一张地图。他著了一篇《宇宙研究》（*Concerning Nature*），这算是希腊哲学的第一篇文字。他以无限（Apeiron 或 The Indefinite"无极"）为万有根本的原理，万物皆由是演出，无限之为物，充塞乎宇宙之间，既无一定之性质，亦无一定之界限，世界上具体的事物，是由这无定形的物质自身，发出冷与热，分化而形成。从这冷热交互作用，最初形成的便是水，水的凝固，而引导火、气、土之出现。一切万有，产生于统一的无限，而复归于无限。安氏同时也是西方头一个演化论者，他说人是由水中的鱼慢慢变化而成，这与近代生物演化之说颇相类。

（三）安纳西门尼斯（Anaximenes，588—528 B.C.），放弃其师抽象的物质，复归于具体的物质，以空气为万有之根源，以为人生赖呼吸而保存其生命，宇宙亦假空气以维持其运行。他又根据其师的冷热观念，以为空气热的变成火，冷的变成风、云、雨、水、土、石。有此二种变化作用，万物因此产生。

以上所讲的三位哲学家泰理斯（Thales），安纳西门德（Anaximander）和安纳西门尼斯（Anaximenes），都生于米利都（Miletus），所以有的史家特称之为米利都学派（Miletus School）。米利都以地濒大海，海洋与空气的变化一定使居民得着极深的印象。他们被引起一种好奇心来考究那与自体相同而同时能运动的宇宙底本质，这是很自然的。他们要想发见的当然不是物质的化学底组织，不过是想寻求那能运动而有最赋生命的物质。泰理斯说是水；安纳西门尼斯说是空气；安纳西门德说是“无限”（Apeiron）。他们所选的都是各自以为最能动而又具有最大的内在的生机的。

（四）东派的另外一位哲学家希拉克利泰斯（Heraclitus，544—484 B. C.），是小亚细亚厄费萨斯（Ephesus）人。因为他是厌世疾俗，有“好哭的哲学家”（Weeping-Philosopher）之称，又因为他的文字佶屈聱牙，也被称为“黑暗的哲学家”（Dark-Philosopher）。他的哲学极富革命性，所以为近代的尼采（Friedrich Nietzche）所喜。

希拉克利泰斯（Heraclitus）以为世界上，没有不动的实在，也没有不变的实体，一切万有，皆不绝变化和运动，而无片刻的停止。其最著名的一语为“濯足长流，抽足再入，已非前水”。(You cannot step into the same rivers，for fresh waters are ever flowing in upon you. 兹据严译。）人生亦然，如火之炎上，亦如火之熄灭。火为万有之本源，所谓宇宙，即为生灭流转之过程，无始无终的大变化，火灭而形现，形消复归于火。在此不绝创造变化的世界中，所谓固定、休止及存在，不过是官能的幻觉罢。

希氏谓火变成万物，万物亦转变成火，这一种相反底循环过程，前者名曰向下（Downward way)，由火经气与水而成地；后者名曰趋上(Upward way)，由地为水与气而成火。

希氏又以为任何现象，任何事物都含有内在的矛盾，而发生争斗。“战争为万有之父，为万有之王”(War is the father of all，and King of all.)。同时这种矛盾斗争，又并存于一个统一体之内。如此矛盾斗争，不独是自然发展的根源，亦是社会发展的根源。发展是必然的，合乎规律的，而为物质自身所固有的，断非外面的神所赋予。像这样合乎规律的必然性，也为人生自身所服从。“我们是生的，也是死的；是壮的，也是弱的；是青年的，也是衰老的。”

上述东派的哲学家，人固称为唯物论。但他们都认物质之中，含有精神的要素，精神现象，即由是而导出，与其说是唯物论，不如说是物活论(Hylozoism)。

二、西派

西派的代表有爱理亚学派(Eleatic School）与毕达哥拉斯学派(Pythagorean School)。

自米利都学派兴起以后，哲学上便有了各种系统上的分化和对立。最惹起讨论的，是“变”与“不变”的问题，万物的本来面目到底是变动不居呢？抑是一成不变？或变与不变都对，原本是事情的两面呢？在这里分出了三派，一派主张“变”，一派主张“不变”，一派主张也“变”也“不变”。主张“变”的是米利都学派与希拉克利泰斯（Heraclitus）的体系；主张“不变”的是爱理亚学派的体系（Eleatic System）；主张也“变”也“不变”的是“原子论”的体系（The Atomistic System）。

在爱理亚学派看，常在的实体（存在）（being）是一切，变化只是表面的现象（Phenomenal）；在希拉克利泰斯（Heraclitus）看，变化才是一切，所谓“实体”，或永久存在之物，不过是幻影；在“原子论者”看，则永久存在说和变化说都有根据。因为，就众实体说是永久的，就实体间的关系说又是变化的。爱理亚学派把变化否定了，希拉克利泰斯把变化奉若神明，“原子论者”却企图对变化加以调和解释。

（一）爱理亚派的创导者是齐诺芬尼斯（Xenophanes，570 or 580—480 B.C.）。齐氏是爱奥尼亚（Ionia）人，生于哥罗封（Colophon），离米利都（Miletus）很近，而迁于意大利南部（Magna Graecia），曾流浪各地，最后才定居于意大利西南部之爱理亚（Elea）。

齐诺芬尼斯对希腊思想所发生的影响有三种：（1）用宗教的一元论的形式将米利都学派（Miletus School）的一元论传布给希腊人；（2）将这种学说从东希腊（小亚细亚）直带到西希腊；（3）他是米利都学派（Miletus School）与爱理亚学派（Eleatic School）的连锁。

齐氏是一个决绝的民族神话之攻击者，他反对多神论（Polytheism），而思以一神论（Monotheism）代之。他说构成宇宙的本质是“神”，“神”是“一”而不是多，神是物质的东西，有如球形，赋有无所不知的精神的能力。又说“神”是“不变”的而且性质是一致的，即是说

“神”既无成，又无毁；既无变易，也无始终。可以说是一个无限的实体（One infinite being）。

总括齐氏对宇宙有两种假定：一为构成宇宙种种变化的原始本质是“神”；二为构成宇宙的原始本质是“不变的”。——这就足为开创爱理亚学派的哲学思想底先河。

（二）发挥齐氏“神”的一元论的宇宙观的，是巴门尼底斯（Parmenides，540—470B.C.）。他是爱理亚（Elea）人，在爱理亚地方政治上很有势力，时人尊重其道德学识。他的著作现仅残存《论自然》（*Peri Phuseos*）底《教训诗》的断片。在《真理之道》的篇中，解说绝对的“有”，认“非有”决不存在。在《臆见之道》的篇中，则解说作为知觉的对象底私见，如感觉中的生灭变化等。巴门尼底斯受了齐诺芬尼斯（Xenophanes）的一神论的影响，它以为宇宙的本质是“存在”（Being，或译作“有”），存在是永恒的，不变的，不动的，继续的，不可分割的，唯一的。他的论证是：“存在”是可思的，不存在便不能思，换句话说，宇宙间“无”是不可思议的。宇宙间既没有“不存在”的，则“变”是不可能。照巴氏论证的结论：存在的确是思想，但存在也是物质，所以存在 = 思想 = 物质。“存在”是占有空间的，不存在便不占有空间。他论证存在是不动的，因为要运动只有在空间才可能。可是空间不是实在，便是不实在，如果空间实在的话，那么空间便和“存在”无殊，“存在”在空间运动，就等于说“存在”在“存在”中运动，这是不可能的，即等于说“存在”是塞满空间，是静止的了。由此推论，巴氏认“存在”是一个“整一的全体”（The all-one），它是绝对的，也是自足的。巴氏以为发现绝对的存在是靠“理性”（Reason），而“感官”（Senses）则只能发见可动可变的存在。——这种说法柏拉图（Plato）与德摩克利泰斯（Democritus）颇受其影响。

（三）巴门尼底斯（Parmenides）的弟子有爱理亚（Elea）人齐诺（Zeno of Elea，490—430 B.C.），他是爱理亚派的战士，同时也是辩证法（Dialectics）和诡辩术（Sophistry）之祖，他作文用散文问答体，是问答体文学的起点，问答体的文学在苏格拉底（Socrates）柏拉图（Plato）的时候极盛行。

齐氏要证明其师"有"的唯一不变说，曾举出他的一切运动不可能的有名的证明。其所作的"飞矢辩"与"追龟辩"，与《庄子·天下篇》所说："飞鸟之影未尝动也"，"一尺之棰，日折其半，万世不竭"之意实相同。他发现了运动的矛盾性（例如运动的物体是同时在某处而同时又不在）。根据这一点，证明运动的"非真"，因为在真的东西或合理的东西里，是不应该有矛盾的。虽然如此，齐诺也没有否定了运动的经验事实，并没有否定感觉上确认得到的事情。从这里，他就论到"有"的论理的破绽和感觉的谬误，而提倡以理性作为认识的唯一源泉。同时，他又证明物质的另一矛盾，即事物的多数性和杂多性的不可能。一切占据空间的物，在一方面是无限大的，另一方面又全然没有体积。为什么一方面是无限大呢？因为无论怎样把它分割下去，所得的部分多少总要有点体积，而这些部分的数目又是无限的。为什么另一方面又是完全没有体积呢？因为分割到最后的最少部分，已经是不能再分割的统一体了，既然不能分割，就只好说它是完全没有体积。所以齐诺以为宇宙之间只有"一"是可想象的，其他什么广袤、大小、运动和空间，都是无法想象的。

（四）爱理亚派最后一位哲学家为美利苏斯（Melissos，约生于前五世纪）。他是萨摩斯岛（Island of Samos）人，与齐诺（Zeno of Elea）同为巴门尼底斯（Parmenides）的思想继承者。他将巴氏的"有"的概念，作彻底严密的推论。他以为"有"不论在空间或时间，都是无限的，同时又是唯一的不变的，而且是不动的。至于多样与运动，则是感觉的错误。

（五）西派的另一代表为毕达哥拉斯学派（Pythagoreans）——此派的创始人为毕达哥拉斯（Pythagoras，540—500 B.C. or 582—540 B.C.）乃小亚细亚附近之萨摩斯岛（Island of Samos）人。毕氏游埃及归后，即至意大利南部之克罗多纳（Crotona）讲学，立一学派，纯以神秘宗教为背景，主轮回之说（Metempsychosis），谓人可因此灵魂不死（Immortality）。此神秘宗教盛行于塞来斯（Thrace），每年有年会一日，狂饮狂歌，以图超脱形骸的束缚，谋精神的解脱。毕氏则将此种仪式，加以修改，代以高尚的音乐与数学，与爱理亚派同赋有神秘的趋势。此派除神秘的兴味外，尚尽力于数学与天文学的研究，有极重大的发明。

毕氏死后，又因在克罗多纳（Crotona）的政治势力失去，学派散失，其徒众益转向于天文数学的探索。所以史家分毕达哥拉斯为前后二派。

此派对于“存在”的观念，为此时期最进步的宇宙论。他们还是万物有生论者，但似乎要超出当时的万物有生论。他们对“存在”的观念，影响及于柏拉图（Plato）及亚里士多德（Aristotle）。

此派的哲学可以称为“数的哲学”，即以“数”（Number）为宇宙万有之“形”或“相”（Form）。他们以为宇宙的实体有二：（1）数（Number）与（2）无限的空间（Unlimited Space）。一切事物的根本性质和“存在”，是基于无限的空间之形成于算数的方式。“数”是“存在”的有限方面；而空间是“存在”的无限方面。真的“存在”即是两方面的联合，缺一不可。数是自然事物的方式或模范，它预备了“模型”（Mould），无限的空间则供给原料（Raw Material），二者相合而万象生。即是说他们以“数”为一种宇宙事物的原动力，而事物为“数”的

"摹本"（Copies），世界一切现象，皆归纳于数。此处即已略示柏拉图（P1ato）的观念说与亚里士多德（Aristotle）的法相与物质的相互关系说底端倪。此派以数可代表以下的各种:（1）表最完全;（2）表灵魂健康光明等;（3）表友爱之源。

此派又以数有奇数与偶数，奇数有限，偶数无限（因偶数可以分析）。元素为数学的方式所规定，如：火是四面体；土是立方体；气是八面体；水是二十面体；还有第五种元素精气（Ether"以太"）是十六面体。更推衍出去以有限的方式为与奇数的、完全的、善的相一致；而以无限的方式为与偶数的、不完全的、恶的相一致。一切数系在"奇偶数"的"一"中都有秩序与调和。他们以为生活的相反处——善与恶，有限与无限，完全与不完全，奇数与偶数——都是在一调和的全体中存在。

至于此派的天文学观念，以为世界万有以"火"为中心，"火"的形状如空球，许多天体便围绕着中心的火运动。它们的运动是向中心的运动，这是水晶球体的天文学说的开端，其图如下：

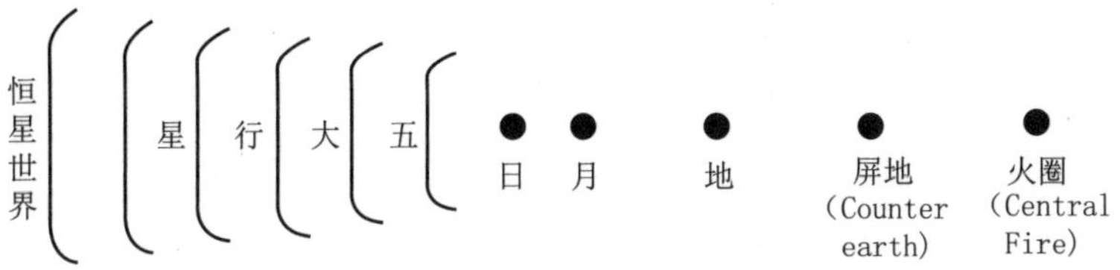

天体的数有十，以十为"完数"（Perfect Number）。运动的有八，除恒星常住不动外，地、月、日与五大行星，皆绕团火运行。此运动的星球，其距离皆有一定；又其数为八，适合八音阶之数，故天体运动，亦有一种和谐之音。此种天文学说有可注意的二点:（1）地动;（2）地非中心。——实开以后哥白尼（Copernicus）天文学说的先河。

【按】：毕达哥拉斯学派的“数”的哲学与中国哲学上象数之学，极多相同之点，譬如易《系辞》中所谓“象”，实即“form”。如谓：“易也者象也”，“圣人立象以尽意”。又曰：“夫象圣人有以见天下之赜，而拟诸其形容，象其物宜，是故谓之象”。释以今语，即变的现象中，抽出不变的概念，而以简单的法式表示之，是即所谓象，亦即所谓“form”。

兹摘冯友兰氏《中国哲学史》下册页五四八至五五一，所译述毕达哥拉斯学派的资料以作本讲的补充。

亚里士多德（Aristotle）在《形上学》九八六页上，对毕达哥拉斯学派的哲学，曾有如下的分析：“这些哲学家显然以数目为第一原理，为生存的物之质因（Material Cause），且为其改变与永久形状之形式。”数目之原质即奇偶：奇为有限；偶为无限。他们以为“一”自此二者出。（因“一”亦奇亦偶）从一生出一切数目；全宇宙都是数目。此派之别的哲学家说有十原理；他们列之为平行的两行；

无限	有限
偶	奇
多	一
左	右
女性	男性
动	静
曲	直
黑暗	光明
恶	好
长方	正方

德欧真尼斯引亚力山大所述毕达哥拉斯学派之教义云:"一(Monad)为一切物之始。"自一生不定的二(Indefinite duad),二属于一;一为二之原因。自一及不定的二生数(Numbers);自数生象(Signs)。自象生构成面积之线。自线生立体。自立体生可见之物。可见之物中有四原质:水、火、风、地。(*Diogenes Laertius Lives and Opinions of Eminent Philosophers*,V. 8)柏乃云:毕达哥拉斯派学者由理塔斯(Eurytos)常举出各种物,如人及马之数。并常以小石排为各种形式以表示之。亚里士多德以为毕氏此种程序,与以数人象(如三角数及正方形等)者同。(Burnet,"*Early Greek Philosophy*",P. 100)"三角数"(Tetraktys)之象,相传即毕氏所发明,"三角数"后有许多种类,但其最早者为"十数之三角数"(Tetraktys of the dekad),其象如下:

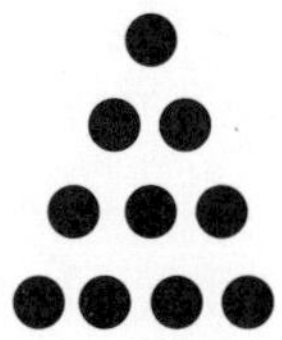

此象以"四之三角形"代表十数,明示一加二加三加四等于十。斯朴西坡斯(Speusippos)曾举十数之许多性质,谓系毕氏所发现者。例如数中之含有同等数之素数(Prime Number)及合数(Composite Number)者,十为其第一。斯氏所举果有若干真为毕氏所发现,不可得知。但相传毕氏于此有一结论,谓无论希腊人,或野蛮人,皆数至十而即复返于一,此乃依照天然者。吾人似可以此结论为系毕氏所得。此"三角数"明可无限扩大;以图像表示相续整数之和。此和名"三角数",依同理,相续奇数之和名为"正方数";相续偶数之和,名为"长方数”。如图（同上页一〇二至一〇三）：

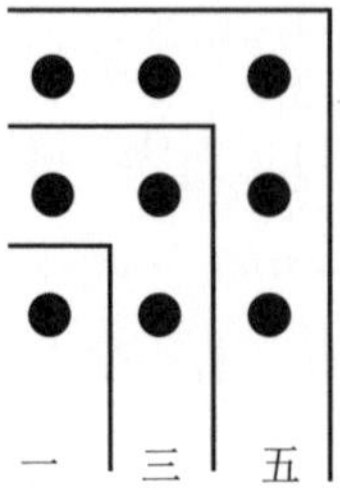

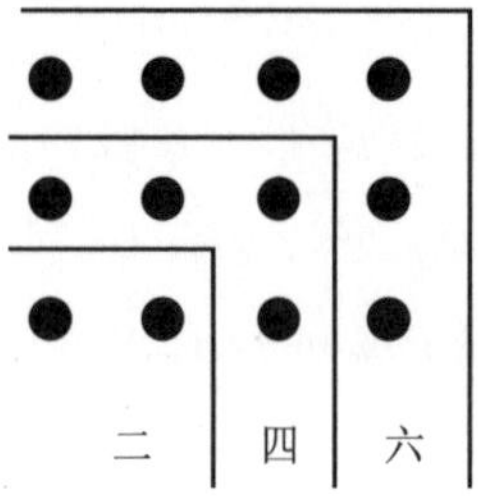

毕氏研究音乐，量弦之长短，以定音。毕氏以为万物皆数，似即因此。如音乐之声音，可以归为数，其他事物，何不能然。（同上页一〇七）所以毕氏以为天亦是一和声；一个数目。

三、多元论（Pluralism）

泰理斯（Thales）以来，不管东派与西派的哲学家，对于构成宇宙之本体均主一元之说，但一派主“变”，一派主“不变”；一派主“动”，一派则认为“动”是不合逻辑，是一种假象。为解决这种种中心的争论，遂有调和派的多元论的产生。十九世纪德之哲学家黑格尔（Hegel）说得好，哲学史中也有辩证的程序可寻。以上东派主“变”主“动”之说是“正”，西派主“不变”主“静”之说是“反”，因两派之争执，遂有多元论的“和”（合）的出现。

多元论者谓变易非变形（Transformation），乃换位（Transposition），是大块中各小分子的换位，生灭成毁都不过是位置的变易而已。即一切创造是一种新结合，而一切破坏不过是原来分子的分散而已。这是多元论者利用希拉克利泰斯（Heraclitus）的主张来解释宇宙。

多元论者以为要有“变”必要有“不变”为变的基础，他们认为构成宇宙本体的是许多单体的元素，不是单纯的大块。这些元素是不生不灭不变，与巴门尼底斯（Parmenides）的单纯的“存在”的性质一切相同；但多元论者的这种元素是可以变更位置而受机械的分割的。这是多元论者利用巴门尼底斯（Parmenides）的主张来解释宇宙。

多元论者已认“元素”不能变，元素自身便不能动，则宇宙的一切事物怎样能“动”呢？多元论者以为另有一种原动力（Efficient Cause）“动因”，这种原动力与元素一样，亦是物质的。——这种原动力可以说是万物有生论破坏的端初，而为宇宙的机械观的滥觞。我们要记住过去的一切宇宙论者，除掉爱理亚学派（Eleatic School）的一派外，都信运动即是生命。

多元论又可分为两派：一派主张构成宇宙万有的单位有性质上的区别，如恩譬多克理斯（Empedocles）、安纳撒哥拉斯（Anaxagoras）；一派主张构成宇宙万有的单位只有数量上的差异，这一派又叫原子论派（The school of atomism），首创者为陆起步斯（Leucippus），和他的弟子德摩克利泰斯（Democritus）。

（一）恩譬多克理斯（Empedocles，约 490—430 B.C.）是西西里（Sicily）岛的 Akragas 人，为多利亚（Dorians）的第一位哲学家，同时又是一个医学者和预言家。据顾西曼（Herbert E.Cushman）编著的《西洋哲学史》，谓恩氏为一富族子，初为一极有能力的政治家。遍历诸国，颇受毕达哥拉斯学派（Pythagoreans）的影响，他深究希拉克利泰斯（Heraclitus）的学说，又认识巴门尼底斯（Parmenides）。

恩氏认为构成宇宙万有的有四元素（Elements），即土、水、气、火。这四者不能彼此转化，但可以有种种不同的组合；这种种不同的组合，便是各种不同的物体之来源。至使元素之配合与分离的原动力，则是"爱"（Philotes）与"憎"（Neikos），"爱"是结合的原理，"憎"是分离的原理。恩氏认为"一切创造物，是一种新的组合；同时每一差别现象，不过是原始物的一种分离"。（All origination is a new Combination, and every distinction only a separation of the original parts.）。又谓"一切品性上的差别，皆属分量上的差别"（All qualitative distinctions are quantitative differences.）。

恩氏又主张"相似者相吸引"，宇宙的运动是循环的进化。"爱"将相似的元素聚集起来，跟着"憎"又将这相似的元素分开。——这是无限的宇宙的历程。

恩氏进一步以为"人"之所以有"知觉"，因为人也是这四种元素组成的，人之所以能够知道围绕他的宇宙，因为他内中的元素有与外界相同的，于是乃互相吸引。人的身上坚硬的部分是土，液体的部分是水，呼吸是气，而灵魂属火。感官只有元素的一部分，而理性则有元素的全部，故理性的认识较感官的认识为真实。

（二）安纳撒哥拉斯（Anaxagoras，500—428 B.C.），生于爱奥尼亚（Ionia）的克拉梭门尼（Clazomenae），居于雅典凡三十年，和政治家伯里克理斯（Pericles）、悲剧家幼里披底（Euripides）、辩者普罗太哥拉斯（Protagoras）等相友善，嗣被放逐而去雅典。毕生的事业，研究天体，他可以说是代表雅典哲学的第一次表现。

恩譬多克理斯（Empedocles）所发展的多元论，到安纳撒哥拉斯（Anaxagoras）乃更完成。安氏以为构成宇宙万有的不止四种元素、宇宙万有的现象无限。于是构成万有的元素底性质亦无限。事物的成毁生灭，便是这无数元素的聚散。这无数的元素，安氏称为种子（Seeds，希文 Spermata）。至安氏分别元素的特点，以形式、颜色和滋味为标准，故以骨、筋、髓、肉和矿物等命名元素。无数的元素，分得极精细，布满了宇宙。每一知觉的事物包括各种的元素，以占优胜的元素之名名此事物，譬如火，亦有冷的元素；但以火的元素占优胜故名“火”。

安纳撒哥拉斯（Anaxagoras）的种子不是自动的，使种子聚散的原动力是“Nous”，即“理性”（Reason）。Nous 也是元素之一，是“思料”（Thought-Staff），又是肉体的本质（Corporal Substance）。它与别的元素不同之点，因它是最精细而又具有自动的能力。它不单是其他种子聚散的原动力，且为宇宙万有的调和与秩序的原动力。——安氏的 Nous 与恩譬多克理斯（Empedocles）的“爱”和“憎”差不多，富有万物有生论的意味。

与恩譬多克理斯（Empedocles）和安纳撒哥拉斯（Anaxagoras）主张的多元论不同的便是陆起步斯（Leucippus）和他的弟子德摩克利泰斯（Democritus）。

（三）陆起步斯（Leucippus，500—430 B.C.）生于米利都（Miletus），前五世纪中叶到过爱理亚（Elea），从齐诺（Zeno）游；后在阿勃特拉（Abdera）（在希腊北部 Thrace 境内）创一学派，宣传其学说。陆氏认构成宇宙万有的为无数的不可分的原子（Atom，希文 Atomon，即不可分之意），依原子的必然运动而构成宇宙万有；陆氏的必然运动，并无解说，只知陆氏否认爱理亚派无虚空之说，并主原子在空间运动。事物的生灭成毁，亦由于原子的聚散。陆氏的这种原子与安纳撒哥拉斯（Anaxagoras）的无数的有性质差异的“种子”不同，他认宇宙万有的差别，皆由于原子分量的差别。——此量的差异说，为文艺复兴与后近代科学思想上质差由量差之说的来源。陆氏为原子论之祖，至原子论学说之完成，则有待其弟子德摩克利泰斯（Democritus）。

（四）德摩克利泰斯（Democritus，460—370B.C.）为陆起步斯（Leucippus）的学生，生于塞来斯（Thrace）（在现在欧洲土耳其和希腊北部交界的地方）的阿勃特拉（Abdera）。他比苏格拉底（Socrates）小十岁，与中国的墨子同时。遍游希腊、埃及（在埃及住了五年），与东方各地。四十岁的时候，始重返阿勃特拉研究科学。德氏是古代最出力研究并考察宇宙的一个人，亚里士多德（Aristotle）的科学著作多取材于德氏。古代的人很赞扬他的著作，可惜于耶稣纪元后四世纪失掉了。

德氏为集大成的原子论者，除将其师陆起步斯（Leucippus）的学说加以系统的阐发外，并采纳哲人普罗太哥拉斯（Protagoras）的知觉说，因此便成为这一派最特殊的代表。

德氏继承其师陆起步斯（Leucippus）原子之说，但较其师为进步为完备。德氏是希腊宇宙论哲学家中，由万物有生论一变而为实在论的唯物论（Realistic Materialism）的人。

德摩克利泰斯（Democritus）将一切现象都释为原子的机械运动。事物的表面的性质和事物的性质的变化不过是原子的分量关系。没有一件事物是可以释为任何精神的表现，或者是有精神的关系的。无论什么事故后面都是机械的原动力。机械的原动力是德摩克利泰斯（Democritus）学说的要义。

德摩克利泰斯（Democritus）以为宇宙有两部分：一是性质相同的原子；一是虚空的空间（Void），原子即在其中运动（原子是“有”，虚空是“非有”）。原子在形式与大小上有分别，其数量无限，故形式与大小亦无限。原子之本体，虽为我人所能存想，但非我人之肉眼所能看见。我人的肉眼可见到的为原子组成后的物体。原子在空间运动，相似的原子相吸引，就成为无数的世界。有时小世界被吸入大世界的漩涡，有时大世界以冲突而又分散，所以世界为无尽之连续，全体在空间舞动像球一样。

德摩克利泰斯（Democritus）以为人类的心理活动，为我们身中的火的原子，与在我们以外的一群原子，直接或间接接触。火的原子与别的原子不同，是最精细，最光滑，又最能动，故为原子中最完全的。火的原子分散在宇宙中，哪里有火的原子，哪里即有生命。动植物均有火的原子，但人类较多，所以人便超出万物之上。德氏又采用当时流行的"流出说"（Theory of Effluxes）。他以为外物（客体）自身发出东西，这种东西即外物自身的写本（影像）（Images；Copies）。这种写本经过感官可以使内心之火的原子运动，凡能直接刺激理知的火的原子作极精细的运动的，必是最精细的写本，最精细的写本是事物的真相，因此只有理知可以认识一切事物的真相。感觉为粗些的写本，对于火的原子只作间接的冲突，所以对于事物的认识是相对的。德氏在此处，用原子运动统一了理知与感觉的认识。

德摩克利泰斯（Democritus）以其唯物的心理学为根据，承认感官知觉不过是一种过渡的历程，他不同意普罗太哥拉斯（Protagoras）的知觉所得是一切知识之说。德氏以为人有感官知觉，亦有理知。感官知觉所得的是相对的知识，理知所得的则是绝对的。换句话，理知所得的是"真知识"（Genuine Knowledge），感觉所得的是"暧昧的见解"（Obscure insight）。德氏又以为感觉所得的知识是"私生子式知识"（Bastard knowledge）。理性所得的知识是"家生子式知识"（Trueborn Knowledge）。

德摩克利泰斯（Democritus）的伦理学说亦以他的原子说作根据，影响其后的伊壁鸠鲁派（Epicureanism）。他的伦理学说：以为真知识既是理知的理想对象，所以真快乐也是我们行为的理想的目的。德氏认为理知的原子运动与感官的不同。理知的火的原子小，运动是温和的，和平的；感官的原子运动是粗糙的，狂暴的。理知所得的既是真知识，所以理知的快乐，也是真实、永久、和平的快乐，感觉既是暧昧的见解，所得的不过是外表而不是真的实体，所以感官的快乐，亦不过是过渡的、不定的、不自然的和欺诈的。德氏心中以为理想的快乐纯粹是知识的，这很有禁欲主义（Asceticism）的趋势。总之，德氏主张快乐的根据是最高的理知，没有便不快乐。——这样，德氏的伦理学说和苏格拉底（Socrates）一样是幸福主义的。

德氏认灵魂亦为原子所构成的，则原子分散，灵魂亦必然消灭。——此说与宗教思想大相径庭，或即为其著作入中世后散失的主要原因。

宇宙论时期的哲学（即希腊青春期）有两种极确定的结果：第一它救了希腊在此一百五十年间的知识界免为神秘宗教的奴隶。理性的哲学若不是给希腊知识界以许多新观念时，神秘派的宗教就要扑灭希腊的天才。第二宇宙论时期遗传给它的次期以一种很清楚的对比，就是知识界的有秩序与感觉界的无秩序。以宇宙中为有一种与则律相合的有秩序的思想，在这时期表现得很清楚。这种秩序是从研究天文学得来的。这些宇宙论者所寻求的永存不变的原理是在诸星的单纯的关系中所发现，星的运行便是秩序与不变的表现。虽然他们掺杂了初步的万物有生论，尚未能在这现实世界的种种运动中寻出一种有秩序的不变的存在，但已将不完全的现实世界与完全的天界相对照。所以在这种天文的与具体的方式中已得着一种特殊的价值，有伦理的和唯美的意义。——这不特影响柏拉图（Plato）与亚里士多德（Aristotle），并且也影响于近代思想。

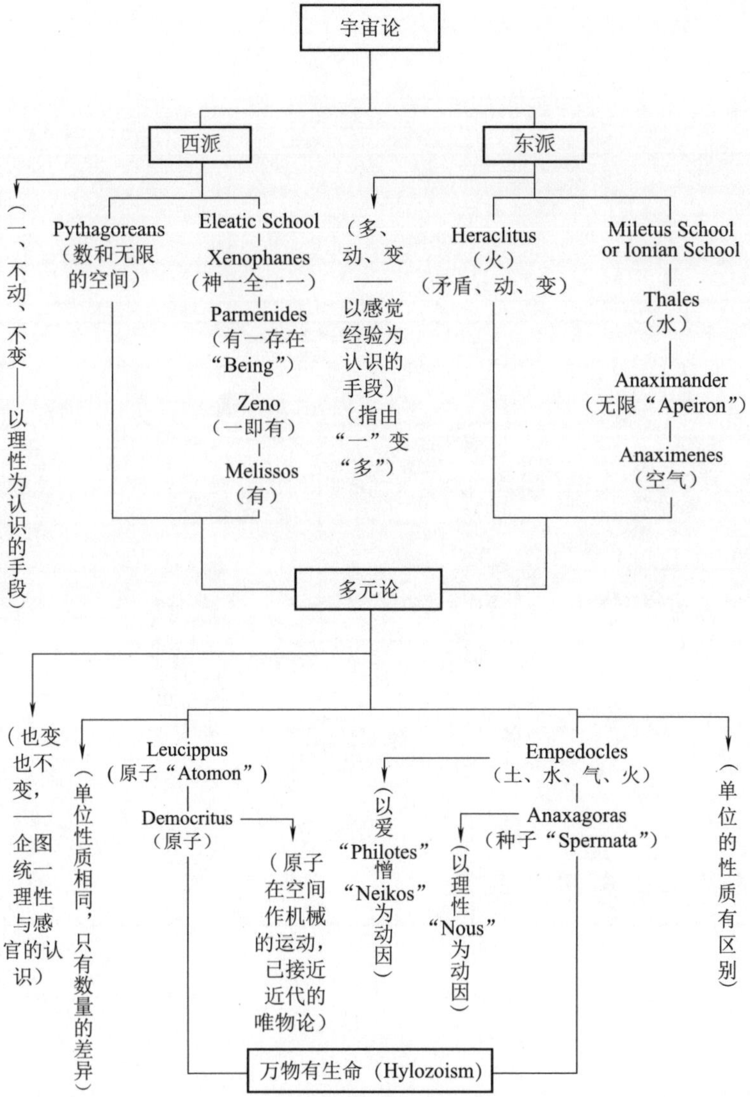

宇宙论
西派
东派
（一、不动、不变——以理性为认识的手段）
Pythagoreans
（数和无限的空间）
Eleatic School
Xenophanes
（神一全一一）
Parmenides
（有一存在“Being”）
Zeno
（一即有）
Melissos
（有）
（多、动、变——以感觉经验为认识的手段）（指由“一”变“多”）
Heraclitus
（火）
（矛盾、动、变）
Miletus School
or Ionian School
Thales
（水）
Anaximander
（无限“Apeiron”）
Anaximenes
（空气）
多元论
（也变也不变，——企图统一理性与感官的认识）
（单位性质相同，只有数量的差异）
Leucippus
（原子“Atomon”）
Democritus
（原子）
（原子在空间作机械的运动，已接近近代的唯物论）
Empedocles
（土、水、气、火）
（以爱“Philotes”憎“Neikos”为动因）
Anaxagoras
（种子“Spermata”）
（以理性“Nous”为动因）
（单位的性质有区别）
万物有生命（Hylozoism）

宇宙论时期系统图

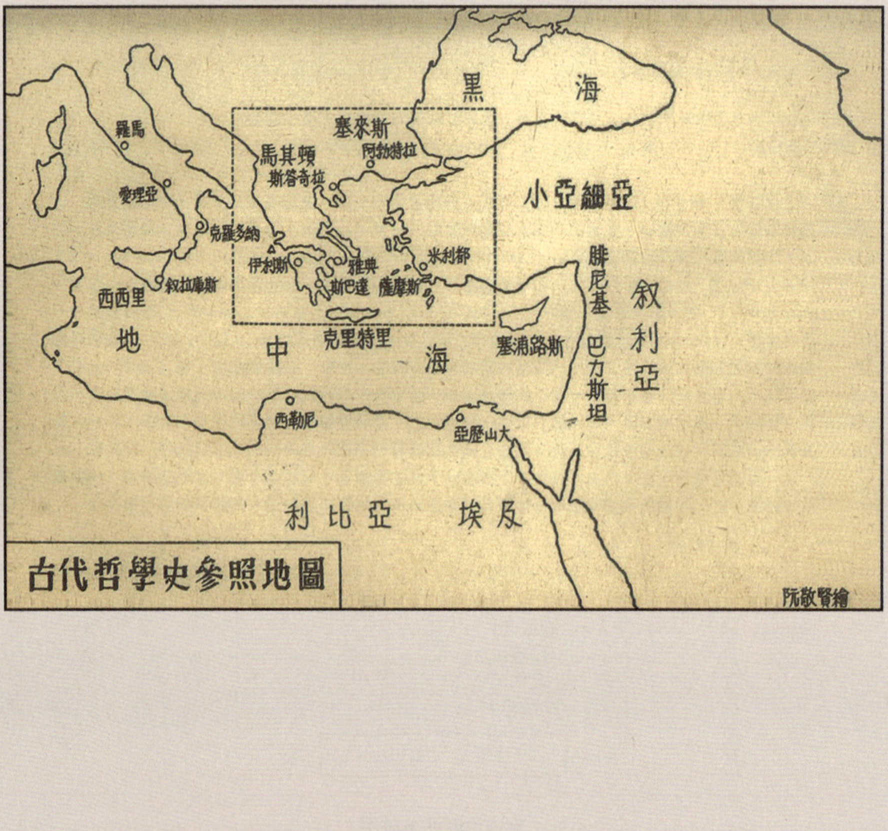
黑海
塞來斯
阿勃特拉
馬其頓
斯答奇拉
羅馬
愛理亞
克羅多納
小亞細亞
伊利斯
雅典
米利都
斯巴達
薩摩斯
叙拉庫斯
西西里
腓尼基
叙利亞
地中海
克里特里
塞浦路斯
巴力斯坦
西勒尼
亞歷山大
利比亞
埃及
阮敬賢繪
古代哲學史参照地圖

第三章　希腊哲学的成熟期（上）（480—322 B.C.，对波斯战争胜利，迄亚里士多德之死）

纪元前四八〇年是希腊哲学由宇宙论到人事论划期的一年。此际历史上有最大的事件凡三：（1）是波斯战争（490—480B.C.）；（2）是伯里克理斯（Pericles）的执政（467—428B.C.）；（3）是伯罗奔尼撒内战（Peloponnesian war，432—403B.C.）。

波斯战争后，雅典以胜利余威，成了各邦的盟主。于是以殖民地米利都（Miletus）等处为中心的文明，便渐渐移入希腊本土雅典（Athens）来了。这是希腊历史新页的开始，史家名为“希腊启蒙时代”（The age of Greek Enlightenment）。伯里克理斯（Pericles）是最贤明的政治家，他执政三十九年间，可说是希腊文化最辉煌的时代，一时名人辈出：大悲剧家如幼里披底（Euripides）、伊士奇（Aeschylus）、索福客俪（Sophocles），大雕刻家如菲狄亚斯（Phidias），大历史家如希罗多德（Herodotus）、修昔的底斯（Thucydides），大哲学家如普罗太哥拉斯（Protagoras）、苏格拉底（Socrates）、德摩克利泰斯（Democritus）等，都活跃于这一期间。因为希腊人有闲又有钱了，所以大家对于学问的兴致浓厚。同时，平民政治代替了贵族政治，所有公民，几乎无人不直接参与政治了；问政就需要知识，法庭的声辩也需要才智，于是学问的实际要求也愈益迫切。这时学问不限于少数人了，已经普化到一般公众。戏剧也是一种教育，因为戏剧发达，公众便也获得了无数的精神的教养。个人的地位提高了，自觉和批评的倾向渐浓了；对政治批评，对法律批评，对传统批评，和对自己也批评。各方呈现了灿烂的奇观。

波斯战争的胜利结束，给希腊以后发展文化以自信和自觉；伯里克理斯的执政，让希腊文化开了好好的花朵；伯罗奔尼撒内战则使希腊的果子呈现出来，但却没有花开了。盛之始，就是衰之渐，政治然，文化亦然。

若要说明波斯战争之前与波斯战争之后的希腊时，就可以说以前是传袭的，后来是批评的，所以波斯战争是希腊的遗传的态度与批评的态度的过渡点。波斯战争以后，因为政治的民主，文化得以自由发展，个人觉醒，于是由怀疑而批评的精神便发达到了最高点。最重要的是对于法律与道德的态度：从前以法律为天命的，现在个人乃在法律之上而可以任意加以判断。这时注意的问题是人为律，是否也与自然律一样有办法可以找出普遍妥当的真性质呢？——这个渐渐而来的潮流为“人本主义运动”。代表了这个方向，由批评而入于怀疑的，是那些“哲人”（Sophists）（或译作“辩者”）；复由怀疑而再入于肯定的，则是苏格拉底（Socrates）。

（1）哲人（Sophists）——Sophists一词源于希腊文“Sophour”，本为“智者”的意思，后来指老师；再后指得束脩的老师而言。但其末流，大都鼓弄唇舌，淆惑是非，为纯粹的诡辩，被人目为“辩者”（即舌辩家）。

黑格尔（Hegel）认哲人是希腊启蒙运动的代表，直接引起希腊文化上变动的人。这些哲人应时势的需要，在平民中间传播学问。他们教授文学、历史、文法、论理要义、对话术（Dialectics）和修辞学（Rhetoric）——一切关于人类表现的艺术。他们也特别研究，并教授关于人类相互关系的学科，如伦理学、心理学和政治学等科。他们的工作是将希腊个人主义的福音往各处宣传；他们的谬误便是常常将个人主义与假善相混，使听者误认表面知识与真知识为相同的。

希腊的孩童受了初等教育之后，到了十六岁便去受哲人的教育。希腊人的教育原来分成两部分：为身体则有体操，为精神则有音乐。所谓音乐是包括几何学、弹七弦琴、发音、合唱与诗歌、天文、地理和物理等科。到了十六岁便出来在街上或其公共地点受教于社会上有名的哲人。在这时期哲人才教他们以高深的学科，使他们以后在政治上、社会上和法律上可以成功。

哲人运动，为期百年，人物之多，更仆难数。兹举可以算作哲学家的有普罗太哥拉斯（Protagoras）、哥基亚斯（Gorgias）、普洛狄科（Prodikos）和喜庇亚斯（Hippias）。其中尤以普罗太哥拉斯和哥基亚斯为有名。

一、普罗太哥拉斯（Protagoras，约485—415B.C.），生于塞来斯（Thrace）之阿勃特拉（Abdera）。普氏为游行大师，从之游者，辄百千人，所至声名洋溢，受人欢迎，为伯里克理斯（Pericles）所尊敬。

普罗太哥拉斯在认识论上，他以为人类的知识没有办法洞见绝对真理的性质，所以认识也是相对的，决非绝对的。——这便是普罗太哥拉斯的相对论（Relativism）。

普罗太哥拉斯以为过去宇宙论者对于宇宙本质的看法，不管米利都（Miletus）学派，爱理亚（Elea）学派，甚至多元论（Pluralism）所发明所倡导的，都不是我们眼目所能见的，所以都不过是空论和假说，一无实际价值。他的相对论（实在说是哲人运动中的“怀疑论”），有两种基本原理作根柢：一是希拉克利泰斯（Heraclitus）的普遍变化说；其次便是他自己倡导的，感官知觉是知识的独一来源的学说。希拉克利泰斯（Heraclitus）以变化为普遍的，从这个变化到别的变化连续不断。普氏认感官也是这大流中的一部分，所以知识是霎时的，不是绝对的。理知是推广的，继续的感觉。只有知觉的现在的一瞬间是知识，除现在的一瞬间外没有真理。普罗太哥拉斯于是说出他最有名的一句话：“人是万事万物的权衡”（Man is the measure of all things.）。每个人在他的知觉的一瞬间看见他自己所见的真理。只有此一瞬间的知觉是真，在那一瞬间亦只有此知觉。有多少个人便有多少真理，个人一生有多少瞬间便有多少真理。每一个人都是真、美、善的计量，因为一件东西此人以为是真的好的，或者别人便以为是假的有害的。真际（Reality）之最后因或终极情况，尤非吾人所能了然，形而上学的问题，乃是枉费精神的。——这是绝对的唯觉主义（Absolute Sensationalism）。

在普罗太哥拉斯（Protagoras）学说里，客体（Object）与主体（Subject）开始显明的对立。这是哲学上的一大进步。“人是万事万物的权衡”——这划时代的一句话，便可代表人类的自觉，这便揭开了批评的序幕。

二、哥基亚斯（Gorgias，约483—375B.C.），生于里昂狄尼（Leontini），是一位演说家。相传为恩譬多克理斯（Empedocles）的弟子，受Elea的齐诺（Zeno）的影响。普罗太哥拉斯（Protagoras）的哲学谓一切都是相对的“真”，哥基亚斯却说一切都是相对的“假”。

哥基亚斯认为知识限于感觉，感觉为个人所专有，都是相对的。他认为许多哲学家所谓宇宙的本质或实在是不存在的，因为这些非感官所能发现，所以都是假的。就纵令存在，也不可知；纵令可知，也无法将我们的知识传达于人。我们虽能用语言文字将一己的经验告诉人，但语言文字只是代表我们经验的符号，所以能传达出来的决计不是我们的经验的本身。

哲人的伦理学说——个人己为万事万物的尺度，真伪便没有一定的标准，善恶亦然。道德的则律，因地不同，社会的一切制度亦何尝不如是。所以我们很难讲，哪种道德系统或哪种政体与法制是绝对的好或不好。我们只能说，在某种情形之下，这种道德观念或政法制度是比较适宜或不适宜。这样说来，道德观念或政治制度只不过是某时某地的人民所共守的惯例。但制定这些惯例的是些什么人？对于这个问题，哲人中有两种不同的答案：照苏拉西马客斯（Thrasymachus）的说法，是强者为压迫弱者而设的。换言之，公理即强权。但照卡利克利斯（Callicles）的说法，则系弱者为自卫起见，用来约束强者令其不敢胡作非为的工具。这两种答案虽不同，然皆认人所以遵守道德和法律，并非出于本性。道德或法律不是自然的而是人造的。人的本性与野兽无异，其所以不敢任性的原故，完全是怕社会的制裁。哲人愈以个人方面的人性释“自然”，则国家法律便愈与自然律相反。

（2）苏格拉底（Socrates，469 or 470—399B.C.）——生于雅典，父为雕刻师，母为产婆（Midwife）。本身无著作，他一生的史料与学说，皆从其弟子齐诺封（Xenophon）、柏拉图（Plato）及其后亚里士多德（Aristotle）等著述中搜讨而得。——这一点有似于中国之孔子（他生于孔子死后十年）。

苏格拉底的特殊人格是这个时代的中心人物。亚息别兹（Alcibiades）说，苏格拉底像雅典街上卖的小匣子，这些小匣子做得像酒神的师保一般，里面装着一个雕刻的小像。这话譬比得很合适，因为苏格拉底实在是内秀，而外面却是很难看的。他又矮，又胖，颈项又短；眼凸而鼻扁，鼻孔朝天，口大露齿而髯无序，足小而大腹便便。苏氏的貌虽丑，而他的灵魂则美不可言，人赞其仅次于耶稣基督。苏氏之生活很严肃，有似一禁欲主义（Asceticism）底苦行的人。冬夏都赤着脚走路，衣裳也非常的褴褛；即以饮食而论，平素适可而止，从不过度，可见其节制力之强。苏氏待人之态度和蔼，谈笑从容，当时的名人和希腊一般的青年皆喜欢与之为友。他自己亦常自称为“青年的恋人”。他的太太任太勃（Xantippe）是一个悍妇，以苏氏弃家不顾，日与少年讨论谈话，更不时作狮子吼。一日在家被妇詈后，方出门，妻泼以水，苏氏夷然地说：“我知道响雷之后，必有大雨哩！”（I knew such thunder would bring rain!）这虽近于滑稽，亦可概见苏氏度量的宏大及他的为人的幽默。齐诺封（Xenophon）记苏氏某次从征，有一日晨，立于营外，逾午视之，立不移处，比晚犹立如初，直至第二日晨。此可见苏氏精神的凝一。

苏氏亦一哲人，批评旧习，不留余地，其为守旧者所反对，自在意中。加以雅典全民政治的弊病日露，选举用拈阄法，驯致制革制鞋之徒，每尸高位。苏氏目击心伤，讥讽评论，令人难受，所谓“苏格拉底式的冷嘲”（Socratic Irony）。执政者忌恨之余，控以破坏宗教，败坏青年道德，图置之罪。苏氏侃侃分辩，并详述其一生经历行事，其词见柏拉图（Plato）所记的*Apology*中，至动听闻。后投票表决，以二八一票对二二〇票通过有罪，米利塔斯（Meletus，控苏氏的一人）因提议宣布判苏氏死刑。按雅典律，苏氏犹有权请易他刑，苟稍纳罚金，即可以得判官的允许。时苏氏之友人很多愿意出钱为苏氏赎罪，但为苏氏反对，苏氏谓：“宁使国家法律负我，我不能有负于国家法律”。死刑已判，曾以第洛斯（Delos）岛有祭祀，缓刑三十日，苏氏有可逃的机会，友朋中多有劝其逃走的，亦为苏氏反对，谓：“全身事小，坏法事大”。遂于公元前三九九年五月从容饮毒药死。临刑前，依然与友人讨论哲学上的大问题，趣味横生，一如往昔。瞑目时犹嘱托朋友替其向药神还一只鸡之愿，不敢失信。最后一刹那依然那么慈祥，那么坚贞，那么宁静，那么不苟，真不愧是一个永远光芒万丈的哲人！

苏格拉底的出发点与哲人完全是相同的，他是批评的哲学家，他的哲学皆以批评做起点，对于特殊问题亦以批评为根据。这可以表明他也和哲人一样以个人的理智为最后的判断。不承认未经考察的遗传的武断，起始即为各种概念之批评的研究。他同时和哲人一样以自然科学的结果为无价值，因为自然科学不能导人入于道德的最高境地。宇宙论者的结果就可以表现自然科学于人没有好处。在这一方面苏氏和哲人一样抱着怀疑论。但是对于人性的价值方面，苏氏却正与哲人的思想相反，他认为人事中有确实的真理与绝对的知识的可能。他虽和哲人一样亦承认人类思想中确有矛盾及暧昧不明白之处；然而苏氏并不和哲人一样以为既有矛盾即无真理，却认为矛盾及不明白之点是可以打破的，主张真理是存在于人类全体中。真理存在于那里为人类全体所追求的一个理想。普罗太哥拉斯谓："人是万事万物的权衡"，普氏所谓"人"是指"个人"；如果苏格拉底也用这句话，则苏氏所谓"人"必是指"全体人类"。

苏格拉底所寻求的目的是一种理想，他相信理想在概念（Conception）之中。在苏氏概念中的理想就是知识，所以他说："知识即道德"（Knowledge is Virtue.）。但这些概念从哪里去寻求呢？苏氏说是从自己的心意中去寻求，他以德尔裴神殿（Temple of Delphi）上所镌的"知道你自己"（Know yourself.）的一句话作为实用的格言。苏氏所说的"知识"，不同于那些哲人以感觉得来的知识，苏氏所谓知识，是指一种内识或一种真知灼见（此字原文为 Insight，日人译作"洞见"）。所谓"道德"（Virtue），不是近代的狭义的解释，更不是原义所谓勇敢或壮健的意思。希腊原文 ápetú，意本指能力（Ability）或最善（Excellence）。近代有一本书叫作《世界上最大的事》，作者是要表明基督的爱是世界上最大的事。苏格拉底则以"知识"（或智慧）为世界上最大的事。——这也是希腊文明与基督文明的对照。实在说，苏氏"知识即道德"一语，意指真知灼见为世界上最善之物。苏氏不单以知识之有无多寡，为为善舍恶的标准，也是人们快乐与不快乐的标准。因为为善最乐，为善的本身即快乐；而人能为善由于有知识，知识多即善多，善多即乐多。苏氏更进一步相信"道德即幸福"，即幸福说（Eudaemonism）。快乐之增加是与知识相为比例的，已然善多即乐多，则乐多必幸福无疑。

这里要特别注意的，苏氏所主的“知”，决非个己的知，而是人类公共普遍概念的知。哲人以个己为万事万物之权衡，不承认公共的标准，所以便此亦一是非，彼亦一是非，知识界既无一定的是非善恶之公共标准，则思想自不能统一，行为自不能一致，驯致社会毫无秩序与条理。苏氏主张求概念普遍的知识，为一定的公共标准，使人之思想行为可趋于统一。

苏氏追究普遍的定义时，有类于近代的归纳法，由不同的矛盾的个体中抽出共同之点。下手处便是与人谈话，自认无知，将问题层层推阐，破除对方的邪执，结果真义自然显示。苏氏自诩他自己为“精神上的产婆”。他那富有风趣和诲人不倦的热诚，是无可比拟的一位善为人师的哲人。——这一点也是与中国的孔子相似的。

小苏格拉底学派——苏格拉底死后，他的影响，远大而深挚，受感化于其人格者多，受影响于其学说者较少。他是没有默示的默示者。他的学说，有许多解释，便成了许多学派。有只发展其伦理学说的为小苏格拉底学派，有将其思想发展为有系统的学说的为柏拉图（Plato）。柏拉图容待下章详论，这里且先一述小苏格拉底学派。

小苏格拉底学派有：

（一）米加拉学派（Megara School）——为欧几里得（Euclid or Eukleidês of Megara）创始的。

（二）爱林爱利屈恩学派（Elean-Eretrain School）——为费杜（Phaedo）创始的。

（三）犬儒学派（Cynic School）——为安提斯第尼斯（Antisthenês）创始的。

（四）西勒尼学派（Cyrenaic School）——为亚利士狄柏斯（Aristippus）创始的。

前两派的影响不大，可略而不论;（三）（四）两派则于当时及后来的哲学思想，都有影响，不能不略论，兹分述之：

一、犬儒学派——创始人安提斯第尼斯（Antisthenês，444—369 B.C.），生于雅典，初学于哥基亚斯（Gorgias）后受苏格拉底（Socrates）的人格感化。Cynics 希腊文为 Kunikoi，语源 Kuôn，为犬之意，言生活似犬。又谓安氏曾在雅典建一学园，颜曰：白犬（Kynosarges），从之者有台屋琴尼（Diogenes）、克雷兹（Crates of Thebes）、妻希伯卡（Hipparchia）、兄米托克利（Metrocles）。这派可以说为禁欲主义（Asceticism）的学派，与其说重认识，不如说重实行。想实现苏格拉底的理想的人格，实践个人的绝对自由及德即福的理念。认为道德是绝对的目的，以知识为达到这种目的途径，换言之，即道德或知识无非是得到快乐的方法。以脱离一切束缚为理想，蔑视社会的一切文明。故这派学者均以为人必须要除去他那不能满足的欲望或无益之欲望，以求自身之独立。只须保存几种最要紧的生存的欲望。这派认为不为一切外物所支配，即能“自主”（Self-mastery）与“自足”（Self-sufficient）者为贤人，反之则为愚夫。——其说为后来之斯多亚派（Stoics）所发展。

二、西勒尼学派（Cyrenaic School）——创始人亚利士狄伯斯（Aristippus，435—355B.C.），生于西勒尼（Cyrene），是非洲北部一个富饶之地，初为哲人，后列苏格拉底之门。苏氏死后，回故乡创设西勒尼学派。子孙三世传其学，其女阿尼德（Arêtê），孙 Aristippus 等集大成。这派发展其师苏格拉底德福合致说为快乐说，以为人生最终之目的为快乐。所以这派的学说又叫做“快乐主义”（Hedonism）。但这派追求的快乐为永久的快乐；又所追求的快乐与其说是肉体的毋宁说是精神的。犬儒学派以禁欲为使个人可以得到快乐，而西勒尼学派则恰恰相反，以满足欲望可以得到快乐。这派的末流走入悲观主义，谓人生虽以快乐为目的，但人生的旅途毕竟苦多乐少，故人生希望的最高点是“不苦”。这派的认识的方法，接近于普罗太哥拉斯（Protagoras）的唯觉主义。——其说为后来的伊壁鸠鲁派（Epicureanism）的先驱。

第四章　希腊哲学的成熟期（下）

一、把苏格拉底（Socrates）的思想发展成为有系统的学说的是柏拉图（Plato，427—347B.C.）。

柏氏出身贵族，是希腊所谓“七贤”之一的梭伦（Solon）的后裔。长于雅典（亚坡罗“Apollo”人），原名 Aristocles，美仪容，好美术诗歌，年二十始入苏格拉底（Socrates）之门，专攻哲学。苏格拉底（Socrates）就义时，柏氏年二十八。此后他周游四方，远至西西里（Sicily）与埃及。至西西里叙拉库斯（Syracuse）说其国王带奥尼细亚斯（Dionysius）改革政治，拟建立他的“理想国”，不特未见行其道，且被鬻为奴，嗣由友人赎回，于纪元前三八七年偕归雅典，柏氏时年四十。就雅典郊外 Academy，设学舍授徒，从者甚众。此学园之设立，固为教育史上一大事，亦为学术史上一大事。其后四十年间，曾两度至意大利西西里，仍未达其志，遂著书讲学以终。所著书大率用对话体，朴实华茂，共三十五卷，均完整无缺。中以《理想国》（*Republic*，或译“共和国”）、《飨宴》（*Symposium*）、《普罗太哥拉斯》（*Protagoras*）最脍炙人口。

柏拉图的一生正当斯巴达与马其顿（Macedonia）兴起之中的期间，与雅典的不幸的历史相终始。他思想上的渊源所自有四：（一）是他先曾就教于克腊提拉斯（Cratylus），克腊提拉斯是希拉克利泰斯（Heraclitus）的门人；（二）是他受学于苏格拉底；（三）是从米加拉（Megara）的欧几里得（Euclid）那里得知巴门尼底斯（Parmenides）之说；（四）是受毕达哥拉斯学派（Pythagoreans）的熏陶。

柏拉图的《对话集》不限于某种科学，讨论的范围很广。后来他的弟子亚里士多德（Aristotle）始将他的哲学分成三部分：（1）辩证学说（Dialectic）；（2）伦理学说；（3）物理学说。

柏拉图采纳了普罗太哥拉斯的相对知识之知觉的世界说，放在苏格拉底的概念之旁，结果就认为有两个世界：（一）为理念（本体）的世界（World of ideas）；（二）为物质（现象）的世界。前者为理知的对象，为万有的根源，是永恒不变，超感觉的实在；后者为感官的对象，为理念世界的摹写，是流转无定，可感觉的物体（现象）。故前者是离开物体而存在的超越的实体；后者为生灭变化的虚幻的现象。[前一个世界是以爱理亚派（Eleatic）的不变的“单一”与苏格拉底的概念混合；后一个世界是希拉克利泰斯（Heraclitus）所说的流，表现为可以知觉的事物。]

柏拉图所谓“理念”是什么呢？简单说来有三：（1）如现代哲学在思想上、道德上、审美上所称的律则；（2）如我们用以区分万物时所标之类别；（3）如自然科学上所说之典型或种属（Species）。总之，理念是由一切可能的概括作用而得者，其数与共名等。每一共名，即表示一“理念”，正如每一专名即表示一“个体”然。感官得个体，抽象化或概括化则得理念。

苏格拉底的概念是从许多特殊事情归纳而成的，是知觉的论理的

"性质"。而柏拉图的理念，不在知觉之中，是在知觉之外具有独立的实在。——这是欧洲思想中最初以实体为精神的而非物质的开始。

柏拉图用理念如何解释物质世界呢？柏氏认理念为至善（Highest Good），即绝对的善。所以理念世界是物质世界完成的目的。理念世界不但是一切知识的真理，亦是各种变化的完全的目的论的原因（Teleological Point of View）。万有皆从善的意义，便是理念世界与物质世界的目的论的关系。但柏氏的理念已不运动又不改变，它怎样可以使物质世界向理念世界达到至善的目的呢？柏氏以为这是由于"爱"（Eros）。柏氏的爱是指人类于不完全中求完全的渴望，是天赋的求不朽的欲望，爱是"有"与"无有"的中项（Middle Term），是人性中的高尚的部分与低下的部分的联合。换句话说，也就是物质世界向理念世界追求至善的原因。

柏拉图的理念已是绝对的善，受道德目的的支配，最高的理念在万有之上，与万有以价值而使之真实。然则柏氏善的观念是否与神一样呢？柏氏称善为"Deity"（意译即"神"，世界理性），又加以"Nous"之名（心意或理性）；但非如基督教之上帝（神），不过表示柏氏受了Anaxagoras的很大影响而已。柏氏的善的观念，不是一个有人格的人，亦不是精神的人，而是表明绝对的伦理目的与世界之究竟而已。

柏拉图追求他的形而上的绝对善底理念世界的方法，是他自己标榜的辩证法（Dialectics）。柏氏在《智者》及《政治家》二对话集中，对他所用的辩证法有详细的讨论。简言之，柏氏的辩证法有分与合的两方面，分就是同中求异，合就是异中求同。即在《政治家》中所说：有两个普遍应用底大技术：一个是合的技术（The Art of Composition）；另一个是分的技术（The Art of Division）。

兹据冯友兰著《新知言》页十九至二十引译柏氏《智者》对话中两

节为例：

前者为“异中求同”——在《智者》对话中主持讨论底客，分析钓鱼人的性质。“客谓人可分为两种，一种是技艺者，一种是无技艺者。技艺又分为二种，一种是生产新物底，一种是获得成品底。后者又分为二种，一种是交易底，一种是夺取底。后者又分为二种，一种是用公开底力量，一种是用秘密底力量。后者又分为二种，一种是以无生物为对象，一种是以生物为对象，钓鱼者与智者都有以生物为对象底，以秘密力量夺取成品底技艺底人”。

后者是“同中求异”——智者的性质又可从另一方面看。在《智者》对话中，“客以交易的技艺，又可分为二种，一种是买，一种是卖。卖又分二种，一种是卖自己制造底，一种是卖别人所制造底，后者又分为二种，一种批发，一种是零售。后者又分为二种，一种是售身体食粮；一种是售精神食粮。后者又分二种，一种是炫人底方术，一种是学问。后者又分二种，一种是道德底知识，一种是别种的知识，贩卖零售道德知识底商人，就是智者”。

柏氏的理念在他的伦理学说上的表现，约有三方面：（1）善的学说的发展；（2）完人的四种基本道德；和（3）理想国的蓝图。

柏氏绝对相信道德的行为，可以使人得着幸福，更相信这种幸福，就是“最高的善”（至善）。同时，他亦承认别种快乐，可为达到理想之善之阶段与步骤。在他的爱的理论中，善的种类极多。除知识的直觉与其快乐外，亦有物质的善与快乐。精神的快乐可以毫不掺杂痛苦；但是感官的快乐亦有不掺杂痛苦的。这实在足以代表希腊精神。对于宇宙中事物的快乐，对于艺术的快乐，对于算数科学的快乐，对于生活的秩序的快乐等等，一切都是充分达到这伦理的善的步骤，各有其相对价值。

柏拉图进一步分析人的心理生活，亦有二元，人一方面以感官知觉去参加转化（现象）的世界；一方面又以直觉的理知去参加“存在”（本体）的世界。如图：

人
- 理性的性质——理知（知）。
- 非理性的性质
  - 高贵的——意志（情）。
  - 鄙贱的——感官的嗜好（欲）。

柏氏以为理性可以不朽，感觉是会速朽的。

此心理之三部分各有其职司，发展其职司而使其互相调和，即所谓道德。理知之道德为智慧，意志之道德为勇敢，感官的嗜好之道德为节制。知、情、欲三者能调和即合乎正义（Justice“公道”），合乎正义即是完人。柏氏的灵魂三分法（Threefold Division of The Soul）如图：

灵魂（正义）
- 脑中的理性的性质——智慧。
- 非理性的性质
  - 高贵的——心中的——勇敢。
  - 鄙贱的——在肝上的——节制。

四种基本道德中的正义，在个人的理论上没有什么大意义，实在是社会之道德的完成。柏拉图的理想的道德的完成，不在个人而在族类。柏氏的理想与其谓为刻绘一完人，不如谓为刻绘一完全的社会。完全的快乐与其谓为个人的，毋宁谓为社会的。而此种理想的快乐只能于理想的国家中达到。柏拉图的《理想国》（*Republic*）便是建设这种理想社会的计划。国家是个人的扩大，故亦分为三部分：第一是农工阶级，其最大任务，在供人类物质的需要，他们的最高道德是节制（Temperance）。第二是武士阶级，以杀敌致果，服从命令，忠于所事为最大的任务。他们的特殊道德是勇敢（Courage）。第三是哲学家，其任务是为国家立法及执法，相当于全国的头部，他们的道德是智慧（Wisdom）。——这三部分人的权利及义务分配适当，换句话说，这三部分人的道德，倘使能尽量发挥，互相调和，则正义便可以达到，理想国家也可以实现了。

在柏拉图的《理想国》里，一切私人的意志完全受国家支配，财产、婚姻、生殖、教育等皆应由国家管理。一切私人的目的都可以为国家牺牲。（A. E. Taylor 谓：柏氏之社会哲学要旨，即“各尽所能，各取所需”“The doing and having of each one’s own.”）

照柏拉图的意思，倘要政治好，必须是哲学家执政，这是对当时平民政治堕落的反拨。在这里有专家（或贤人）政治的意味，与孟子以玉工才能琢玉的比方，以喻政治亦须信任专家之意很相似。

柏拉图的理念哲学不单是集古代希腊东西派宇宙论哲学的大成，同时，亦开近代康德（Kant）哲学的先河。不过，他的伦理哲学在对个人与对国家方面，则不能一贯。古代希腊的伦理学在柏拉图以前，或说在苏格拉底以来，其分派：个人方面的表现，可分为限制欲望［即克己的禁欲主义灵魂（正义“Asceticism”）］与满足欲望［即快乐主义（Hedonism）］两大派；社会国家方面的表现，可分为发展个人自由的雅典型（个人主义）与限制个人自由的斯巴达型（全体主义）。柏氏承认精神的快乐与感官的快乐不相冲突之点，这是将克己的禁欲主义与快乐主义作一恰当的调和综合。但柏氏的《理想国》中描绘的社会制度，则是受斯巴达与克里特（Crete）的深刻影响，实在是希腊（雅典）精神的一种反动。

二、继柏拉图之后，而为希腊哲学科学集大成的人便是柏氏的高足亚里士多德（Aristotle）。

亚里士多德（Aristotle，384—322B.C.）（比孟子的出世年代略晚，却先孟子而死。）生于马其顿（Macedonia）的斯答奇拉（Stagira），在雅典之北约二百里。父尼可麦喀（Nicomachus）业医兼精物理，为马其顿阿敏达斯王（King Amyntas）的御医（Amyntas 是腓力王“Philip”之父），故亚氏幼年对生物及自然科学即有研究。年十八来雅典肄业于柏拉图的学园，垂二十年。柏氏死，遂偕同学齐诺克瑞兹（Xenocrates）到小亚细亚访黑米亚（Hermeia）（Hermeia 也是柏拉图的弟子，时为 Atarnews 与 Mitylene 的王），在此处数年。纪元前三四三年，亚氏四十一岁时，应腓力（Philip）王之请，赴彼拉（Pella）教其幼子亚历山大（Alexander），即后之亚历山大王（Alexander the Great），时亚历山大年才十三，亚氏任教四年，亚历山大深受其影响，亚历山大曾说过："生我者吾父，而教我知如何为有价值之生活者则亚里士多德也。"（To my father，I owe my life，to Aristotle，the knowledge how to live worthily.）据说亚历山大主政后，曾一次赠八百"泰伦"（Talent，据李长之《西洋哲学史》六九页估计，每一"泰伦"约合美金一一四六元）与亚氏作调查动物学之用。纪元前三三五年，亚氏回雅典，创设一学院，名来栖安（Lykeion，来栖安是当地人供奉亚坡罗"Apollo"的，亚氏的弟子提亚法瑞斯脱斯"Theophrastus"于附近购赠一地与来栖安），常率其徒讲学于丛林绿荫之下，世称为"逍遥学派（Peripatetic）"。亚氏在此处锐意经营凡十二年，直至纪元前三二三年亚历山大死，雅典人反抗马其顿，亚氏被迫遁卡西（Chalcis），翌年逝世，年六十二。

亚里士多德的著作，闳博无比，现在保存的论文只有四十种，但在纪元前二二〇年在亚历山特里亚（Alexandria）图书馆目录中尚有其他的一百四十六种。照他自己的分类有：理论科学（Theoretical Sciences），包括数学、物理学（心理学）、神学（形而上学"Metaphysics"）；实践科学（Practical Sciences）包括伦理学、政治学（又分为经济学、统帅术）；艺术科学（Poetical Sciences，"Poetic"原义为"诗"），包括制作或创造的科学，如艺术（狭义“Art”）、诗（Poetry）、修辞（Rhetoric）。

而今日之论理学，以亚氏为鼻祖，我们所常用的三段论法，即遵守亚氏之衣钵。其门人将亚氏关于逻辑之论文合编为《工具》（*Organon*）一书，分五篇：（1）范畴篇，论事物间的类别；（2）解析篇第一；（3）解析篇第二，此二篇论解析是非，推断事理（演绎）及搜寻证据（归纳）之方法；（4）雄辩篇，论言辩时所以取胜之道；（5）驳诡辩篇，攻击当时诡辩学者之谬说，而树真正是非之标准。

亚里士多德认哲学为求通则（或共相）之学（the science of universals）。所有特殊的科学，都可说是“部分的哲学”（Partial Philosophies），对此而更加以综合与组织者则为“一般的哲学”（the general Philosophy）。亚氏称后一种为“第一哲学”，称前一种为“第二哲学”。

柏拉图处雅典衰颓之世，认为励精图治，尚有可为，故柏氏时思秉政，冀救危亡于万一，亚氏生当雅典为马其顿灭亡之后（约纪元前三三八年），知事已无可为，遂专事著述，不问世事。以所处的时代背景不同，所以对政治的态度亦各异；不特此也，二人的哲学亦有区别，柏氏为“数学家”（mathematician），以几何学为出发点；亚氏为“生物学家”（Biologist），以生物学为出发点。前者偏于冥想，由大体下手；后者重事物之观察，由分析而论证，凡当时所有的学术，无不通晓。文艺复兴运动时期拉斐尔（Sanzio Raphael）绘雅典学派讥讽画，柏氏则朝天，亚氏则向下，此虽是讽刺，实足表示二人哲学着眼点的所在。

亚里士多德谓：“吾爱吾师，吾尤爱真理。”亚氏对柏拉图的理念世界与物质世界的分离“持反对”的意见。亚氏以为那普遍性之物（理念）不应离开感觉（个体）而独立于另一世界。理念应当生于事物之中（Inherent in the thing）或存于事物之内（Immanent in the thing）。“一”在

“多”旁（one along with the many），应当由“一”在“多”中（one among many）取而代之。柏拉图容纳普罗太哥拉斯的知觉说，在实在的世界中将知觉放在概念的旁边，而给知觉说以一种新价值；亚里士多德却进而将概念和知觉不可分离的连合起来，即将不变的本体与变易的现象紧紧的连接起来。——这种连锁就是“发展”（Development）。“发展”是知觉与概念的关系。这便是亚里士多德的哲学的根本，与知觉以一种新价值。

亚里士多德于是企图将柏拉图的理念世界与物质世界合而为一，而另创“质”（matter）与“形”（form），潜在（Potentiality“储能”）与实现（Actuality“效实”）之说。亚氏认质为具体的个别的事物，形为各别事物的理想观念；质有形的潜在，形即质的实现。换言之，质与形是发展程序的两端，质是起点，形是终点。发展程序开始时，个体虽未形成，然已潜在（Potentiality）——是之谓“质”；及个体实现（Actuality）——是之谓“形”。譬如种花，花之形早已潜在其种子中，种子长成，潜在者遂发展而为实在；鸟卵之孵化为鸟亦然。这两端中的“发展关系”，亚氏认为是“目的的关系”（the Relation of Purpose）。亚氏特称此种在现象中的本质的自体实现为“实在”（Entelechy，或圆满实现）。亚氏是认宇宙为目的论的（Teleological）。

亚里士多德以两种绝对不同的概念来解释其所谓“目的”的关系：（1）有机体的发展；（2）艺术家创造艺术作品时的发展。在有机体的成长中，形是实现在有机体的自体之内；艺术家则不过将形刻画于原来的物质之上。前者质与形是不能分开，不过是一种发展的两方面；后者物质本身虽有一种可能性，但必须艺术家的目的加上后，而形始实现。亚氏进一步分析有机物的生成，有两种原因（或原动力）：一是质因（material cause）；一是式因（formal cause）。至于艺术品的构成则有四种原因（或称原动力）：一是质因；二是式因；三是力因（efficient or moving cause）；四是终因（final cause，又译最后因或目的因）。前者以个体为自体实现，质因与式因合为一元，后者式因与质因分离，借外力以实现，现实与理想，又二而非一，与柏氏的思想相同，与以前之亚里士多德的主张不免矛盾。[卫布（C. C. J. Webb）的哲学史："*A History of Philosophy*"，则认四因可释万物的生成。]

亚氏又认为发展是有等级的秩序的。最下者则有质而无形，挨级增高，最上者则有形而无质，为"最高的实在"（the supreme being）。——这也就是亚里士多德心目中的"神"。神的自身是不生不灭，不动不变，但神是完全的存在，为不动之动，为世界最终之动力，它可激动物质中的动机而使之现实如神。此又与柏拉图之"至善"（Highest Good），初无二致。

亚氏是论理学的鼻祖，上述"形"的理想世界与"质"的现实世界之调和，亦基于其逻辑研究的结果。现实为各别的个体，论理上为"特称命题"（Particular Proposition）；理想为普遍的标准，论理上为"全称命题"（Universal Proposition）。"特称"可以从"全称"中推论出来，毫无错误；但这些全称命题都是原来固定的。由两个前提，推论出一个结论来。——这是亚氏有名的"三段论法"（Syllogism），兹与其推论的方式如次：

凡人皆有死——大前提（全称）

苏格拉底是人——小前提（特称）

故苏格拉底亦有死——结论（Conclusion）

这些推论方式属于演绎例证，它的许多全称命题都是些预定的许多假设，这些假设，都是未经推论而由直觉得到的，这种直觉的起点，亚氏认为是矛盾律（Law of Contradiction）与排中律（Law of Excluded

Middle)。不过，亚氏在搜求这些前提时，亦有用归纳的方法（Inductive method），搜集许多资料，归纳而得一概括的结论，再取之为前提。但这种归纳法的应用，人鲜知之，亚氏自身未能广其用。中世的经院学派（Scholasticism）只知援用亚氏的演绎推理，而不知援用其归纳方法。

至于亚里士多德的天文学，他采用 Pythagoreans 的有限制的世界全体说，除去 Pythagoreans 的团火与地屏，以地球为不动的中心，月日行星围绕地球作圆形的运行，如下图：

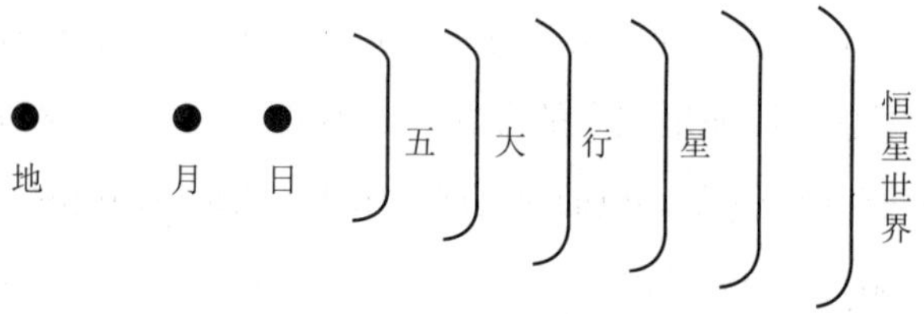

亚氏以为地球行星，皆非究竟的目的，要恒星世界才是究竟的目的。此恒星世界为常住永存，一尘不染，仅有形而无质，为“不动之动者”（Unmoved Mover），即使一切运动而自己则不动。——此为亚氏的真如之境。亦即人生追求的究竟目的。即上述的“最高的实在”，宇宙的最后因。哲学之最大功用，在欣赏此恒星世界，即作“美的观照”（Aesthetic contemplation）。

此处再进而研究亚里士多德的心理学，伦理学与政治学。

亚氏的心理学，他以为有机体的灵魂有三种：

一、生长的灵魂（Vegetative Souls）——仅有同化与生殖的能力。

二、感觉的灵魂（Sensitive Souls）——仅有欲望与行动的能力。

三、理性的灵魂（Rational Souls）——获得知识的能力。

植物仅具有生长的灵魂；动物则除了生长的灵魂外，还具有感觉的灵魂；人则除有生长的灵魂与感觉的灵魂外，还具有理性的灵魂。因此人是大自然最完成的作品，亦即大自然在动物界中最终的目的。在生物世界之内，乃是一连串上升的阶梯，有一种战胜物质的演化在。亚氏以理性的灵魂为人类身体的现实，人的实体亦是一种发展的目的，像宇宙的实体一样。真的自我就是这发展的理性的自我，身体为其可能而纯粹理性为其现实。心为现实的体，体为将成的心。

亚氏根据他的灵魂的分析而发挥他的伦理学，因为人有理性，所以人有一半近于神；但人也有感觉和情欲，所以人便也有一半近于动物。完全理性的"神"当然不需要道德，至于只有感觉和情欲的"动物"也不会知道需要道德，所以道德现象为"人类"所独有。倘若万物的目的是在各皆圆满其天性的话，那么人类的目的便不只在发挥"兽性"，或降伏兽性而只剩"神性"，却在使二者同时达到圆满而和谐的扩展。理知与欲望的和谐，即所谓伦理的德性。——这是希腊"中道"精神的表现。"善"并非"恶"的对立，善并非极端，善乃是"中道"。例如勇敢是善，因为勇敢是怯懦与卤莽之间的中道；慷慨是善，因为慷慨是贪婪与挥霍之间的中道。亚里士多德的人性二元论，以理性与兽性并存，又要同时使其作和谐的发展，这是西洋思想中特有的一种传统精神。好处是人间的，健康的；但是坏处就在仍不能掩住二者对立的痛苦，这是西洋人精神生活上一种内在的不安定成分的根源。亚里士多德所谓"中道"与中国"中庸之道"是有区别的，中国的"中庸"是对整个人性而言，是属于本质的；亚里士多德的"中道"是对各个德性而言，是关于数量的。

至于亚里士多德的政治学，他没有与其师柏拉图那样有一种理想国的蓝图。他以为国家必须完成个人的道德，亦为个人道德的训练者。无论哪种政治组织，如果是以人民幸福为怀的都是正当的。国家道德便是社会发展的永久手段。个人服从国家而不为国家所吸收。亚氏并主张中产阶级为国家的中心，承认奴隶制度。

第五章　希腊哲学的衰老期（322 B.C.—476 A.D.，亚里士多德之死至西罗马帝国灭亡）

亚里士多德死后到西罗马灭亡之前，哲学史上有人划作为“希腊的罗马时代”。亚里士多德死于亚历山大逝世之次年，自此以后，希腊政局瓦解，内争不息，至纪元前一四六年遂为罗马所灭。罗马文化远落后于希腊，于是希腊文明传播罗马，转而成为罗马文明的主干，所以希腊的国家虽亡，但希腊的文化反而更加扩大。罗马诗人贺拉西（Horace，65—8 B.C.）说得好：“希腊虽被征服，但胜利者却成了俘虏。”不过，希腊的哲学思想至亚里士多德而登峰造极，亚氏之后，哲学思想的整然体系，随政治局势的改变而分离支碎。故在亚氏死后这漫长的八百年间，仍可称为希腊哲学的衰老期，较为恰当。

罗马灭亡希腊以后，地跨三大洲的帝国，重又出现，版图且较亚历山大帝国为广，至是希腊弹丸之地，已为大帝国之一小区。前希腊全盛时，个己与国家谐合为一，凡属公民，莫不群策群力以发达其本邦，个己自身亦即因此而得最善的生活。迨亡于罗马帝国之后，国家之目的与个己的目的分而为二，对公共事业，亦无复以前之兴趣，为学问而研究学问之精神，亦已荡然无存，形而上之理，无人探讨，爱智之学，易其性质。益以政局扰攘，真正的“希腊生活”早经破产。人们为着生活之需要，曩以爱智为鹄的“哲学”，现在已易其途辙，一变而为指示人们生活的方法。向之穷究客观世界为欲望的满足，现在转而于内心寻觅其主观世界，这个时期的前半段可以名之曰伦理时期（纪元前三二二年至纪元后一年），主要的学派，前有（一）伊壁鸠鲁派（Epicureanism），（二）斯多亚派（Stoicism）；后有（三）怀疑派（Skepticism），（四）折衷派（Eclecticism）。后半段可以名之曰宗教时期（纪元前一〇〇年至纪元后四七六年），主要的学派有：（一）新柏拉图学派（Neo-Platonism），（二）教父哲学（Patristic Philosophy）。

第一期：伦理时期（Ethical Period）

伦理时期哲学的特点：亚里士多德死而希腊思想分散，理论的知识与实际的知识在柏拉图、德摩克利泰斯（Democritus）、亚里士多德的系统中所不能分开的，现在已分道扬镳。这一时期的特点，是哲学理论方面的放弃，而注重于实际科学。所谓实际科学系指伦理学与自然科学而言。尤其以伦理学为中心。此即伊壁鸠鲁派（Epicureanism）与斯多亚派（Stoicism）所以兴起的原因。

在未分论伊壁鸠鲁派（Epicureanism）与斯多亚派（Stoicism）之前，先比较二派主要的异同点：

两派之相同点：

（一）皆主实行其理论。

（二）在实际哲学上目的一致：

1. 为个人求精神的平安。

2. 为个人求对于世界之独立（即不为物界所裁制）。

两派之不同点：

斯多亚派	伊壁鸠鲁派
1. 普遍法则超越一切。	1. 个人超越一切。
2. 人是思想的。	2. 人是感情的。
3. 压制个人之感情则可以独立。	3. 感情理想化了则可以独立。
4. 宗教的。	4. 非宗教的。
（两派都承认一般所崇拜之神）	
5. 世界是道德的秩序。	5. 世界是机械的秩序。
6. 全体支配并决定个体。	6. 全体是个体的作用的结果。
7. 世界是一种内在理性的表现。	7. 世界是原子的结合。

（一）伊壁鸠鲁派（Epicureanism）——此派为伊壁鸠鲁（Epicurus；"Epikouros"，341—270 B.C.）所创。

伊壁鸠鲁生于小亚细亚之沙摩斯（Samos）。他原来是米狄林（mitylene）与兰普沙库斯（Lampsacus）的学校教员。他的母亲是女牧师，她的迷信，或者是使他反对迷信的根源，后来他以研究德摩克利泰斯（Democritus）的哲学有所得，于是使他有一种科学的根据去反对一切宗教。纪元前三〇七年在雅典一花园里设一学校，后人遂称其学校为"Garden"。著作丰富，中以《论自然》一共三十七卷为最重要，惜大部散佚。

伊壁鸠鲁祖述亚利士狄柏斯（Aristippus）所创的西勒尼学派（Cyrenaic School）的学说，以快乐是善而痛苦为恶，人生的目的是在求快乐。不过，伊壁鸠鲁注重快乐的持久性，认为能持久的快乐为真快乐；西勒尼学派则注重快乐的强度，比方亚利士狄柏斯（Aristippus）主张快乐就是感官的满足，程度愈烈愈好，久暂可置诸勿论。但伊壁鸠鲁的持久快乐是偏重于精神方面的，他认为精神可以统驭心意，毋使放纵；而且详细分析起来，感官的快乐是简单的、初步的，而心理的生活是感觉的连合，心的快乐便要比感官的快乐能持久。然则伊氏是不是反对感官的快乐呢？如果反对感官的快乐，便等于反对一切人的欲望的满足了。伊氏以为人的欲望有三类：（1）自然的而非满足不可的欲望；（2）自然的而不一定要满足的欲望；（3）不自然的而应该摒弃的欲望。根据这种欲望的分析，伊氏亦认为感官的快乐为人生所不能缺少，只不过要满足种种欲望，则不但不能得到真快乐，反而不能避免苦痛。故伊氏主张消极地制止欲望，而不主张积极地满足欲望。欲望减少则可心平气和，换言之，减少对外界的依赖，而不为世所羁。这样，自然可以达到一种理想的境界，这种理想的境界，伊氏名之曰"Ataraxia"（可译为宁静，安定或静肃）。伊氏的智者（Wise man，或译贤人）便是不为外诱，而过着宁静的内心生活的一种人。

伊氏以为要想达到上述的理想境界，先要打破下列几种障碍：（1）宗教的信仰，使人迷信与畏惧，扰乱人的心神的安宁，应推翻之。伊氏认为宇宙乃原子所结合，人之生死，不过原子的聚散，故天堂地狱之说决不可信。（2）学问的探求不惟不能促进人类的幸福，倒反使人类的欲望增加，所以一切知识都是不必要的。（3）有婚姻有家庭组织及国家界限，人类遂有烦恼及牵累，人类亦无法达到宁静的生活；但伊氏却不是无政府主义者，因为无政府太纷扰，亦未足与言宁静。简言之，伊氏一派主张的乃绝对的个人主义。不过伊氏极赞成友谊的价值，因为友谊在社会关系上是相互有益的。

至于伊壁鸠鲁的物理学，即他的世界观，是采取德摩克利泰斯（Democritus）的原子论，并加以修改的。伊氏极力反对柏拉图，而拥护德摩克利泰斯的原子论，他亦认为宇宙是由原子的机械结合而成。原子有重量的差别，但无论重量如何差异，都依同一速度，运动于空虚之中。伊氏认为原子原来的运动是由上而下的直线，所以作曲线运动的原因，由于原子本身赋有自由意志使然。——这种唯物论便带有唯心的色彩了。也是伊氏修改德摩克利泰斯（Democritus）原子论的要点。

伊氏在认识论上（即论理学方面），是主张感觉论的，认知觉是认识的唯一来源，失去知觉，思维就不免发生谬误。

伊壁鸠鲁（Epicurus）的后继者，为罗马的无神论的唯物论者卢克利西（Lucretius Carus，96—55 or 94—54 B.C.）。卢克利西为罗马之诗人，著《物性》一诗（De Rerum Nature=On the Nature of Things）。他主张以日益发达的科学知识及方法，来完全消灭宗教的信仰。他认为世界与神是没有什么关系的，自然世界是依其自身法则，而存在，而发展。“有”无论如何不能产生于“无”。任何物，皆非神所创造，万物皆产生于永久存在着的原子。他承认有机体产生于无机体。他说：“生物的创造，产生于无感觉的物体之内。”——这是古代希腊唯物论的进一步的继承者。

（二）斯多亚派（Stoicism）——此派为塞浦路斯岛（Cyprus）上的栖替安人齐诺（Zeno of Citium，336 or 335—264B.C.）所创，以齐诺尝在雅典市厅前面之长廊（Stoa 译音斯多亚）讲学故名。克利恩西（Cleanthes，约 300—233B.C.），克利西蒲斯（Chrysippus，280—207B.C.）继承其说并加以组织发展。其后继多人，通常哲学史家将此派先后分为三期，每期主张，未能尽同，大约前两期为理论的，后一期为实行的。

斯多亚派之前驱为犬儒学派（Cynic School），此派之创始人为苏格拉底之学生安提斯第尼斯（Antisthenês），斯多亚派摘其精而去其糟，以为犬儒学派之可贵，在乎其自主之说，为修养之目标，而不在乎其苦行之论。斯多亚派将犬儒学派之伦理说与希拉克利泰斯（Heraclitus）的理性（Logos）相结合。所谓宇宙理性是遍满万有，作为秩序目的的调和的原理，其支配是必然的宿命的。斯多亚派的伦理，即立足于此宇宙理性上，人人秉有天赋的理性，循理而行，即为有德之士，亦即合宇宙自然之理，故此派认为任天安命，“随自然以生”（Live according to nature），即为人生至高之目的。自然为何？曰：神，曰：理性，即充塞乎宇宙间之天道，亦即存乎人性间之法则，从性即从理，亦即从道。他们又认物欲为反乎人性之自然，为一切不德的根源。故立德不可不断绝情欲，独存理性，以求此心之安泰清寂。斯多亚派的智者（wise man）便是完全自由不为情欲所束缚，而达到一种“无烦恼”的境界（Apathia=Apathy）的人。凡人能达此无情无欲的境界，即为人生之至善，亦即为此派最高的理想。

斯多亚派，又以为从理性而生活，为人生的义务，亦为实现人生最高的目的。但德和不德之间，是绝对的，非善，即为恶；非德，即为不德。且德和不德之区别，存乎内心，而非表现于外的行为。因为理性存于意志之内，他人固无从攘夺而去。斯多亚派求个人无欲安适，则属个人主义；但认人类为世界理性之一部，同支配于一法则，无论何人，都可从理性的共同生活，则又显属是世界主义（Cosmopolitanism）了。所以此派之信徒，均自认为是世界公民（Citizen of the World）。

斯多亚派也和希拉克利泰斯（Heraclitus）一般，以为现在世界的发展是从宇宙之“火”来的。希拉克利泰斯（Heraclitus）的“火”即斯多亚派之“神”。神是火，是空气，是以太（Ether）；但神亦是世界精神，世界灵魂，宇宙理性，普遍则律，自然，命运，天命。若用等号表明出来便是：宇宙＝物质＝火＝理性＝命运＝天命＝神。

斯多亚派在伦理上是一种二元论，在宇宙观上，则是一种一元论。

斯多亚派的认识论，亦以感觉为中心。认推理起于知觉，其究极，则以理性统一之。

伊壁鸠鲁派（Epicureanism）固为罗马人所欢迎，然远不如欢迎斯多亚派之盛。斯多亚派之传入罗马，自巴拿第斯（Panaetius，180—110B.C.）以降，若西内加（Seneca，4—65A.D.）、伊必克的脱斯（Epictetus，约 60—138A.D.）、马寇奥利帝（Emperor. Marcus Aurelius，121—180A.D.）等无不醉心斯多亚派，其他信徒，更难指数。斯多亚派主随从自然，认自然理性的普遍。罗马的法学家（Jurists）即以此自然的普遍性为法律的基础，因而完成一超绝时空的"外籍公用法"（Jus-gentium），以统辖其大帝国。

伦理的运动在发端后二百年而不衰。他们的讲学处则直至纪元后五二九年才被罗马帝耶斯丁宁（Justinian）取消。

哲学的怀疑论的发生与伊壁鸠鲁派（Epicureanism）和斯多亚派（Stoicism）同时，两方面的相争，以纪元前一五〇年以前为最烈。各学派因受怀疑派的攻击，哲学始分裂为折衷主义，后来加上东方的新元素，就由宗教以信仰代替了理知。

（三）怀疑派（Skepticism）——创始人为拜罗[①]（Pyrrhoñ; "Purrhoñ"，360—270B.C.），又称拜罗主义（Pyrrhonism），即古怀疑派。当栖替安的齐诺与伊壁鸠鲁在雅典讲学时，拜罗即在其故乡伊利（Elis）讲学。以无著作遗留，遂借其弟子狄孟（Timon of Phlius，320—230B.C.）而传。怀疑派也从伦理出发，以洁身处世，为他们立说之大本。怀疑派学说，基于认识的相对性，而以安心乐命，为他们立说之动机。但如何才能办得到安心乐命的境界呢？此派以为应放弃对事物下肯定的判断，因

---

① 拜罗曾举十条以证我人感觉的不可靠，其中最重要的如：（一）同一对象，因生物不同，而所得的感觉与观念亦异；（二）即使同为人，而此一人与彼一人的所感又不同；（三）即使同一人，而前后所感又异；（四）感觉总不免受吾人心身状态的不同而异；（五）事物本身亦要依其性质与环境等而有变化，吾人即使能共知，亦无法得其永远一致的通性。

为我们实不知道事物的本身，究竟是什么。无论何时，我们也不能认识它们的本性。感觉器官所给予的知识，是不充分的，各人依其不同的特点之感受，结果对事物常下矛盾的判断，没有一项是普遍真实的。因为它们都是特称的盖然的判断，哪里有真理可说呢？故我们应该摒弃一切善恶、是非、妍媸、真伪的判断。如果我们能够中止判断，则一切忧惧焦思，皆可消灭于无形，而得到心情安静的生活。

传说拜罗有一次堕入沟中，他的弟子路过，不敢断定是否其师，竟不援之以手。

（四）折衷派（Eclecticism）——折衷主义实在是想调和许多不同的学说；但同时即怀疑这些学说，不过程度比怀疑派低些而已。纪元前一五〇年以后，哲学的方向已由怀疑渐趋于杂，各学派的学说多互相兼合，而另成一种折衷派，大受罗马人欢迎，实在说来这种折衷主义不过是希腊的怀疑精神的推广而已。

这派最大的代表为罗马共和时代最后的大政治家西塞罗（Cicero Marcus Tullius）。

西塞罗（Cicero Marcus Tullius，106—43B.C.）在雅典和洛特（Rhodes）地方的各学派中听希腊哲学。柏拉图、亚里士多德、伊壁鸠鲁派和斯多亚派，均为其研究的对象，企图调和折衷各对立学说。认哲学为实践伦理目的的学问。西氏认为："哲学宗旨是引导人为善，而去其不善。"认识论则采怀疑说，伦理方面则将斯多亚派、柏拉图、亚里士多德的伦理观念加以糅合。西氏在哲学上并无创见，他的功劳倒是将希腊思想传给罗马人罢了。其著述取材广博，为经院哲学者、文艺复兴以后的哲学者，以及后世哲学史家极好的参考材料。

第二期：宗教时期（Religious Period）

自纪元前一百年起，哲学界已充满宗教色彩，哲学史家名此一时期为“宗教时期”。从伦理的兴趣转到宗教有两个原因：第一是各学派的伦理哲学的内部的原因，各学派由怀疑而折衷，彼此的主张愈相似，对于道德与快乐的问题便愈没有明确的见解，根本上各学派都觉得人类理知是自相矛盾的，是不可靠的，无法作道德与快乐的保障，于是伦理的时期遂以折衷主义告终，宗教的时期宣告发生。人们移其往昔对理性的信仰，转而信仰超自然的权威，换言之，是由理知到信仰的转变。第二是东方各种宗教忽传入罗马帝国，神秘出世，应有尽有，因益推波助澜。

宗教时期有两种思想之流，直流入中代文化之全部：(1)为依旧存留希腊文明的宗教哲学；(2)为新生的基督教。前者有菲罗（Philo，25B.C.—50A.D.）哲学、新毕达哥拉斯学派（Neo-Pythagoreanism）、新柏拉图学派（Neo-Platonism），以新柏拉图学派为代表。后者为教父哲学（Patristic Philosophy），主要的哲学家有倭利仁（Origen，185—254）、奥古斯丁（St. Augustine，354—430）。

这时期文化的中心不是雅典，而是亚历山特里亚（Alexandria），那个地方的历史、地位及人民的性格，是适宜于宗教与哲学的交流。此处为继雅典而起的希腊文化的中心，（在伦理的时期为自然科学的中心，在宗教的时期是宗教的中心。）科学家如欧几里得（Euclid，330—275 B.C.，几何学者）、阿基米德（Archimedes，287—212B.C.，发明比重，杠杆原理）、伊瑞托西尼（Eratosthenes，276—194B.C.，测知地球之圆周，与对径之长短。）等，皆在此发表其名著。各种哲学皆在此会合。一切宗教都可以自由输入，自由信仰。枯竭的希腊哲学在此与新鲜的东方思想相接触，从前希腊人想象中以为是神秘的东西，现在交接的结果，便产生一种新哲学——宗教哲学。

（一）新柏拉图学派（Neo-Platonism），以柏拉图的神秘思想为根据，造成一宗教的世界观，而以精神的世界为归宿。此派的代表为普罗提纳（Plotinus）。宗之者，有坡菲立奥（Porphyrios，约 232—304）、占布立克（Jamblichos，约 330 顷死）、普洛克（Proclus，410—485）诸人。

普罗提纳（Plotinus，204—269 or 205—270）——普氏生于埃及的里哥坡里（Licopolis），幼受教育于亚历山特里亚（Alexandria），与倭利仁（Origen）同师沙克斯（Ammonius Saccas，约 175—242），尝从高丁（Gordian）帝东征波斯，深究波斯宗教。二四四年至罗马当教师，为一般人所欢迎。学生包括各国人及各种职业的人，如医生、修辞学家、诗人、职员、皇帝与皇后。其著作皆在五十岁以后，共五十四卷，其弟子坡菲立奥（Porphyrios）为其辑成“九论六章”，名“*Enneades*”。

普氏的哲学，可以说是“流出论的泛神主义”（Emanatistic Pantheism）。他认为宇宙的本体为“元一”（The One），元一即神，神是超越万有，并超越意识；神是尽善尽美的精神的实体，为一切万有的根源和起因，总之，神是不可思议和不可形容的，因为一加以形容或一加以思议便等于限制“神”。神已是万有的根源，万有由“神”流出，则“神”是否创造世界呢？普氏认为神并未创造世界，世界已非神之意志的行为，亦非神的本质的移转的结果。普氏认为万有由神流出，等于光线之由日体放射，日光照着一切，但未损及日体的丝毫。一切个体都从神取得生命。此为普氏之“动的泛神主义”（Dynamic Pantheism）。依普通的泛神论，世界是神的本质的散布，全体是静止的。

宇宙万有皆由神流出，此为普氏之“流出说”（*Theory of Emanations*）。流出物有先后，距离神亦有远近。照普氏的意思，流出的历程可分为三阶段：最先由“神”或“元一”直接流出的为精神或理性（Nous），这第一级的流出，为“元一”比较正确的印象。流出之后，便有主观的思想者与客观的被思想的东西的对立。总之，为吾人所可思议的，有似柏拉图的理念，为自然世界之最后因。第二级流出的为灵魂（Soul），直接由理性流出，它与理性的关系，如同理性之与神的关系一样。此种灵魂又分为二：

甲、为宇宙的灵魂。

乙、为个己的灵魂。

第三级的流出为物质，由个己的灵魂流出，离神最远。物质无实在性或正确性可言，是卑贱的，丑恶的，所以凡有物质的地方，便是罪恶所至的地方。吾人之身体为个己的灵魂与物质的结合，物质是邪恶的，常引导人的精神走向罪恶的方面。普氏认为人的最高的道德，是摈绝一切肉体的诱惑，从人体内，救出人的精神，复归到超感觉的世界，换言之，即使灵魂净化，再与神性相接。要达到此种境界，普氏以为不恃感觉，亦不恃思考，而是借爱美的爱（Love for the beautiful）底证会，这种“爱”［如柏拉图的（Eros）］的天赋的冲动，便可使灵魂脱离物质，使人超越一切主观情态而趋向于忘我忘人之境界，这样，便可以与神性相接了（有如孟子所谓“上下与天地同流”）。普氏认为美是精神的，并是为精神的。艺术不模仿自然，但表现理性，补充自然之缺点，而并创新之。——普氏的这种美的世界观，为文艺复兴期的激动之源。

柏拉图之神，高于实在，但不能高于理念；新柏拉图的神，是超绝的，连理念也超过了，此是新柏拉图派之所以异于柏拉图的地方。

（二）教父哲学——基督教的肇始期（30—200），非希腊思想之友，亦非其敌，对于政治学说更无兴趣。基督教的社会是一种精神的大同主义，以信仰神与基督，及与基督之直接的交通，联合而成。上主重来的信仰，决定了初期的基督教徒的行为。道德改良与道德的行为是基督团体的主要目的，并确信最后的审判必要到来。

在一五〇年与二五〇年之间，基督教被客观情势强迫着要改变它对科学与国家的态度。道德受制于信仰，不顾损及伦理方面专注重基督教的知识方面。上主重来之说已不甚注重。那时基督教已传遍罗马帝国，与文化和政治已有了积极的关系。——这时期基督教的辩解宗（Apologists，又称护教派），设法使基督教义不与希腊哲学的结果相矛盾。同时将基督教义输入希腊哲学之中，他们并不想将福音书希腊化，只想使福音书在知识阶级看来是合理的。基督教是哲学与默示，这是辩解宗人的目的。至于这期基督教的诺斯士宗（Gnostics，又称理智派），要想将基督教建设为一种世界的宗教，这一派设法将基督教的信仰变为基督教的知识。

迨君士坦丁（Constantine，274—337）帝即位，首先信从基督教，以为上下倡。狄奥多西一世（Theodosius I，346—395），更于三九二年明定基督教为国教，严禁异教。自此得坚不可拔的政治地位后，即完全以另一种根据来对付反对它的。四七六年西罗马亡而教会不倒，且进而掌握全城。但这种政治的成功是基督教发展的结果，不是原因。如果基督教不能战胜希腊文明，必不能战胜此防卫坚固的罗马政府。在基督教有名的三二五年的利卡（Nicaea）会议后，始尽量采用希腊哲学而树立教会所要的一种武断系统。这时候反对基督教最力的就是新柏拉图主义，但新柏拉图主义与基督教在本质上并没有严重的对立。两派相争的结果——"希腊的罗马期"也就完了——便造成一种完全而独创的神学。这就是奥古斯丁（St.Augustine）的神学，奥古斯丁是终结古代而开创中代的人。

奥古斯丁（St. Aurelius Augustine，or Augustinus，354—430）——生于北亚非利加的推喀斯（Thagaste，属 Numidia）。父为异教徒，母则为虔诚的基督徒，幼受教育于马特拉（Madaura）与迦太基（Carthage）之学校，初习法律及修辞学，嗣又专心于数学及天文学之研究，遂怀疑摩尼教（Manichaeism）的宇宙论。一度为其桑梓及米兰（Milan）的修辞学教师。行年三十余，读柏拉图及新柏拉图派著作，又受米兰主教安勃洛斯（Bishop Ambrose of Milan）说教之感动，及其母道德的影响，遂改信基督教。初为牧师，继为主教。终身努力于教会之组织，并为基督教在理论上作建设工作，著作有《忏悔录》（*Confessions*）和《神之城》（*City of God*）。

奥氏一面是哲学家，一面又是宗教家。他的宇宙观，认上帝是全知全能的，永久的，超自然的绝对实体，有绝对的统一和绝对的自由。宇宙不是由上帝分化（或流）出来，而是上帝从“无”中创造出来的。上帝的创造是无间断的创造，宇宙是绝对依靠上帝的。上帝之所创造，不在一定的时空，因为在上帝创造之前，就无时间或空间。但被创造的宇宙，是非永久的，而是有限的，有变化消灭的。

奥氏根据他的宇宙观，认物质世界为暂时的，将归消灭的；唯精神世界则可永久存在。吾人的究竟目的，应当超脱现实世界，而栖息于精神世界。奥氏在 *City of God* 一书中，标榜“永生为最善，永死为最恶”（Eternal life is the supreme good and Eternal death is the supreme Evil.）。局于现世，则难免永死，升入神之城，则可求永生；但这“神之城”在天上而不在人间。

吾人由何处并如何才可以入“神之城”呢？在这点上，奥氏一面受新柏拉图派的影响，一面又受基督教父的影响。新柏拉图派谓人生的究竟，在返灵魂于真宰，即使灵魂净化，再与神性相接。奥氏则认为吾人要入“神之城”，在“意识的内定”（The inner certainties of consciousness）。意谓物质世界，生灭无常，而吾人灵魂生活的本际，全凭吾人的“内观”（Inner of observation），由内观而可得到内心的实在，进而可得“统一的人格”（Unitary Personality），更进而凝精定神，虔敬上帝，自可与上帝冥会。——这一点为奥氏思想承接新柏拉图派的地方。但奥氏的“意识的内定”，其主要特质，在意志，而不在理知，此则受希伯来思想的影响，已与新柏拉图派冲突。以希伯来人主“意”，希腊人主“知”。至奥氏所谓意志自由，更与希腊哲学主流不同，以希腊哲学皆主意志服从理性。

奥氏以为灵魂存在，有一个证明，即我怀疑它不存在时，在那一瞬间，我的意识也是实在的，怀疑我的存在，便是确定我的存在，由此亦可证明灵魂是存在的。——此种辩证思维，为近代怀疑派笛卡儿的先驱。

奥氏承认并提高教会的权威，谓教会为上帝的代表，为拯救吾人之中介；又极力为教会辩护，组织一有系统的神学，予教会以甚深的基础。奥氏谓吾人的始祖亚当（Adam）因犯罪被贬下凡，甚至为亚当子孙的吾人，亦须受罪，且此罪生而即有，不能凭自力免除。上帝为拯救吾人，所以遣其爱子耶稣基督降世，躬受死刑，为吾人赎罪，又建设教会，使入教者，得凭上帝的恩典而获救。

第二篇 中古哲学

第一章　中古哲学的历史背景及其特征

一、中古哲学的历史背景

中世纪（The Middle Ages）的名词，史家所定，年限不一，从政治史上言，是指自纪元四七六年，西罗马帝国灭亡始，至纪元一四五三年，东罗马帝国灭亡止，前后约有一千年。但从文化史上言，则应自纪元五二九年，罗马帝耶斯丁宁（Justinian）封闭雅典的各哲学派的学校，同年圣边尼狄脱（St. Benedict）设道院学校于那不勒斯（Naples）附近的蒙忒卡栖诺（Monte Cassino），这个时期起，教育的权柄移入教会之手，以迄于十五世纪欧洲的“文艺复兴”（Renaissance）运动之勃兴止，亦约有一千年。唯哲学思想自奥古斯丁（Augustine）以后，已完全入于主“信”时期，与希腊哲学主“知”之思想异趣，故中古哲学之开始，不自封闭雅典之学校起，由西罗马之灭亡起似较合理，且到东罗马灭亡，君士坦丁堡（Constantinople）被占以后，希腊学者流亡罗马，文艺复兴，已启近代思想之端，近代哲学之序幕于焉揭开。

在此期间，政治和文化，俱有莫大的变迁，罗马人初起于意大利中部泰北（Tiber）河畔之罗马市，嗣征服四邻，进而建设一大帝国，厥后分为东西，先后代之而兴的为日耳曼民族和沙拉生（Saracens）帝国

（即阿拉伯“Arabia”之别称）。日耳曼民族本居北方森林中，至纪元四世纪初，急遽南下，建设了许多王国。在另方面，位在阿拉伯之沙拉生民族，在七世纪时，奉穆罕默德（Mahommed）之回教，拥有小亚细亚、非洲北部与西班牙等地，建立沙拉生帝国。

日耳曼民族，原为野蛮民族，以狩猎为事，及征服罗马，即吸收罗马的文化，计自五世纪，以迄十二世纪之间，为日耳曼民族吸收罗马文化的时期，这时期亦即基督教文化的全盛时期。迨十二世纪之后，日耳曼人又从阿拉伯人、希腊人和犹太人之手，而夺取他们的科学。

至于中世纪的社会生活状况，和希腊亦有许多不同之点：（1）希腊社会，是自然的、人间的、现实的；而中世纪的社会，因以基督教为中心，所以属于人为的、超现实的。（2）从社会之有阶级性上说，中世纪虽和希腊无异，但支配的阶级内容则有不同，中世以僧侣阶级居社会之最高层；希腊则以市民阶级居支配的地位。（3）希腊时代，国家是至上的，有绝对的价值；但在中世时，则以天国为真正的理想国，而现实界的国家，不过是补助的手段罢了。

二、中古哲学的特征

中古哲学是以宗教的信仰为主，而以先哲遗训，与教会教权，为哲学思想的中心，当时学者，皆依从教会，依从经院，依从奥古斯丁、新柏拉图学派、柏拉图及亚里士多德的哲学。他们一面认教会所说的为真，一面又致力于哲学之研究。结果，倾全力为信仰与哲学之调和，或依哲学以解释教义，或以信仰归结于哲学的思维。但他们研究的动机和研究的结果，都是为着信仰。故神学为一切学问的根源，亦为政教统治的学问。对于基督教义或教会的要求，纵为理知不能说明，也须依信仰而诠释之。总之，任何奥妙不可思议的问题，苟能诉诸信仰，则一切难题，均可迎刃而解。如此以信仰为哲理研究的中心，实为中古哲学唯一的特征。

当时学者研究之目的，在证实已被承认的定论，故他们所用的方法，概为演绎推理中的三段论法。认识论未被他们所注意，他们对于心理伦理之研究，虽感兴趣，但俱不出神学的范围。服从上帝的意志，便是道德判断的标准。上帝的意志如何，不能用经验分析而发现，只能由神之启示。他们所注意的，不是感觉的现实界，而为超感觉的神的世界。所用方法，即演绎推理中，依据已经确定的普遍原理，推论到特殊现象。如此专用演绎法为哲学的研究法，亦为中古哲学的特征。

现在再把中世纪的思想倾向，和希腊的比较一下，更容易明白它的特征所在:（1）希腊时代，是人本主义的，而中世纪，则完全是神本主义；这就是说，人生观的基调，不在于人而在于神。（2）希腊时代，文化的最高价值为道德；而中世纪，则在于宗教的信仰。（3）希腊时代的思想，均属现实主义，从美术上肉体上发现其美，从人性调和上，发现教育的理想；而中世纪则为出世主义，厌恶现世而期望将来。（4）希腊思想重视理性与人类的自然性的调和；而中世纪则视人生具有宿罪，而厌恶人类的自然性，以脱离人性，而入于神性为理想。（5）希腊人以追求现实的真、善、美为理想；而中世纪则视人生之归宿，为殁后得入天国为最高理想。

第二章　经院哲学（上）

西罗马亡于纪元四七六年，从这个时期一直到九世纪初叶，西方简直没有哲学之可言，史家称为黑暗时期（The dark ages）。但自沙立曼（Charlemagne）于八〇〇年即帝位以后，竭力提倡学术，于是经院之说大尽。经院哲学（Scholasticism）以为学术的目的是在发挥教义，替基督教的信仰自圆其说，所以视科学为神学之附庸，视哲学为宗教的侍婢（Ancilla theologiae）。其根本精神，主张要先信仰，然后再求其理，圣·安瑟伦（St. Anselm）所谓"信仰为求知的基础"（Credo ut intelligam），便是这种精神重要的启示。虽然以后的经院哲学者阿勃拉特（Abelard）提出过"求知即以起信"（Intelligo ut credam）的主张，但已不敌传统思想的势力，所以不能引起当时人们的注意。至此派哲学讨论的性质与内容，除讨论上帝存在，灵魂不灭，意志自由等主题外，甚至讨论及"经神圣之全能，一娼妇能否变成一贞女?""食圣餐之老鼠，是否食上帝之身?""一针之端，可立多少天使?"等琐屑问题，故日人译"经院哲学"为"烦琐哲学"，便是这种缘故。

经院哲学分两期，前期是受柏拉图精神的支配，后期是受亚里士多德思想的影响。前期的经院哲学家可分为唯实论（Realism，又译"实在论"）与唯名论（Nominalism）两派。唯实派认为共相或普遍观念先个体或特殊的事物而存在，甚至可以说，个体的实在性只是偶然的，共相的实在性才是必然的。至于唯名派，则认为先有特殊事物然后才有普遍观念，共相是有名无实的，唯有个体才有实在性。代表这一期的哲学家有下列诸人：

一、爱利仁那（John Scotus Erigena）；

二、圣·安瑟伦（St. Anselm）；

三、罗塞林奴（Roscellinus）；

四、阿勃拉特（Abelard）。

一、爱利仁那（John Scotus Erigena，810—880）——爱氏是经院哲学者的先驱，为奥古斯丁（Augustine）之后的重要哲学家，生于爱尔兰，幼受良好的教育，通希腊文，长为查理斯王（Charles the Bald）的宫廷学校的教师。晚年入修道院。著作以《自然之分解》（*De Divisione Naturae*）知名。

爱氏认宗教与哲学，是一而非二；真正的信仰，必以理性为根据，方能成为合理的信仰。他将新柏拉图主义推行到泛神论的边际。神为一切万有的根源，万有由神而来，由神而存在，并存在于神中，终又复归于神。神为无原因的第一原因，创造世界是它本质的所在表现，但表现的不过是神性的一部分，未表现的，尚不可以数计哩！神的智慧，规定万有的形式和秩序。万有无论是物质，或是精神，皆复归于神。神为一切创造物之究极目的，所以神存于世界之内，又超越世界之上，不能用语言形容，远在思维的范畴之外。

爱利仁那的泛神论，所以在中世纪哲学中占重要地位的原因，是他建立了一种逻辑的原则，他的神学是一种逻辑的泛神论（A Logical Pantheism）。爱氏以为普遍的（即全称）即真实的，一物愈普遍则愈真实，愈真实便愈完全。如果我们有一种全称的观念，这全称便是因为全称始克[①]存在。神（上帝）的观念是普遍的，所以神（上帝）必存在。世界的观念是一种全称，却不如神的观念那样普遍，所以其存在便没有

---

① 始克，方能、才能够之意。——编者注

神（上帝）的那样真实。但世界的观念又比一棵树的观念为普遍，故世界的观念远较树的观念为真实。

中世名学与形而上学不分，故认普遍为真，在今日普遍与否为名学问题，真实与否，则为形而上学问题。

二、圣·安瑟伦（St. Anselm，1033—1109）——安氏生于意大利西北部亚俄斯塔（Aosta），幼入勃克（Bec）修道院，后为僧长，嗣为坎特布里（Canterbury）的总主教。一生虔信教义，为最初用辩证术拥护教义的人。他一生的愿望就是以哲学为信仰加添知识。

安氏的哲学以教父的神学为中心，他的方法和精神与奥古斯丁（Augustine）相似，所以有人称他为“奥古斯丁第二”。他与爱利仁那（Erigena）皆受柏拉图主义的影响，两人都属实在论者。不过爱利仁那（Erigena）的实在论较为彻底，将神以下的实体的一切阶段都破坏无余，使教会几乎成为不必要的。安氏则与教会的态度一致，认信仰为求知的基础（Credo ut intelligam），教会之信条，有使人疑惑的，则以理性哲学为之诠释。比如教会中倡导的三位一体[①]之说，安氏亦竭力为之辩护。

他的最有名的辩证，是为“上帝存在的辩证”。他在《独语录》（*Monologium*）上发表他的宇宙论的论证：一个单纯的完全的普遍的（上帝）存在，必假定为一切较小的存在之因。神（上帝）的本质必包含其他的存在。其他的存在必有外因，惟独神（上帝）独自以其本性而存在。安氏进一步在所著《对话录》（*Proslogium*）上作本体论的论证，认为人有一完全存在的观念，“完全”于其他的性质之中即包含存在，

① 三位一体（Trinity），基督教徒谓上帝有三人格，即圣父、圣子、圣灵；父为耶和华，子为耶稣，圣灵为父子之共同神性，三者虽殊其位，但在本质上融合为一，故谓之三位一体。

否则我们可以想出个更完全的存在。神（上帝）是最“完全”，所以神是存在的。

三、罗塞林奴（Roscellinus，约 1050—1120）——罗氏为中世纪法兰西哲学者，罗氏的著作，均已散佚，仅由他人的记载，略知其学说的梗概。

罗氏是一位唯名论者，他从唯名论的观点，要想改变三位一体的独断教义。他主张神性为三种不同的本质，不过于某种性质上相合。此为三神论（Tritheism）而非三位一体（Trinity）。但这不过是表示他的唯名论的主要的例证而已。罗氏主要的论证，认为特殊（个体）的为真，而全称（共相，普遍）的为伪。罗氏谓特具的个体，可以单独存在，至于全称，不过是名，仅于人心中有其存在。一〇九二年，教会召开特别会议于法国，迫罗氏撤销其学说，嗣出走英国。——此可见中世纪教会专断之一斑。

四、阿勃拉特（Abelard Pierre，1079—1142）——生于法国之巴雷（Pallet），曾从罗塞林奴（Roscellinus）及威廉（William of Champeaux）学，前者主唯名，后者主唯实，但阿氏均不附从，而只加以融会。因恋一高僧之女哀绿绮思（Héloise）之故，曾被逐、被囚、被令焚书，致令终生不宁。

阿勃拉特（Abelard）调和唯名与唯实之说，其主张可以叫做概念论（Conceptualism）。全称存于实体之内，所谓普遍观念无独立存在性，因其是特殊事物具有之共同性的别称，换言之，特殊事物里面就有普遍观念表现出来。

阿氏在所著《神学导言》（*Introductio ad theologiam*）上，主张“求知即以起信”（Intelligo ut credam），偏向理性论，即理性应在信仰之前，吾人的信仰，应当受理性的考核，然后信仰才不至于盲目。

第三章　经院哲学（下）

自十二世纪末至十三世纪，欧洲学术社会各方面，发生剧烈的变动，其原因大概不出两点：第一，为犹太商人之移译及贩卖阿拉伯文的科学书与亚里士多德的著作；第二，为十字军的东征。

前者由十一世纪开始，至十二世纪，影响最大的为亚里士多德著作的出现，但此尚非亚里士多德著作之真面目。后者起于一〇九六年终于一二七二年，历时几二世纪，其役凡九，影响及于政治、经济与文化各方面。兹列举如下：

（1）政治的：（一）王权增加；（二）封建贵族衰落；（三）第三阶级兴起；（四）自由市繁盛；（五）民族国家勃兴。

（2）经济的：（一）对外贸易扩大；（二）国际币制开始；（三）银行制建立；（四）封建经济体系崩溃；（五）经济欲望剧增。

（3）文化的：（一）拉丁教会势力扩张；（二）阿拉伯文化（包括印度的知识）的输入[①]；（三）希腊古学的复兴；（四）希腊文的亚里士多德著作之复现。（第四次十字军 1202—1204 夺回君士坦丁堡 "Constantinople"，希腊宝藏，任由西方学者携取，真正的亚里士多德的著作被发现。）

由外部原因的影响，至十三世纪，欧洲内部自身亦起变动，与学术

---

① 在中世纪阿拉伯人，不单将新兴的自然科学和古代希腊的哲学传给西欧人。而回教学者，得希腊的学术之助，乃将他们的宗教，置于哲学的基础之上，而创出一种不同于西欧之宗教哲学。他们研究的中心问题，是神之默示，对于人类的知识和行为，有什么关系？他们研究学问的目的，在调和《可兰经》（*Koran*）与理性，使信仰合理化。这种回教哲学对于经院哲学亦有相当的影响。

有关联的，约有数端：

（1）新派僧侣之兴起，十三世纪以前，欧洲教会中的僧侣，多属边尼狄脱派（Benedictines），到十三世纪时，另有一派兴起，以乞丐（begging friars or mendicants）自命，沿门乞食，居无定所，分为二支：（一）法兰西斯根派（Franciscans），为圣·法兰西斯（Saint Francis of Assisi）所创；（二）杜密尼根派（Dominicans），为圣·杜密尼（Saint Dominic）所创。——后此名学者多出于两派。

（2）大学之勃兴，自十二世纪至十三世纪，大学纷纷增设。著名的如：（一）巴黎大学（University of Paris）以研究神学著名。（二）牛津大学（University of Oxford），以研究神学及普通科学著名。（三）波伦亚大学（University of Bologna），以研究法律著名。——于是学术中心，由经院而转移至学校。

（3）一二五四年教会开始承认研究亚里士多德（Aristotle）之全部著作为正当，于是研究亚里士多德之风大盛，而学术之趋向一变。前此之神学，为柏拉图、新柏拉图及奥古斯丁的神学，至此则变为亚里士多德（Aristotle）的神学。前此之烦琐哲学，以辩论为主，至此则多趋于综合与建设。

代表这期的哲学家，有如下诸人：

一、圣多玛斯·阿奎那斯（St.Thomas Aquinas）；

二、藤斯·司各脱斯（Duns Scotus）；

三、威廉·屋干（William of Occam）；

四、罗杰·培根（Roger of Bacon）。

一、圣多玛斯·阿奎那斯（St.Thomas Aquinas，1225—1274），生于那不勒斯（Naples）附近的贵族家，生年有说为一二二四、一二二五及一二二七，现已不能确定，但以说一二二五的为多。幼受教于边尼狄脱派（Benedictines）僧侣，弱冠时，改入杜密尼根派（Dominicans），为其兄捉入狱中，二年后，逃赴哥隆（Cologne），受教于爱尔培（Albert）。一二五七年得学位后，即在巴黎教授哲学神学，直至一二六一年，教皇耳其名，召多氏赴罗马、波伦亚等处教哲学。其间，博采众说，著《神学综论》（*Summa Theologica*）为教会之保障，实神学界空前的伟著。一二七四年殁于由那不勒斯（Naples）赴里昂（Lyons）的宗教会议途中。因其学问淹贯[①]，有“天使博士”（Doctor Angelicus）之称。

多玛斯的学说，概括的说为“二重的真理”（The Twofold Truth），他的主要目的，是将亚里士多德（Aristotle）的哲学与基督教的教义相结合，并认为基于“自然之光”的哲学与基于“恩宠之光”的神学，必须一致。多玛斯的二重的真理，是在中代恩惠（信仰）世界（World of Grace）之外，加一自然世界（World of Nature），恩惠世界与自然世界是分别的两个世界，恩惠世界是自然世界的继续，换言之，自然世界是发展的低下阶段，恩惠世界是自然世界发展的究竟目的，必合此二世界，而后才完满无缺；而为此二世界的接触点的，便是人的灵魂。如图：

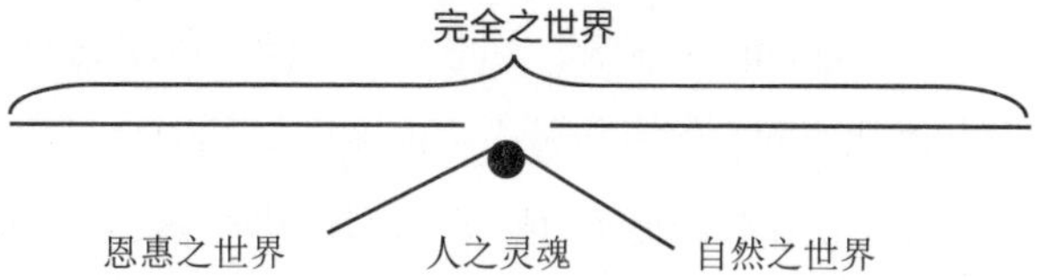

自奥古斯丁（Augustine）以来，这两种世界常有冲突，一属幻（自然世界），一属真（恩惠世界），未能并全。多玛斯则谓自然世界，并非虚伪，不过为完全世界发展的初阶。恩惠世界不但不伤损自然世界，而

① 淹贯，深通广晓意。——编者注

且补足自然世界而使之进于完全之域，这种观念，解决了宗教与哲学，教会与国家，教皇与国君相争不了的问题。

多玛斯谓神学与哲学的不同点，并非谓神学研究神与神的真理，而哲学不研究神与神的真理。其实哲学亦讨论神的真理，不过哲学以理知研究之，而神学则取资于默示耳。哲学与神学是分别的，然而是调和的。神学以信仰辅哲学，哲学则为神学（一）建设初步的动机；（二）准备比喻；（三）答复反对的论调。

对于唯实唯名二派之争，多玛斯采取亚里士多德方式的唯实论。多氏以为共相而为人心中的抽象者不能为个体，因为没有真存在的缘故。要有真存在，则共相必在“多”中存在，为事物的本质，不是“多”以旁的抽象。

多玛斯进而区分神、天使与灵魂，人是“形”（form，即共相，即全称，即普遍）附于质者（Inherent form）；天使、灵魂是“形”能离质而自存者；神（上帝）是仅有“形”而无质者。神（上帝）以只有“形”无质，故为绝对的圆满，绝对的智慧，有永久的存在，而为宇宙的第一因。上述的恩惠世界，即此上帝的世界，而为吾人研究的归宿。

奥古斯丁（Augustine）以来，发生过“是神的意志支配它的理知呢？还是它的理知支配它的意志呢？”的问题。这同时也是杜密尼根派的多玛斯与其后的法兰西斯根派的藤斯·司各脱斯（Duns Scotus）相争的焦点。多玛斯以为神的理知支配其意志，因为神的意志并非随便任情的，乃具有一定的必然性。人的理知亦然，因为理知示意志以何者为善，而决定意志的从违。

二、藤斯·司各脱斯（Duns Scotus，1274 or 1265—1308）——司各脱斯生于爱尔兰，早年入法兰西斯根派。在牛津毕业后，即担任哲学与神学讲师，有十年之久，名声扬溢遍全欧。一三〇四年到巴黎任教职，越四年，被派赴哥隆（Cologne），遂终焉。司氏有辩才，长于批评，故有“锐利学者”（Doctor Subtilis，又译“精微博士”）之称。

司各脱斯在哲学上最大的贡献，主张“哲学与宗教分离”。多玛斯已分哲学与神学，认为世界是发展的阶段，哲学处于神学的下位，但尚有联络的关系。至于司各脱斯则径认哲学与宗教有别，宗教为信仰之事，哲学为名理之事，哲学可由理知而解决问题，而宗教则非用超自然的方法不可，换言之，二者各有其分际，各有其范围，因此神学与哲学，便失却联系的关系了。

司各脱斯反对多玛斯的主知主义（Intellectualism），而倡主意主义（Voluntarism）。司氏认为如果照多玛斯说的，神的意志是受制于它的理知的话是真的，则神便不能自由了。其实，神（上帝）是有绝对的自由，至善之所以为至善，因其出自神之意志之自由。神之规律无他，唯有自由而已。

关于共相的存在法（Abelard认共相存在于神心、人心、自然），司各脱斯与多玛斯同样认共相存于个体，即在“多”中，究竟的事实为个体而非共相，个体不能从共相演绎出来。他于无意中遂推崇个性，而成为摧毁教会权威的极大助力。他已很接近唯名论，而且以意志置诸理性之上，无异抑推理而重经验与观察，时代在转变着。

三、威廉·屋干（William of Occam or Ockham，1280—1349 or 1347）——威廉生于英国的屋干（Occam），幼入牛津大学，传说司各脱斯（Duns Scotus）是他的先生，后入法兰西斯根派。屋氏曾在巴黎为教授数年，嗣离巴黎，参与其时之反教皇运动（即反对教皇为非宗教的势力者），被下狱于亚威农（Avignon），旋逃到巴伐利亚（Bavaria）的路易王（Louis）那里，受路易王的保护于终。传说他曾对路易说道：“你若是能以你的刀保护我，我便以我的笔保护你。”（If you will defend me with your Sword, I will defend you with my Pen.）有人称他是“第一个新教徒”。

屋干认为“概念”是实际事物的主观记号，或“名辞”，所以他的哲学被称为“名辞论”（Terminism）。屋氏的唯名论主张，较罗塞林奴（Roscellinus）为彻底。屋氏谓个体的事物，有“原形的真实”（The reality of original forms），为吾人的直觉所知。吾人的观念，不过是此等个体事物的符号。此第一步的观念，名为单纯观念。由此单纯的观念，抽出其共同的属性，因以得普遍的观念。此第二步的观念，名为复杂观念。唯实论者所讲的普遍的全称，即此复杂的观念。但此种复杂观念与个体事物仅有间接的关系，且由单纯的观念而起，并附于单纯观念而存在。故普遍的全称，不过一空名，真实的存在，只有个体的事物而已。这种思想为洛克（John Locke）及其他英国经验派哲学的先河。

屋干跟其他法兰西斯根派的学者一样，主张宗教与哲学分离，进一步主张国君与教皇，政治与教会分离。甚至主张个人不必依赖教会，可以自由发展其个性。自罗塞林奴（Roscellinus）、阿勃拉特（Abelard）以来被压抑了的唯名论，乃经过二百年而再兴，经院哲学的基础遂被动摇，而走向近代哲学的桥梁。

由十三世纪开始，欧洲思想界已受了阿拉伯科学的影响，对于数学和其他自然科学的研究，已发现了新的曙光，代表这主潮的先驱者便是罗杰·培根。

四、罗杰·培根（Roger Bacon，1214—1294）——生于英吉利，幼受教于巴黎，入法兰西斯根派。其所攻研，数学为主，并旁及其他自然科学、神学与哲学。自巴黎学成归国，任教于牛津大学，常于试验室中作种种科学试验，时人疑其为幻术家，不安于位，乃复返巴黎。教皇克里门第四（Pope Clement IV），耳其名，召令著书，培氏遂于十八个月间著《上论》(*Opus Majus*)、《中论》(*Opus Minus*)、《下论》(*Opus Tertium*)三书上呈，系勉人趋向理知之善之作，议论均极透彻。

培氏的治学方法，主张分别观察实验入手，对经院哲学所用的抽象的方法，有严峻的批评。他以为认识有三个来源：一、权威；二、理性；三、经验。这三者中，只有“达到现象原因之认识”的经验法，才能给问题以真正的最后的解决。实为近世归纳论理学的开端，而经验哲学鼻祖法兰西斯·培根(Francis Bacon)实受其影响。

培氏认为“知识即是力量”，世间没有比无学问为更大的危险，也没有比研究学问，为更有价值的，因为学问能驱除无知，而增进人类的幸福。

至于罗杰·培根(Roger Bacon)，在科学的贡献，如制造扩大镜，发明火药，鼓吹改换历本，解释虹为光之反射，并预言船车将来可自行活动等，对近代自然科学有极大的启发。

中世哲学的主潮为经院哲学，但尚有二三潜伏的支流，一为阿拉伯的回教哲学；二为犹太哲学；三为基督教范畴内的神秘派。前二者几为经院哲学所吸收，唯神秘派的潜流，源远流长，有另外特笔一述的必要。

神秘派的兴起，远在十二世纪之前，倡导的都是修道院的人们。它的主旨在排除哲学上的理性主义，同时反对神学的思辨论证，认为宗教之可贵，在体验而不在解释。即吾人之能否与上帝相接，非辩证名学所能为力，而在作“神秘的冥想”(Mystical Contemplation，或译“观照”)，有似佛家的以心观心。这派与前期的经院哲学并行的哲学者有柏纳特(Bernard of Clairvaus，1091—1153)、嚣俄(Hugo of St.Victor，1097—1141)等。柏纳特(Bernard)为中世神秘说的创倡者。他主重意排知，排斥经院哲学的论证法。他认为人们首要的事是爱神和对神的谦逊的归依。嚣俄（Hugo）认为神是绝对不能理解的，神超越一切人类的概念，神不但在我们的理解之外，甚而我们也不能用任何比方去悬拟神，了解神是不可能的，只有信仰神。哲学的目的，在与神相接。嚣俄又说人具有三种眼：肉眼认识物界，理眼认识内界，想眼则认识灵界及神。与此相当的知识亦分三种阶段：即思维、考察和冥想（Cogitatio，meditatio，contemplatio），最后的阶段为哲学的极致。

至十三世纪末与十四世纪初，另有一支日耳曼神秘派（Germanic Mysticism）与后期的经院哲学并行。这一派于教会与教义，多取独立的态度，而被教会目为异教徒。主要的代表者为爱卡脱（Meister Eckhart，1260—1327），爱氏为杜密尼根派，受新柏拉图派的影响甚深。在某种意义上，爱卡脱算是德国哲学的先驱。爱氏谓万众存于上帝之中，上帝即在万众之内。由有限之心观之，则见万象之多；由超绝时空之心观之，则只见其全。吾人的究竟目的，在灭意欲，借超自然的冥想，与上帝相接。——这种不经教会的中介，天人可直接相交的学说，自予教会以一大打击。所以教会目为异端，严加禁止。据说马丁·路德提倡宗教改革，有受于爱氏学说的感动。

第三篇　近代哲学

第一章　近代哲学的背景及其特征

一、近代哲学的历史

中古和近代的划分，普通以一四五三年为分水岭，一四五三年是东罗马的君士坦丁堡（Constantinople）为土耳其人攻陷的一年，许多希腊学者逃往意大利，因此促成欧洲的“文艺复兴”（Renaissance）。本讲以哲学思想上的关系，断自一四五三年起，至一八三一年黑格尔（Hegel）之死止，约有四百年，作为近代。在此期间，包含了文艺复兴、宗教改革及启蒙时代。倘详言之，文艺复兴运动，起于十五世纪后半期，至十六世纪初期；宗教改革，是属于十六世纪；启蒙时代，则属于十七、十八两世纪。——这一连串的思想运动，必有它的“历史背景”（Historical background）。

当罗马国家被异族征服，感到无路可走的人们，就希望在基督教里面得到一点安慰，并汲取生存的力量，于是基督教就跟着封建制度一起成长起来，有时僧侣和封建国王可以并驾齐驱，君临农民之上。宗教可以直接向农民征收什一税，并占有大量土地来剥削农民。在这样的经济基础上，宗教的意识形态，在一切社会的意识形态中，显现其绝对的权力。因而宗教的信条与教义，就支配了整个思想领域，甚至科学也屈服于宗教的教条之下。

本来，中世封建社会的意识形态底主要特征，就是使一切的意识形态都从属于宗教及神学。教会不仅拿它的意识形态来维持封建社会阶层的统治，而同时教会本身也是有力的封建地主之一，因此就和封建国家更加强固地结合着，把一切代表进步势力的科学和哲学，都看作异端，而阻碍其发展，因而形成了所谓欧洲中世纪的“黑暗时代”（Dark Ages）。虽然那时阿拉伯的学者在数学、天文学、物理学、化学及医学等方面，都有很多的发见；但欧洲基督教各国一直到十世纪，还深深地睡眠在野蛮里，科学为神学的附庸，哲学成了宗教的侍婢。在当时研究哲学的任务，就是要论理地来证明宗教的教义，极大的注意力都用来编制三段论法的“牵强附会的秘术”，用来推敲琐细的形式上的差异，用来搬弄口头上的诡辩。传统的经院派的形式论理学是用极端形式主义的精神来把亚里士多德底论理学上的论文加以歪曲，即说这是经院哲学的专业，也不算过分罢。

在那时候，隶属于神学之下的经院哲学，所研究的范围，只限于基督教的宗教思想，不研究任何自然现象，排斥经验和观察。这种哲学思想，纯粹为形式主义所渗透。它的任务，不外是在巩固基督教的教义和僧侣的统治地位，但是，到了社会条件开始发生动摇以后，向来一致的经院哲学就发生裂痕了。所谓社会条件的动摇，即指十字军东征后，自然经济的开始解体，其最初的象征，便是在十二世纪之初，教会内部发现了经院哲学的反对派，这即是说在教会内部也开始发现反对唯实论的代表，接着而来的，就是唯名论与唯实论的斗争。

唯实论是承认全体概念超出个体概念之上的一种教条，唯名论则反对唯实论的全体先于个体的理论，力说概念只是真实存在的事物之抽象的表现，只是实体之抽象化。这种唯名论底思想，反映出中世纪后期社会的及政治的生活中个人主义的发达，而促成这种发达的东西，就是商工业的发展和都市经济的勃兴，亦即是提起对于自然和具体的感性事物研究兴味底前提。

在十三世纪至十五世纪初期，随着封建社会经济解体过程的迅速发展，于是反对经院哲学的呼声，也增长起来，并由此出现了许多神学的异端派。他公然提出“救济灵魂”的口号，和教皇及教会作斗争。这些异端派，实在可以说是最初反对封建主义运动的代表。异端派起于中世纪封建社会里的都市商工业者之间，后来，其形态屡变，而深入于农民大众之中。

教会看到自己的权威在无数异端派出现以后，有被颠覆的危险，于是就采取恐怖手段，严禁异端派的学说，后来甚至设立专为搜索和处罚异端派的宗教裁判机关，异端派竟因此而常常被处以死刑，或活活被用火烧死。但是，教会的恐怖手段，并不能扑灭异端派，因为这是适应时代要求的产物。生产力的发达，商业的进步，城市作用的提高，所有这些事实，都表示封建体制趋于崩溃，同时也表示那生长在封建体制基础之上的经院哲学的破产。结果到中世纪末期，由于伟大的新发现和文艺复兴，哲学才有可能跳出神学的圈套，从宗教的侍婢状态中解放出来。

二、近代哲学的特征

随着中世封建体制的解体，人们的实际生活，也不能不改观了。接着新大陆的发现，使人的视野扩大，因而加速人们对于自我的觉醒，对于过去圣哲的垂训，毫无保留的予以重新估价。这种自我的觉醒，可以分多方面加以说明。

在个人方面，无论在宗教上，道德上，都脱却了教会的羁绊，永乐的天国，不复为人生的理想，个人的信仰和行为，一诉之于理性，人神之间，不复承认有任何的媒介，只要有信心，即可直接与神相通。

在政治方面，政教冲突的结果，使国家代替了教会，而教会的权威，亦随之而失坠。国家逐渐摆脱君主专制，而一般趋向于民主政治，更摧毁封建制度的因袭。争取个人在政治上的自由平等底权利，为时代的普遍的要求。

在经济方面，庄园的农奴制和基尔特的等级制，皆次第崩溃，商业工业脱离羁绊，而从事于经济的自由竞争。

在知识的追求方面，无论科学或哲学的研究，一以理性为根据，所谓真理，不复为权威所传授，或教皇的敕命所指定，而是自由研究自然的结果，不再作超自然的寻思。

总之，如果说中世的思想特征是超自然的，则近代的特征是注重自然，复归自然（Return to nature）；如果说前者是以“神”为本位，则后者是以“人”为本位；如果说前者是主观的和主意（信）的，则后者是客观的主知的；如果说前者是注重全体的，后者则注重个体的。这些近代思想特征底基调的形成，开始于文艺复兴，归结于启蒙运动。

启蒙运动容再详说，现且先一讲文艺复兴的内涵。

文艺复兴的语源，原为法语 Renaissance，为欧洲文化由中世到近代过渡期的总称，语义包含有再生或复活的意味。若从广义上说，冲破中世教权外壳的新精神的发现，即是指人类的自然人性底自由发展的再生，也即是说人类从教会规定下的世界观人生观束缚之下解放出来，觉醒自我和发现自我的时期。从此义看来，则自然科学上（地理、天文学上等）的诸发现发明，白鲁诺（Bruno）、康帕内拉（Campanella，

1568—1639）等的自然哲学，路德（Luther）的宗教改革等，均可包括于文艺复兴之内。

从狭义的说，文艺复兴，是古代希腊罗马（特别指希腊）文艺之复兴，亦即希腊精神之再现，对于古代文艺真面目的复兴，要远溯于十字军的东征，——十字军是欧洲基督教文明与其东（小亚细亚）南（北非洲）面回教文明之争。在一二〇三年第四次十字军战争的时候，君士坦丁堡曾为十字军占领，于是西方的学者已得窥古代希腊的典籍，诗人但丁（Dante），小说家薄伽邱（Boccaccio）等，尤以提倡希腊文学为事，已开复古之风。到一四五三年，君士坦丁堡沦陷后，学者多逃往意大利，意大利便成了近代文艺复兴的大本营，于是荷马（Homer）和味吉尔（Virgil）的诗篇乃代替基督教圣哲的格言。

由于研究希腊原文的关系，人们开始知道真正的亚里士多德并不与教会中所利用的相符，教会的威信，因此大为减色。例如在文艺复兴期中，意大利有个研究亚里士多德的学者名叫庞坡纳修斯（Petrus Pomponatius，1462—1525）的，就曾提出过灵魂不朽之说是否为亚氏学说之推论的问题，他认为照亚氏“质”与“形”的发展过程是不相离的，可见精神必随肉体共同生灭。庞氏更进一步认为倘灵魂的不朽为行善的报酬，则不朽说更不可靠，因为行善而有善以外之目的，那便是伪善，这样的善就尤靠不住。灵魂不朽之说既破，一切宗教的教条便都动摇了。

发掘古典文化真面目的结果，人类重有自觉，神本主义变为人本主义（Humanism，又译人文主义）了。出世变为现世了。对自然不再敬畏而是想加以控制了。生活由偏枯而重新要求调和、要求完全、要求多方面了。——这是文艺复兴后，新人之发现。

与新人发现同时引起的，便是良心的要求解放。于是遂有宗教改革（Reformation）。文艺复兴发端于艺术兴趣浓厚的意大利，而宗教改革则导源于富有神秘色彩的德意志，浸假[1]而风靡全欧。

一五一七年十月德国的马丁·路德（Martin Luther，1483—1546）发表有名的九十五条反驳书，反对教皇立俄十世（Leo X）出售赦罪符的腐败，所谓赦罪符，谓买了此符的人，虽有罪过，亦可免除。路德的反驳书为宗教改革的导火线，此一改革的目的，在争取信仰自由，路德以为个人可凭信而得救，只要良心虔诚，便可以与上帝接触，不必经过任何的中介。赦罪符是教会最不合理的措施。路德以此事于一五二〇年受破门的宣告，好在萨克森侯的庇护，居其宫中年余，把《圣经》译成德文，从此《圣经》更加普及化，教会所操纵居奇的局面便不能维持了。过去以教会为本位的信仰遂改为以《圣经》为本位，这是人类在信仰上争取解放的一种成功。路德并于一五二五年实行娶妻，这表现了由出世而改为入世的精神。初时的"人文主义"运动，在情感方面的自由解放上还没有得到发挥的，现在乃由"宗教改革"而得到补偿了。

随着宗教改革成功，新教的教义一经固定化，新教教会的本身与宗教改革的本来精神，便有相当的距离，因为不在哲学史的范畴，故略而不论。

文艺复兴的结果，发现了新人，解放了良心，接着便是新世界观的出现。

其实，自然科学研究与人文主义运动，差不多是携手并进的。十字军东征后，随着商工业的急速发展，为自然研究提供了很多事实上的材料。在十三世纪初叶，商业的发达已经给数学的发达一个强力的刺激。和数学发达并行的是天文学，这是由于航海的需要促成的。力学也

---

① 浸假，此处有逐渐意。——编者注

由于工场手工业的逐渐使用机械而得到发达，十四至十五世纪，都市生活的隆盛，把自然科学的研究，更推向前进。但自然科学的成就，在世界观上有划时代意义的，应当是十六世纪四十年代尼古拉·哥白尼（Nicholas Copernicus，1473—1543）提倡的地动说了。在哥氏发表地动说之前，天文学是在托勒密（Ptolemy，约生于二世纪初期）的“地中说”（Geocentrical theory）支配之下。托勒密的天文系统，认“世界全体”为一空的球形，地球居中心，静止不动，固定的星在其四周，行星则在外环中运动。宇宙是有限的，分为天界与地界，为诸精灵所领有。上帝则居此空球之外而握有之。哥白尼则一反其说，认日居中心，静止不动，地球与其余行星，皆绕日而旋转，组成太阳系。哥氏的地动说，普通又名为“日中说”（Helio-centrical theory of the solar system）。此说为白鲁诺（Giordano Bruno）、泰可柏雷（Tycho Brahe，1546—1601）、刻白尔（Johannes Kepler，1571—1630）等所承认，白鲁诺主张宇宙是无限的，否认前此有限之说。刻白尔发明行星运动三大定律，认行星绕日的运行是椭圆形的。迨伽利略（Galileo）出，首用望远镜观察天体，证实上列诸人学说的正确。于是以宇宙为一机械，从前以为是上帝的与精灵的势力领导者，今则以为是因果必然的非人性的则律。天上与地下没有什么超自然的势力了。宇宙是通体一致的，无等级之分的，一行星的运行与一苹果的坠落是毫无分别的。天界与地界一样没有分别，其中没有基督教的天堂，也没有中世的那些精灵。希腊的诸神退出去了，基督教的上帝也只好站在一边。——这种新的世界观便代替了托勒密的天文体系。使新人有如杜威（John Dewey）所说的近代人，居住于一无蒙蔽的世界（The modern man lives in a world with the lid off.）。

与以上所说的新世界观的构成有密切关系的，便是十五世纪末与十六世纪初一群航海家的先后发现。一四九二年哥伦布（Columbus）

的发现新大陆，一四九八年达·伽马（Vasco da Gama）的发现印度新航路，一五一九至一五二一年麦哲伦（Magellan）环游地球一周，这些发现使地圆之说，因以证明。同时欧洲人的眼界也为之扩大，前之以地中海为中心的，现在则以世界为舞台。

随着各种实际变化而来的，是一种新的政治哲学。这种新政治哲学最先发生于意大利的佛罗棱萨（Florence），主要的代表为马基雅弗利（Niccolo Machiavelli，1469—1527），主张国家脱离教会独立，国家的权利当另以一种权威为基础而非独断教义，马氏痛恨中世的政治屈服于教会的系统，教皇以挑拨国家之猜忌为能事，“分而治之”已成了罗马教会的箴言。马氏追求希腊底纯粹的政治国家的复活，他极力想统一意大利和反对教皇的握有权。马氏的《君主论》（*Il Principe*），认国家有其自身的目的，内求强力与健康，外图势力的扩展。君主为达到国家的目的，可以不择一切手段，即残虐、骗诈亦所不避。至于道德为拘束个人的小事，绝不宜于绳检国家。马氏并指摘基督教的非现世主义和谦逊自卑的道德底弊害，而赞扬古代希腊人奋发进取的精神。

正当马基雅弗利批评意大利的实际政治的时候，英国的摩尔（Thomas More，1478—1535）写了一本著名的《乌托邦》（*Utopia*），他的理想国是一种社会主义的国家，不受教会的牵制，完全注意于物质的状况。接着法国的波丹（Jean Bodin，1530—1596），以受摩尔的影响，将实地考察各种政体的结果，著《国家论》（*La République*）拟将法律学从神学中解放出来。直到荷兰的格老秀斯（Hugo Grotius，1583—1645）出，依据斯多亚派（Stoicism），从自然法的见地研讨国际法的诸问题，法律学便脱离神学而成为独立的科学。格氏的名著《战时及平时法律论》（*De Jure belli ac pacis libritres*，1625），认自然律以人性为基础，虽神亦不能改变之，故与神学律绝对不同。——新政治哲学的理念在自然法中得到证明，于是近代的民族国家便有所依据而纷纷产生，教皇统治的故垒遂倾圮而不可收拾。

从发掘希腊的文化开始，随着良心的解放，独立的新人出现，新的世界观与新的政治理念也跟着形成，遂互相配合构成了近代人底精神生活。所谓近代哲学，便在这种精神生活底内容之下开始酝酿产生。

第二章　近代哲学的起首

随着研究自然科学的勃兴，不单改变了中世纪以来神支配下的世界观，由于数学物理学观念的变革，哲学的方法论也脱离了中世经院哲学所引用的亚里士多德底形式论理，而步入新的合理底逻辑的道途。

开始引用新的世界观而建立自然哲学的是白鲁诺（Giordano Bruno），因数学物理学的观念底改变，而引起哲学方法底改革的是伽利略（Galileo），而促使它达到典型底发展的是牛顿（Sir Isaac Newton，1642—1727）。

一、白鲁诺（Giordano Bruno，1548—1600），一五四八年生于意大利南部那不勒斯（Naples）的诺拉（Nola）。十五岁入杜密尼根派（Dominicans）的修道院，读古代中世的哲学书籍，又接触当时库沙奴（Nicolaus Cusanus，1401—1464）、德利西斯（Bernirdino Telesio，1508—1588）、加达奴（Hieronymus Cardanus）与哥白尼（Copernicus）等的自然学说。他的自由思想被教会中人目为异端，遂于一五七六年脱离罗马，又逃出意大利，到瑞士、法国、英国、德国辗转过其流浪生活。先后在法、英、德各大学教授思考术与记忆术，借资糊口。从此他不但在教会之外反对教会，且著书以反对教会的思想系统。在法、英颇受宫廷的优遇，但以个性狷介，与人不兼容，特别与所谓学者僧侣不和。一五八四年在伦敦发表其用意大利语所写的主著公布，与牛津（Oxford）的学者开始意见不合。在德国的学界自由空气较浓，又以北方的新教徒毕竟与南国人的气象不一致，到处栖遑，不免引致白氏怀乡之感。一五九二年受骗，冒险归故国，旋被捕送罗马，经宗教裁判机关的长期审问，终于一六〇〇年二月十六日被焚杀于罗马广场。临死对刑吏作豪语："行刑之汝恐怕比受刑之我，尤觉恐怕战栗罢！"——白氏之死恰在苏格拉底死后二千年。

白鲁诺接受了哥白尼的以太阳为中心的地动说，并由此引申出许多在自然科学上重要的结论。白鲁诺由宗教哲学上神的无限，推定世界也是无限，就从此论据而建设他的形而上学。

关于白鲁诺的形而上学可分三期来叙述。第一期是受新柏拉图派（Neo-Platonism）影响的时代，由所著《观念的影》底名称便可以察知。恒常的观念即神，以万物为根基，但此一观念（Idea），在柏拉图的哲学系统上表现为一般性，而在白鲁诺方面，则用作法则的意味。即是说至高的认识，以脱却感觉的差别而接近于合一为基础。在这儿白氏极力强调他的"普遍主义的世界观"，因此便产生他的第二期思想，实在说来，这一期是他的学说的中心。代表这期思想的著作是《关于原因、原理及纯一的对话》（*Dialoghi della Causa Principio ed Uno*）。天与地既无差别，若进一步深思，则一切的对立也应当没有的。俨然的对立只存在于思想中，无权利附属于自然界。柏拉图将理念与感觉物区别，亚里士多德则分别形与质，在白鲁诺均认为不可。自然界的质料系由其自身中开展形式，故质并不比形劣。自然界是不断地循环运行，无生物与有生物没有根本的差别。在形与质的根柢有统一底一般的实体在，一切差别在此统一。假若思考与此统一物别异的东西便是原因，作用于现象中的东西便是原理，其实这东西即是神，将作用于空间中的万物齐整。这样，各个个物均有共通的基础之点，便各有各种意味。因而便产生第三期的学说，代表这期学说的著作是《关于三样的极小及其计量》（*De Triplici Minimo et Mensura*），在这本著作里论及数学的物理的和形而上的极小，此极小由感觉上连续可看到的实在的小分子组成，此小分子叫做原子（Atom）或单子（Monad）。不过此单子是相对的东西，太阳系对整个宇宙来说是一个单子，神如作为一个的个体也是一单子。——总之，白鲁诺以自然研究为基础，寻出了与文艺复兴期最相应的哲学，这哲学把全自然作为一体底一生物，一切都是美的。他的自然主义的泛神论影响以后的斯宾诺莎（Spinoza），单子说则影响于莱布尼兹（Leibniz）。

白鲁诺在自然的研究上，尚多空想的成分，而真正奠立近代科学的基础的，刻白尔（Kepler）之外，应推伽利略（Galileo）。

二、伽利略（Galileo Galilei，1564—1642），一五六四年生于意大利的比萨（Pisa），就在比萨研究数学、物理学和哲学，同时也养成了他对于文艺的爱好。在古代的大思想家中，他爱柏拉图，爱阿基米得（Archimedes），却不大喜欢亚里士多德。一五八九年后，先后在比萨及帕雕亚（Padua）等大学任数学教授。发现落体定律及摆之定律，始制温度计，首用望远镜观察天体，发现木星的卫星及太阳上的黑斑，认明地球绕日而行，公开承认哥白尼的太阳中心说。遂触教皇之怒，被目为异端，一六三二年召赴罗马监禁，迫令焚书及发伪誓。后得赦，在思索里送其余年。传说他被迫发誓后，曾说过“即使星可下来证实他的发见，反对他的人还是要否认的”。又传说他被迫焚书之后，曾感慨地说：“我的书虽然焚烧了，但地球还是要继续转动的！”

伽利略与白鲁诺同时，同样为反教会运动的牺牲者，如果说白鲁诺是诗人与哲学家，则伽利略是自然科学家，而且是实验科学之祖。但何以在哲学史上有他的地位呢？因为他研究自然的科学方法，结束了中世经院哲学所引用的推论式底演绎法，开创了近代哲学的新方法论。

伽利略将自然用纯机械的说明，把德摩克利泰斯（Democritus）的世界观复活；同时将认识问题上卓拔的见解，开新方法论上的端绪。什么是他的研究方法呢？伽利略在科学上有两句名言：一是科学除自身外不依一切权威；二是一切推论必须从观察与实验得来。——上述的第一句话，表示科学必须与神学脱离，与一切外在的权威脱离。第二句话，表示科学方法有两种过程：一是用有组织的实验及观察代替偶然的经验；一是用数学的论证方法代替推论式。前者是一种归纳法，后者是一种演绎法。伽利略怎样同时运用他所标榜的归纳法与演绎法呢？

第一步——归纳或分析。是以知觉观察事物。但这并不是对于事物底性质的普通观察，而是先从量的方面观察，从量的方面把握现象中最单纯的要素。不过归纳法是有限制的，因为只限于可以分析实验的事物。比方物体下坠的运动，是可以经过分析实验得到结论的。可是有的事物是无法实验的，比方星体的运动，便只能观察着一部分，决无法取来实验的。这样，怎能将一切物体下坠的事情作成一条公律呢？于是，这就有待于第二步的演绎或综合了。不过伽利略运用的演绎法，绝不是中世经院哲学所利用的亚里士多德底推论式的演绎法，而是算学的演绎法。譬如我们要为下坠的物体设一普遍的公律，便先要计算一切曾经观察过的事情作成算学的假设，以此为基础，便可能将那不曾被观察过的事情以计算演绎而得，如果这条算学的假设可以应用于未曾观察或不能观察的事情上，便可以算做一条自然律了。

伽利略对于归纳法与演绎法的统一的应用，被应用于哲学的方法论上，近代哲学便产生两派不同底系统，运用归纳法的便是所谓经验论派；运用演绎法的便是所谓理性论派。

第三章　英国的经验论派

十七世纪以后的英国，在社会经济急剧的发展变动之下，政治上新兴阶级也纷起要求民主。这给予时人底生活意识一种重大的影响。许多革新论者和科学家接踵而起，与这种新情势相配合的哲学便是经验论派（Empiricism）。不过这时期的哲学，实在说来仅是英国经验哲学的开端，它的成熟期有待于启蒙运动以后。足称为这时期的典型代表的是法兰西斯·培根（Francis Bacon），继培根之后的，则是机械唯物论的代表霍布士（Thomas Hobbes）。

一、法兰西斯·培根（Francis Bacon，1561—1626），为英国名门之子，一五六一年生于伦敦，年十三入剑桥大学，专习法学，曾任律师及下院议员，以雄辩名。詹姆士第一（James I）即位，任掌玺大臣，升大法官，授子爵，声名极盛。嗣以受贿被重罚，去职。尔后专力于学问。一六二六年在雪中试防腐的实验，中寒气而殁。重要的著作有《学术进步论》（*Advancement of Learning*）和《新工具》（*Novum Organum, Scientiarum*，1620）两书。

一般人皆认培根为近代哲学经验论派之祖，与笛卡儿（Descartes）在理性论派的地位相同。培根之所以能在哲学家中有如此优越的地位的原因，一面故由狄德罗（Diderot）的极力推崇，一面由于培根最初收集文艺复兴的结果而使之世界化。培根有一句名言:“知识即权力”(*Scientia est Potentia*),这是文艺复兴的主要基调。他决不像白鲁诺一样沉浸于自然之爱,而是功利主义时代的最显著的功利主义者。他反对中世宗教的自然观,同时反对传统著作的武断。因此从培根起,发生一种不信书本有文化价值的运动,他认为哲学必须支配自然,以之改善社会的状况。他并不要知识的每一点都有用,但他认为知识总体的究竟目的必是要有用处的。文化的价值不在使个人高出别人,而在使人类超过自然,控制自然,这便是文艺复兴的目的。培根进一步认为哲学的价值是在撤废人类的不平均的情势,使社会不再有满足野心与被牺牲的两个阶级。

培根为要达到他所希望的控制自然,改善社会的目的,他主张应当摆脱因袭的旧路,因为因袭的东西都是获得世界的真知识的障碍。哲学上的三种传统的病根是“空想的,争辩的与雕琢的学问”。

培根以为不要太信任我们每日的知觉,因为科学虽然以我们的知识为根据,但我们日常的知觉已为我们的思想的不批评的习惯所破坏,于是就发生许多谬误出来。这些谬误就是人们的“成见”,培根称之为“偶像”。要寻求真知,第一步便得先破除“偶像”。这种“偶像”(Idola)培根把它分析为四种:

一、种族的偶像(Idola tribus),即人类共有的假设。这种假设根据于种族的习性。比方古代希腊人的宇宙观,认为游星运行的轨道,完全是圆的,这纯然由于美术的成见。

二、洞穴的偶像(Idola specus),由于个人天性或生活状况而生的偏好。

三、市场的偶像(Idola fori),由语言或文字因袭的意义影响而生的偏见。

四、剧场的偶像（Idola theatri），由于盲目的信仰未经批判的权威或传统的学说而生的谬误。

上述的四种偶像破除以后，便要积极的认识自然，要积极的认识自然，必须建立一种科学方法。培根认为真正的科学方法不应当像蜘蛛一般，只从自己身内抽丝结网，如过去专凭亚里士多德的演绎的三段论法，推断一切；亦不应像蚂蚁一般，只知收集或累积外界的现成材料，如时人牢守经说，专在故纸堆中打转；应当像蜜蜂一样，采集外界的原料——花粉，加以消融、酿造而成新事物——蜜。——这就是培根提倡以经验为指导的归纳法（Inductive method）。应用这方法，有如下三种步骤：（1）首先尽量收集特殊的事实；（2）然后将这些收集来的事实加以分析比较。培根所谓归纳，不仅将单纯的事实列举。反面的比证，与等次的不同，均须详慎研究。从而由特殊的事实得到普遍的结论。（3）最后由普遍的结论中，求出单纯的"法相"（form），"法相"是现象的本质。培根的意思，所谓"法相"，是与现象有关的，有现象则有，无现象必无。在某种场合，培根的"法相"，有"法则"的意味。因法相发明公理，用此公理，便可以进一步研究自然和控制自然。——这种由特殊的事实到作成公理的过程，就是培根应用归纳法研究自然的过程。

培根虽然提倡归纳法，但并没有把归纳法完成，直到十九世纪英国的穆勒（John Stuart Mill，1806—1873）始引申之成为论理学上的求同法、求异法与同异法。

此外，培根在哲学中有名的主张，便是学术的分类，他认为心的能力可分为记忆、想象和悟性三种，根据不同的心的能力，同时便产生各种相异的学问，比方历史根据记忆，诗根据想象，哲学根据悟性。

继承培根的经验论加以发展，并将大陆理性论的数学方法，向英国传播的是霍布士（Hobbes）。

二、霍布士（Thomas Hobbes，1588—1679）是英国人，牧师之子，生于马尔美斯堡（Malmesbury），学于牛津大学，习论理及物理学，不满于中世经院派的哲学，通拉丁、希腊语文，毕业后，一度为加文底锡（Cavendish）伯爵的家庭教师，后往返伦敦、巴黎，做过培根的秘书，又与笛卡儿（Descartes）、伽利略、刻白尔（Kepler）等友善。在巴黎时于偶然的机会得读欧几里得（Euclid）的《几何原本》，从此便有意于构想哲学的体系。一六四七年为英世子查理第二（Charles Ⅱ）师，王政复古后，本当用世；但因其名著《国家论》（*Leviathan*）为教会及皇党所忌，遂出居巴黎，终身不娶。著作重要的有《哲学原理》（*Elementa Philosophiae*）、《人性论》（*Human Nature*），而传诵最广的为他的《国家论》，题名为"*Leviathan*"的。

霍布士具有英国传统注重经验的习惯，与培根一样相信知识是从经验来的。可是他并不以归纳法为满足。霍布士是以数理为基础的机械观的自然主义者。

霍布士将他的机械的世界观底假设应用于物质方面，同时亦应用于心理方面，并将心理归入于物理。他用两句话表明他的机械观的原则：凡存在的都是体（Body），凡相遇的都是动（Motion）。霍布士将这种假设应用于物质方面就是唯物论，应用到知识方面就是唯觉主义（Sensationalism），应用到意志方面就是定命论（Determinism），应用到道德和政治方面就是自然主义（Naturalism）。体是自个人到国家的原始条件。宇宙中一切现象，都是体的运动。

体有两种：自然的与人造的。物质界的一切皆系自然体，社会及国家则属于人造体；人则兼属于二者，因为人是将自然体和人造体连合起来的链环。哲学遂以此而分成三部分：一是物理学，研究纯粹的自然体；

一是心理学，研究人在自然方面的部分；一是政治学，研究人在社会上的关系。从这一端看，政治的体可分析而为人，人亦可分析而为物体。政治的体全靠着人的心理的禀性，而人的心理的禀性，又全靠物质的体的性质。简言之，一切的基本是体与其运动。

霍布士对于自然体的研究，站在哥白尼、刻白尔、伽利略等的新的自然科学的立场，以哲学与自然科学在本质上为同一。一切存在的东西已都是物质，则非形体的东西，实不可设想。把神当作精神而认其存在，这样的神，无论如何，不能看作哲学的对象。一切偶然发生之事，实际上都是物体的运动。不仅自然现象是如此，即精神现象亦莫不如此。而此运动皆以机械的必然的因果关系而生起，所以一切现象不可不为机械的说明。这样看来，霍布士之说，是一种机械的唯物论。

霍布士对心理研究，是以算学的计算法（Method of Computation）为基础。他以科学的目的在测算物体之动作。但计算时所用的符号就是字，字并非实在，只是代表我们经验的记号。我们缀字而为判断，有判断即可以推论出种种原理来。所谓真的判断就等于与其他的判断能够融会贯通的。换言之，就是与其他的判断不相抵牾的。所以真伪的分别，并不在判断与实在的事物符合与否，而是在判断与判断能否配合得上而成为一自圆的或合理的系统。

霍布士进一步将研究心理现象的科学，从古旧的神学家的手中夺了出来，于是心理学始成为独立的科学。心理学原来以神学家的解释为根据，现在霍氏则代之以算学家的假设。他认为意识不是灵魂，而是物体的运动，即霍氏所谓“有机体的某部分的活动”。意识情态都是脑的运动，或是神经系统中原子的精细的运动。记忆与想象是“衰落的感觉”；思想是许多感觉的总计；经验是感觉的全部为固定的联想律的结合者。霍布士是联想的心理学派之祖。联想的心理学派（Association

Psychology）便是主张以意识为中心的原子所组成而受联想律之支配之学说。

霍布士虽在神学家手中将心理学取了出来使之成为一机械的科学，然并不与物理学相混。霍氏认为心理学是讨论脑的运动的，而物理学则仅研究外界的运动。外界的一个运动的体，在各感官上留下一个印象，神经便将它送到心脑之中。脑中的反应运动，便是一心理情态。是许多原因的结果。是实在事实的“显现”（Apparition），但决不是物自身的真相。

霍布士的认识论在历史上是有他的地位的。霍氏认为我们所知的只是脑的变化——身内的体的运动，与事物的本质不同。譬如我们对于光、声、热的知觉是脑髓质的变化，不是某一外面的本质的变化。这种主张，历史上叫做“感官知觉的主观性”说。

霍布士对人造体的研究，以人类的利己心说明社会国家的起源。他以为最初只有个人没有社会，个人的天性总是利己的，但人人自利必有冲突，结果往往两败俱伤，倒反不能贯彻其利己的本旨。因此才互相让步，立定一大众共守的契约，结合成为国家。所以国家实在是一种人造体。此等契约如欲充分维持，必须有强固的政治组织，各个人互相约束，放弃利己的一部分权利，而委全权于主权者之手。主权者有处罚破坏契约者的权力，对于臣民要求绝对的服从。如此便产生国家与君主的强大权威，非地上任何生物所可比拟，只有《圣经》记载的大动物“Leviathan”方足以当之。霍氏因此名其国家论。由此大权力而产生法律道德。——此为以后洛克（John Locke）、卢梭（Jean Jacques Rousseau）倡导的社会契约说（Theory of Social Contract）的滥觞。

霍布士的机械的唯物论的哲学发表以后，不单在英国，在法国也起了很大的影响。但为当时的宗教思想家所激烈反对。这等宗教思想家中，以剑桥大学为中心的“剑桥柏拉图派”（Cambridge Platonists）最著名。这些思想家以柏拉图及新柏拉图学派的哲学为基调，否定无神论的唯物论的思想，拥护宗教。主要的人为克特华斯（Ralph Cudworth，1614—1688）、摩尔（Henry More，1614—1687）等。

第四章　大陆的理性论派

理性论派发生于法国，当然不是偶然的。十七世纪的法国，在经济的发展上，比起英国来，是显著的落后的。封建的生产方式，虽已趋于退化，但新兴的资产阶级，尚无力夺取政权，当时出现了坚强的专制主义，使法国变为君主专制的国家。同时法国的宗教改革并不同于德国，加特力教（Catholicism）照样支配着法国统治者的神经中枢，“教条”（Dogma）的权威，仍深植于人民的脑海，一般从事学问的探索者，多少总还要考虑教会的态度。此时在法国有一例外，便是数学较其他经验科学发达。一由于数学为悟性思维的科学，易为注重直觉的法国人所欢迎；二由于数学中的准确性与可解说的真理，不必实地调查，便可直接了悟，与教会的教义较少冲突。——这便是理性论派的哲学从法国开端的原委。

理性论派是以伽利略在自然科学上运用的数学的演绎法，转用为研究哲学的主要方法，于是就公开的与经院哲学宣战。理性论派的心目中以为在物质的宇宙里，或在精神界里，并没有神妙莫测的事，天上地下一切事物都是可以弄得明白的。他们以为数学可以改造物理学，哲学也应当可以照样改造。他们不但提出了一种新的自然观，对于神更有一种新观念；不但对于人的身体有新学说，对于灵魂亦有新学说。他们的目的是企图建设一知识的绝对系统以为知识的根据。——这一派的开山始祖是法国的笛卡儿（Descartes），继续把它发展的是荷兰的斯宾诺莎（Spinoza）和德国的莱布尼兹（Leibniz）。

一、笛卡儿（Rene Descartes，1596—1650）为法国的贵族子，一五九六年生于 Touraine 州的 La Haye，八岁至十七岁入旧教派的 Jesuit Schoo1，中经十载，专习古代语文、论理、物理、伦理、哲学和数学。特别对数学感兴趣，毕业后原希冀成为机械工业家，但以父亲之命，转为骑兵士官，其后虽在阵营兵马之间，继续研钻其心爱的数学与哲学。传说一六一九年从军在南德国的 Neuburg 的冬营时，豁然有悟于学术研究的方法。从此遂辞军职，旅行欧洲各地。一六二三年归巴黎，以不堪普通的酬酢和宗教方面的压迫，一六二九年避居荷兰，从事著作。到一六四九年的二十年间，以《方法论》（*Discours de laméthode*，1637）、《第一哲学之省察》（*Meditationes de Phima Philosophia*，l641）、《哲学原理》（*Principia Philosophiae*，1644）等著作之先后出版，招致种种的争论，不安于居。这二十年中，曾三返巴黎，一游丹麦，一游英国。一六四九年应瑞典女王之聘，为女王讲学，赴瑞都斯德哥尔摩（Stockholm），以不耐彼邦气候及以工作过劳获病，一六五〇年二月十一日客死瑞都。未发表遗作，尚有《情绪论》（*Les Passions de l' âme*，1649），未完的《精神指导规则》（*Regulae ad directionem ingenii*）等。笛氏除上述的著作外，又发明解析几何学，首创坐标式，开数学上的新纪元。

笛卡儿甚不满意于当时知识界的学问探索的方法。在他的名著《方法论》中主张应用数学的方法来研究哲学，但是用数学的方法到哲学方面，先得有个出发点。这个出发点，他以为可以用“一贯的怀疑法”（Method of Systematic Doubt）得来。这种方法，中世的圣·奥古斯丁（St. Aurelius Augustinus）已经发见，不过用作为哲学的方法的却是笛卡儿。笛氏不但为理性论派的开山，同时，又是近代怀疑派的前驱。笛氏认为一切存在都可怀疑，如此怀疑一切，便是他的哲学出发点。最初他怀疑感觉的存在，比方海边立着的一座很大的多角的方塔，但从远处看时，却是圆的小的，这不是知觉不足凭信吗？此刻正在握管为文的我，这明明是事实，但安知不是一场梦寐吗？我们在梦寐中，不也看见握管为文的我，牢守着一个书斋吗？然则我们的世界欲说不是一场梦寐，试问谁敢保证？继而对数学怀疑，终则对创造万物的神，亦加以怀疑。他这以疑致知的态度，刚好与中世圣·安瑟伦（St. Anselm）的以“信仰为理知笃信的基础”底态度是正相反的，笛氏认为疑是必要的，是达到目的的一种手段，其目的便是致知。世间的一切虽皆可疑，但最后有一种决不可疑的东西，这便是疑的自身，便是“我疑”这种事实。如果我疑的“疑”确实，则怀疑的“我”也确实。疑是思考的一种，所以说“我思故我在”（拉丁语 *cogito ergo sum*；英语 I think，therefore I am；法语 Je pense，donc Je suis.）。这个命题是颠扑不破无可置疑的了。笛卡儿遂从这个命题出发，演绎他的全部哲学。

不过，对这个命题有许多反对的意见，有谓“我思故我在，固然；然则亦可以说我食故我在，我步行故我在”。但此不足难倒笛卡儿，因为吾人虽食虽步行，然仍有可疑，并且一定以思考为基础。若疑自身则不可疑，是最直接而最明晰的。足见“我思故我在”的命题，当然非推论的与经验的事实，而是直觉的事实。因为思维，在自我性质中，且为其他性质之基础，欲得明确的认识，不可不以思维为标准。思维而得清晰与判然（Clear and Distinct, *clara et distincta*）之概念，即为最确实的概念，而清晰与判然亦即为认识确定之标准。换言之，真伪确否的判断，一以概念为标准；不必问是否和经验相合。笛氏分观念为天赋的与外界的。所谓外界的为感官经外烁而来的，有习得观念与构思观念；而以天赋的观念（Ideae innatae；Innate Idea，或译生得观念）为最确实，因为天赋观念，是与生俱来的，为理性所赋予，非由经验可以得到。笛氏的认识论，以自我之理性为根源，观念的真伪，以是否由理性导出以为断。

笛卡儿从"我的存在"的概念，更进一步证明神之存在。笛氏以为吾人的意识里面，有最完全的无限的存在着底神的观念之存在。吾人明白自己之存在，是由疑而起；疑便是由于知识的不完全。所以想到自己的疑便立刻想到自己的不完全。唯"不完全"之发见，须与"完全"比较，方始得知。因此，自己的存在确定，神的观念亦必自然的存在于我之中。吾人内省之际，认识一个有限的自己，即已认识无限的神。笛卡儿遂从此证明神之存在。

由上所论，可知吾人心中各有神之观念存在，乃是事实。然有此神之观念的我，为有限的不完全之物。在完全不完全之点说来，人类实远不如神。所以"我"不能为神的观念的原因。一切事物都有原因和结果，不完全的绝对不能为完全的原因，这种因果律，在笛卡儿看来，是一种清晰而判然的真理。因此有限的不完全的我，决不能产生无限的完全的神。神之观念，既不自我，又不自我以外之有限物而生，然则此观念，必从无限的完全的神而来。即神之观念为神自身所给与吾人的。于此可以得到两个结论：第一，神本来存在；第二，神的观念，是与生俱来。

笛卡儿更从神的存在推论到外物的存在。因为有广袤的外物之观念，清晰而判然，而吾人的意志又未能漫有所增减。以前所以怀疑外物，是因预防神欺我辈之故。现在既知神是完全的，神当然是至善者，自必诸德圆满，而有诚实之德。所以可以证明外物亦必存在。

然于此有问题发生，所谓清晰而判然的必无谬误，但事实上清晰而判然的亦不免于谬误，又将何以说明？笛卡儿以为清晰而判然的必为理性的认识，决不至有谬误发生。不过判断之际，常有意志作用混杂于其间，而意志比理性的范围广，在理性尚未认为清晰之际，意志常遽加以判断，遂不免发生谬误。所以谬误为自由意志（笛卡儿的自由为选择的自由）之误用，为自由意志的罪过。——笛氏认判断有意志作用之点，是上承古代斯多亚派的学说，开近代论理学的一派。

笛卡儿在上面已经证明我（我等于心，属于精神界）与神与物之存在，于是他将此三者名为实体（Substantia; Substance）。神是无限的实体，精神和物质为有限的实体，严格的说来只有神是原始的本质（因为神是自立的）；精神与物质是副从的本质（因为是神所创造的），换句话，精神与物质都是依属于神的。

实体之所以能认识，是由其性质的殊异。实体的诸性质中，有一种为实体的本性，即名为属性（attributum），然则物质的属性是什么呢？所谓色、香、味、触等都非物质所本有，换言之，都是吾人感觉所附加的东西，不是物质的本性。但物质必占据地位，可知广袤或延长（Extensio；Extension）为物质的属性。至于精神的属性呢？上面已说过，一切可以怀疑，只疑的自身不能怀疑，疑便是思维，可知精神的属性便是思维（Cogitatio）。精神与物质两相比较，精神绝对非延长的，物质绝对非思考的。两种都是相互独立自存之物，所以两实体间无何等关系可言。——这就是笛卡儿的心物二元论。

属性为实体的本性，是不变化的。但偶然的性质，乃由属性所产生，则有变化。此偶然的性质称为属性的状态（Modus）。例如位置、形状、运动为延长的状态；感情、欲望、判断为思维的状态。状态不能离属性而独立。倘再问属性何以产生偶然的性质呢？此则由于物质的运动而起。笛卡儿极重视运动，借此以阐明其自然哲学的立场。不过，笛氏将运动的究极原因，最后归之于神。全宇宙必是一个机械，神为其运动的主因；神是不动之动者。

笛卡儿复由其二元论的思想，论到一切生物。谓人类为精神与物质二元的结合，吾人所以与其他动物不同的特点，即吾人有精神，而其他动物无精神。吾人的精神活动与物质活动，性质全异。但相伴而发生动作，不可不有一个接触点，此接触点笛卡儿名为脑的“松果腺”（Pineal Gland）。这种松果腺即是精神与物质相结合的灵魂之座。

笛卡儿又以为在松果腺的血液与生活素的动摇，便会影响思维而产生感情。所谓根本的感情有六种：惊叹、欲求、爱、憎、喜和悲。而不为这种种情欲所执着，就是笛氏的伦理的理想。

笛卡儿的这种松果腺说，以缺乏根据，颇受当时一班学者的非难，因此便有拟补正其学说的缺点的笛卡儿学派（Cartesian）的发生。

笛卡儿的哲学在当时虽为牛津大学所禁止，在荷兰被卡尔文派（Calvinist）所排斥，且将其著作列入禁书中；然在十七世纪后半，变成为荷兰与法国的知识界底最有势力的哲学。有所谓笛卡儿派（Cartesian）的产生。这派的学者特别注意笛卡儿的二元论的弱点，即人心与人体的因果关系。这派主要的见解，认为体不能影响心，心亦不能影响体。

笛卡儿派在哲学上对笛卡儿的学说，确曾起过修正作用的，要算“机缘说”（Occasionalism；Occasionalisme，又译“偶起论”）。机缘说的主要代表为格林克斯（Arnold Geulincx）与马尔布朗（Nicole Malebranche）。

格林克斯（Arnold Geulincx，1625—1669），为荷兰的哲学家，生于安特卫普（Antwerp），著作有《论理学》（*Logica*）、《伦理学》（*Ethica*）、《物理学》（*Physica vera*）、《形而上学》（*Metaphysica vera*）等。

格林克斯认为精神与身体间虽没有相互的直接关系，但事实上两者之间确有关联。这是由于神为两者之间底媒介的缘故。身体不直接与精神以影响，而精神亦不直接与身体以影响；唯身体中作任何运动时，神则掌握此机会使在精神中亦发生相应的运动。照这样说来，身体与精神间相互的关系，神实为之居中主动。——格氏的这种“偶起的原因”，最初应用于人心与人体的关系上；进一步扩及于外界的一切物质变化，有限的本质既不能为其他物体的主动力，然则此体与彼体的相互的运动，只能以神的关系来解释。最后，格氏将这种相互间的运动解释为一切都为神所前定，有预定的秩序。他复以两个不相关的时钟表现同一时间来解释这种前定说。

机缘说的完成者是法国的哲学家马尔布朗（Nicole Malebranche，1638—1715）。

马尔布朗生于巴黎，研究神学与哲学，为笛卡儿与奥古斯丁（Augustinus）的哲学的调和者，他的学说带有神秘的倾向。所著《真理探求论》（*De la Recherche de la vérité*，1675）为他的学说的代表作。

马尔布朗将一切原因归于神意，否定物与物、物与心的相互的直接的必然底作用，它们相互之间不过是偶然的机械关系而已。外表上的心物的依存，只是神的超自然的干涉底单纯的机缘（Occasion）。万象皆作为神中的观念而内在，我人则存在于神中而思维。马氏进一步便说：“我们以神观察万有”（Nous voyons toutes choses en Dieu），而构成他的万有在神论的系统。

马氏将物质世界与精神世界彻底的分开，于是笛卡儿的二元论便没有不可解释的问题了。他将这两个世界造成相似的一般，并使之一致。这样，他将笛卡儿的哲学化为完全的泛神论，有人称他为“基督教的泛神论者”。他容纳了奥古斯丁的主张，将自我意识与神的意识糅合，就成为一种不用流出说的活泼泼的泛神论。

机缘说虽努力于笛卡儿的二元论的修正，但越修正越把笛卡儿的哲学拖入不可测底神秘的深渊。而真正把笛卡儿建立的理性论底方法，加以发展的，则有待于下述的斯宾诺莎（Spinoza）与莱布尼兹（Leibniz）。

二、斯宾诺莎（Baruch de Spinoza，又 Benedictus de Spinoza，1632—1677），一六三二年生于荷兰之阿姆斯特丹（Amsterdam），是由西班牙逃往葡萄牙，再迁移此地的犹太人之后，父为富有的商人，幼受完全的教育，十五岁时既通希伯来的古典，为师所属望；但斯宾诺莎不满足于经典的传说的解释，渐次离开教团，另与新派教徒相交，并私自研究笛卡儿哲学与自然科学。以新思想之故，终于一六五六年被逐出犹太教会，这时他才二十四岁。据说当时问他是否说过神为有形之物，天使为幻影，灵魂即生命，《旧约》中未论及永生等话？假若他认错，则教会不但不处罚他，还可送他五百元年金，但是他毅然拒绝了，所以才遭驱逐，驱逐时有驱逐的仪式，是用一些恶语去咒骂他，例如处处逢凶，不得好死之类，同时并禁止任何人与他来往，这是一种很刻毒的制裁。斯宾诺莎出走后，于是在各地辗转流浪，最后定居于海牙（The Hague）。所著《神学政治论》（*Tractatus theologico-politicus*，1670）出版后，被学界教界目为无神论者，颇受攻击，其名著《伦理学》（*Ethica*）遂无法再在其生前出版。以恐束缚思想自由，辞不受 Heidelberg 大学的教授之聘，以磨镜糊口终其生。死时年不过四十五岁。主著除上述的《伦理学》外，尚有《知性改善论》（*Tractatus de intellectus emendatione*）等。

斯宾诺莎根据笛卡儿的实体论的思想而倡泛神论，比笛卡儿更彻底的应用几何学的方法于研究哲学。几何学以空间的直观为基础，演绎它的性质法则，而应用几何学的方法于哲学，必先有相当于无限的绝对底空间的东西。如此的东西就是神，亦即是真的实体（Substantia）。斯氏下实体的定义，谓实体自身存在，并由自身思考。因为自身存在，所以绝对独立，不受任何限制。因为由自身思考，所以存在的根据，即存于自己。换言之，实体的自身就是自己的原因，斯宾诺莎谓之“自因”（Causa Sui）。故实体为自存、无限、唯一、自由、永恒而圆满自足的实在。斯宾诺莎称此为神，神不单是自己的原因，同时又是万物的原因。所谓神是万物的原因，并不是说它是万物的创造主，只是说万物都是它的必然的表现。好比三角形的本质，产生三内角之和等于二直角的法则，是三角形底必然表现一样。又好比水与波的关系，水动是波动的原因，但是水动与波动是不能分开的两件事。所以从神的无限的本质，而产生一切事物及一切法则，神便是万物的内在原因。万物以外，没有创造万物的超越的原因。换言之，自然界与神为相即不离之物。有限的世界为所产的自然（Natura Naturata），神为能产的自然（Natura Naturans）。在此处，斯宾诺莎便到达他的本体即神（Substantia sive Deus）与神即自然（Deus sive Natura）底一元论的泛神论。

神为吾人所知，由其有属性（Attributum）。属性构成实体的本质。神有无限的属性，因为神是无限的存在。在无限的神底属性中，吾人能认识的属性只有两种：思维与延长（广袤）。这两种属性具体化的表现，就是所谓状态（Modus）。状态既为实体之属性具体化的表现，故状态亦可名之为实体的变形。如果再用以上所举水与波的例子，则实体好比水，水之动好比实体的属性，水动便有波——波就好比状态。换言之，状态就是天下特殊的有限的事物。吾人所知道的属性有两种，故吾人所知道的状态也只有两种。思维的状态为精神，延长的状态为物质。精神与物质为相异的属性底状态。故相互间不能生因果的关系。精神的原因为其他的精神，物质的原因为其他的物质。不过照斯宾诺莎的“观念的秩序与连结以及物质的秩序与连结是同一”的说法，则精神现象的因果系列与物质现象的因果系列，自始至终都不是个别不相关的东西。实在是同一件东西底两种相异的侧面。两者之间，虽没有直接的相互作用，但存在有并行的对应关系。——笛卡儿所留下的心物二元的难题，到此便得解决。所以斯宾诺莎的哲学，又被人称为平行的一元论（Paralletistic Monism）。

斯宾诺莎认精神与物质为同一物的两面，此在今日的心理学上称之为并行论（Parallelism）。于是在心理学上心身的关系，转瞬即成为认识上主观与客观的关系。斯氏分认识为三阶段：第一阶段为感觉，第二阶段为理性，第三阶段为直观。感觉属于认识的最下阶段，为不明了不完全的认识的泉源，想象即基于感觉而生之物。斯氏以为原来存在的东西是延长的数学底论理的展开，而不是时间的东西，所以感觉和想象所得的知识，因受时间的限制，不能算作真的知识。理性为认识的第二阶段，理性乃如实思维事物，认识事物的必然的关系，即在"永恒的相之下"（Sub specie aeternitatis）观察事物，换言之，从万物的实相或本质中观察事物。此种知识是自明的，其自身有证据，不必依据旁的证据。在此意味上，真理的标准即是真理的自身。直观为认识的最高阶段，经过前二者到达最高的知识，即斯氏所谓的直观知（Scientia intuitiva）。以神与其永久的必然为对象，从神的实体引申推衍而出。借"对神的智性爱"（Amor Dei intellectualis），便可以与宇宙参和。此种直观与艺术的直观相仿佛。

斯宾诺莎进而阐述他的伦理的意见。斯氏已认神即自然，当然不同于普通教义中的上帝。他所谓心，是身的观念。就时间方面说，只于身存在时，心始能存在。如一般人所了解底意志自由。他以为是绝对没有底。他说：在心中，没有绝对底或自由底意志。心之有此或彼意愿，是被一个原因所决定，此一原因又为另一原因所决定。此另一原因又为另一原因所决定，如是以至无穷。所有底自然中底事物，都是如此地被决定。他说：在自然中，没有事物是偶然底。所有底事物，都被神性的必然所决定，以存在及行动，如某种样子。上帝的行动，也是顺其神性的必然。但斯氏以为人类用理知的能力，可以从情感束缚中得到自由，即随着知识的增加，自由也增加；然而"人间的至善是神的认识"，换言之，只有上述的第三阶段的直观底认识才有可能。从这种认识，我人的心可以获得那最完全的能动底状态，同时，发生对这种状态的原因底神的爱，即上引的"对神的智性爱"。到达这种境界，便可以无神人的区别，即神我为一，主客两忘。于是人便可以战胜情欲，从世界的一切束缚中解放，而得到真正的自由。——这有似佛家得到大自在底常乐底境界。

三、莱布尼兹（Gottfried Wilhelm Leibniz，1646—1716）。

莱布尼兹是文艺复兴时期理性论派哲学者底殿军，他完全可以代表自然科学时期的精神，同时，他亦将我们带入启蒙时期。他是个过渡期底哲学家。所以说他是个理性论派，并不能充分的描述他。

莱布尼兹有人称他为德国哲学之祖，一六四六年生于莱比锡（Leipzig），其父是当地大学的道德哲学教授。十五岁通古今哲学，十七岁得莱比锡大学学士学位，二十岁得 Attdolf 大学博士学位，同大学聘为教授，辞不就。一六六八年参与梅因兹（Mainz）市法典修正工作，一六七二年至一六七六年旅行巴黎、伦敦，与诸名学者交，曾和牛顿（Newton）通信，回汉诺威（Hanover）时，并曾往访斯宾诺莎，斯氏示之以《伦理学》的草稿。一六七六年为汉诺威（Hanover）公爵宫中的顾问官兼图书馆长。此际，他的生涯从事于学问的和实际的极多方面的活动，发表了许多学术论文。一六八四年有关数学的微积分学公布，与牛顿（Newton）同为微积分学的发明人。一六八六年四十岁的时候，开始建设他的哲学系统。他的重要著作，差不多全在这时期撰作。一六九〇年在柏林建立科学院，并先后在圣彼得堡（St.Petersburg）、德勒斯登（Dresden）与维也纳（Vienna）创设同样的学院。他不单是哲学者，而同时是法学、物理学、历史、数学、神学和语言学的学者，据来华传教师的材料，莱氏曾用心于中国《周易》的研究，学术界誉他为亚里士多德以后的第一个博学者。主要著作有《形而上学叙说》（*Discours de métaphysique*，1686）、《人间悟性新论》（*Nouveaux essais sur l'entendement humain*，1704）、《辨神论》（*Essais de Théodicée*，1710）、《单子论》（*Monadologie*，1714）等。

莱布尼兹的思想是斯宾诺莎的修正，同时，他的生活与斯宾诺莎恰成一对照。斯宾诺莎始终在穷困迫害中，而莱布尼兹则始终在煊赫得意中。他有天才，也有财富；他有学识，也有名位。莱氏曾说过："可能的世界为最优异的人预备着的！"——这真是天之骄子的口吻。

莱布尼兹的思想特点，是企图调和自然科学的机械观与宗教底目的观。他的哲学，从实体论出发。莱布尼兹的实体论不同于笛卡儿与斯宾诺莎的实体论，笛卡儿的实体是有限的不活动的，将一切活动认是神所赋予。斯宾诺莎的实体是无限的，同时，也是不活动的；一切的运动，只是实体的变形——状态（Modus）。莱布尼兹则认实体是活动的力。所谓物的存在，即是活动。世间无不活动的存在，而活动即是力，所以力即实体，实体即力。活动的力底单元为无限。但为非延长的非物质的独立自存的个体。这种个体已非延长的，自不可分割。换言之，为形而上学的"点"。所谓形而上学的"点"与物理学的"点"、数学的"点"皆不同。物理学的"点"为无限小的物体，既系物体，自可分割，故非真的"点"（即《原子论》的原子"Atoms"）。数学的"点"为真的"点"，因非实在，同时又不能延长，仅以数学上的概念而存在之故。至于形而上学的"点"，不同于前者，因为它无延长，是真的"点"；不同于后者，因为它有客观实在。莱布尼兹为与原子论的原子表示区别，特称这种形而上学的“点”为单子（Monade）。

单子既属单一，故无生灭；因为非物质的，故不受任何物的影响，而只是自发的开展自己的状态。单子的自己的开展，即是自己的表现。所谓自己表现，不是无中生有，而是在可能的范围内，表现已具有之物。当单子表现之际，必依从连续律（Loi de continuite；Lex continuitatis），由一阶段移行到他一阶段，以无限少的差异，经过其间所存的一切阶段，而决不飞跃。单子既依从连续律而活动，故已表现的状态包含于现在的状态中，将表现的状态，亦可从现在的状态中预想而得。

单子不仅从一状态可以表现全状态，并可以表现其他一切单子的状态。所以一个单子可以表现宇宙全体。一个单子即是宇宙的缩图，一个小宇宙，同时是宇宙的活镜（miroir vivant de l'univers）。这和朱子所谓“统体是一太极，然又一物各具一太极”（《语类》卷九十四）相似。但单子是没有窗户的，与其他单子无直接交通的可能。单子间既无直接交通的可能，何以会摄一切呢？何以会将其他一切的单子都缩照在内呢？何以会表现全体呢？莱布尼兹为解决这些问题，就提出“预定调和说”（Harmonie Préétablie）。莱氏的单子表现，有明暗的差别，最下阶级而最不明了的为裸单子（Monades Nues），它的表象，有如在昏睡状态中，无意识可言。他名为微小表象（Petites Perceptions）。属于此者为植物及矿物。第二阶段为灵魂（Âmes），它的表象稍为明了，有感觉的意识。属于此者为动物的灵魂。最上阶级为精神（Esprits），它的表象最明了，不仅有自己意识的能力，并能分析自己所有的表象，且具备普遍认识的理性。属于此者为人类及天使的心。各个单子其明了之度虽异，而其内容全为同一。上级的单子必具有下级的表象，人类或天使的精神中，亦含有微小表象。所以差别之中有统一。最大的差别之中，有最大的统一。莱氏以为这是由神预付与单子以此种调和的性质。神超越于自然之外，并不内在于自然之中。一度付与单子以性质后，即听其活动而不加以干涉。仿佛许多不同的钟表都可报同样的时刻。然从个个的作用看，是机械的；从全体的作用看，是朝向同一的目的。莱布尼兹在这里就将自然科学的机械观与宗教的目的观，作巧妙的调和。他以为自然界诸事物皆以机械的关系而活动，但其活动的究竟原因，悉含于世界完全的目的观之中。

莱布尼兹除以“预定调和说”解释差别的统一外，更提出“单子类似说”（Analogy of Monads）以释之。单子既为同一宇宙之缩写，故万物虽各具特殊之相，而其差别便不过是程度的差别，非绝对的差别。一切相反对的东西都是相对的。万物在程度上有差别，而在事相上则皆类似。所以吾人得由类推律从一物之状态类推到他物之状态。莱布尼兹应用这个类推律，遂达到万物唯心论。吾人能明白认识多含于一，外显于内者，全是吾人自身的意识作用。所以各个单子的开展自己，表现宇宙，无往而非心的活动。

神已付与单子以调和的性质，则现实世界必为神所选择的最善的世界，因为在一切可能的世界当中，这个世界必定是最善的。然在此最善的现实世界中，何以有不善存在呢？莱布尼兹将不善分为三种说明：一、形而上学的不善；二、物理的不善；三、道德的不善。形而上学的不善为万物的有限性；物理的不善为痛苦、贫穷和灾厄；道德的不善为罪恶。物理的不善和道德的不善，皆从形而上学的不善发生。所以形而上学的不善为一切不善的根源。神何故在最善的世界中造出有限性的个体？因为个体之有限性为世界存在不可缺的条件。个体有有限性，所以发生种种物理的道德的不善，但虽如此，毫不害及世界之完美。好像少许不谐和的音节反增进全部乐曲之和谐。少许不美妙的色彩反增加全幅画图之美妙。所以个体的有限性，反足助长世界之完成。一切存在于世界的事物，都有其存在的理由。因而不善之存在于现实世界，亦自有其充分的理由，而决不足以累神的全知全能。

莱布尼兹进而将单子论应用到认识论，而主张本有观念（Ideae innatae；Innate Idea）说。他的本有观念说与洛克（John Locke）经验说异，亦与笛卡儿的本有观念说不同。他以为单子是没有窗户的东西，是不受任何影响而为自发的开展的个体，所以一切观念，最初即具于吾人的心中。但在吾人年幼时不曾觉察有此种观念的存在。质言之，在吾人初生时仅为无意识的备具。随后知识逐渐发展，遂徐徐表现于意识之上。所以人心不像洛克所说的白纸一类的东西，而具有可开展本有观念的特殊性。其开展一本诸单子的连续律。由占精神最高位的理性所认识的真理或概念，最初悉含藏于感官的知觉中，而为无意识的含藏。所以莱氏认洛克所说“不存于感性中者，必不存于知性”（Nihil est in intellectu, quod non Prius fuerit in sensu.）的命题为正当，但莱氏答以如次的语句：“除非是知性自身”（Nisi intellectus ipse），以为补充。——这就表现莱布尼兹对于理性论的倾向。不过，莱氏认为宇宙之间除有“理性的真理”（Vérite de raison）外，尚有“事实的真理”（Vérite de fait）。前者是“永远的真理”（Vérite éternelle），关于一切可能的事物；后者是“偶然的真理”（Vérite Contingente），关于一切现实的事物。前者以同一律与矛盾律为基础，不然便不可得而论证；后者以充足理由的原理（Principium rationis sufficientis；Principe de la raison suffisante）为基础，如果经验的事实不由此原理解释，便不能成为普遍的必然的。——莱氏拟调和两大认识体系的起源底企图，这便开了以后康德（Kant）底批判论（Criticism；Kritizismus）的先河。

第五章　英法德的启蒙运动

上边说过，近代思想特征底基调的形成，开始于文艺复兴，归结于启蒙运动。如果以古代希腊的哲学史为喻，文艺复兴以前二百年相当于宇宙论时期，谈的大半是天道问题；启蒙运动的后一百年相当于人事论时期，谈的多半是人道问题。

欧洲思潮，自文艺复兴以来，蓬蓬勃勃。英国有经验论派，大陆则有理性论派，新宇宙的问题，到牛顿（Sir Issaac Newton，1642—1727）的力学定律发明而造极。接着新宇宙问题之后的便是以“新人”为研究起点的启蒙运动。所谓启蒙（Enlightenment；Aufklärung）的意义，简言之，指人的“思想的解放”（Emancipation of Thought）。即启发大众的愚蒙，使不再受因袭传统的思想的束缚。如果说文艺复兴期发现的“新人”，像才从睡梦中惊醒，则启蒙时期的“新人”，已达到独立自由的成熟阶段。

爱德曼（Edelmann）说得好：“人既是一理性的个人，须努力提高人的地位，使其超越一切。”卜柏（Pope）在他的《说人》（*Essay on man*，1732）上，对启蒙时期的“新人”，也说过类似的话：“现在要知道的汝自己；不必详细研究神；人类应当研究的是人。”

现在的人已经摆脱一切神秘主义的奇幻和独断主义的暧昧，而是具有内在的理知底超绝的个人。同时，个人自觉是社会关系的中心，认为自身的能力足以支配一切。——这是提倡“自由、平等、博爱”的时期。

这种“新人”的成长，恰与资本主义的经济发展同期，资产阶级一方面需要排除封建的自然经济，开辟自由市场；同时，在资产阶级各个集团之间，发生利害矛盾和竞争，因此在意识形态上，便反映出个人主义。这种个人主义在经济思想上的表现，就是自由放任主义。这是资本主义初期生产关系的反映。这时的资产阶级，因为刚从封建束缚下解放出来，要求个性解放，以为个人可以离开一切人，完全依他们的利己心而自己行动。这样的自由放任主义，主张排斥国家的一切干涉和监督，而完全放任个人的自由发展，社会就会进步。这种思想，在亚当·斯密（Adam Smith，1723—1790）的《原富》（*An Inquiry into the Nature and Causes of Wealth of Nations*）中，表现得最充分。现引《原富》中的一段以为证明："每个人如得自由而安全的行动，那么，想改善他自身状态的自然的努力，是非常有力的原理，他不仅能够不借任何力量，只用自己的力量，引导社会趋于富裕和繁荣，并且能够克服因人类的愚蠢而妨害这努力的作用的许多障碍。"

这种个人主义在政治思想上的表现，便是孟德斯鸠（Montesquieu，1689—1755）和卢梭（J. J. Rousseau，1712—1778）等的社会契约说。表现于哲学上的，便是英国的经验论派与法国的机械唯物论。表现于文艺上的为浪漫主义（Romanticism）。

总之，启蒙运动，从政治方面看则始于一六八八年之英国"光荣革命"，终于美法革命。从哲学方面看则始于洛克（John Locke）之《人类悟性论》（*An Essay Concerning Human Understanding*，1690），终于康德（Kant）的批判哲学。

甲、英国的启蒙运动（经验论的组织与发展）

英国是欧洲启蒙运动的先驱，洛克的《人类悟性论》的出版，便是英国启蒙运动揭幕的宣告。英国的启蒙运动是英国文艺复兴的自然发展。洛克是继承法兰西斯·培根与霍布士的。英国启蒙时期的前半（一六九〇年至一七五〇年）侧重于哲学的讨论；后半自一七五〇年以后，政治代替了哲学。从前在文学上与哲学上“研究人类问题”的人，现在都转而注重实际的政治问题了。人们不再注意神学与道德问题的争辩。休谟（Hume）与柏脱勒（Butler，1692—1752）的著作，已为柏克（Edmund Burke，1729—1797）的演说与亚当·斯密的《原富》所代替。

英国启蒙时期的哲学，洛克、巴克莱（Berkeley）和休谟自成一系统外，尚有相反的苏格兰学派（Scotch School）。

兹分述如下：

一、洛克（John Locke，1632—1704），一六三二年生于英国布利斯托尔（Bristol）附近，与斯宾诺莎（Spinoza）同年生。恰当克林威尔（Cromwell，1599—1658）革命，王政复古与威廉第三（William Ⅲ，1650—1702）的光荣革命（The Glorious Revolution，1688）底时代。他的实践论便是此时代的反映。为英国经验论派继往开来的人。洛氏幼受严格的家庭教育，后入牛津基督学院，研究神学、医学和自然科学。以不慊于经院学者的教育法，转而对笛卡儿的哲学发生兴味。一六六四年出任柏林公使馆秘书，一六六六年归国，受知于沙夫兹柏利伯爵（Earl of Shaftesbury），为伯爵的顾问，并教育其子女。在政治界与伯爵共进退者四十年。一六七五年至一六七九年曾一度迁居法国。一六八二年跟随沙夫兹柏利之后流亡荷兰，在此地受知于威廉第三，光荣革命后归国，得任要职，一七〇〇年退隐著述，一七〇四年在平静生活中逝世。主著有《人类悟性论》（*An Essay Concerning Human Understanding*，1690），《两篇论政府文》（*Two Treatises of Government*，1690）与《论宽容书简》（*Letters concerning Toleration*，1690）等。

牛顿（Newton）的《原理》（*Principia*）是一六八七年发表的，而洛克的论文则发表于一六九〇年。一为近代物质科学的根基，一为近代心理学的开端。这两种著作和一六八八年英国的光荣革命合起来，就成为欧洲历史的一个重要转折点。

如果说洛克是继承培根的经验论而加以组织发展的话，则他们中间最大的差别，便是培根的经验论是侧重方法论的，而洛克的经验论则是侧重认识论的。洛克以悟性的起源、限界和价值作为哲学研究的主要问题之点，他可说是近世认识论的开山。从心理的发生来考察观念的起源，认观念起于经验之点，他又可说是经验论之祖。

洛克的《人类悟性论》是十八世纪启蒙运动的第一声，是第一次正式用一篇长文宣布个人在知识上的自由权。这篇论文与以前的近代哲学的作品都不同。以人为主观而不以宇宙为主观。洛克将笛卡儿一派的理性底宇宙论的语言，改为经验底心理学的语言。

洛克的哲学，简言之，其目的在“寻求人知的起源、确实及范围”。所以可分为消极的与积极的两方面。消极方面，他继承霍布士的经验论的见解，极力否认笛卡儿提倡的天赋观念（Innate Idea）底存在。在积极方面，他以经验为根据建设一种知识论。

洛克从各方面证明天赋观念是不存在的。譬如几何学的公理、论理的思想律，并非人人都能辨认。小孩和野蛮人就不觉得这些是清晰而判然的观念。既非人人都能辨认，又安得谓之为天赋观念？所以他说，观念不是本来存在于心的，而是从经验来的。我们的心好像一张白纸（A piece of white paper，根据古语“Tabula Rasa”“白板”而来）。一定要写上了字，才有痕迹留下。他认为“不存于感性中者，必不存于知性。”（*Nihil est in intellectu，quod non Prius fuerit in sensu.*），这就说明我们的心一定要与外界接触以后，然后有知识。——洛氏这种否认天赋观念之说，其目的或非以反驳笛卡儿（Descartes）以来理性论派所提倡的天赋观念；而主要在摧毁文艺复兴运动后仍残存的中世底传统故垒。洛氏认为天赋观念，是未曾经过审查的和没有经过事实验证的概念。这正足以作传统权威的虎伥，迷信教条的护符。所以非加以彻底否认不可。

洛氏否认了天赋观念以后，便从心理的考察方面来建立他的知识论。我们的心已如一张白纸，则必须接受了外界的某种“印象”（Impressions）后，始生某种的“观念”（Idea，或译“意象”，与柏拉图的Idea意义略有区别：柏拉图的Idea，系指客观存在的共相而言；而洛氏的Idea则指主观经验的成分）。这种最初的观念，叫做单纯的观念（Simple Idea）。因为它是由感觉而发生，这就是说明人心最初是被动的。洛氏认发生这种单纯观念的感觉（Sensation）为外部的经验。这种单纯的观念，深入人心，经内部的反省，便构成复杂的观念（Complex Idea）。洛氏认构成这种复杂观念的反省（Reflection）为内部的观念。——人心已可以运用观念而使之成为复杂的观念，这就说明人心本有其思考的能力，即人心有其自动的一面。

人心最初是被动的到最终是自动的。这是洛克所著《人类悟性论》从第一卷到第四卷讨论的核心。也可以说是思想史上对人类认识限界问题的第一次提出。所谓知识，照洛氏的定义就是“我们的观念底协调与不协调的知觉而已”（Knowledge is the Perception of the agreement or disagreement of our ideas）。洛氏认为观念并非实体的本质，不过是实体的代表。正如名称不过是代表观念，却非观念的自身一样。实体具有初性（Primary quality）与副性（Secondary quality），初性如延长、形态、运动及不可入性等，乃与实体不可分者，亦即实体的属性；副性如色、声、嗅、味等，只是初性所引起的产物，完全借吾人主观的感觉而存在。——这种种实体的性质，经人类悟性的各种机能，而知觉、而保留

（Retention）、而辨别、而比较、而复合、而抽象，于是构成种种观念，为我们的心与实体的中介。洛克在《人类悟性论》第二卷上虽已假定外界的实体的本质底存在，正如他假定内界的精神的自我本质底存在一般。但他认为实体的本质是不可知之物。所以洛克是自然而然的与霍布士有些相同，以为真理不是观念与事物的符合，而是观念与观念的符合。真理不是一单纯观念，而是两观念中的关系。这样的关系有四种：（1）异同；（2）样态的与因果的关系；（3）共存（Coexistence）；（4）存在。第一种关系是自明的，而第四种关系则全然不能自明。于是洛克对认识又分于三类：（1）直觉的（Intuitive）；（2）论证的（Demonstrative）；（3）感觉的（Sensitive）。直觉的认识是直接自明的知觉，即对于两个观念的一致或不一致，毋须其他的观念作中介，而自身便可以知觉的认识，这种认识为最确实的认识。论证的认识是经两个以上的观念论证而得，好比知道了 A 和 B 的观念一致或不一致，又知道了 B 和 C 的观念一致或不一致，由此便可以决定 A 和 C 的一致或不一致。——这种论证的认识是基于直觉的认识论证而得，也有它的确实性。至于感觉的认识。因以外界个别存在为对象，所得多是盖然性。

洛克所注意的不在直觉的与论证的两种认识，他所注意的问题是：我们对于外界的知识的性质是什么？我们如何能知此外界？个人如何能以其所有的自由，置此外界于其支配之下？洛克虽假定外界的实体与内界的精神底两种本质的存在，然而两种本质均同样的不可知。则我们的知识只是观念与观念的结合，当然是很有限的。洛克便不自觉的立于哲学的大难题之前，即观念的主观系统如何有客观的实在底问题。——这个问题的疑义，便须等待以后的康德（Kant）去解答了。

洛克以他自己建立的知识论为根据，以为批判道德、宗教和政治的工具。所谓道德、宗教和政治上的权威，皆不是天赋的观念，而为经验的产物。洛氏虽以道德律为一神的则律，然同时亦认为一自然的则律。道德植基于三种权威：神的意志、国家的法律、习惯与公论。服从道德律即可得快乐，快乐即为最高的善。所以个人为道德的最终审判，因为个人可以决定他自己的快乐，而快乐的价值又高出一切的缘故。以宗教言，则神的启示固可超绝经验，但不能与经验相反。信仰存于独立的自由的个人底心中，宗教便用不着外面势力的保护。这种自由的宗教，只可于教会与政府分离中求之。至于政治方面，洛氏建筑他的立宪政体于霍布士的国家契约之上。认政府不是神圣不可侵犯的，而是人类经验中的产物。设立政府的目的是图谋人类的快乐的，个人与个人订立的社会契约（Social Contract）为政府成立的根据，有侵犯契约的，国家必陷于绝境。——洛克以个人的经验建设他的道德、宗教与政府，而这些又都是追求快乐的企图，同时即以事物的“自然”为其根据。个人在其中自由存在，为世界的中心。

洛克的哲学是启蒙时期许多哲学学派的源泉。他的知识论为巴克莱（Berkeley）与休谟（Hume）的经验的观念论的根据；他的感觉经验说，启发法国的机械唯物论；他的宗教哲学，为理神论的先导；他的联想的心理学，促使英国以后功利主义底伦理学的发展。

巴克莱与休谟的经验的观念论以后当详论，这里，且略介绍理神论与道德哲学的梗概。

（1）理神论——培根与笛卡儿将自然科学从教会的教义中解放出来；霍布士与洛克将心理学从教会的教义中解放出来；格老秀斯（Hugo Grotius）又将法律的概念从教会的教义中解放出来。到了理神论者更要将宗教从教会的教义中解放出来。理神论以洛克的道德律与自然律相合之说为根据，认神为创造世界的原因；但世界一经神创造之后，便脱离神的支配，依照他自身的法则而运动。因而排除超自然的和不可思议的宗教中所传说底奇迹预言等要素。宗教的基础应建立于人的本性上，即依人的理性便可认识神，这便是“理神论”（Deism，又译“自然神论”）的主旨。这派的主要代表为约翰·托兰（John Toland，1670—1722）、高林司（Anthony Collins，1676—1729）等。

（2）道德哲学——上述的理神论者想将宗教从神学的权威中解放出来，而英国的道德哲学者，则拟将道德在教会的教义之外另谋一基础。他们主张道德应从神学分离，将道德的基础建立于人性内部。即以洛克的心理学为出发点。以知的直觉说为道德的解释者有克拉克（Samuel Clarke，1675—1729）、吴那斯登（Wollaston，1659—1724）。以情的直觉说为道德的解释者有沙夫兹柏利伯爵之孙沙夫兹柏利（Anthony Ashley Cooper，Earl of Shaftesbury，1671—1713）、赫金生（Francis Hutcheson，1694—1747）、柏脱勒（Joseph Butler，1692—1752）。以人类的利己心为道德的解释者有《蜜蜂的寓言》（*Fable of the Bees*）的作者孟德维尔（Bernard de Mandeville，1670—1733）。此外，为经济思想上自由放任思想底先驱者的亚当·斯密（Adam Smith，1723—1793）。

二、巴克莱（George Berkeley，1685—1753）。巴克莱是爱尔兰人，一六八五年生于爱尔兰的基尔肯尼（Kilkenny）。十五岁入都柏林（Dublin）的三一学院，十九岁卒业。在学时曾研究洛克、牛顿、波义耳（Robert Boyle，1626—1691）、笛卡儿、莱布尼兹与马尔布朗（Malebranche）等的著作，受洛克与马尔布朗的影响最大。毕业后留本校作教师，一七〇九年一七一〇年，巴氏才二十四五岁，即先后发表其主著《视觉新论》（*An Essay towards a New Theory of Vision*）与《人类知识原理》（*Treatise Concerning the Principles of Human Knowledge*）。嗣后曾一度赴伦敦，两游大陆，居意大利较久，对意国文学颇加钻研。归国后，于一七二一年任德来（Derry）的副总牧，以不慊于破败零落的欧洲社会，拟赴美之百尔慕他岛（Bermudas Islands）建设一理想村落，作为引领印第安人信奉基督教的中心。于是辞副总牧职赴美，但以英政府答允之津贴停发，计划目的未达。晚年为南爱尔兰克罗因（Clovne）的主教，一七五二年移住牛津，一七五三年逝世。著作除上述两部外，尚有《海莱士和菲朗奈斯的三对话》（*Three Dialogues between Hylas and Philonous*，1713）和《小哲学者》（*Alciphron，or the Minute Philosopher*，1732）等。

英国的启蒙运动，自洛克入于巴克莱，精神的个人发现了。巴克莱的哲学不啻是精神支配一切的宣言。法国的启蒙运动与英国正相反，哲学方面都倾向于唯物主义的发展。巴克莱将洛克的思想作进一步的研究，洛克虽限制认识的范围于两种经验所产生的观念之中，排实体于认识的范围之外；但尚认有实体的存在。至巴克莱则排除物质的实体，只认有精神的实体，所以巴克莱是一个主观的经验底观念论者（Empirical Idealist）。

巴克莱的哲学排除物质的实体的目的，不在于反对洛克，主要在对抗十八世纪以来，在英法发生的唯物论与无神论。十八世纪以来，英国哲学家如哈德莱（Hartley，1704—1757）等，因受霍布士的影响，大倡唯物论，以为灵魂并不存在，心理学实等于生理学。法国哲学家如拉米特里（La mettrie，1709—1751）、彭奈（Charles de Bonnet，1720—1793）等，以受笛卡儿的影响，主张人与机械并无分别。唯物论者以物质底实体的存在释宇宙，巴克莱则以无限的精神释宇宙。

巴克莱的哲学亦同洛克的哲学一样，分为消极与积极两方面：

（一）巴克莱哲学的消极方面　巴克莱以为洛克所说实体之副性如色、声、嗅、味等非物自身之性质，而为吾人主观的感觉甚是。不然，我们就无法解释何以远看山是青的，近看山是绿的；何以往往一样东西左手摸起来是凉的，右手摸起来是暖的；何以发寒热的时候吃糖只觉其苦不觉其甜等现象。不过巴氏则更进一层，认实体的初性，并不如洛克所说的可以离感觉经验而独存，同样也属于主观的东西。譬如所谓体积的“大小”全靠视觉来察知，所谓“不可入性”亦必俟触觉来判定。同样一张长方的桌子，从一方面看台面仿佛是梯形（Trapezoid），从另一方面看又好像是菱形（Rhomboid）。“形态”可以随观点不同而改变，所以也不是可以离视觉而独存的性质。即以“距离”或“远近”而论，近代心理学亦认为视觉与触觉有密切的关系，生而盲目者一旦治愈，其初必不辨物之远近；乳儿常伸手探取远方之物，亦系表示无距离观念的明证。视觉与触觉即是主观的，而距离乃此二者结合的产物，当然就不得谓为实体之属性。其他如运动等性质，亦皆吾心附加于感觉的关系。

巴氏否认了洛克的实体底初性后，进而分析洛克主张的抽象观念（Abstract Idea）。他不但否认抽象观念有相同的外界的实在，更否认抽象观念本身存在于吾人心中。至涌现于吾人心中者，仅限于某一个具有特殊相之物，不过拿这一个可以代表其他的各个而已。巴克莱谓一切实在固是个物，一切观念亦是各个的观念。我们所以想到有普遍的抽象的东西，都由于使用言语之故。一切言语不但表示某一个事物，并能表示许多同种类的事物，吾人因此想到有与言语所表示之物常相应的抽象观念。其实何尝有这种抽象观念。即此可知巴克莱的思想，是一种极端的唯名论。

巴氏因此更进一步排除物质的实体，他以为物体之涌现于吾人之心中者，只是各个的性质的结合，并无实体那样东西。例如几，只不过是形、色、重量、大小等性质的结合，而入吾人观念之中。除了观念以外，又有什么实体。若云有几，只不过因见之触之而云然；若自身在书斋之外而云有几，其意若曰，走入书斋，即能见之触之，故知有几。又如云此几自昔有之，此乃由吾父吾祖见之触之之故，这即是说须由知觉方能证明物的存在。倘物质的实体果真存在，则又何待乎知觉加以证明。所以巴克莱说出有名的一句话："存在即等于被知觉"（拉"Esse est Percipi"，英"To be is to be Perceived"）。他的意思是说，只有知觉的精神和涌现于吾人心中的观念，方是实在。巴克莱的这种说法，是用为对抗当时唯物论与无神论的利器。

（二）巴克莱哲学的积极方面　巴克莱哲学的核心，便是上面所引的那句话："存在即等于被知觉"。如果再用他自己说的话加以引申："凡构成此世界的，无一心则均不能有其存在"。——这等于说心外无物，所谓物体亦不过为吾人的观念。但观念有感觉观念（或称"实在观念"，即构成我们所谓自然事物的观念）与想象观念的不同。想象观念受吾人的意志支配，可任意左右而发生种种变化，所以极不明了而又缺乏整然的连络。至感觉的观念不依存于意志，又不承认有外在的实体为其发生的根源，却从何处产生呢？由类推的原理，在自己精神的原因外，不得不承认有某种具有意志与观念的其他原因。吾人倘一考察感觉观念，发现它为无限量而又具有一定的整然秩序，则产生它的原因必为全知全能之物。巴克莱遂决定此原由为神。于是便可知想象观念为一己的有限精神所产生，感觉观念由无限精神的神所赋予。吾人所称之自然界，乃直接由神所赋予的观念底全体。自然律即观念生起之恒常的规律。由造化的有秩序和有意匠，足证神的睿智与慈祥。

这里要进一步讨论的问题，如存在即等于被知觉确实，则没有人看见过森林中的一棵树有否存在？巴克莱以为神所赋予的观念，乃存在于神的精神中底永恒的观念的摹写。所以假令一己的精神失其存在，同时涌现于一己观念中的世界失其存在；但在其他的有限精神中，世界仍不失其存在。又假令有限的精神底观念都失其存在，但无限的神底观念的世界必不失其存在。巴克莱以为实在这个东西，便是神的无限精神和由神创造的有限精神。他承认精神的本质底存在，并以无限的精神释宇宙之点，不但与唯物论者站在正相反的方向，即与洛克亦发生重大差异。这一点也是使巴克莱不陷于哲学上的独在论（Solipsism，又译“唯我论”），而仍为主观的经验底观念论者。

三、休谟（David Hume，1711—1776），一七一一年生于苏格兰的爱丁堡（Edinburgh），初习法律及习商，皆无成。一七三四至一七三七的四年间旅居法国潜修，著《人性论》（*Treatise on Human Nature*）。于一七三七年返爱丁堡后发表，不为人注意。迨后《论文集》与《英国史》出版，名乃大噪。中间曾为故乡图书馆馆长，并一度出任英国驻巴黎大使馆秘书，获交卢梭（Rousseau）。一七六六年任协理国政大臣，一七六九年后归隐，于一七七六年逝世。主著除上述《人性论》外，尚有《人类悟性论》（*Enquiry Concerning Human Understanding*，1748），《道德原理》（*Enquiry Concerning Principles of Morals*，1751）等著作，但均可视为《人性论》修正之作。

休谟继承巴克莱批评的态度，比巴克莱更进一步，使经验论的主张达于绝顶。洛克排实体于认识的范围之外，但尚认有实体；至巴克莱则并实体而否认之，然尚认有精神的实体；至休谟则对于物质的与精神的实体，概加以否认。休谟以为宇宙中的一切都可用感觉来解释，就是科学所讲的因果律也不是一种客观的自然的秩序，而是一种主观的联想的作用。

洛克否认天赋观念后，始建设他的知识论；巴克莱比洛克进一步否认一切抽象观念的存在；休谟则更进一步谓除印象（Impression）所发生的观念外，无其他观念的存在。洛克的攻击天赋观念，是攻击未经征验的遗传。巴克莱的否认抽象观念是反对唯物论；休谟则对理性论下总攻击。

休谟以为知识的一切材料，均从印象（Impression）而来。他的认识论即以此为出发点。但印象是什么呢？印象就是现有的感觉或情感，譬如眼前所见之几为印象，闭眼而思几的形状大小等则为观念；又如现在看见这盆菊花时的快感，“印象”必定很清楚；到明年夏天回忆现在赏菊时的快感，那时所得的“忆象”（Memory Images）必定没有现在的印象明显，——这些含糊不明的忆象就是观念（Idea）。所以休谟的观念是已经验的印象，由记忆或想象而唤起的状态。故观念为印象的再现，为印象的影像或摹写。印象与观念的差别，只是强弱明暗的差别，并无性质上的差别。观念尽管复杂，但皆从印象而来。复杂的观念虽非印象之直接摹写，但经分析之后，即知其要素仍从印象产生。所以知识的材料，结果总不出印象。至于结合印象的便是精神及意志的作用，观念从印象得到内容，当然不会发生谬误，但内容的交换与结合之处，则谬误不能免。

休谟根据他的唯觉主义否认巴克莱的精神的本质存在之说。巴克莱以为心理状况虽变化无常，但在这变化的后面必定有个不变的主体。这就是有统一性的人格，这就是“自身”（Self），这就是自我。唯休谟不以此说为然。他说：“当我反省的当儿，我所发现的只是一些特殊的知觉，如冷或热，如明或暗，如爱或憎，如快乐或痛苦。”质言之，我所能观察到的只是这些知觉，绝不可能观察到什么叫做不变的，单纯的，统一的“人格”。因此所谓心的实在（即精神的本质）就等于一串知觉，知觉起伏无常，所以心决不是一个实体。神的观念也不过是把智慧、慈悲等在人类已经验到的性质为无限的增高而已。

照休谟的意见，物不过是一簇印象，心不过是一串知觉。但印象或知觉是一个一个的单位，如何会联合起来成为一簇或一串呢？休谟以为必须依照如下的三个规律而行：第一是类似律（The Law of Resemblance），指在类似的观念间所行的结合。如从照相联想原物是。第二是接近律（The Law of Contiguity），指在空间上时间上接近的观念间所行的结合。如从升堂想到入室，从去年想到前年皆是。第三是因果律（The Law of Causation），指在促成因果关系的观念间所行的结合。如思伤痕而感痛苦是。以上三律通称为联想律（Laws of Association）。——休谟的主要目的不是讲观念如何联合，而是解释这三条律都是从印象中发生出来。理性论派以数学的命题与因果律为自明的，就是洛克与巴克莱，也以为如此。倘若休谟不能解释这三条律是从印象发生的，他便无法建立他底完全的唯觉主义的经验论的学说。

现在且看休谟对这三条律的解释。他首先分“联合”为“观念的关系”（Relations of ideas）与“实在事物”两类。接近的联合与因果的联合是实在事物，而类似的联合是观念的关系。同时，又以接近的联合为外部的印象，类似的联合是内部的印象，因果的联合是从若干内部的印象引出来的。更详言之，类似的联合是印象的最清楚最分明的联合。以这种联合只涉及内部印象，它的方法有似机械的，所作判断也是最确实的。休谟以为数学乃基于类似律的科学，它讨论的是观念的关系，即内部的印象的关系。这些关系是我们直觉可以知道的，故与客观的事实无关。无论三角形在自然界存在与否，但在几何学的命题上确实有效。所以数学为唯一论证的科学。

其次是接近的联合，是印象在空间上与时间上发生的次序。两个印象同时或相继发生，想起一样，其他一样便连带想起。休谟以为这种并存或相续的联合是与印象本身同有的。这是外部印象的次序，是关于“实在事物”仅有的确实性。因为“实在事物”只有经验的复现，而不能加以论证，所得的不过是或然的结论。叙述的与实验的科学皆以接近律为基础。

至于对第三种的因果联合的批评，在休谟的哲学上有很大的意义。因为休谟所批评的许多遗传底概念中，以因果的概念最为详细。因果的概念可以说是自亚里士多德以来，为所有的哲学、神学与科学的基础。中古的经院哲学与文艺复兴时代的理性论派莫不以因果的概念为推论的根据，即洛克、巴克莱以及与休谟同时的科学家亦认因果的概念为自明的东西，无须加以论证。但这因果的概念是否有绝对的确实性呢？休谟便毅然决然的加以否认，认因果律亦是根于经验的东西。休谟在研究时间与空间的概念（接近的联合）时，谓继续为印象之一性质为印象所有，不过是时间秩序的关系，不是必然的关系。外部的印象可如此的相遇，但不一定如此的相遇，或者决不再相遇。时间的秩序决非因果的关系。然则因果的概念何以发生呢？这是由于我们常把“后于那个”（after that）当作“由于那个”（by that）而起的，实在未免错误。其实因果的关系不是分析的东西，不是由分析因观念可以导出果观念的东西。原因的观念是能力的移动，但我们没有能力的印象。印象继续来的，不是结果或能力，只有印象的继续是“实在事物”，结果不是“实在事物”，它们不过是“观念间的关系”，无客观的实在。至因果概念形成的主要根据，只在人们心理上的一种预期。因吾人接触一事物时常预期必有他事物相继而起。这种预期所以发生的原因，则归于联想的习惯。吾人常常经历到两种现象相继而起之事，于是由联想的习惯，遇到甲现象的时候，即发生联想乙现象的倾向。所以因果律不过是建筑在由联想习惯所生的一种感情上。质言之，毕竟不过是一种主观的信念，绝对不是必然的结合（Necessary Connection）。如果说是必然，那只是心理上的必然。

因果律照休谟的意思，不过是盖然的法则，因之认识亦只是盖然的认识。换句话，人类知识的范围，比巴克莱要受更大的限制。休谟分科学为形式与经验的两种：形式的基于观念间的关系，有论理与数学。这种知识是实在的。经验科学基于实在事物的知识。这种知识是或然的。自然科学中无实在与证明，结果只能引起信仰而非确信。此外别无知识。至玄学与神学都是玄想的，因为在印象与观念之外别无可以实证确说的。思想欲超出其自己的领域以外，这是我们玄学上一切困难的原因。

休谟根据他自己的彻底的经验论的主张，进一步应用于宗教与伦理。他以历史的心理说明宗教的起源，认宗教不是根据于理性，而是根据于情意的实践方面底要求。最古的宗教不是自然宗教而是偶像崇拜。至于伦理的动机是快乐与痛苦，决非发生于理性。意志受制于感情，理知是情欲的奴役。我们的道德判断是以同情的情感为根据。于是他便树立起与亚当·斯密相类的主情底伦理学。

英国启蒙时期的哲学，除上述的洛克、巴克莱和休谟一系的经验论派外，尚有相反的苏格兰学派。

苏格兰学派认由洛克到休谟的经验论哲学，破坏了学问、道德和宗教。此派力说内省工夫的重要，以经验的心理学的观点去攻击感觉论。哲学在他们手里成为内省的心理学。他们以为洛克主张人心如一张白纸之说，是经验论发生谬误的起因。其实人心存有许多根本的判断，如对于行为上善恶的区别，便专凭内省的决定。此派主张的经验的根柢，为神赐予人类共通的意识，即人类具有的常识（Common sense），亦为不得否认的自明究极的原理。同时，即以此原理为真理的标准，为学问的基础。所以有人又称此派为常识学派（Common-sense school）。此派最主要的代表为李德（Thomas Reid，1710—1796），其次为奥斯倭特（Jarnes Oswald，—1793）、斯蒂华脱（Dugald Stewart，1753—1828）等。

乙、法国的启蒙运动

法国的启蒙运动与争取政治上的改革运动适相符合，这是很偶然的。因为哲学思想的发展，在历史上很少与政治的改革密切相连。法国自路易十四（Louis XIV，1643—1715）以来，政治极度的专制，宗教的迷信达于顶点，路易十五（Louis XV，1715—1774）继之，一仍旧贯。于是政治上趋向革命，哲学思想上要求个人的解放，这是很自然的发展。

开始于十八世纪初而发达于中叶的法国的启蒙运动，约可分两期：第一期是从知识上争取个人的解放；第二期是从情感上与社会上争取个人的解放。两期的手段虽不同而动机则一，皆欲于旧制度的反动中提高个人。但前者为贵族的，后者为平民的。然其实全部运动可以说是个人主义由上而及下的运动。兹分述之如下：

（1）知识上的启蒙运动（1729—1762）——这一期又约略可分为三个阶段。

一、英国思想的移入 十七世纪巴黎是学问的势力中心，此可直接或间接于十七世纪的哲学家的著作中见之。约略是在洛克发表他的《人类悟性论》的时候，知识的重心，始从巴黎移到伦敦。牛顿的物理学起而代替笛卡儿的物理学。而洛克一派的经验论亦起来与理性论抗衡。牛顿的物理学与经验论底学说是十八世纪科学界的标志。法国的启蒙思想便是受英国的这种启蒙思想底主流影响的。

最先将英国启蒙思想移入法国的是伏尔泰（Voltaire，1694—1755，原名 Francois Marie Arouet）。伏尔泰是博学多才的思想家，与卢梭（Rousseau）齐名，同为法国大革命前思想界的两大巨擘。他于一七二六年赴英，一七二九年返法。著作主要的有《英国研究》（*Lettres sur les*

Anglais，1728），《哲学辞书》（*Dictionaire Pilosophique*，1764），《牛顿哲学要义》（*Éléments de la philosophie de newton*，1738）。将洛克的经验论，牛顿的自然哲学及英国的理神论介绍入法国，并将这些思想加以通俗化。

将英国思想移入法国的第二个人，便是孟德斯鸠（Montesquieu，1689—1755）。他于一七二八年赴英，与伏尔泰同年返国，他的最有名的著作是《法意》（*De L'esprit des Lois*，1748），一七四八年出版，仅十八个月，便再版二十六次，可见他影响之大。孟德斯鸠继承洛克的政治思想，主张立法、行政、司法的三权分立。他的《法意》底根本思想，认法律不是任意制作的，而是由各国国民的自然底历史条件所产生。

不管是伏尔泰或是孟德斯鸠，都要求有知识的中层分子参加现实政治，以个人的理性来突破保守的传统主义、专制主义和僧侣主义。——这是知识上启蒙运动的方针。

二、感觉论（Sensationalism） 在法国继承洛克的认识论的思想的便是感觉论。洛克以认识的源泉为感觉与反省，法国的感觉论者则只以感觉为认识的唯一的源泉，一切意识作用，都是从感觉所产生。感觉论的代表为康地拉（Étienne Bonnot de Condillac，1715—1780），于一七五四年发表他的感觉论（Traité des Sensations）。洛克的心理学便因他的感觉论而传入法国，更由法国而传入德国。此外，法国的唯物论者赫尔维修（Claude Adrien Helvétius，1715—1771），将感觉论应用于伦理领域，提倡快乐主义的道德。

三、唯物论（Materialism） 在法国启蒙运动的第一期中，最特色的是唯物论。法国的唯物论底理论来源，约有二端：一为自然科学，这派的学者多数是自然科学家和医师；二为洛克的经验论哲学。他们一面批判现存的宗教和神学，一面又反对当时的政治制度。这派的代表有拉美特利（Julien de La Mettrie，1709—1751）、贺尔巴哈（Paul Henri Thyry D' Holbach，1723—1789）、狄德洛（Denis Diderot，1712—1778）等。

拉美特利（La Mettrie）于一七四八年发表他的《人间机械论》（*L' homme machine*）。他的学说受洛克和笛卡儿的影响，认为人类和其他动物一样，都是机械的，所不同的只是智力的发展阶段，其他动物能依它的神经组织而感觉、而判断，人也是动物，何独不然。自然法则支配着万物，人也是机械的，不过较动物复杂些罢了。所谓精神现象，不外是脑髓的物质运动，依据解剖实验的事实，证明精神作用不能离肉体而独存，这等于说没有身体便没有灵魂。

贺尔巴哈（Holbach）是寓居巴黎的德国贵族，与达兰贝尔（Jean d' Alembert，1717—1783）、狄德洛（Diderot）友善，曾参与《百科全书》（*Encyclopédie*）的编纂。他主编的《自然体系》（*Système de la nature*），被称为"唯物论的圣书"。这是讨论物理世界及精神世界之法则的，曾广泛地宣传唯物论的世界观。为十八世纪唯物论与无神论的典型著作。

狄德洛（Diderot）与达兰贝尔（d' Alembert）共同编纂《百科全书》，达兰贝尔去后，则由狄德洛负主编之责，遂成为百科全书派（Encyclopaedists）的领导人。法国的《百科全书》是启蒙运动的巨构，为当代知识的集积，从一七五一年至一七六六年陆续发表，共二十八卷，增补五卷及分析表二卷。初版三万部，至一七七四年即有四种文字的翻译。狄德洛本人的思想亦是受洛克、牛顿等的影响，他的学问渊博，极端反对迷信和僧侣阶级，以全力攻击宗教道德和伪善，而主张个人自由和思想自由。

从以上看，法国的唯物论是以机械的观点，说明动植物的存在，同时把人类及其思维能力亦看作自然之一部。物质不论在时间上或空间上都是无限的，运动是当作物质固有的和必然的属性。物质能自己活动，用不着从外部来的神的冲击。宇宙依从着严格的规律性和普遍的因果法则。感觉能力是物质所固有的，并不属于另外独立的思维的本体以至于精神。——所以十八世纪的法国唯物论，又被称为机械唯物论。

不管是伏尔泰、孟德斯鸠、感觉论还是唯物论派，都是从知识上争取个人的解放。至于真正扣动平民的心弦的，则有待于卢梭的学说和法国大革命了。

（2）感情上和社会上的启蒙运动（1762—1789）——法国启蒙运动的第二期始于卢梭（Rousseau）的《民约论》（*Du Contrat Social*，1762），终于大革命。

卢梭（Jean Jacques Rousseau，1712—1778），是主知主义的最大反抗者，将启蒙思潮从它的根柢掀起的，也是这个诗人似的思想家。使卢梭成名的论文《科学及技艺论》（*Discours sur les Sciences et les Arts*，1750）及他的名著《民约论》，可能是受洛克的人心是一张白纸之说的影响。人心已是一张白纸，则凡属圆颅方趾的同伦，都应该生而平等，所以人权是天赋的。以后使人类不平等和使人类堕落的原因，是由于人类文明进步所使然。接着他在《新的哀绿绮丝》（*La nouvelle Héloise*）和他的有名的教育小说《爱米尔》（*Ȇmile ou Sur l' éducation*，1762）上，提出"返回自然"（法 Retour à la nature，英 Return to nature）的口号，让我们复归于自然，在自然的朴实的生活中，让小孩们自由成长，使他们自己的未经伤毁的本能，在没有别的限制之下自由发展。卢梭的主旨在启发自然的个性和天才的创造力，培育自然的情感，否定过去的文明和已成的制度——阶级制度和分业制度。强调独立自由底个人人格的尊严。

此外，他的传记《忏悔录》（*Confessions*），有无比的坦白，实开近代文学上浪漫派（Romanticism）的先河。

如果卢梭主情意之说，不单在启蒙运动中想从社会的底层来解放个人，从而成为促发法国大革命的导火线；而且把后期的康德（Kant）从独断主义的思想底迷梦中唤醒，则卢梭真可说是“近代之最”（The greatest modern）。

至于法国大革命是法国启蒙运动的结果，也是从实际改革社会上解放个人的运动。——这里不及详论，只好让法国政治史去叙述了。

丙、德国的启蒙运动

德国于三十年战争（1618—1648）后，战乱之余，文化停滞，故启蒙运动远后于英法两国。嗣以受英法启蒙思想和自然科学输入的鼓荡，更以腓特烈第二（Frederick Ⅱ，1712—1786）于一七四〇年即位后，改良法制，奖励文学，德国启蒙运动于是揭幕。德国启蒙运动的特征，与其说为哲学的，毋宁说为文学的。代表的哲学家和文学家，主要的有服尔夫（Wolff）、勒新（Lessing）。

服尔夫（Christain Wolff，1679—1754），一六七九年生于北勒斯劳（Breslau）。一七〇六年以莱布尼兹的推荐，任耶拿（Jena）及哈勒（Halle）大学数学、哲学、物理等科教授。以学说为正统派所忌，被逐出国。迨腓特烈第二即位，复召还为同大学教授。博学多识，将莱布尼兹的思想，加以分疏综合，使成为一严整的体系，且以德国语文写讲义，很自然的便成为德国启蒙运动的前驱。

服尔夫以莱布尼兹的哲学为基础，将知识分为数学的（形式的）、历史的（经验的科学的）及哲学的（理性的）三种。又认为精神能力除具有认识力外，尚有表象力（理说）和意欲力（实践）。服氏即依据此等区分而建立他的哲学体系。如果莱布尼兹站在理性论的立场上没有消解经验的认识，则服尔夫便把它贯彻。莱布尼兹区分真理为永远的真理和事实的真理，前者以同一律与矛盾律为基础；后者以充足理由的原理为基础。服尔夫则认为根本原理只有矛盾的原理，所谓充足理由的原理也由矛盾的原理演绎而出。关于事实底经验的认识，决不能说是真的认识：要依据根本原理，归结于论理的必然性底合理的认识，才是真的认识。

服尔夫又认为一切实体是单纯的力，所谓表现仅属于精神而不属于物体。物体是可分的，不能说是实体。接着服氏便根据这种主张将莱布尼兹的预定调和的思想加以修改。莱布尼兹认为一切单子具有表现力，所以是宇宙的活镜，因此而阐发他的预定调和的思想。服尔夫则否定一切单子具有表现力，从而修改了莱布尼兹的预定调和的思想。服氏将预定调和限定于精神和身体之间的关系上。——这就把莱布尼兹的思想浅薄化。不过，服氏的思想底透彻的论理性和通俗性，与德国的思想界以重大的影响，遂有所谓服尔夫学派的出现，无形中成为德国启蒙思想的主要势力。

服尔夫之后，德国的启蒙运动的代表便是德国浪漫主义（Romanticism）文学底开山的勒新。

勒新（G. E. Lessing，1729—1781），是德国戏剧家、批评家、诗人及哲学家。近代德国文学以他为起点，于国内文坛竞相模仿英法的时候，一面介绍莎士比亚（Shakespeare），一面提倡德国的固有文艺。

勒新之所以重要，是他将莱布尼兹的“发展个己的观念”（Conception of the developing individual）应用于文学。倡导个人主义，注重自然的情感，反对模仿古典的形式。以进化的人生观代替机械的人生观。——

勒氏的这种思想，遍见于其著作《雷奥科温》（*Laokoon*，1766）、《哲人拿坦》（*Nathan der weise*，1779）、《人类的教育》（*Erziehung des Menschengeschlechts*，1780）等。

勒新以后，德国文学上继起的有歌德（Johann Wolfgang von Goethe，1749—1832）、席勒尔（Schiller，1759—1805）、海涅（Heine，1797—1856）。哲学上则为英、法、德启蒙运动之殿的康德（Kant）。勒新实在是莱布尼兹到康德之间的桥梁。

第六章　德国哲学全盛时期（上）

自英、法、德启蒙运动开展以后，接着德国的哲学家辈出。先有康德（Kant），继起的有菲希特（Fichte）、谢林（Schelling）、黑格尔（Hegel）、叔本华（Schopenhauer）和集唯物论大成的马克思（Marx）、恩格斯（Engels）等。他们尽都是哲学史上的重要人物。所以从十八世纪末叶到十九世纪中叶可以名为德国哲学的全盛时代。

启蒙运动，促使文化的普及，改正智识的偏倚，推倒教权势力，反对一切传统。不过它的根柢，还缺乏深奥的批评和建设高远的原理。所以往往流于破坏与平凡，而没有达到真的自觉之域。启蒙运动的种子，从哲学上、文艺上、社会思想上各种不同的土壤里产生出各种的花朵，的确是万花缭乱，令人目眩。而真正综合众长，结成伟果的，则要推康德。康德哲学是启蒙运动的终结，而又是现代哲学的开端。

一、康德（Immanuel Kant，1724—1804），一七二四年四月二十日

生于普鲁士的哥尼斯堡（Königsberg），为皮革工匠的第四子。父母均为敬虔派（Pietism）的信徒，而母尤笃信。一七三二年入此派牧师叔尔兹（Franz Albert Schultz）所主持的高等学校，习拉丁文学。一七四〇年幸得富裕的伯父底补助，始有机会入哥尼斯堡大学。在大学受助教授克努曾（Martin Knutzen）的影响，开始研究莱布尼兹、服尔夫的哲学和牛顿的数学物理学，从此对哲学与自然科学有极大的兴趣。一七四六年毕业。以《活力计量考》（*Gelanken von der wahrn Schätzung der lebendigen Kräfte etc.*）有关物理哲学的题名为毕业论文，翌年出版。毕业后一面为近乡豪族的家庭教师，一面继续攻学。一七五五年任同大学讲师，提出之求职论文为《形而上学认识第一原理新释》（*Principiorum Primorum cognitionis metaphysicae nova dilucidatio*），同年，匿名出版《天体的一般自然史及理说》（*Allgemeine Naturgeschichte und Theorie des Himmels*），比拉普拉斯（P. S. de Laplace）前四十年提出星云说的假设，世称为康德·拉普拉斯理论。任大学讲师十五年，初教论理、纯正哲学、物理、数学诸科；后兼授伦理学、人类学、地文学。一七七〇年，年四十六被举为正教授，此时就职演讲的论文为《感觉界与睿智界的形式及原理》（*De mundi sensibilis atque intelligibilis forma et principii*），已略露批判哲学的端倪。尔后再经十二年始发表其名著《纯粹理性批判》（*Kritik der reinen Vernunft*, 1781），接着于一七八八年发表《实践理性批判》（*Kritik der praktischen Vernunft*），一七九〇年发表《判断力批判》（*Kritik der Urteilskraft*），完成他的批判哲学体系，即为世称颂的三批判书。一七九三年以出版《理性限界内的宗教》（*Die Religion innerhalb der Grenzen der Blossen Vernunft*）一书触当局之忌，被禁止再讲演关于宗教的题目。这是他一生仅有的和外界的冲突。一八〇四年二月十二日于恬静中逝世。——康德一生除一游但泽（Danzig）外，终其身未尝再离故乡。生活严谨，有似宋明道学家，每日读书、构思、用膳和散步，均有一定的时刻，村人常以他散步的时刻作为正时计的标准。此外，尚值得一提的，便是终身未娶，将全部精神献之于治学，实现了柏拉图、亚里士多德所理想的哲学家的生活。死后，人们以他《实践理性批判》中的两句话："在余上者星辰之天空，在余内者道德之律则。"（Der Bestirnte Himmel über mir und das Moralische Gesetze in mir.）作为他的墓志铭，可见他的胸襟是何等高贵，庄严！

康德的著作，除了上述之外，主要的尚有《道德的形而上学底基础》（*Grundlegung zur Metaphysik der Sitten*，1785），《道德的形而上学》（*Metaphysik der Siten*，1797）等。

康德底哲学思想的发达，照他自己的划分，谓当以一七七〇年为界，分为批判前期和批判时期的两期。这两期的著作，无论在形式上，或内容上，都有它的特点。前期的著作流丽生动，后期的则结构谨严。前期可以说是左顾右盼，尚未构成自说的时代，即后期的准备期。后期为自说体系圆熟的时代。康德幼受敬虔派的教养，宗教的感情，蕴藏深厚；长入大学，倾全力于自然科学之研究，嗣复专攻哲学。所以康德的思想如概括言之，是以莱布尼兹、服尔夫的思想为出发点，而综合牛顿的自然哲学、洛克休谟的经验论、沙夫兹柏利（Shaftesbury）的道德哲学、卢梭的自然主义，以及启蒙时代各家思想之长，因而建设其批判哲学。就中以服尔夫、休谟、卢梭三人对康德的启示最大。

康德以前的哲学者，无论是理性论派，或是经验论派。皆确信认识有可能，仅对于认识的起源和认识的手段发生异议。但到了康德便不如此，他分认识为起源与价值二者。以为欲阐明认识之性质，须用心理学的方法说明其起源，用批判的方法决定其价值。关于认识之价值，即认识究竟可能与否的问题，康德很审慎的再三思考，不愿如过去的哲学者，轻率的用独断底态度决定其可能。他以为必须在一定的条件和一定的原理之下，论究明白，方可能下判断。——这个问题是刺激康德的头脑的大问题。亦即康德的批判哲学的根本问题。康德根据当时的心理学者忒腾士（Johann Nicolaus Tetons，1736—1805）的知、情、意底三分法，将这根本问题研究到知、情、意各方面。关于精神现象之知的方面底研究，名《纯粹理性批判》；关于精神现象之意的方面底研究，名《实践理性批判》；关于精神现象之情的方面底研究，名《判断力批判》。《纯粹理性批判》是他的认识论，《实践理性批判》是他的伦理学，《判断力批判》是他的美学。

现在将他的三种根本的批判研究逐一介绍如下：

（一）纯粹理性批判

康德在其大著《纯粹理性批判》一书，开头便说："吾人一切的知识，皆由经验而起，是毫无可疑的。……但是吾人一切的知识，虽然皆由经验而起，若谓其完全出于经验，则又不可。"康德以为理性派主张法则之生具性（Angeborenheit），把法则看作事实的存在。经验派认事实性之多数可以成为法则性，是事实在先，法则在后。两派都不免误解法则概念。其实法则性与事实性之间，不可用时间的先在性之思想去说明，因为二者是性质全异的东西。法则性不先行于事实，亦不后继于事实，乃是全然从事实独立的东西。康德特名之为先天性（Apriorität）。以先天性为基础而建立的方法，便是批判的方法（Kritische Methode；英 Critical method），又名先验的方法（Transzendentale Methode；英 Transcendental method）。康德自诩他这种在认识论上的发现，有似哥白尼（Copernicus）在天文学上的功绩。

康德如何建立他的批判的方法呢？他认为一切认识，必以判断的形式而显现。判断又以主辞与宾辞的关系，分为分析的判断（Analytisches

Urteil）与综合的判断（Synthetisches Urteil）两种。所谓分析的判断，指宾辞含于主辞之中，例如“凡物体有延长”的判断，延长为物体的本性，谓物体有延长者不过将既存的知识更确言之而已，并没有附加宾辞以新义。所谓综合的判断，指宾辞别含新义，例如“凡物体有重量”的判断，重量由物体相互的关系所生，非物体自身必然具有的，谓物体有重量，则为两个独立概念之综合。由此可知，分析的判断不待经验而自明，即属先天的（*a priori*），所以又名为解释判断。综合的判断必由经验始分真伪，故属后天的（*a posteriori*），所以又名扩充判断。前者具有必然的普遍的性质，后者只具偶然的特殊的性质。然则不由经验就不能附加新义于宾辞么？换句话说，先天的综合判断竟不可能么？果真不可能，则科学将全失其存在。因为经验只能一个一个去经验，任你如何增加经验的回数，总不能尽量去经验，从可知经验是无法导出一个普遍的必然的法则。但科学的研讨，在求得普遍的必然的法则。由此看来，没有先天的判断，科学必不能存在。然先天的判断中，如前述的分析的判断，宾辞不含新义，并不能表示任何知识。则科学的存在，非求之于先天的综合判断不可。康德于此，特将先天的综合判断可能与否的问题，归结到：一、纯粹数学可能与否，二、纯粹自然科学可能与否，三、形而上学可能与否三个问题里面。康德以数学为直观（Anschauung）之学，以自然科学为悟性（Verstand）之学，以形而上学为理性之学。在《纯粹理性批判》一书中，所分的“先验的感觉论”（Transzendentale Aesthetik），讨论第一个问题；“先验的分析论”（Transzendentale Analytik），讨论第二个问题；“先验的辩证论”（Transzendentale Dialektik），讨论第三个问题。第二与第三相合，为“先验的论理学”（Transzendentale Logik）。兹分述如下：

甲、先验的感觉论

先验的感觉论是讨论感性的先天的原理或形式的。此种原理或形式，因为它从感性的认识中除去经验的感觉材料，所以又名为纯粹直观（Reine Anschauung）或直观形式（Anschauungs form）。然此种原理或形式不同于悟性的认识（即概念），而属于直接认识事物的作用。此种感性的形式有二：一为领悟外界形式，即空间；一为领悟的内在的形式，即时间。前者是受入外界一切的，后者是受入内在的心意的。何以空间时间是先天的形式呢？因为将现象中所有感觉除去，尚有空间时间的残存；相反的，若没有空间时间，则所有现象便不能成立。不过，这里所谓“先”，并不是讲时间上在先，因其不同于理性论者所讲的先得观念；而只是讲逻辑上比较起来是基本的——不是根据感觉推论得来的。康德以为吾人知觉事物之际，必须要一定的空间与时间。无论知觉的内容如何千差万别，皆由此先天的直观形式为之排列。纯粹数学即以此先天的直观形式为基础，数学中的几何学论空间，由空间相隔而成形；数学中的算数学论时间，由时间相续而成数。譬如三角形内角之和等于二直角及 7+5=12 底命题的可靠性，都不是有限的经验所可供给，非纯论理的过程，而为纯粹直观的产物。所以康德认休谟以数学之命题为论理的分析之产物是一种谬见。比方“直线为二点之间的最短距离”的命题，任将直线的概念如何分析，决不能发见最短距离。可知数学命题的真确，不能从个个的经验或经验的总和而来，乃从直观之活动底必然性及普遍妥当性而来。故数学为直观之学。

数学上的命题具有必然性与普遍妥当性，即是数学命题上具有客观性。不过，这种客观性与形而上学的客观性不同。因为空间时间是属于吾人感性中的先天形式，只能与现象（Erscheinung；英 Phenomenon）

以秩序，换句话说，只能了解现象界，而无法了解真际，即康德所说的离了主观的绝对实在，所谓“物自体”（Ding-an-sich；英 Thing-in-itself）或“物如”者。数学的命题底确实性，不出吾人主观的范围，故它的客观性，毕竟不过为普遍的必然的主观性而已。——康德在这里所讲的时空，乃牛顿的绝对时空。

乙、先验的分析论

在先验的感觉论中，我们已发见作为直观形式的空间与时间，这是使数学的综合判断臻于确实的根据，但不能谓为认识已经成立。要使认识成立，必须直观的对象通过悟性的作用方可，即直观再经概念化以后，始有认识的可能。一切的认识必以直观和概念为其要素。“没有内容的思想是空虚，没有概念的直观是盲目”。感性有受容性（Rezeptivität）的能力，而悟性则有自发性（Spontaneität）的能力。悟性作用是比直观高一阶段的综合，即完全的知识之综合底历程之第二阶段。悟性所以能综合多样的直观而成立判断，全靠存于悟性中的先天概念。康德名此悟性中之先天概念为纯粹悟性概念（Reiner Verstandesbegriff）或范畴（Kategorie）。只要有判断形态存在，作为悟性形式的范畴也必存在。——发现这种悟性形式而加以论证的，是先验的分析论。

范畴是亚里士多德以来为推理用的一般名词。凡最高类的概念即事物分类上的部门，均可称为范畴。亚里士多德的范畴是分析的关系的部类，如形式论理中所有者。康德的范畴是用作思维的形式，为悟性作用中底先天概念，即用于判断中底诸形式。康德关于判断的分类，大概采自当时的论理学，分为分量、性质、关系、样式四部，又各别分三类，所以范畴有如下的四纲十二目：

	判断	范畴	
一、分量（Quantität）	全称的——凡甲是乙。	统一	分量
	特称的——或甲是乙。	杂多	
	单称的——此甲是乙。	单一	
二、性质（Qualität）	肯定的——甲是乙。	实有	性质
	否定的——甲非乙。	非有	
	无限的——甲为非乙。	限定	
三、关系（Relation）	定言的——甲是乙。甲非乙。	本质	关系
	假言的——若甲是乙，则丙是丁。	因果	
	选言的——甲是乙，或丙。	交互	
四、样式（Modaltät）	盖然的——甲或是乙。	可能	样式
	实然的——甲是乙。	存在	
	必然的——甲必是乙。	必然	

以上十二范畴中，康德最初仅注意“因果”的范畴，是“关系”的一类。其后渐次想到十二范畴，以成系统的组织。

十二范畴中的实体（即本质“Substanz”）与因果（Kausalität），休谟认为是从经验中得来的，而康德则认为是先验的原则，用康德的话来说：“因果不是从经验得来的，但经验可是从因果及其他范畴得来的。”照康德的意思，因果等范畴是思维作用存于悟性之先天的形式，没有它，连经验本身亦将不可能。康德以为知识的原料（感觉）虽是被动地得来，但知识决不是被动地构成的。因为被动地得来的感觉总是具有时空性，并且必定有一定的条理（范畴）的。而所谓时空性及因果等条理，实在就是知觉与悟性主动地综合或整理感觉时所用的法式。因此，我们的知识的对象，决不是杂乱无章而是井井有条的。这种井井有条的知识的对象，康德名之曰“普遍经验”（Experience in general）。有时候，他又名之为“现象界”（Phaenomena），以示别于“本体界”（Noumena）或“物自体”（Ding-an-sich）。现象界乃知识的对象，但“物自体”是不可知的。所以我们若是应用时空及因果等内心的法式到本体界，结果一定会引起许多矛盾或两可之辞。因为现象界的一切都是决定的，都有其因果关系的，而是必然底，无自由之可言。而“物自体”不能是知识的对象，为离了主观的绝对实在，可以说是自由底。所以“因果”等范畴只能用在现象界，而不能用在不可知的本体界。但“物自体”虽非知识的对象，其存在性可不能怀疑。因为与吾人以感觉者为“物自体”，它是发动现象而不是现象，为感觉的客观底根据。——这就是康德与巴克莱不同之点。巴克莱否认有外界，而康德并不否认有外界，只不过说外界是不可知的；所可知的只是外界引起的感觉和吾人内心的先验法式所配合而成的“现象界”或“普遍的经验”。

当康德写他的大著《纯粹理性批判》的时候，他念念不忘的就是牛顿的宇宙观，他的目的无非想把牛顿之说放在一个安稳的根基上，使其不致受巴克莱（巴氏主张时空皆是相对的）及休谟（休氏否认自然界的条理是必然的）的影响而动摇。时空何以是绝对？自然界的条理何以是必然？康德的答案是：人同此心，（康德所谓内心法式之心，并不指特殊之心而言，而是指普遍之心——也就是他所谓“超自觉的自我”“A Super-Conscious Self”。这种超自觉的自我，康德并不以为是“灵魂”或“精神”；而解释为一种“先验的统觉”“Transzendentale Apperzeption”即“自意识的先验底统一”“Transzendentale Einheit des Selbstbewusstseins”）心同此理。因为时空及因果是人人心里都具有的条理。——这种自意识的先验底统一，所以使原来是主观概念的范畴，而具有客观的意义，亦即实时空所以是绝对，自然界的条理所以是必然的原因。假如说时空及因果是外界本身的条理，那就等于说时空与因果是

"在感觉中所与"（Given in Sensation）。但各人的感觉不同，并且感觉总是杂乱无章，变化无常的，那就只得承认时空是相对的，因果关系是或然的了。巴克莱、休谟的错误就是于相对的与变化的感觉里面去求绝对的时空与必然的因果。范畴已借自意识底先验底统一作用而具有客观的普遍性，则很自然地便成为自然现象的立法者，纯粹的自然科学也必然的成为可能。不过，"范畴"所具有的客观性仅限于现象的范围，对于非现象的实在，是没有什么权利的。因此自然科学成为客观的真理一语，也必然要受到相当的限制。

以上所述，大体介绍了"先验的分析论"中底"概念的分析论"。"概念的分析论"是讨论悟性的先天概念即范畴，何以对直观的对象持有普遍妥当性。但康德在"先验的分析论"中，尚讨论到范畴的实际具体的应用，即"原则的分析论"。在这里，充分的表示出先天的综合判断的具体底内容。

至于"原则的分析论"的详细内容无法详论，现在只将先天的综合判断底原则列举如下：

（1）根据分量的范畴而成立底原则，是："一切直观，都是外延量（Extensive Grösse）"。这即是说，凡时间的和空间的直观底对象，必然保有时间的延长和空间的延长。——康德名此为"直观的公理"（Axiome der Anschauung）底原则。

（2）根据性质的范畴而成立底原则，是："在一切现象中，凡是感觉的对象底实在的东西，都有内包量（Intensive Grösse），即都有度量"。这即是说，凡经验的对象具有经验的感觉的性质的，必有度量。——康德名此为"知觉的预料"（Antizipationen der Wahrnehmung）底原则。

（3）根据关系的范畴而成立的原则有三个：

A. 根据实体（本质）性的范畴成立底原则，是："在一切现象的变化中，实体是永续的；并且它在自然界中所有的总量是不增不减的。”——康德名此为“实体永续的原则”。

B. 根据因果性的范畴成立底原则，是：“一切变化，均依照因果连结的法则而发生。”——康德名此为“依照因果律的继起原则”。

C. 根据相互性的范畴成立底原则，是：“一切实体，凡是在空间中可以同时认出的，全然为交互作用。”——康德名此为“依照交互作用底并存的原则”。

以上有关关系的三个原则，康德总称为“经验的类推”（Analogien der Erfahrung），即是说，经验是单由于知觉的必然的结合底观念，才成为可能的。

（4）根据样式的范畴而成立底原则有三个：

A. 根据可能性的范畴成立底原则，是：“凡与经验的形式的条件（直观及概念）相一致的，是可能的。”

B. 根据现实存在性的范畴成立底原则，是：“凡与经验的质料的条件相连结的，是现实的。”

C. 根据必然性的范畴成立底原则，是：“凡与现实的相连结，而依照经验的普遍的条件决定的，是必然的（存在的）。”

以上有关样式的三个原则，康德总称为“经验思维的一般公准”（Postulate des empirischen Denkens überhaupt）。

丙、先验的辩证论

上面已讨论过数学与自然科学可能与否的问题，现在要进而讨论形而上学是否可能的问题。

从先验的分析论中，吾人已得到范畴综合感性的直观底认识；但认识有其限界，当然不能满足人心对完全认识的要求。于是企图由理性所与的原理而统一经验。此种理性原理，康德名之为理念（Idee）。乃由柏拉图得来的名称。理念也和范畴一样为先天的概念。其与范畴不同之点有二：一、范畴有相对应的对象，理念则无相对应的对象；二、范畴为与法则于直观之构成的原理，理念为统一悟性的认识之整统的原理。由判断的形式导出范畴，由推论的形式遂导出理念。因为范畴是判断之力，理念是推论之力。推论有三种形式：即定言的推论、结约的推论和离接的推论。与这三种形式相对应的则为灵魂、世界与神。灵魂为内感的一切现象底无制约的根基的理念；世界为一切外的现象底无制约的联结的理念；神为存于一切现象的根柢底无制约者的理念。康德名此三种理念为超越的知识。谓之超越，指在可能的经验之范围以外。所以又名为先验的理念（Transzendentale Idee）。当人类的认识于使用理性之际，超越它的一定限界时，便常常把先验的理念作为认识的对象。康德便称此为先验的假象（Transzendentaler Schein）、康德的先验的辩证论根据以上三种先验的理念分为合理的心理学（Rationale Psychologie），讨论关于灵魂的假象；合理的宇宙论（Rationale Kosmologie），讨论关于宇宙论的假象；合理的神学（Rationale Theologie），讨论神学的假象。——从来的形而上学基于这等理念，单纯的把灵魂假定为实体；或对世界的有否开始，自由的原因性的有无，纷纷加以议论；或把神的存在作为最高完全的实在者。康德认为都是把理性错误的使用，一一予以批判。

现在先论合理的心理学，自从笛卡儿（Descartes）说“我思故我在”以来，自我意识的概念是很普遍的。我可以以我自己为我自己的思想底对象。理性论者以此为基础，便谓灵魂有单纯、本质、灵性与不朽四种性质。但康德不承认我们有这样的自意识。知识必以感觉为基础，而且只限于现象中才有。灵魂不是现象，我怎能知道我的灵魂？即依据理性论派所言，灵魂亦是灵性的，而不是现象的，所以灵魂不能算是知识的一个对象。倘再进一步讲，理性论派以灵魂为单纯，为不朽，已使它不可能成为知识的对象。知识的对象不是单纯的，而是综合的作用产生的。比方在"悟性"中综合知觉而成判断的"我思"，不能为"悟性"之一对象。因为综合知觉之时空性，并不是感觉的对象底原故。康德以为不可将先在的自我与经验的自我相混。先在的自我即先验的统觉底假设，我们不知道及不能说它是什么，但它是一种普遍的综合的根据。至于经验的自我是知识之一对象，它是无论什么时候我能知道的我自己——一堆感觉、情感或思想。但这是时刻在变易的自我，并不是理性论派所谓的单纯的、不朽的灵魂。"我想主观的我""I think I"是不可能的。"我想客观的我""I think me"是可能的。若以"主观的我（'I'）"为一对象，则是理性使用的一种错误。康德名此为先验的谬误推理（Transzendentaler Paralogismus）。

其次讨论合理的宇宙论，形而上学的宇宙论，康德以为是一超越经验底理念，如果把它当成认识的对象来研究，因为是不能以经验证实或否认，于是在形而上学中，便产生自相矛盾的命题，这些命题都同样有有效及必要的根据存在，故虽相反而彼此皆不足以相胜。——这种矛盾对立，康德名之为"二律背反"（Antinomie）。照康德的说法，在形而上学的宇宙中，共有四种"二律背反"：

（1）创造的二律背反

正：宇宙在时间上有一个起点，而空间上也是有限制的。

反：宇宙没有时间上的起点，同时也没有空间上的限制；而且在时间及空间两方的关系上，都是无限的。

（2）不朽的二律背反

正：宇宙上的一切实体，由单纯的部分组成。

反：宇宙间没有单纯的事物存在。

（3）自由的二律背反

正：宇宙间除自然法则的因果性之外，尚有自由的原因存在。

反：宇宙的一切事物，完全依照自然的因果律；决没有所谓自由的东西。

（4）神学的二律背反

正：宇宙中有一绝对的必然底存在，为它底原因或部分。

反：无论在世界之外或在世界之内，并无一绝对的必然底存在。

以上四种二律背反，前二者又名为数学的二律背反，后二者又名为力学的二律背反。康德以为前二者正反（即定立与反定立）都是假的，因为从世界底量和质来看，前二者的正反都属于一种假定的缘故。后二者如果从不同的世界底关系和样式二点上说，则正反或者都可以说是真的。因为正的就物自体说，反的就现象说，则这两方的命题底矛盾是可以避免的。

最后讨论合理的神学，康德名此神的理念为纯粹理性的理想（Ideal）。理性要求完全，所以它要求有一最初底，完全底"有"以为一切事物的可能及实在的根据。这最初底，完全底有，就是所谓上帝。关于上帝的存在，一般的形而上学家及神学家有三种证明，也就只能有三种证明。这三种证明是：（1）从一定的经验推论神之存在底物理神学的证明（Physikotheologischer Beweis）；（2）从某种不定的经验推论神之存在底宇宙论的证明（Kosmologischer Beweis）；（3）从单纯的先天的概念推论神之存在底本体论的证明（Ontololgischer Beweis）。证明虽有三种，但究其来源，物理神学底证明，还是依靠宇宙论底证明。宇宙论底证明，还是依靠本体论底证明。现分论如下：

先讨论本体论的证明，所谓本体底证明，是从上帝的观念，推论上帝的存在。这推论大致是说：上帝是绝对地完全，绝对地必要底。既是如此，所以它必定存在。但“存在”并不是一个真的宾辞。这就是说，它并不是一个什么东西的概念，可以加上于一个东西的概念。它只是一个事物的建立，譬如我们说：“上帝存在”，我们并没有于上帝的概念上，加上什么，只是建立这个主辞及其所有的宾辞，只是为我们的概念，建立一个对象。概念与其对象的内容必需是一致的。一百个真底钱并不比一百个可能底钱多一个。但是我如果有一百个真底钱，我的财务状况，必与我只有一百个钱的概念，大不相同。因为一个事物的存在并不分析地包括于我的概念之中，而是综合地加上于我的概念。但是概念中底一百个钱，并不因为有了存在而其数目有所增加。笛卡儿就是用本体论底证明，以证明上帝的存在。他的精力是枉费了底。我们不能仅靠观念，以增加我们的智识。正如一个商人不能靠在他的账上加几个圈，以改善他的地位。——这即表示任何单纯的概念决不可能证明它的对象底现实的存在，换句话说，单凭概念是无法证明上帝底现实的存在的。

其次讨论宇宙论的证明，这种证明是应用因果律的证明。以为在世界中必有一无因之因为一切现象之因。即是说，在世界中如其有某事物存在，一个必然的存在，必须同样的存在。现在，“我”，至少是存在的。因此有一个绝对的必然的存在，是存在的。这个小前提包含一种经验，而大前提从一个普通的经验，推到一个必然存在底存在。因此这个论据，实际上是以经验为起点，并非完全先天的或物性学的。一切可能经验的对象，就是世界，所以称为宇宙论底证明。由绝对的必然的存在，推论到最高实在者底神的存在。康德以为这种证明的谬误，是将只可以适用于感性界领域的因果律，应用到超感性界底领域。其实，在经验之内的一切原因是原因的结果，凡存在的事物都是偶然的无定的。照康德的说法，“在这个场合，我觉得在任何的概念当中，或是以任何的概念，表示这个必然都是不可能的，它单是存在于我自己的心中，而为形态的条件或思想，绝非一种物质的及实在的存在条件”。

最后讨论物理神学底证明，其方式是从世界现象的构造及性质来推论最高存在底存在，即世界创造者上帝底存在。这种推论的根据，以为围绕吾人的世界，在吾人的眼前，现出这样伟大的整齐、变化、优美及具有目的的状况，在这样不可思议的惊奇之下，语言无力表示，数量不能计算，甚至于我们的思想，也无从为适当的推测，而我们的全体的概念，变为一种不可言说的惊异——这个不言的表示，实为最有力的表示。在我们的四周，随处可看见原因与效果，方法与目的，产生与消灭的衔接；并且因为没有事物，可以自己成为这样状态，我们必须归之于其他的事物，而这些其他事物，又引起它们自身原因的研究。在这个偶然的无限连环以外，必有某种原始的而且独立自存的事物存在，一种事物为这个现象世界的原因，而确定它的继续及保持的。这个最高的原因底存在，便可证明睿知的世界创造者——上帝底存在。

康德以为这种证明，虽然是最古最明了的，但仅凭理想的双翼，欲达到他们底经验的研究，所不能达到的决定的概念，这是推论家们的凭空结构。照康德的说法，世界表现的秩序、善、美和合目的性，这只可能证明有一建筑家底存在，而亦不足以证明有一创造家底存在。同时，此种证明完全缺少知识的确定性；因为世界或者是自动的而其本身内是具有力量的。

独断论底形而上学武断地肯定上帝存在，灵魂不灭，笼统地肯定意志自由。这都是理性的错误。这些错误，起于理性底辩证底使用。康德说：我们对于理性底批判工作，就是要在原则上决定理性的使用的界限。界限与限制不同。界限是一个积极底观念，它表示界限之外还有些什么，不过不在界限之内。限制是一个消极的观念，只是一个负定，只是表示不完全。我们的理性，在它的界限上，看见有物自体的余地，不过关于物自体，我们不能有观念。这即是说，我们被限制于现象。

界限是属于界限之内底，也是属于界限之外底，这即是说，它是界限之内底什么的界限，也是界限之外底什么的界限。所以对于界限底知识，也是一种积极底知识。理性有了这种知识，它既不自限于这个界限以内，也不超过这个界限以外。但只要决定界限以外底，和界限以内底，二者之间的关系。这是对于界限底知识，所最宜于作底。这是理性在经验中，完全底最高底应用。

（二）实践理性批判

康德以实践理性与纯粹理性为同一根源，纯粹理性以知识自身之规律表现本体，实践理性则以行为方面即道德方面表现本体，换句话说，即本体界之有发现于现象界者，在知识方面为先验的法式；在行为方面为自律的意志（即实践理性）。先验的法式必有所对，这即是说，必有待于后天的材料，故它的发现为有限制；而自律的意志则无待而自足，故它的发现全属自由。所以康德在《纯粹理性批判》中认为不可知的"物自体"，这样，便拟借意志的自律导本体底表现而贯入于现象界，使本体与人生连为一气。

意志之自律何以有可能使本体与人生连为一气呢？康德以为意志的自律即人类道德的最高表现，所谓道德律与自然律底最大区别，道德律以"当为"（Sollen）之形而显现，自然律则以"必然"（Müssen）之形而显现。因为宇宙间一切自然现象，都脱不了因果关系，所以自然律止为必然而无不然，例如凡生物必有死，自然界无不死的生物。理性的意志产生于超越自然现象之本体界，不受因果法则的支配，所以道德律虽应然而尚能不然，例如“不可说谎”，但尚有说谎的可能。然则道德律何以可以成为普遍的法则呢？康德以为依赖道德自身具有之准则（Maxime），这种准则是不受任何条件及任何前提的限制，换言之，是无条件而又自足的。行为中之有此准则，有类于知识上之有先验的综合判断。道德之所以成立，全凭有此自己自立的准则，即意志之先天的形式。康德便进一步认为道德以其自身为目的，不能有以外之目的。如快乐论主张道德之目的，在使人得乐免苦；功利论主张道德之目的，在使人对于群体增益其幸福；幸福论主张道德与幸福一致，有德者必获福。这些目的均发端于性尚或嗜好，非道德自身具有的目的，康德均认为非真正的道德，故名为假言的命令（Hypothetischer imperativ），即有条件的命令。这种条件为后天的经验原则所支配，决不能成立普遍妥当的法则，比方所谓快乐、功利及幸福，都是因人而异，不可能普遍一致的。所以道德律是无条件的，不为经验的事实所限制，故名为定言的命令（Kategorischer imperativ）。这种无条件的道德命令是来自吾人意志之自愿，即上述的道德自身具有的准则。亦即吾人的意志愿自立规范以限制自己，康德名此为意志的自律（Autonom）。比方我不说谎，因为我不愿说谎成为一种普遍法则，——即我不愿意别人也向我说谎。相似孔子所谓为仁之方的“己所不欲，勿施于人”的原则。康德进一步解说这种意志之自立法度，系出于善意（good will）的要求，他在《道德的形而上学》一书中第一句说：“世界上一切事物，能无条件而可称为善的，只有善意。”根据这种善意，便可促使由主观的意志底先天形式所构成的道德律，而可以具有一般普遍妥当性的原因。比方上引的“不可说谎”的道德格言，甲对于乙固可适用，而乙对于甲亦可适用。且由此可适用于任何人与一切人。所以康德以为道德律的定言命令是：“你的行为的准则只有一种，即你的所行须同时可成为普遍的法则”（Handle so, dass die Maxime deines Willens jederzeit zugleich als Prinzip einer allgemeinen Gesetzgebung gelten könne）。这种自觉自制的道德律，再加以尊敬自己底义务心的实践，即对于自己所立底规律的履行。便可以放诸四海而皆准，证以百世而不惑了。因此主观的意志与客观的本体全相呼应。如果一意任意志去行动，使一人的法则同时可以为万人的法则，这便是道德律之第一形式。人类均须自律的服从道德，所以人格与一切物品不同，人格自具价值，物品以交换而得价值。所以我们要把人格当作目的看待，不可把它当作手段看待。这便是道德律之第二形式。社会乃由自具价值的人格相结合而成的团体，我人即为其团体中的一员，此种社会中的人人皆有自觉心，皆自立规律以制限自己，同时，皆以目的视人，以人格律己。康德名此为“目的王国”（A Kingdom of ends）。这便是道德律之第三形式。第二形式由第一形式产生，第三形式又由第一、第二形式产生。究其极皆立于实践理性之上。

康德的伦理学既设定本体界为道德的根源，则同时必须假定意志自由、灵魂不灭和上帝存在。此三种必须的假定，虽不可知，然为使道德可能，却不能不信。康德名此三者为道德的假定。

第一是意志自由的假定 无条件的意志是自由意志，康德主张意志自己规定自己，必以意志有自由为前提。若意志没有自由，则决不能自立法度以加于自身。意志何以自由？因意志以理性为基础，即以自身为基础，可以为其所当为，所以是自由的。自由意志并不见于经验的事实，因为现象界为因果的法则所支配，前因后果，如环无端，绝不见有丝毫的自由存于其间。自由不是知识之一对象，而为信仰之一行为。换言之，即自由止可实践而不可认识或证明。康德在《纯粹理性批判》中曾假定“物自体”是属于自由的，由意志以自己的条理规定自己的行动说来，则意志的自律即系本体界自由的实践。

第二是灵魂不灭的假定 人是一现象的存在，为自然的必然律所束缚；然而人同时亦是一实在的无条件的存在，因为无条件的理性是他的真自我。换句话说，人一方面固以情欲利害为动机，此情欲利害为现象的存在所具有，即为“现实我”；而他方面则有理性能以宰制之，此理性为实在的无条件的存在，即为“超越我”。此“超越我”为本体的我的别名，为道德的根源。“现实我”在现象界之内，必有生有灭，但“超越我”是超现象界的，所以道德之我，自不能不假定其为不死。否则道德便不能根源于本体界，同时道德之我亦必不能为本体的一部分。

第三是上帝存在的假定 所谓上帝乃宇宙的“最完全的存在”（the perfect Being），即指宇宙的最终本体。真的道德必是最高善即“至善”（Highest good；拉丁文 *Summun bonum*），这种最高善为道德的最高目的，人生即以追求此最高善而努力。康德以为最高善必以“最完全的存在”为根据，所以非假定上帝的存在不可。由此可知康德之所谓上帝有类于亚里士多德之“最后因”（final cause），为宇宙进化的推动力。康德则以之为人类追求真的道德的推动力，亦即为达到真的道德的一种保证。但上帝存在不能为认识的对象，只能为实践理性的要请（Postulat），换言之，这是不能证明的，不过只是一种信仰的假定。

（三）判断力的批判

上述的《纯粹理性批判》讨论了认识论上“知”的问题，而《实践理性批判》则讨论了伦理学上“意”的问题；前者讨论感性的世界即自然的王国底“真”的问题，后者则讨论超感性的世界即自由的王国底“善”的问题，康德在以上的两种批判里，不自禁的将现象与物自体、必然与自由严为分别，无形之中陷入于二元论的深沟。康德为弥缝这种缺失，遂作《判断力批判》，以为前两种批判的桥梁。《判断力批判》讨论美学上“情”的问题，即讨论“美”的感情如何使自然的王国向自由的王国飞跃。理性构成真，意志构成善，美感则构成美。美不在客观，所以美感有如理性与意志一样，建立于一主观基础上。康德以为吾人在认识及意志的能力外，尚具有一种感到快与不快的能力，阐明此种能力在判断上的价值的，便是审美的活动。美即是一种快与不快。然快感有种种，在美的快感外，有肉体上的快感，善行上的快感，这两种快感，皆基于对象的欲求而引起的快感。至于美的快感，则由于自由底观照（Freie Anschauung oder Betrachtung）而生，不含有任何对象的欲求。康德特名此为“无关心的快感”（lnteresseloses Wohlgefallen）。这种美的快感，何以能调和感性与理性，自然与自由呢？康德以为由于美的对象含有形式的主观的无企图的合目的性，即美的对象依自身的法则，而为必然的活动，不单与主观的个人以快感，同时亦可与其他一切人以快感。所以康德认为美的概念，在“质”上为悦人的；在“量”上为悦一切人的；在“关系”上为悦人而超利害、超概念的；在“样式”上其悦人为必然性的。故美的对象为自由与必然底结合。

除美的主观底合目的性外，尚有客观的有机体的生物底合目的性。康德以为吾人之悟性，能机械的说明自然物，但不能机械的说明生物。把生物当作部分的机械的集合，欲从此了解其全体性，实不可能。生物尽可以看作是机械的东西，但不可忘记了他同时也是有目的性的东西。所以生物自身适用机械论，亦适用目的论。生物亦为自由与必然的结合。

美学（Aesthetica）一语为启蒙哲学者包姆加敦（A. G. Baumgarten，1714—1762）所创，温克尔曼（J. J. Winckelmann，1717—1768）虽对美之本质，在美术史上有所研究；但真正把它阐发而使成为哲学的美学底，则是康德。

从上面的三批判看来，康德的哲学是尊重人类精神，人格尊严和主观意识底哲学。这是欧洲启蒙运动的归结，亦是文艺复兴以来欧洲近代思想的根本精神。

至于康德对于宗教、历史的思想，尤其有关于政治哲学部分，尚多卓出的见解，此处以限于篇幅，不及详论。

康德在《纯粹理性批判》中替人类认识划了一条界限，把现象界与物自体分开，即感性界与超感性界分而为二。在实践理性批判中以意志的自律直接物自体，在《判断力批判》中则以美的观照企图融合感性界与超感性界，但均属于主观的合法则性，而无法解决现象界与物自体客观上相连的事实。这样，康德在以上三批判中处理的现象界与物自体，感性与理性底残余的问题，便开创了德国以后观念论与唯物论的根基。不单德国，就是现代英、法、美等国的哲学也受了康德哲学的直接间接的影响。

现先接讲德国观念论哲学的发展，主要的代表为菲希特（Fichte），谢林（Schelling），黑格尔（Hegel）与叔本华（Schopenhauer）。继论唯物论哲学的发展，主要的代表为费尔巴哈（Feuerbach），马克思（Marx），恩格斯（Engels）。

二、菲希特（Johann Gottlieb Fichte，1762—1814），一七六二年生于德国奥巴罗西斯（Oberlausitz）的朗姆挪（Rammenau）村。为纺织工之子，家贫，年轻时便须助他父亲做工，兼为人喂鹅。以聪慧受知于一邻村豪族，借豪族之助，始得入耶拿（Jena）大学，继转学于莱比锡（Leipzig）大学，研究神学、哲学与语言学。大学卒业后，辗转做家庭教师，一七八八年赴瑞士苏黎世（Zürich）任教，居二载，结识其未来夫人 Johanna Rahn，一七九〇年返莱比锡，偶然为一学生讲读康德的《纯粹理性批判》，深受影响，翌年赴哥尼斯堡就学于康德，颇承优遇。一七九二年匿名发表《默示的批判》(*Versuch einer Critik aller Offenbarung*)，批评家误认为康德的重要著作，嗣经康德更正，菲希特之名，遂因之大显。一七九四年继来因贺尔特 (Karl Leonhard Reinhold，1758—1823) 为耶拿大学教授，同年发表其主著《知识学原理》(*Grundlage der Gesamten Wissenschaftslehre*)，又为一般学生讲"学者的道德"，甚得此间学生的尊敬，遂招来同僚们的嫉妒，至一七九八年终以论文问题，惹起"无神论论争"，菲氏以不受无神论的批评，结果辞职赴柏林。与浪漫派文士交，从事于演讲、著述。一八〇七年冬，法军下柏林，一八〇八年发表他有名的《告德意志国民文》(*Reden an die deutsche Nation*)，唤起德人反抗拿破仑。一八一〇年柏林大学新设，初为教授，旋被互选为总长。一八一三年德法再战，拟从军不果，留柏林向士兵们演讲，鼓舞士气，其夫人则自效为军医院的看护妇，突得恶疫，菲氏以看护夫人，亦被感染，于一八一四年一月二十九日得闻德军捷报后逝世。著作除上述的外，主要的尚有《知识学第一及第二序论》(*Erste und Zweite Einleitung in die Wissenschaftslehre*，1797)、《道德学体系》(*System der Sittenlehre*，1798) 等。

菲希特是民主革命的热烈使徒，是为德国国民的统一而斗争的战士，同时，他是爱国的哲学家。菲希特是康德哲学的忠实后继者，不过他除去了康德哲学中唯物论的要素，即"物自体"。将康德的二元论转化为主观的观念论。在康德的哲学里理论理性与实践理性是没有关联的，菲希特则认实践理性较理论理性为优越，并使理论理性从属于实践理性，所以菲希特又为伦理的观念论的倡导者。

菲希特名他自己的哲学为知识学 (Wissenschaftslehre)，在知识学里，将康德哲学上所表现的二元而统归于纯我的一元。菲希特以为所谓物自体，不过为我之思维，即我的想象力底产物；所谓范畴，不过为我之活动，即我的悟性底产物。他以我为一切的中心，从我演绎一切。他所谓我，非个人我（Ego），乃纯我（Reines Ich），即绝对我（Absolutes Ich）。纯我的特色为无限的活动，离开了活动，便没有纯我，换句话说，一切都不过是“纯我”的活动。这活动并不预先以任何客体为前提，它创造一切的客体，即所谓“非我”（Nonego）。存在的一切形态，不过是它的创造活动过程中的阶段和契机而已。对于非我而有个人我，即自我。非我与自我，皆为绝对我的产物。菲希特以自我是能动的，而非我不过是所动的东西，故客观世界为主观活动而存在。倘从主观本位的立场来看，客观世界不过完全为主观活动的材料。自我不受非我的拘束，自我越摆脱非我的限制，便越纯粹越进展到自由，等到完全离开非我的束缚而可以独立独步的时候，这就是所谓“自立”或“自存”（Für Sich Sein）。自存的程度愈高，自我就继续进入于完全的境界。即是说小我愈接近大我，相对我愈接近绝对我底意味。在这里，便可明了菲希特哲学中的一切发展，是以“自我”和“非我”的矛盾发展为基础的。在菲希特，矛盾并不是错觉也不是假象，而是发展的推动力。与自己本身同一的绝对的“自我”开始了自我的运动，措定了自己的对立物“非我”，客体。在第三阶段，这矛盾由于对立物的互相限制而综合地得到解决。对立的斗争，由两者的调和和妥协而被解消，双方的对立，部分地被维持着，同时又并立地存续着。根据着“自我”和“非我”的斗争，在自意识的矛盾的运动中，就渐次生出法则和范畴来。这里表现着菲希特的辩证法是顺次发生的，相互推移的思维发展的体系的产物。

菲希特哲学的特征，在他那伦理的倾向里，就在这一点上，他是由于同一的社会原因而继续着康德的倾向。在菲希特，一切的发展都是道德的当为的实现，自我的活动的本质是道德底义务，“当为”是生活的根本，是存在的究竟根据。所以绝对我之措定非我，是为实现道德的活动之故。道德的活动是向上努力，为冲破一切网罗，必须有妨害我之物为之冲动。倘若没有障害的对象——非我，就没有冲动，也就没有发现自由意志的舞台。菲希特认为道德的活动，必须经一定的阶段而发展，最初决不可能是纯主观的，即在最初的阶段，自我很受非我的束缚，不容易一蹴而达纯粹底道德生活。经本能、冲动、自觉等阶段，自我始渐次脱离非我而采取自存之形。等到道德的意志克服了一切物欲及情欲，道德的意志便愈多自存的和愈多自律的，因而自我便具备愈多的自由且愈益接近绝对的大我。这样，如前段所说的完全的境界——即地上的乐园（Paradise），便可出现。这便是菲希特标榜的人生穷极底理想。辩证法成了道德律的实现，发展成了当为，实践成了伦理。一切的体系，都因着“自由的道德的存在”底王国，因着“精神的王国”而得到完成。——这样，实践理性在康德认为是立于理论理性（纯粹理性）之上者，现在则掉转头来，理论理性反而成为实践理性的从属了。

三、谢林（Friedrich Wilhem Joseph von Schelling，1775—1854），一七七五年生于德国的雷昂堡（Leonberg），父为一修道院的牧师，谙练东方语的学者。十五岁入杜平根（Tübingen）大学，研究哲学和神学，与诗人赫尔德林（Friedrich Hölderlin，1770—1843）和黑格尔（Hegel）交。卒业后赴莱比锡（Leipzig），任私人教师；并到莱比锡大学听关于数学与物理学的讲演。在这几年发表许多有价值的论文，其中较重要的是一七九七年发表的《自然哲学》（*Ideen zur Philosophie der Natur*）。一七九八年任耶拿（Jena）大学助教授，与菲希特交，心仪其说。一七九九年继菲希特为教授。一八〇一年聘黑格尔（Hegel）为讲师，并共编辑杂志。一八〇三年因与原为德诗人希勒格（A. W. V. Schlegel）夫人之卡洛林（Kalorine）结婚问题去职，转任威斯堡

（Würzburg）教授。其后续任慕尼克（Munich）、挨尔兰根（Erlangen）等大学教授。一八四一年应德皇腓特烈·威廉第四之召，赴柏林大学讲宗教哲学，到一八四六年辞职。一八五四年游瑞士，以浴温泉逝世。著作除上述的外，主要的尚有《先验哲学体系》（*System des Transzendentalen Idealismus*，1800）、《我底哲学体系的叙述》（*Darstellung meines Systems der Philosophie*，1801）、《白鲁诺》（*Brunox，oder über das göttliche und natürliche Prinzip der Dinge*，1802）、《人类自由的本质》（*Philosophische Untersuchungen über das wesen der menschlichen Freiheit*，1809）、《神话及启示的哲学》（*Philosophie der Mythologie und Offenbarung*，1824）等。

菲希特哲学以自我演绎一切之点，带有浓厚的浪漫主义（Romanticism）底气息，同时又为当代浪漫派文人所尊重；但他的哲学底全体的调子是伦理的，此又与无视社会道德的羁绊底文人们异其趣向。所以真正将浪漫主义精神，以哲学的形式加以组织的，则只有谢林。谢林是德国浪漫派的唯一的哲学上的代表。

谢林的哲学是从菲希特的活动的伦理的观念论，转向到更静观的，理论的，思辨的，审美的观念论去了。在谢林那里，实践的理性是在理论的理性之前埋没了影子。他的学说，和康德以后的自然科学发达有着密接的关系。由菲希特的自意识的辩证法，向着自然辩证法的转向，必须有观念论的形态上的交替。谢林虽然始终是辩证法的观念论者，但他却创造了观念论的新形态——客观的辩证法的观念论。他是从菲希特到黑格尔的桥梁。

谢林是一个天才早熟的哲学家，故他一生的思想常有转变，大体可分作三个时代来说明：从一七九七年到一八○○年为自然哲学时代；一八○一年到一八○九年为同一哲学时代；一八一○年到一八五四年为宗教哲学时代。

在自然哲学时代的谢林，承认自然的客观的存在。他不像菲希特，把自然看作受动的东西，他采取康德最初的观念，以自然为有生命有活动之物，即以自然为未发展的精神，为能动的“无意识的精神”，即世界精神，他和菲希特虽同把一切万有看作绝对的发展之物，但菲希特从伦理着眼，他却从物理与艺术着眼。

在菲希特，“非我”仅只是对于“自我”的障害，只是自我发展的跳跃板，到了谢林，“非我”就成了注意的中心了。不只这样，在菲希特，“非我”是绝对的，空虚的抽象，但在谢林，却转化为神秘化了的具体的自然，转化为多种多样的有机界和无机界。在谢林的自然哲学里，自然是理解作生成着的精神。但自然并不是主观的“自我”——人类的习性——的产物，而是世界精神的产物。自然和自意识，是绝对者的两个阶段。“自然”是在无意识的发展上的精神的历史，这发展的结果，就达到了自意识。“自然”在没有成为自意识的时候，是“绝对的”。从这种见地来解释人类对于自然的认识，就认为这是精神把自己以前的阶段再生出来，认为这是关于它自己的发展的回忆，认为这是“理性的先验的记忆”。

自然哲学说明全自然的发展过程是精神的发展过程。它的目的就是生命，即它的本源是生，死是生的不完全底状态，从全体的立场看，自然是生体。这样，便将斯宾诺莎的全体观和歌德（J. W. V. Goethe）的审美观合一。个体是全体的手段，个体消减了而又生发其他的个体，在这儿便知有生命。同时，也可了解所谓自然的本质，就是反对力的对抗，即是自然的生生作用的根本形式底二元性（Dualität）和两极性（Polarität）。一面将两极总合，一面就可看出自然的发展。最好表示此种状况的物体，便是磁石。这样，自然作为反对力的总合的结果而生，故自然界的“物”，便是力的——即反对力的——所生，即“有”是

“成”的所生。这种反对力即引力与斥力（即向心力与离心力），谢林称为“原力”。以这种“原力”与斯多亚派的“世界精神”结合，将自然解释为统一的生命。

此种“原力”的发现阶段，称之为自然的范畴，它的根本的形式是上述的引力与斥力，这两种反对力的结合，则生重力。合此三力便构成物质。再把光加上物质，遂发生力学作用。与引力相对应的是电气，与斥力相对应的是磁气，与重力相对应的是化学作用。于是在力学的过程加上重力与光相结合的生命，遂生有机现象。有机现象因与力学的过程之三阶段相对应，遂又分为生殖、反应、感觉三者。有机体的顶点为人类。自然在人类上才能达到最高目标，才能达到自意识。所以知识的原理与实在的原理为同一。

自然哲学大体仍随从菲希特知识学的顺序，不过是知识学的补充。等到谢林发表《先验哲学体系》的时候，他的哲学的基调，便是从菲希特那里跨进了一步。这一时期他受了席勒尔（J. C. F. V. Schiller）美学的影响，他就以美学为中心，构成他的审美的观念论。

席勒尔的艺术观是继承康德的《判断力批判》中所说的美的感情，但他已经摆脱了康德的严肃主义（Rigorismus）。席勒尔以为“美是现象中的自由”。美的想象便了解此美的事物，因为这样便可超过一切烦恼与经验的束缚。艺术的神化之境是必然中的自由，不受道德与知识的制限。即所谓“游戏冲动”。康德所贡献于人的教育为宗教，而席勒尔所贡献的则是艺术。艺术足以使情感纯洁，使感觉的意志温和，为道德意志谋一位置。然而道德意志不是目的，不是止境，因为艺术不但是教育方法，亦是目的。倘道德与感官的冲突在艺术的情感中消灭于无形，人便可有完全的生活。“人只有游戏时是真的”。席勒尔为浪漫时代所提出的理想便是“美的灵魂”（Schöne Seele）。

谢林采用上述的席勒尔的美学的论说，构成他底美的观念论哲学。照谢林的说法，艺术首先同化主观和客观，导吾人入于绝对唯一的境界。在艺术的美底境界里，鉴赏的我与被鉴赏的非我，可以融合为一。所谓自他同一，便是艺术的绝对境界。艺术的创造是最显著的意识活动，同时，在它的根柢尚有一种无意识的活动，艺术便调和意识与无意识；艺术更调和精神与自然，有限与无限，因为在自然中具有精神，有限的材料中具有无限的精神的缘故。所以艺术系在最平凡的事实中表示最深的人生意义，这样，便显现赋有一种无限底绝对底性质。——建立在这样的立脚地上的谢林的艺术底神话（Mythologie），便启示了人类的最高生活。

在同一哲学时代的谢林，遂认自我与非我、主观与客观、精神与自然为根本的同一，即在两者的根底，存在有共通的“绝对者”（Das Absolute）。这绝对者必须要知的直观，方可把握。谢林以为所谓主观与客观，或精神与自然两者，都必从存于其根底的绝对者产生，故绝对者与主观、客观之间，不含有何等的区别，所以说是完全的无差别（Indifferenz），亦可以说是绝对的同一性（Absolute Identität）。——因此谢林的哲学，便称为同一哲学（Identitäts-Philosophie）。同时，谢林以为绝对者在一切有限者的根底是无限者，所以是唯一。可以说离开同一原理，便没有世界。把同一看作无限的东西，看作统一的东西，是理性作用；把同一看作有限的东西，看作差别的东西，是想象作用。谢林特别看重理性作用，所以认万物为绝对的同一之显现。谓世界没有绝对客观的东西，亦没有绝对主观的东西。换句话说，没有纯自然的东西，亦没有纯精神的东西。精神与自然，只不过是分量上与势能上的差别而已。

在宗教哲学时代的谢林，遂认绝对者即神，绝对者使万物合一。这里表示他还没有摆脱斯宾诺莎的泛神论的影响。他同时又接受士来厄马赫（F.E.D.Schleiermacher，1768—1834）的宗教论的主张，便构成他的宗教哲学。在这一期他已视哲学与宗教为同一，由哲学转向非哲学，换言之，由理性主义入于非理性主义。

在宗教哲学上谢林注重的问题是：现象如何从绝对的同一发生？有限、不完全与恶如何而来？此种问题，为斯宾诺莎的哲学所没有说明的，因为他相信预定说的缘故。谢林力避斯宾诺莎所已走的道路，因认绝对之中有自然的根据，全知全能的神中，有消极的自然的原理存在。此种原理的存在，得使神益遂其完全的发展。神也和人们一样，不断的由不完全走向完全，由无意识的发展到意识的。这即是说现实的神含有向将来发展的可能性。世间的完全与美善，从神的知性而来；世间的不完全与丑恶，从神的黑暗意志而来。换言之，一切事物包含有从知性而来的一般意志与从黑暗意志而来的个别意志的二重原理。吾人对于此二原理的或从或违，有完全的自由。从一般意志则善，从个别意志则恶。

四、黑格尔（Georg Wilhelm Friedrich Hegel，1770—1831），一七七〇年生于瓦登堡（Württemberg）的斯图加特（Stuttgart）。父亲为此地的官吏。一七八八年入杜平根大学修神学、自然科学及哲学。与谢林、荷特尔林（Hölderlin，1770—1843）同学，并深受其影响。一七九三年卒业后，赴瑞士之伯尔尼（Berne）做家庭教师，始研究康德学说。一七九六年返法兰克福（Frankfurt），仍任家庭教师至一八〇〇年。其间倾意于哲学问题的创建，但立于谢林哲学的立场。一八〇一年以谢林之介入耶拿大学充讲师，与谢林合编《哲学评论》，鼓吹同一哲学。一八〇三年谢林离开耶拿后，他便开始批评谢林的哲学，思想渐次独立，一八〇五年任耶拿教授。一八〇七年出版《精神现象学》(*Phänomenologie des Geistes*)，此书于耶拿受拿破仑军炮击前夜(1806)急遽脱稿。战乱结果，耶拿以经济困难停办，他转赴班堡(Bamberg)暂当新闻记者，旋赴努连堡(Nürnberg)任一高等学校校长，一八一一年，年四十一岁始结婚，并于此地著《论理学》(*Wissenschaft der Logik*)，一八一二年出版。一八一六年任海得尔堡(Heidelberg)大学教授，翌年出版《哲学体系概论》(*Encyklopädie der Philosophichen wissenschaften im Grundrisse*，1817)。一八一八年转教柏林大学，一八三一年在职期中染虎列拉病逝世。在柏林讲学期间，声誉鹊起，学说风靡寰宇，著作除上所引述外，主著尚有《法律哲学》(*Grundlinien der Philosophie des Rechts*，1821)等。

黑格尔的哲学，是康德以来，哲学运动最高的终极阶段，是德国古典观念论哲学一般的前进的发达之完成。黑格尔把他的先行者的业绩作为基础，展开了观念论哲学的全面的理论。决定黑格尔哲学的形式和内容的东西，是他运用的辩证法。他认为世界是由作为绝对者底理(即"逻各斯"，"Logos")、或理念、或宇宙理性依循辩证法的论理的发展，追随此发展的思维的东西，便是哲学。所以黑格尔的哲学是讨究世界的论理化，故人们称他的哲学为论理的观念论，或称为"泛理论"(Panlogismus)。

康德以后有黑格尔，等于古代希腊柏拉图之后，有亚里士多德一样。亚里士多德以发展的概念来说明柏拉图的理念与质料的关系。黑格尔亦努力于康德的物自体与现象界的二元对立之统一的说明。黑格尔以菲希特认非我为自我所产为太偏于主观，谢林认自我为自然所产为太偏于客观，因自创绝对说以匡其失。黑格尔所谓绝对，非抽象之物，乃潜在于差别界之奥底的具体底实在。绝对非超越差别界之物，乃内在于差别界而为继续发展之物。世界之外没有绝对存在，世界本身即绝对。世界之万物即绝对底继续的发展的阶段。但何谓绝对？即存于个体中的普遍。黑格尔特名之为“逻各斯”（Logos），即理与理性的意思。逻各斯为论理的进行，为思想的展开。自然与精神皆此逻各斯的显现。黑格尔认此逻各斯的继续的发展，有一定的法则存在，这种法则便是正反合的辩证法。

将理性底论理的发展与世界文化底历史的发展，作为同一历史来观察，实在是黑格尔的哲学的特征。以理性的历史的发展为其准，黑格尔的哲学可分为三部分：（一）论纯粹理性的论理学；（二）论理性的发现为自然界的自然哲学；（三）论理性的发现为精神界的精神哲学。现依次分述之：

（一）论理学——论理学是关于运动及发展的一般法则的学问，是关于横在一切存在的根底里的、合理的、原理的学问。它是由存在论、本质论及概念论三部构成：第一存在论即有（Sein）论，分为性质、分量、质量。性质又分为有、定有、对自有（Fürsichsein）；分量分为纯粹量、定量、度；质量分为特量、实量的质、本质的成生。第二本质（Wesen）论，分为根据、现象、现实。根据又分为根据、实存、事物；现象分为形式、内容、关系；现实分为现实性、可能性、必然性。第三概念（Begriff）论，分为主观概念、客观概念、理念（理性概念）。主观概念又分为概念自体、判断、推理；客观概念分为机械性、化学作用、目的关系；理念分为生命、认识、绝对理念。——存在及本质，是作为“概念的生成的契机”，作为它的“发生的描写”，作为概念还没有在普遍性、全体性及多面性上出现以前的上向的阶段来观察的。

这里，且将他构成诸阶段的辩证法及有论加以讲述。

黑格尔的论理的开展底形式，就是他所谓的三段辩证法（Dialektische Methode）。——这种论理法是菲希特所发见，而为黑格尔所补充，并广泛的加以运用。其实也是衔接康德的认识论而加以修正发展的。若有一概念的定立（These），即是“正”；在其自身之中，便发生对立的否定概念的反定立（Antithese），即是“反”；然这种矛盾对立，决不可能继续存在，必发生高一层的第三概念为之综合（Synthese），即是“合”。这种否定第二阶段否定概念的第三概念，又称之为“否定的否定”（Negation der Negation）的阶段。其实它是综合第一与第二阶段的肯定。黑格尔称这种否定过程为扬弃（aufheben），即包含废弃和保存的意味。同时，这种扬弃又为每一阶段发展的契机（das Moment）。一切事物的运动变化，必取上述的三段底形式。黑格尔首先讨论理性的论理的开展底顺序：理念（Idee），自然（Nutur）、精神（Geist）的三阶段，依辩证法的发展。第一阶段的理念，全是抽象的概念的纯粹论理底实在。这第一阶段名之为“即自”（An Sich）。不过这种论理的实在，决不可能单独的继续存在，在他方必成立与此相反对的具体的感觉的自然，这第二阶段名之为“对自”（Für Sich）。但理念与自然的对立亦不可能持续，必产生高一层次的精神（Geist）为之扬弃合一，这便是理性发展的第三阶段，名之为“即自且对自”（An und Für Sich）。

黑格尔进一步对于一切存在，亦依他所上述的论理法加以说明。他认第一范畴为“有”，为一切存在的最初出发点，这是一切存在的最初的存在，非此有彼有，乃无何等规定的有，即纯粹的“有”（Sein）。此无内容的有是一切存在的根本。这种有只是存在，不指任何物而言，然则有即是“无”。于是成为第二范畴的“无”（Nichts），但无决不是空无所有，无是可成为问题的，可由吾人思考的，然则无又是有。于是又成为第三范畴的“成”（werden）。在此阶段有无的矛盾消灭，更生较高的形式的“有”，即所谓“定有”（Da-Sein）。定有是指一定的有。有至此时，始有所规定，或云此有，或云彼有，皆有所规定的意思。换言之，即对于他物而云有，即对于他物而表示自己的本质。如此由本质更进到概念，复依辩证法次第展开，以成一有完全系统的范畴。——这里要特别指出，黑格尔的辩证法是向上发展的，即每一步扬弃，是更高的统一，同时亦为更深的自觉。

（二）自然哲学——理念作为纯粹概念及其实在性的绝对的统一体，而将自己定立时，即作为全体的自然之形而显现。换言之，自然是理性的他在。黑格尔于是便从论理学，进而讨论自然哲学。理念“成了自然的创造者”。自然的生成，是依借着精神的生成。如黑格尔在另一地方所说的一样，自然是“概念向外面性的没入”。黑格尔的自然，与谢林相似，亦分为三大阶段：即机械的、物理的和有机的。他以为自然之发展进化，和论理学的范畴之发展进化完全相同。机械学的部分与存在论相当；物理学的部分与本质论相当；有机学的部分与概念论相当。关于有机学的部分，又分为地质的、植物的和动物的三种。黑格尔以为自然的目的，在发现有机体；有机体的目的，在发现动物，特别在发现动物中的人类。地球经植物而动物，而至人类，便达到自然发展的顶点。照黑格尔的意思，地球也是一种有机物，这是大自然要“实现其自身”的杰作之一种粗糙的草稿。地球自有其盛衰、变革和历史，由地球的生命之毁灭，而植物界以起。但植物界还不是完全的有机体，因为植物的部分还是偶然聚合，不很连属。真正成为一不可分的全体，要到了动物界才有。动物也是按等级进化的，由甲壳类而软体类，而昆虫类，而鱼类，而爬虫类，而哺乳类，完全依照同一观念与同一计划发展，只是愈后愈完全而已。人类乃是自然发展之最高阶段，乃是创化的观念之最圆满的反映。但这并非谓创化的观念已经消歇，反之，人类更进一步发现意识的自己。——这便是自然哲学的大概，是黑格尔哲学中最贫弱的部分。

（三）精神哲学——理念成为自然的他在的状态，更将之否定而再向自己的内部时，便可到达绝对的精神。这种精神是以具体之姿而显现，它的发展亦依辩证法方式而分为三个阶段：第一为主观的或个体的精神（Der Subjektive Geist），分为人类学、现象学、心理学。第二为客观的或一般的精神（Der Objektive Geist）分为法律、道德、国家。第三为绝对精神（Der Absolute Geist），分为艺术、宗教、科学。

现在且先述**主观的精神**　黑格尔以为理性的本质是自由的，所以人类本来亦是自由的。但人类不单要受自然的气候、风土的影响，同时，还要受社会的生活方法及其他种种境遇的束缚。与其他动物同在不自由的状态中。黑格尔名此种精神状态为灵魂，又称为自然精神。讨论灵魂的学问为人类学。灵魂发展便生感觉、感情及自己感情，由此而生意识，更成为自意识，再由自意识成为精神（理性）。由灵魂发展至精神的过程为黑格尔《精神现象论》讨论的中心。精神先显现为理论的精神，然后经过直观、表象、思考的顺序，再显现为实践的精神。前者属知识，后者属意志。意志经过冲动、欲望、偏向的顺序，再达到自由精神，即理性的精神。精神的对象即狭义的心理学。——此最后阶段的精神，渐离个体而成为全体的类的，同时便把自己客观化。

其次**客观的精神**　理性的精神底客观化之物即客观的精神，以形成广义的法的哲学开始。所谓抽象法或自然法是客观的精神底即自的状态，以确立自由的精神底外的生活为要件。其中发展为所有权、契约权、刑罚权的三段，即构成即自、对自、即自且对自的三段。但个人意志与非个人意志始终存在着斗争，果欲前者纳之于后者之中，则法律必须变为道德（Moralität），即关于自由精神底内的生活，由客观转为主体，亦即客观的精神底对自的状态。其中具有决意、目的、善的三要素。客观的精神最后发现为人伦（Sittlichkeit），将以上外内两精神生活合一，即客观的精神底即自且对自的状态。它的发展顺序为家族、社会、国家三段。这种被客观化了的理性的意志，是以婚姻与家庭为基本，婚姻为一种神圣义务，故必须以理性行之。由家庭而成为社会团体，但社会团体犹不过谋分子间底个人利益的保障。国家则不然，国家乃以理想为目的，乃普遍至公的所在，为客观的精神的完成。黑格尔受柏拉图学说的影响，由理性绝对而主张国家万能。至认国家为各个人的目的，而各个人不过为国家的手段。黑格尔又以为一个国家的任务完毕时，必转移其他的国家，此即有关国家兴亡的世界史，讨论这种世界史的便是历史哲学。黑格尔在历史哲学中划分世界史的时期为东洋的、希腊的、罗马的、日耳曼的。——这种发展过程又称为历史的辩证法。

最后**绝对的精神**　将客观的又一般的精神底各个的内容，加以统括合一的便是绝对的精神，即理念发展的终极，精神活动的顶点。它的发展顺序分为艺术的直观、宗教的表象、哲学的概念三种形式。人类由自私的主观精神而至国家社会的客观精神，终又返乎自身，乃发现一己存在的底蕴为美（艺术理想）、为善（宗教理想）、为真（哲学理想）。此三者的实现，为无上的独立自由，由此遂达于绝对精神。将绝对的精神为直观的表现者是艺术。艺术美的表现形式分为象征的（Symbolisch），即形相胜于理念；古典的（Klassisch），即形相与理念两者素朴的合一；罗曼的（Romantisch），即理念胜于形相。艺术的最低阶段为建筑，其次为雕刻、绘画、音乐、诗歌，以次递进。建筑仅暗示观念，雕刻则观念十分表显，绘画、音乐、诗歌则观念愈益表显。诗歌又分为叙事诗、抒情诗、戏曲三种形式。戏曲位于最高的阶段，为一切艺术的综合。在艺术的灵感之瞬间，人们便可感到与无限者（绝对者）的合一；但融会的刹那一过，就又觉其理想只不过一物质形式时，便感到由物质表现无限者的不可能，因此由艺术而产生宗教。宗教的本质为表象，于是在艺术上一度与无限者结合的，在宗教上又复分离。人降于地，而无限者入于天国。在人神分离的一点上说来，则宗教反而退步。但宗教由自然宗教（印度、埃及等），精神的个性底宗教（犹太、希腊、罗马等）发展至基督教时，人神曾作一度的结合，即基督耶稣的出现。宗教境界是艺术天才所达不到的，忘我而归于神。唯人类意识的有限与无限底结合。为包括宇宙历史全部的过程。所以须在一定场所，一定时期始与神结合一时的基督教，仍然为真理底不完全的表现。总之，艺术与宗教不过是由感情和想象而起，真正表示“纯粹理性”的胜利的是哲学。哲学为绝对的精神发展之最高阶段，以概念的形式而表现，由于理解宇宙；精神便得到解放与自由。至此精神复还其自身，“我”与“无限者”乃吻合无间。唯表示哲学问题底必然的开展的痕迹，乃是哲学史。所以哲学史在黑格尔哲学上是极居重要的地位。

黑格尔哲学产生后，它的体大思精的系统，使哲学思想界完全改观，大有与康德并驾齐驱的趋势。

第七章　德国哲学全盛时期（下）

康德以后，德国的观念论派哲学努力于他的现象界与物自体、感性与理性的二元底统一的说明，迨黑格尔便达到这一派的最高峰。这种说明，是以理性为其核心的。到黑格尔时，已可以说是山重水复疑无路了。但叔本华（Schopenhauer）的主著《意志与表象的世界》发表，便峰回路转，忽见柳暗花明又一村。叔本华的哲学是反理性的，他是主意的观念论底倡导者。其实叔本华的哲学，可以说是德国观念论的结束，为现代哲学开头的第一声。

在上边导言里面，我人曾断自一四五三年东罗马都城君士坦丁堡沦陷至一八三一年黑格尔之死，这中间为西洋哲学的近代史，所以黑格尔哲学为西洋近代哲学与现代哲学的分水岭。黑格尔死后，他的学说在德国分裂而为左右两派。右派侧重于宗教的讨论，对现代哲学无多大影响。左派自费尔巴哈（Feuerbach）开始，到马克思、恩格斯，在现代哲学中已发生壮阔的波澜。也即是企图解决康德以后现象界与物自体底客观上相连的问题。——这便是本章在黑格尔以后，继续接讲叔本华和费尔巴哈、马克思、恩格斯的理由。

一、叔本华（Arthur Schopenhauer，1788—1860），一七八八年生于德国但泽（Danzig），父为银行家，母是著名的文人。初，遵父命入商业学校，及父殁，入哥丁根（Göttingen）大学习医，后改习自然科学、哲学，喜读柏拉图与康德的著作。嗣转学柏林大学，以不满菲希特的讲演，闭门自修。一八一三年提出《充足理由律之四根论》（*Über die Vier fache Wurzel des Satzes vom Zureichenden Grund*，1813）论文，得耶拿大学博士学位，是时即与歌德（Goethe）相交游。一八一四年至一八一九年在德累斯顿（Dresden），发表他的主著《意志与表象的世界》（*Die Welt als Wille und Vorstellung*，1819）。一八二〇年任柏林大学讲师，以鄙视黑格尔，仅一年便愤而引去。一八三一年后，隐居法兰克福（Frankfort），此顷声名渐高，以时势的要求，他的以科学为基础的厌世观，亦为人们所欢迎。一八六〇年在平静的生活中逝世。著作除上述的外，主要的尚有《自然的意志》（*über den Willen in der Natur*，1836），《随笔集》（*Parerga und Paralipomena*，1851）等。

叔本华在欧洲哲学家中是特殊的，他的思想的来源不完全是西方的，却还夹杂了东方的元素。十九世纪初，欧洲学者自浪漫派开始，便有研究东方思想的倾向。叔本华因歌德的朋友马野（Friedrich Majer）的介绍而读拉丁文译本的《优婆尼沙昙》（*Upanisad*），这是一本记述印度哲学根本思想的书。他的学说的发展，颇受此书中思想的影响，大体说来，叔本华的学说是康德的认识论、柏拉图的理念（Idea）和吠陀（Veda）的泛神论与厌世观的结合。

黑格尔努力于康德的物自体与现象界底二元对立之统一的说明，认为实在发展的程序就等于理性发展的程序。因此，我们要想发现实在只消在理性发展的程序中去探求，而理性所指示者即实在。叔本华则以意志（Wille）去说明康德的物自体与现象界的关联。

叔本华赞成康德之说，以为知识的对象是现象界而非本体界。“宇宙只是我的表象”（Die Welt is Meine Vorstellung），质言之，呈现于吾人眼前的宇宙，并非实在自身而乃主观心影——甚至可以说是一套幻像。但我们总觉得在这一套幻像后面的确有一个本体界。宇宙的本体诚如康德所言是不能用理性来发现的，但我也是宇宙的一部分，所以用类推法（The method of Analogy），我还是可以推知整个的宇宙。首先我得觉悟自我的真诠，然后就可以推想到宇宙的究竟。

叔本华的表象，直接受康德的《纯粹理性批判》所倡导的现象界的影响，间接则受佛教思想的潜移。佛教谓大地山河唯心所造，大地山河之为状，纯为现于我前之相，即我所有之影。叔本华同意康德所说知力的认识，仅限于现象界。不过康德于直观形式的时间空间外，并认有悟性形式的十二范畴。叔本华则在十二范畴中，仅认定因果范畴为必要，在此范畴里面再加上直观形式，即可构成认识的充足理由原理（Principium Rationis Sufficientis）。康德将直观形式与悟性形式加以分别，而叔本华则谓在感观的直观中即有因果法则存在，将直观形式与悟性形式混合。充足理由原理为莱布尼兹所首创，叔本华则加以发展，并细分之为四根：

（一）直观的表象——因果律（物理的）——生成的理由原理，即自然界所起的变化，不可不有相当的原因。

（二）抽象的概念——论理的理由及归结——认识的理由原理，如一言语表出一认识，不问其断案如何，皆不可不有相当的根据。

（三）经验界的形式——时空（数学的）——实在的理由原理，事物的存在不能用论理学的方法加以证明，但能诉诸直观，而断定其存在；如二加三为五，决不能追询其何故为五。

（四）内感的直接对象——意志（道德的）——行动的理由原理，即人类行为的动机，不可不有相当的理由以为决定动作的标准。

要之，现象界的一切，皆依以上的四根特别是时空而构成，皆受因果律的束缚。所以在现象界所见所闻的都是杂多与变动，这杂多与变动的个体只是世界的表象，而非世界的本体。叔本华虽同意康德所说知力只能认识表象，但不同意康德所说“物自体”为不可知。叔本华以为“物自体”亦可由自我的直观（Anschauung 或 Intuition）的认识类推而得。但自我是什么？叔本华以为自我就是“意志”（Wille），换言之，即向前的冲动。有求知之欲然后有思想。所以以往的哲学家以自我为“主知”者，这种看法，叔本华认为是根本错误的。我既然是意志，以此类推，整个宇宙也等于意志，这种意志与菲希特倡导的道德的意志不同，它是没有道德意义的，非理性的、无意识的、盲目的意志。凡吾人肉体的发育，皆以意志为之先驱，意志欲攫物，则手指增长；意志欲食物，则胃囊扩大。推而至于牛欲拒敌则角生；虎欲捕敌则爪利。更推而至于植物欲取得光和热，则向上生长；水欲取得水平位置，则四方泛滥。可知宇宙一切现象，皆不过为意志的发现。吾身既为意志的发现，则意志即为真我。这样看来，宇宙本体都不过是这个意志。叔本华名此为“生活的意志”（Wille Zum Leben）。

意志自身虽不受时空的限制，然因其总是在时空中表示出来，所以在我们无明的眼光中，这整个的实在就变成了无数的具体事物。因此之故，我们才觉得有所谓物我与人我的分别。这种分别便是万恶之源。因为我既觉得我是个体，自然就会竭力保存我自己的生命。有了这种求生之欲，所以世界才有纷争，人类才有烦恼。求生之欲是盲目的，只是一味往前直撞的，所以很难得到满足。而有限的世界又无法满足无限的欲求。因此，人生是永远的苦痛的。——这便构成了叔本华的厌世观。叔本华有见及此，遂提出暂时的与永久的两种解脱。叔本华根据柏拉图的学说，以为艺术的美感与哲学的理性，均可使人忘却有我而与永恒相接，得到暂时的解脱。何以这种解脱是暂时的呢？叔本华以为艺术与哲学仍系意志的表现，所以只能使我“忘我执”，而不能使我“断我执”。至于永久的解脱，叔本华是采取佛教的观点，即完全否定生活意志：一面对个性不起执着，以发展同情；一面更对生活不生贪恋，即习作空观与秽观，并习作苦行，以断绝意根。如此“我执”自断，“无明”自去，便可达到“梵我一体”（Tat tvam asi）的境地而入于“涅槃”。

二、费尔巴哈（Ludwig Feuerbaeh，1804—1872），一八〇四年生于德国的兰德斯特（Landshut），为名刑法学者安瑟伦·费尔巴哈（Anselm Feuerbach）之子。一八二八年任挨尔兰根（Erlangen）大学讲师，一八三二年以著作思想问题去职。以后潜心研究，从事著述以终，主著有《黑格尔哲学批判》（*Kritik der Hegelschen Philosophie*，1839）、《基督教的本质》（*Das Wesen des Christentums*，1841）。《未来哲学的原理》（*Grundsatze der Philosophie der Zukunft*，1843）、《宗教的本质》（*Das*

Wesen der Religion，1845）等。

科学上的发见与发明，对于哲学的影响，在德国表现得最清楚。代表这种成果的是唯物论派，而黑格尔左派便是唯物论派的前驱。费尔巴哈是黑格尔左派的领袖人物。

费尔巴哈在他的著作里，谓黑格尔的哲学不是一种宇宙哲学，而是一种精神哲学，是神学的最后支柱。因此，要和神学分离，就得和黑格尔的哲学分离。费尔巴哈在解决根本的哲学问题时，完全将黑格尔的哲学改变了。他说："食物变成血液，血液变成心脏及脑髓，思想及精神物质；因此食物便是人文及思想的基础。"即是说："应该由存在里引出思维来，而不应该由思维里引出存在"，精神的东西，"是不能离开感性或没有感性而存在的"。在他看来，唯一客观的实在的事物，只有自然和人类。费尔巴哈在他的认识论里，是从存在和思维，客体和主体的统一底这个命题出发的。费尔巴哈把人类的实践作为真理的规准，思维是在人和人的交通中间发生的。在他，哲学的原理是"我"和"你"的统一。这个统一，是在感性的互相关系中去理解的。从这里，更生出了这样一个观念论的真理规律，即"人和人的连带性，是真理和普遍性的最初的原理和规准"。

费尔巴哈证明不是神造人类，而是人造出神来。从来的哲学家都是以神为出发点来说明一切，其实所谓神那种东西，不过是人类将自己固有的本质向外的投射，"神的本质，不外是净化了的，从个人的限界解放了的，客观化了的，也就是作为彼岸的本质而被观察被崇拜的人的本质"。即神不过是人类基于他的愿望，将自己的本质加以理想化的东西而已。所以可以说，以神来说明一切，完全是本末颠倒的。哲学，现在应当舍去有神论的立场，而建立于人类学的立场。费尔巴哈在伦理的诸问题中，暴露了康德的"定言命令"。依他所说，伦理的根底里横在着的东西，就是那种想得到幸福的人的努力。费尔巴哈使实在的、感性的人复活起来，把这作为他的哲学的出发点。所以他的哲学被人称为人类学（Anthropologie）的原因在此。但费尔巴哈所理解的人是抽象的人，是生物学上的存在物。他把人和人的关系，还原作“自然的血缘关系”。因此，费尔巴哈在寻求历史发展的原因时，是在人的愿望中，在那想获得理想和幸福的人的希求中去找寻。结局使得他说明社会发展的时候转移到观念论去。最初攻击过宗教的他，到了晚年，却承认宗教是那想获得幸福和相互之爱的人们的希求的表现。

三、马克思（Karl Marx，1818—1883）与恩格斯（Friedrich Engels，1820—1895）——马克思于一八一八年生于德国莱茵地方，系出犹太。初徇父命，入波恩（Bonn）、柏林两大学，习法律。但性喜历史及哲学，倾向于黑格尔左派，受费尔巴哈的影响尤深。毕业后，为《莱茵日报》记者，因抨击政府，一八四四年被迫出走巴黎。发刊《德法年报》《前进》，时受法国无政府主义者蒲鲁东（P. J. Proudhon，1809—1865）的影响。一八四五年德政府要求法国逐马氏出境，乃转赴比京布鲁塞尔（Brussels），与恩格斯订交，组织德国工人协会。并于一八四七年共同起草《共产党宣言》（*Manifest der Kommunistischne Partei*，1848）。明年德国革命，遂返故国，旋复出走巴黎赴伦敦，羁旅此地以终。在此间于一八五九年刊行《政治经济学批判》（*Zur Kritik der Politischen Ökonomie*），一八六四年倡组第一国际（即国际工人协会），一八六九年刊行《资本论（第一卷）》（*Das Kapital*），殁后，恩格斯为辑遗稿，复成卷二卷三，即现在的《资本论全集》。主要著作除上述者外，尚有《哲学的贫困》（*Misère de la Philosophie*，1847）等。

恩格斯与马克思齐名，同为马克思主义创始者。中学毕业后即从事实业，以宗教上的烦闷，成为无神论者与社会主义者。二十岁开始即撰文投《莱茵日报》，二十三岁赴英助父营制造业。一八四五年赴比京，与马克思订交。此后即共同奔走于社会主义运动，复参与德国革命。马氏死，为辑遗稿。其学说多近马氏。主著有《反杜林论》（*Anti-Dühring*，1877），《由空想的社会主义到科学的社会主义之发达》（*Die Entwicklung des Sozialismus Von der Utopie Zur Wissenschaft*，1883）、《家族·私有财产及国家的起源》（*Der Ursprung der Familie，des Privateigentums U. des Staates*，1884）及《费尔巴哈论》，殁后始行出版的《自然辩证法》。此外，尚有与马克思合著之《德意志意识形态》等。

马克思与恩格斯所倡导的辩证法的唯物论，虽不如列宁（N.Lenin）在《马克思主义的三个源泉和三个构成》上说的："它是人类在十九世纪分成德国哲学，英国经济学和法国社会主义而创作出来的这些最优良的东西，正当的继续者"。但如果说自康德以来，集唯心论大成的是黑格尔，则集唯物论大成的无疑的是马克思与恩格斯了。

马克思与恩格斯继承了黑格尔的观念论的辩证法，把它移转到唯物论的基础之上，因而构成他们共同倡导的辩证法的唯物论。照马、恩的看法，"辩证的法则，是从自然史和人类社会史抽象出来的。因为辩证法法则并不是别的东西，只是历史发展这两个方面以及思维本身发展的最普遍的法则。从本质上说，这些法则可以总括成下面的三个法则：从量到质从质到量的转化法则；对立物相互渗透的法则；否定之否定的法则"。（见《自然辩证法》中译本五四—五五页）他们以为黑格尔的错误，是"他不从自然和历史中把这些法则发现出来，反而把这些法则当作思维法则，安插在自然和历史上面"。"从这个错误出发就得到一个糊涂可怕的结论说：世界（无论它愿意不愿意）是跟人类思维一定发展阶段中所产生的那种思想系统相符合的。只要我们把事情颠倒过来，一切就很简单了，观念论哲学中那种极神秘的辩证法法则，马上就变成简单明白的东西了”（见同上）。可知马、恩的辩证法的唯物论，适用于自然与历史底两个存在的领域。因而辩证法的唯物论亦分为两部分：一为自然辩证法（Dialektik der Natur）；一为唯物史观（Materialistische Geschichtsauffassung）或史的唯物论（Historischer Materialismus）。两者适用的领域虽异，但辩证法的一般形式则完全相等，仅彼此的具体的形态相异而已。

（一）自然辩证法的基本原则，认“自然中一切质上的差异，若不起因于化学成分的不同，那就起因于运动（能）数量的或形态的不同，或起因于以上两者（实际上也往往如此）。因此，任何物体，假若没有物质上或运动上的增加或减少，就是说，假若没有数量上的变化，它也就不可能有质上的变化”。接着恩格斯在《自然辩证法》上从自然界的一切运动变化中，证明质量互变的确实。最显著的是物理学和化学上的例子。

在物理学中，物体是被当做无化学变化或无化学差异的东西去处理的。在这里该讨论的，是物体中分子状态的变化及运动形态的转化。后者在任何场合下至少要使二者的一种中惹起分子运动，在物理学中，一切的变化都是量到质的转化，都是物体内在的量变的结果或是物体承受了某一形态的运动量的量变的结果。“若不是物体本身”，“然而这种量的变化并不是因物体质变发生的，而是在物体现有的量中发生的。因此这种变化是一种有测定可能的过程”。例如水的温度在开始时对水的液体状态是没有什么影响的；但水温度继续增高或减低到一定的程度，水就要发生状态上的变化了，它或者变成水蒸汽或者变成冰。所以每当运动的数量增加或减少到交界点的时候，那就使该物体状态上发生质的变化，这时候，量变就转而成为质变了。

化学可以说是一门研究物体在量变下引起质变的科学。例如氧气吧，通常是两个氧原子结合成一个氧分子，假如三个氧原子结合起来呢，那就成为一个臭氧分子了，它在嗅味上机能上是和普通的氧气显然不同的。又如氧氮化合物的笑气（一氧化氮 N_2O）和无水亚硝酸（五氧化氮 N_2O_5）的差别是相当的大。前者是气体，后者在平常温度下是坚固的结晶体，而两者成分上的差别，不过是后者的氧的含量是前者的五倍罢了。

（二）唯物史观是马恩哲学的核心，它是由费尔巴哈的唯物论和黑格尔的辩证法发展而成的体系。它的基本原则，如果引用马克思在其所著《政治经济学批判》序言的一段话，便是“物质的生活之生产方法规约着社会的政治的和法律的过程之一般。不是人们意识决定自己的存在，反是自己的社会的存在决定自己的意识”。(《政治经济学批判 · 序言》中译本页三）——这就表明马恩哲学是前期的机械唯物论与费尔巴哈哲学的发展，接着他们又将黑格尔的辩证法应用于社会之经济的构造上。

唯物史观的创造者之一的恩格斯说：“唯物史观，是从下述的命题出发的。即生产和继生产之后的生产物的交换，是一切社会秩序的基础，在历史上所出现的一切社会，生产物的分配，及与此相随伴的诸阶级或诸身份之社会的分化，依存于如何生产，生产物如何交换。因此，一切社会变化及政治的变革之最后原因，决不能求之于人类的头脑，或永久真理，或他们对于正义的洞见的增进，却应当求之于生产及交换样式的变化。这不应求之于哲学，却应当求之于该时代的经济。”(《德国农民战争》中译本页二五—二六）

恩格斯所提出的唯物史观的根本命题，如果稍加解说，就是这样。——人类是“社会的动物”，他们不能从社会孤立而生活，在他们利用自然，作用于自然而生产自己的生活资料时，他们一定是在相互的一定的关系下从事生产。在物质生产上人们相互之间的这种关系，我们称为生产关系。这是生产之社会的形式，只有在这里面，人类才能够利用自然，作用于自然；才能够劳动，才能够实行物质生产。但是，生产物的交换或分配，一面是以生产为出发点，为基础；同时，又构成为生产的运动的契机，故交换上及分配上的关系，结局也包含在生产关系的范畴里面。因此，生产关系，绝不是单纯的技术上的关系，生产关系的总体，形成为“社会之经济的构造”——这是法律的及政治的设施，意识形态（Ideologie）之“现实的基础”（《政治经济学批判·序言》）。

但是，当作生产之社会的形式的生产关系，不能不有构成其基础的内容。这种事实，是和没有内容的形式决不能存在的事实一样。生产关系的内容，便是生产力。内容较形式更为优越的命题，在社会发展的场合也是妥当的，因而生产关系的体系及其变化，结局被生产力所规定。但是生产力是历史的产物，是从前代继承的既与的东西，这决不能任意选择取舍。因此，在生产力的运动与发展中，包含有离人类的意志而独立的法则。因而予以生产力的一定的发展程度规定的，必然地是与生产力的大小相照应的生产关系，也是离人类意志而独立的“自然必然的”关系。所以马克思在《政治经济学批判》的序言里又说：“人类在他们的生活之社会的生产上，踏入一定的、必然的、离他们的意志而独立的关系，即踏入和他们的物质生产力之一定的发展阶段相照应的生产关系。”

既成的、所与的、一定的生产关系，被在此生产关系中活动着的生产力的水准所规定，前者如与后者相照应，相适合，则前者（生产关系）是该生产力发展的契机。但若生产力更加发展，现存的生产关系早已不能适应那个生产力时，于是生产关系从生产力发展的契机转化为束缚生产力发展的桎梏。在这里，生产力需要新型的生产关系，就是说必然地要打破现存的生产关系。发展大了的生产力和现存的生产关系相冲突的结果，后者终被打破，便发生新的生产关系，新的社会组织。这样，生产关系结局便来和生产力相对地照应，而克服了两者间的不适应。因此，社会的发展，不单是量的增加，而且还包含有质的变化；包含有在性质上大不相同的新的生产关系，新的经济组织的发生。唯物史观的主要特征，就是从某一个社会经济组织变到别一个社会经济组织的转化中，发现了历史的回转点。

根据上面的说明，我们知道：唯物史观，决不是在人类的意识、思想、精神等等抽象事物中，探求社会发展的推动力，探求从某一社会转变到别个社会的最后原因，却在生产力与生产关系的矛盾的展开中，探求社会进化、历史发展的根本原因；并主张从社会之经济的构造上来说明社会的意识、思想和精神等等。

第八章　十九世纪初中叶的英法哲学

十九世纪上半的哲学上的趋势，是趋向唯物的实在论的（Materialistic Realism）。实在论的运动，在欧美各国是大体一致的，至十九世纪中叶而登峰造极。在英国则增加了本土的经验论的势力，而表现于斯宾塞（Spencer）的进化论的哲学。在德国，唯心论与唯物论的过渡点是在黑格尔死后；因那时实验科学大进步，而理性哲学复继起无人，思想遂有此转变。一八五四年在哥丁根（Göttingen）所举行的自然科学家大会（Convention of Natural Scientists），对于唯物论的争辩，著名于世，而集唯物论之大成的则为马克思、恩格斯。在法国，表现于圣西门

（Saint Simon）的空想社会主义和孔德（Comte）的实证哲学。至于那时的美国哲学，则还在欧洲哲学卵翼之下。

现代哲学家霍夫丁（Harald Höffding）说："十九世纪精神生活的特色，便是两种精神的倾向：一种是浪漫主义，一种是实证主义。"他所说的浪漫主义，是指从菲希特到黑格尔、叔本华一群的唯心论者而言；他所说的实证主义是指包括孔德哲学及穆勒（John Stuart Mill）、达尔文（Darwin）、斯宾塞一派的功利论、进化论以及黑格尔学派分裂后的唯物论。——德国方面的唯心论与唯物论已在上面详论了。在这里且一论英法初中叶的哲学。

一、十九世纪初中叶的英国哲学

十九世纪初中叶的英国实证主义有两种明显的主流：一是功利论（Utilitarianism）；一是进化论（Evolutionism）。本讲以篇章关系，现只略论功利论的代表约翰·穆勒，进化论的开山达尔文与进化论哲学的建立者斯宾塞。

（1）约翰·穆勒（John Stuart Mill，1806—1873），生长于英国政治上的激烈派与哲学上的经验论派底中心。幼受教于其父詹姆士·穆勒（James Mill），长受倡导功利论学说的边沁（Jeremy Bentham）底影响极深。

詹姆士·穆勒为内省法的联想派心理学的重要代表。约翰·穆勒的早年即站在联想心理学的立场，创造一种归纳的论理，完成法兰西斯·培根未完成的归纳法。他的名著《逻辑系统》（*System of Logic*，1843）便是将这种推理与归纳的科学的方法运用于经验论。约翰·穆勒主张一切知识分析至最后，皆赖经验为之证实。演绎思想的结论。由大前提推演而来，然此种大前提本身，如“凡人皆有死”是一种事实的普遍的论述，必须由归纳法得之。所以，演绎法是跟归纳法有着密切的联系。约翰·穆勒为完成归纳法推理的程序，乃构成四种试验的方法：第一为契合法（The Method of Agreement），如果某一现象被考察的各种场合，只有一种情况是普遍的，那么这种情况，也就是这个现象的原因。第二为差异法（The Method of Difference），如果现象的发生与不发生，这两种场合的不同，只有一种情况，则这个情况，也就是现象的原因。第三为残余法（The Method of Residues），如果我们已经知道，所假定的情况，除掉其中一个而外，都不能成为现象的原因，则这一个情况就是现象的原因。第四为共变法（The Method of Concomitant Variation），如果一个现象的发生，任何一次都引起了另一个现象的发生，其中的第一个现象就是第二个现象的原因。——然而仅依据以上四种试验的方法，尚不能谓所得则律有其适应的共通性，即所遇的同样情形，是否每一次都可发生同样的现象，换句话说，由一次二次以至于无穷次。约翰·穆勒乃假定自然齐一的原理（The Principle of the Uniformity of Nature）以概括之。

约翰·穆勒在道德上、经济上、政治上的思想，虽受功利论的影响，但已由个人主义的立场而倾向于社会主义的主张。他以主观的道德情操加以自利的客观的制裁，因此私己的目的乃安放在共同的功利之下。快乐为道德行为之目的，不但在质的方面为然，便在量的方面亦如此。总之，他相信个人情形的改善，唯有由社会基础的改造。

（2）达尔文（Charles Darwin，1809—1882）在近代哲学史上，先后出现过三个对哲学有革命性底影响的科学家。一是哥白尼，一是伽利略，一便是达尔文。前两人在上边已讲述过了。现在且一讲达尔文。

达尔文为科学的进化论底倡导者，他的生物学的知识，非得自学校教育，乃于毕业后，从世界探险队，航行世界，绕南美洲之西海岸以出太平洋，历时六载，研究大陆及动植物之分布、特性及各人种之生活状况而得。他那划时代的著作《物种原始》(*Origin of Species by Means of Natural Selection*)，发表于一八五九年。他的学说的要义，简单的说便是生存竞争、自然淘汰与物种变化。即是说生物为生存竞争的结果，要能适应环境的方能生存，不能适应的便随之淘汰。而能生存的，亦以适应环境的关系，渐次使种类递变。——这种学说影响于哲学方面最大：第一是对于真理论的影响。以前认生物种类不变，人间的真理亦因之不变。达尔文证明种类有变化，人类是由下等动物进化而来，与猿类同祖。追溯人类的远祖，其头脑必无现在的复杂进步，所以真理亦必无现在的真确。换句话说，人类随时代进步，真理亦随时代真确。由此产生进化的真理观。第二是对于目的论的影响。西洋哲学上自希腊，下至近代欧洲各国，宗教上的目的论深植哲学的根柢，好像不假定最后因、上帝或神意，以为解释自然之助，自然即不能解释。近代科学发达，机械论虽攻陷此种目的论，然有机体的生物仍为目的论的最后巢穴。现在达尔文证明生物种类的递变，纯由于累积悠久的轻微变异底天然选择，而绝无神意插足于其间，遂颠覆了目的论底巢穴，巩固机械论的基础。第三是对于道德论的影响。达尔文虽主张生存竞争，但主张合群、互助及同情为种族生存的条件。合群、互助之为自然的倾向，与自私自利之为自然的倾向无异。良心亦可认为种族生存之有利的变异。此种进化论的伦理学，达尔文倡导之，至斯宾塞阐发而完成。第四是对于宗教的影响。基督教以上帝于六日之内创造天地。人类是上帝用泥土照其本身造成，造成之后，由鼻孔吹入生命，人为万物之灵。现在达尔文则谓生物的种类，是逐渐变化来的。人与猿类同祖，基督教的《创世纪》遂被击碎。

达尔文认为物竞天择为物种变化由来的学说，虽不为后世生物学家所完全接受，然已树立生物进化论的巩固基础，使现代学术界改换面目，则为学术界的一大公案。同时，影响于尼采（Friedrich Nietzche，1844—1900）的超人哲学与马克思、恩格斯的思想体系，至为深远。

（3）斯宾塞（Herbert Spencer，1820—1903），差不多与达尔文同时发表他的进化论的学说。如果说达尔文的进化论是科学的进化论，则斯宾塞的进化论是一种哲学的进化论。斯宾塞不同于达尔文之点，并不在于进化论的主张。主要在于应用这种原理的范畴上。达尔文应用于生物学界，而斯宾塞则应用于心理学、社会学以及伦理学上，换言之，将进化论的原理应用于宇宙的一切现象。斯宾塞在他的名著《第一原理》（*First Principles*）中，认一切学问的共通的根本对象为不可知者（The unknowable），可知的是相对的现象世界，即可知的世界。斯宾塞认为可知的世界是受进化的法则支配的，所以可以说是进化的世界。一切现象的根柢是无机物的世界，由此种无机物的世界进化为有机物的世界，因而进化为生物的世界。再由生物的世界进化为意识世界，由意识世界便产生社会生活、道德伦理等等。不管现象世界的种类如何繁多，但总是“一”进化的结果。甚至所谓宇宙也不过是进化的东西。

所谓进化（Evolution）有何意义，所谓进化的法则又何所指呢？由一切单纯的同质底状态，次第变化为复杂的异质底状态，这就是事物的进化法则。换句话说，所谓事物的进化，是由混沌的不定底状态，次第变为明确的定形底状态。故所谓事物的进化，一面是分派——即将事物细分；一面是合一——即将分了的事物统一。斯宾塞对他自己提倡的进化的法则，曾简单的说明如下：

“依不断的分派和合一，事物便由不定的无秩序底同质状态，变化为有定形和有秩序底异质状态。”（A change from an indefinite，incoherent homogeneity to a definite, coherent heterogeneity, through continuous differentiations and integrations.)

斯宾塞将这得意的进化法则，应用于宇宙现象的一切方面，所以他自命他的哲学为“综合哲学”(Synthetic philosophy)。斯宾塞将进化法则应用于心理学上，即将心的现象视为一种适应作用。人的感官将所受的印象排列成顺序，以适应外界的环境，便是意识。意识已是一种适应作用，前此认为微妙的意识，遂被揭破。于是便奠立现代新心理学的根基。斯宾塞又将进化法则应用于人的行为方面，认为凡有目的的行为，均须适应其目的。吾人分别行为的善恶，以其能否适应其目的而定。同时，又认为行为愈进化，目的与动作的互相适应愈完密。此种行为论影响于现代教育哲学至巨。此外，斯宾塞深受能力不灭说的感染，他认为构成现象界的现象者是“力”(Force)，现象虽可及，但力则为不可及，他名此“力”为“不可知者”。此种“不可知者”虽不可知，但不能否认其存在。——这是斯宾塞为宗教谋一根据，即为科学与宗教的结合觅出一枢纽。严格的说来，斯宾塞的思想系统可分为两部：一部为人与自然的进化论；一部为存疑论的实在论(Agnostic Realism)。

二、十九世纪初中叶的法国哲学

在德国，因黑格尔左派而次第表现实证主义的思想。至于法国实证主义的思想底表现，其时期稍早于德国。代表这种倾向的代表学者是圣西门(Saint Simon)，而使这种倾向完成的是实证主义(Positivisme)或实证哲学(Philosophie Positive)的创倡者孔德(Auguste Comte)。兹分述之：

（1）圣西门（Saint Simon，1760—1825）——法国自大革命后，虽有感觉论唯物论等运动，但均无法满足自由、平等、博爱的理性底要求。政治上的革命，未曾赍至民众的幸福，下层阶级的愚昧和贫穷，依然如故，亦未被人权宣言所扫除。现实的思想家，以为欲实现民众的福利，唯有力求社会的改革。圣西门便是顺应这种主流而产生的思想家。

圣西门以为所谓人类生活，决不是少数贵族社会的生活，而是多数民众的生活。现在多数民众的生活，尚在非常低下的程度，把他们的生活程度提高，那是迫切的问题。圣西门的意思以为要提高民众的生活程度，必须从改善社会组织或社会制度开始。但要改善社会的组织或制度，并提高一般社会生活的水平，这是有赖于精确的科学知识。圣西门以为借科学之力，可以舍弃旧的迷信和谬想，创造出新的思想和信仰，所谓实证的时代即科学的时代的意味。前代基督教的僧侣，支配与统率人类和时势，今后可以统率新时代的战士，为主的当然是科学者，以科学者统率的时代来代替旧宗教的时代。圣西门以为在中世，基督教的信仰支配着全人类，在那时，存在着最美的统一底信仰和安定的人心。从今日看来，中世是最美的理想时代。圣西门的意思，今日的新科学应该代替已经丧失了生命的基督教，再图人心的统一与安定。——在这儿，圣西门并预见科学的产业时代的来临，即圣西门期望着的新时代。

据说圣西门为达到上述的目的，曾散家财，集合多数学者研究，并创建理化学校。

（2）孔德（Auguste Comte，1798—1857）——孔德是受圣西门精神感化最深的哲学者。他的理想和圣西门相同，他的目的，亦在改革社会。所不同者，圣西门虽为热烈的社会改革家，但不是一个有系统的思想家。发展圣西门主义（Simonism）而使成为有系统的思想者是孔德，将科学知识的时代名为实证的（Positive）时代的也是孔德。孔德真正可以说是实证主义（Positivisme）的创建者。

关于孔德的实证哲学的根本动机，开始亦与圣西门相仿，以改善社会生活为眼目，那是不可争的事实。够得上称为明了的广泛的社会生活底概念，最初是由孔德造出。因为他由研究社会生活之结果而创设社会学，同时，又把社会学置于一切科学之上。——这样使孔德不特为实证哲学的创建者，同时也是近代社会学的开山。

圣西门的时代观既如前述，孔德将这时代观作深一层的科学的发展。关于文明的历史阶段底划分，这是孔德的独特底意见。但这种见解，从今日看来，不免有空疏之感。然以代表圣西门主义的时代观来说，在今日尚不失其特殊意义。照孔德的意思，人类文明的历史，到今日可划为三个阶段，这三个阶段都是继续的徐徐的发展来的。所谓三个阶段：第一是神学时代（Theological Stage），这一时代为人类精神的出发点，凭借不可思议底神及一切超自然底力，来说明事物的本性与事变的究竟原因等问题。第二是哲学时代（Metaphysical Stage），这一时代，借哲学上的抽象之力，代替神和超自然底神秘力，以说明事物底究竟。这一时代，恰恰是神学时代与实证时代的中间时代。第三是实证时代（Positive Stage），这是将来的新时代，简单解释，亦可说是科学时代。这一时代，扬弃事物本体的研究，而努力于现象间一定关系的发见；以观察实验代替过去的想象推理，其目的在获得可以支配现象的统一法则，因而可以制御自然。所以科学的说明，是实证时代的最大特征。

孔德依据上述人类知识发达的顺序，分学问的阶段为六：一、数学，二、天文学，三、物理学，四、化学，五、生物学（包括心理学），六、社会学。以上六种科学秩序的先后，亦有一定的原理：孔德首先认为各种科学的对象，皆是后者较前者为复杂而具体。例如最前之数学，它所研究的为自然的最简单而又最抽象的性格；最后的社会学，它所研究的人道，是万有中最复杂而又最具体的。其次，认为凡后一种的科学皆倚赖于前一种科学。例如物理学应用数学的方法，生物学应用物理学及化学的法则，社会学则应用其以前各科学的法则。最后，认为这种科学分类，表示实证方法的成功。数学是最先的真科学，全无神学与玄学的嗅味；社会学则是最后的成熟的科学。至此，孔德再进一步将社会学分为社会静学（Statique Sociale）与社会动学（Dynamique Sociale）。所谓社会静学是研究社会事相，如万有法则和社会之秩序；所谓社会动学，是研究社会之进化（即历史哲学），它的目的，在追踪社会的进步。总之，孔德的实证哲学是以社会学为中心。将历来各种哲学的研究，均予以科学的方式。他认为科学的逻辑，应记述人类思想进化各阶段上所运用的思想法式；科学的伦理学，应记述由某几种道德法典与政治法典所发生的社会情形，并应考究维系个人与团体的关系，和培养此等关系的含有历史性的方法。同时，认为哲学上的认识问题，决非反省法及分析法所能研究，须从经验方面，用知识的历史的方法研究之。科学是一种社会的活动，因此，社会学不仅是一种最后的科学，且是科学的科学。

孔德又依据上述的划分法，把社会进化亦分为三阶段：相当于神学时代的是军国主义（Militarism）时代，侵略征服是这一时代的社会生活。代替军国主义而相当于哲学时代的是法制主义（Legalism）时代，借法律的力来统率及克服社会，是这一时代的特色。代替法制主义而相当于实证时代的是产业主义（Industrialism）时代，在这一时代中，人们所注意的是社会问题，而非政治的和个人的权利。同时，在这一时代中，是由专家负责的，他们的职务，在领导科学的研究，监督公共的教育，报告公共的意见，支配社会的生产。孔德最后认为社会问题，是一个道德的问题，实证的国家，可由变更思想及习俗而成。所谓进化，孔德的意思，就是人类理想的实现，亦即是社会人的完成。历史始终是趋向理想而进展的，理智的伦理的社会底进化，是直达实证主义和人道主义的阶段的。

孔德哲学虽是以经验的与实在论的为出发点，但以科学本身亦是历史的及社会的出产品，则带有唯心论的倾向。同时，他的晚年，创导人道教（Religion de l' humanité），尤为学术界所惋惜。

第四篇　现代哲学

第一章　现代哲学的趋势与展望

在本书导言西洋哲学史的内涵里，曾划自黑格尔之死到现在，属现代哲学时期，而且是希腊与希伯来两系文明错综交流，尚未得出结论的时代。但本书（上部第三篇）第七第八两章于黑格尔死后，为着哲学思想之衔接起见，曾即接讲德国的唯物论与英法十九世纪初中叶的实证主义底哲学思想。实证主义的思想。它的特征是科学的、活动的、前进的，尤其是社会的。如果说由文艺复兴到启蒙运动是以个人主义为中心的，则十九世纪初中叶以后，普遍于英、法、德的思想界底主流，是以社会主义为基础，以全体主义为中心。前者是希腊精神的复活，后者则是希伯来精神的复苏。从十九世纪末至二十世纪初，全体主义的思想表现于社会革命、经济革命与政治革命，最典型的代表是列宁（N. Lenin）、斯大林（J. V. Stalin）领导下的苏联。辩证法唯物论不但盛行于欧洲，而尤盛行于远东诸国。它的范畴，借普列哈诺夫（Plekhanov）、卢那卡尔斯基（Lunacharsky）等之力，扩及于艺术部门。个人主义已以新个人主义的姿态出现，不同于文艺复兴与启蒙运动时代的个人，以发展小我为基础已带有朝向大我的倾向。代表这种倾向的便是流行于美英法德的实用主义（Pragmatism）、新康德学派（Neo-Kantians）、生命哲学（Philosophy of life）或直觉主义（Intuitionism）与新实在论（New Realism）。兹分别略述之：

一、实用主义（Pragmatism）——实用主义乃是继实证主义而起的，但与实证主义完全不同。“Pragmatism”我国有译为实验主义或译为唯用论的。这种主义包括数种大同小异的现代思潮。它的首倡者为美国的皮耳士（C. S. Peirce，1839—1914），皮耳士于一八七八年在《美国科学通俗月刊》发表一篇名为《如何使吾人的观念明了》底论文，最初提出“Pragmatism”[“Pragma”是希腊语，实行（action）的意味]，即以实行为本位的哲学。但把它发展为系统的思想及使之推广的，却不能不推詹姆士（W. James，1842—1910）、杜威（J. Dewey，1859—1952）和席勒尔（F. C. S. Schiller，1864—1937）三人。其中尤以詹姆士的规模为最阔大。本来实用主义的思想，发生于古代希腊的普罗太哥拉斯（Protagoras），而启导于近代的康德。大体以情意为学说的中心，以实用为真理的鹄的。这是一切实用主义者相同的主张。虽然皮耳士所揭橥的是实验主义，詹姆士所揭橥的是实用主义，杜威所揭橥的是工具主义（Instrumentalism），席勒尔所揭橥的是人本主义（Humanism）；但他们根本的主张，是却没有什么大不同的。不过詹姆士的实用主义影响较其他人为大，所以这些人就都被叫做实用主义者了。实用主义本来是认识论上的一种方法，但它的认识论却与哲学全体有关。它的认识论可分作两方面讲：一方面不承认宇宙间有绝对不变的真理；他方面却以为真理的建设，是由于实际的人生。前者是属消极方面的，后者是属积极方面的。实用主义提倡信仰的意志，从信仰的意志以发展个人的生命，从这点说来，实用主义者与新理想主义（Neo-Idealism）者具同一的精神。兹略介绍詹姆士与杜威的学说如下：

（1）詹姆士（William James，1842—1910），初，自名其说为激进的经

验主义（Radical empiricism），后见皮耳士发表的论文中用“Pragmatical”一字，以为这字最能适切表出他的意思，遂改称他的主义为实用主义（Pragmatism）。詹姆士甚反对唯物与唯心的一元论。他认为实体是经验的、多元的，宇宙决无绝对的与理性的统一。无论任何学说，不管是唯物或唯心，如能发生实用的效果，则为真，否则为伪。所谓真理，乃是满足生命要求的手段。知识也是一种工具，知识的存在，照样不是为知识的自身，而是为生活的目的而存在。詹姆士的这种包含有价值的真理底观念，即将实际的功利底观念，亦包摄于其中。他以为观念，应依据直接的知识。我们的知识，只限于可以得到的表象的范围内，超过这个范围，就不能得到表象，这样也就不确实了。质言之，真的观念是能够证实的，且能满足我们所期望的。科学的真理之可贵，即在能满足我们生活的期望。

（2）杜威（John Dewey，1859—1952），以思想能脱离无意识的冲动行为；能使人用已知的事物推测未知的事物；能使人利用现在预测未来；能使人悬想新鲜的目的和丰富的效果；能使经验永远增加意义，扩张范围，开辟新天地。思想是应付环境的新工具，是人类创造未来新天地的工具。杜威名之为创造的智慧（Creative intelligence）。杜威将思想的程序分为五步：（一）思想发生于疑难。——人类的生活，若不遇障碍，即无需思想，然而人生环境变化靡常，一遇新奇局面，旧习惯不能应付，便发生思想作用。（二）指出疑难点的所在。——疑难点有甚易指出的，有不易指出的。故指出疑难点的所在，甚为重要。（三）提出种种假定的解决方法。——如已明了疑难点之所在，有经验的人便能从其所有的经验、知识、学问中，提出种种的解决方法。（四）决定何种假设是适用的解决。——在种种假设中，何者为适用，须加以评判，而后始能决定。（五）证明。——决定最适用的假设后，须加以证明，方可以取得人们的信任。此五种步骤，第一至第三是偏向归纳法，第四至第五则偏向演绎法。杜威最重视第三种步骤，以为思想的真训练，在使人有真切的经验作假设的来源，使人有批评种种假设的能力，和使人能证明假设的是非真伪。

杜威谓近代哲学的根本错误，在不懂经验为何物。即理性派与经验派、唯心派与唯物派的争论，均以不明了经验而起。杜威认为旧派哲学家对于经验的见解有五种错误：（一）旧派说经验完全是知识。其实，经验是对于自然环境与社会环境所起的一种交涉。（二）旧派以经验是心理上的，通体染透主观性。其实，经验是一物观世界，投入人的行为遭遇里，受人类的反拨发生种种变迁。（三）旧派以经验只限于过去与现在，而为过去与现在的记录。其实，活的经验是尝试的，是要变更现有的事物；其特性在于一种投射作用，伸向未来的前程；其主要性质在联络未来。（四）旧派以经验都是散屑；一切连络的关系，都当作由外面侵入，究竟可靠与否，尚不可知。其实，经验是应付环境与约束环境的东西，其中有无数连络和无数贯串的关系。（五）旧派以经验与思想为相反之物；一切推理作用皆在经验以外。其实，所谓经验，其中含有无数推论。凡有意识的经验，无不含有推论的作用。——这五点为杜威哲学的学说中心。

杜威根据他自己上述对于经验的看法，而产生他的认识论。他对于理性派和经验派的主张，均持反对的意见，即对康德的范畴亦有所不满。杜威以为认识与实践是不可分的。所谓知识，不仅是外来消极的印象，实为行为的记忆和蓄积。记忆过去的行动，而为将来的应用，即认识发生的条件。且认识是反应外界刺激而发生的工具，认识的范围，即反应的范围，而反应的范围，亦即认识的范围。可知杜威的实验论，对于认识的起源问题，是以认识为实行的必要手段，而实行则为认识发生的必要条件。

二、新康德学派（Neo-Kantians）——为新理想主义中的一派。十九世纪后半，由于唯物论哲学的发展，“重返康德”的呼声，便高唱入云。拟继续康德的批判哲学底精神，以自然科学的立场，建立反唯物论的形而上学。这一派的哲学，一般称为新康德学派。代表这一派的学者至多，学说的种类与范围亦颇复杂而且属多面的。为划分的便宜起见，新康德学派可以分为前后二期。前期的新康德学派的代表有郎格（Albert Lange，1828—1875）、李普曼（Otto Liebmann，l840—1912），侧重于康德认识论的研究，对康德的有唯物论因素的“物自体”，尚未完全拒绝。郎格的主著《唯物论史》（*Geschichte des Materialismus*，1866），强调“归于康德”的主张，他对康德哲学的解释，是属于心理主义的。即认先验性存在精神物理的组织或素质之内，人类的认识在这样的规定之下成立。李普曼于一八六五年发表的《康德及其亚流》（*Kant und die Epigonen*）主著中，在每章之末，均以“因此之故，必须归于康德”作结束，借此成名。后期的新康德学派又分为两个有力的学派:（一）为马堡学派（Marburgschule）;（二）为西南学派（Südwestschule）。前者以马堡大学（Marburger Universität）为中心，柯恩（Hermann Cohen，1842—1918），讷道甫（Paul Natorp，1854—1924）等为其代表。后者以德国西南部各大学为中心，文德尔班（Wilhelm Windelband，1848—1915），李克特（Heinrich Rickert，1863—1936）等为其代表。

马堡学派与西南学派的共同特征，在返回康德哲学的立脚地。复活康德哲学的精神，即彻底地究明康德所标榜的先验底理想主义（Transzendentaler Idealismus）的精神。所谓先验，即存在先于经验的先天底各种活动，此种先验的活动便产生各种的生活现象。在认识方面，则存于以空间时间开始构成底因果或实体等的先天的形式和范畴。在道德和艺术方面，也跟认识方面同样，存在着先天的形式或原因。所以一切的认识道德和艺术，均是此种先验底活动所产，这便是先验哲学底根本精神。这种精神，恰与以外来的现象及经验为本位底现实主义底哲学相反。所谓先验的理想主义，是以主观的先天底普遍的活动为一切现象的本体，若再简单的解释，所谓先验底普遍的活动，即具备理性底创造的活动，也即是先验的理想主义的目的。换句话说，所谓先验哲学，不过表示理性的立法底活动而已。后期新康德学派，不单在认识方面，即推广到道德、艺术和宗教方面底一切文化现象，皆站在先验的理想主义底立场上来加以解释。严格的说来，今日的新康德学派完全在康德哲学的本领之内。阐明在康德哲学中隐而不显的东西，并修正康德哲学的缺点，这是新康德学派全体底倾向。

新康德学派产生于实证主义全盛之后，在广大的学界方面，企图复活传统底理想主义的精神，这的确是此派的业绩。

现在且一论马堡学派与西南学派各有的特长。马堡学派的主要代表柯恩，他的哲学，就是以先验的理想主义的根本精神来解释认识、道德、艺术与宗教等诸问题，将康德精神进一步的论理化。所谓柯恩哲学的特征，就是比康德哲学更加论理化和体系化这一点。相反的，西南学派的主要代表文德尔班和李克特，他们是发挥康德哲学中隐而不显的（或暗示的）精神，而使康德哲学增加新的意味底倾向。换言之，康德哲学是以数学和自然科学为先验的主要基础，而将人类的文化历史则闲却一边。文德尔班和李克特的哲学即将康德闲却了的人类的文化历史（精神文化）加以注意和发达。所以如果说马堡学派的哲学是彻底论理主义的，则西南学派的哲学便是文化主义的哲学。

三、生命哲学（Philosophy of life）或直觉主义（Intuitionism）——生命哲学乃是继十九世纪末叶的实证哲学而起的一种新思潮。实证哲学排斥形而上学的研究，生命哲学则注重形而上学的研究；实证哲学非难宗教，生命哲学则宣扬宗教。又前者重感觉，后者重感情；前者重自然的法则，后者重人间的法则；前者重分析，后者重综合。生命哲学极力阐发生命的意义，或精神的特质。宇宙是一种生命的大流，个人乃是大流中的一个细流。个人本直觉的能力，或本意志的能力，或本精神的能力，皆能完成自已。完成自已，即是完成宇宙。宇宙本身是活跃的东西，或名为“意欲”，或名为“偶然性”，或名为“生之冲动”，或名为“权力意志”，或名为“具体的普遍”，或名为“创造的心灵”。由无意识的植物，发展为半无意识的动物，再发展至复杂意识的人类，是一贯的生命的进化发展。总之，由个人的生命至宇宙的生命，是一而非二。只须个人向生命奋进，向生命探求，个人生命的发扬，亦即宇宙生命的扩大。现在略论生命哲学的最典型的代表柏格森（Bergson）底哲学。

柏格森（Henri Bergson，1859—1941），他在巴黎师范学校当学生的时候，就立意要对于物理学的根本概念如时间、空间、物质、运动、力与能力之类得一准确的了解。他在研究他的问题的时候有所发见，而此发见即转移他的生活，他发见物理学方程式中的时间不是真的时间，要知道真的时间不能靠专门计算及专门找标准的理知，而是要用直接的知觉领会我们内心生活之流转。他后来名此直接的知觉为直觉。

这是他思想上的大转变，从此他就脱离自然主义。他像耶谷比（F. H. Jacobi）一般，以为自然主义与定命论是理知的方法的结果；然而此种方法，颇有所失，失去真的时间，亦失去真的自我；因真的自我生活于时间之流，自我的情态不是以因果系列而连续下去的，是互相深入，各携其既往以前趋，故每一情态即包有全自我，自我的生活不是机械的决定。

柏格森在他所著的《形而上学·序论》（*Introduction à la Métaphysique*）

上，很清楚的说明他的直觉主义。所谓直觉不是感觉得此一命题或另一命题把得稳靠得住。是对于一实在有的对象的知觉。是扩张“感官知觉”到感官所不及的境界。也可说不过是对于虽然看不见摸不到而又确有的东西的知觉。比方时间为感官所不能觉知而可直觉知道。

直觉能知觉的是什么？凡是可以为“同情的智慧”（Sympathetie Intelligence）的对项的，如有“生之冲动”（Élan Vital）的自我、我以外的生物以及属于生命的产物：书本、剧中的人物、精练的技艺等。我们能否为这些对项有一一的解说呢？柏格森以为凡为直觉之所对，必有内容与外表；因为直觉是向内深入的知觉，而理知是对外表的判断；理知用的是分析工夫，而直觉可把捉全体。即是说凡属于直觉对项的有机性与整体性，只能以直觉知之。理知何以对于此类对项不能取得圆满的知识呢？其缺点安在？试一论之：

（一）理知的知识是外表的。——理知对付一件事物是从外表着眼的。换言之，是从其他事物出发，即比较此事物与其他事物的同异。我第一次看见棕树，不能断定是树木还是草本，无论如何总是用其他所知的东西来比较思考的。结果为之分类，知道棕树与其他树木相像的地方很多，于是将棕树安放在树的概念之下。概念是理知的特别成功。然而人尽可以见到同异之点，规定概念，而对于棕树的内部生活不会得到亲切的认知。

（二）理知的知识是相对的。——以一件东西与另一件东西比较而认知这一件东西，此种知识是从比较的关系上取得的。亦是与引我见到此种同异之点的兴趣相关的。我注意叶子，因而观察棕树亦有叶，与其他的树木相似，所以断定棕树是木本。然而如果从樵夫或木料商人看来，也许以棕树为草本植物，因为棕树看不见木头。可见凡一概念或一类名只代表一个观点，一特别的兴趣。所以是相对的知识而不是绝对的知识。

（三）理知的知识是抽象的又是局部的。——任何观点是无数可能的观点中之一观点，凡从任一观点上所得的真理都是全部真理的一部分。从植物学者或厨子的观点上看，樱桃是一种水果。从画家的观点上看，也许是一静物或一装饰品。小孩子也许以为是弹丸或颜料。此若干概念之任何概念，对于樱桃都供给一极不完全的知识。

（四）理知的知识所表现的东西是静止的，所以是死的。——概念必须是不变的。一意义不能改变其意义而变为另一意义。换言之，意义是不能变的。树木可以变，而一棵树的观念是恒定的。故概念不能尽正在变易之中的东西，理知要领会动，于是设法加集静止的状态。要领会生物，于是设法执持固定的单位与则律。所以非失败不可。

（五）理知的分析而无法复原（重新组合）。——理知能分解生机体，不能从部分再构成一活的全体。

在此种种方面直觉正是理知的对面。理知所不能，直觉能之。因直觉不取观点，不事比较，没有特别的兴趣，而直探事物的实在。所以直觉的知识是直接的绝对的知识。

柏格森以为理性论者与经验论者的错误，在双方所用的都是理知的方法。经验论者研究活动的东西，例如自我，他的报告是自我为若干"心理情态"构成的，他以为他所报告的是纯粹的观察，殊不知他正受了他的分析的理知所愚弄。理性论者确认自我之统一，然以统一为一理性的观念，不过是一抽象的数目的性质，自我之为统一与一块石之为统一正复相似。都是相对的真理，只能帮助对于自我的直觉的知识。只有直观可以直探自我的深处，领会自我之所以为自我的特征。

四、新实在论（New Realism）——为反对德法二国的观念论而在英美兴起的新运动。开始于十九世纪末叶，而盛行于本世纪初。英国方面，有罗素（Bertrand Russell，1872—）、摩尔（G. E. Moore，1873—）二人；在美国方面，有柏里（R. B. Perry，1876—）、何尔特（E. B. Holt，1873—）、孟特鸠（W. P. Montague，1873—）、皮特金（W. B. Pitkin，1878—）、斯坡丁（E. G. Spaulding，1873—）、马文（W. T. Marvin，1872—）等六人。他们所见，虽不尽同，然都接近实证主义，而极端反对观念论与理想主义。他们认科学是最确实的知识，哲学与科学分离，便是哲学的损失。但他们的实在论，何以叫做新实在论呢？承认客观的事物，非心所造，能独立自存，这是新旧实在论相同之点。亦即新实在论仍以实在论标榜的原因。不过旧实在论，往往认客观的实在为绝对的实在，或为二元论的自然的实在；而新实在论，则主张所知的对象，为内在的知觉，同时，又主张所知的对象，虽为内在的知觉，然仍能独立存在。旧实在论认精神和物质相对立，或认知识和事物相对立；而新实在论，则摈弃这样的二元论，主张事物的多元，并认在科学的论理的方法底分析之下，可以引导我们到真的实在。此外，新实在论认唯心的一元论，在某种意义上，可以说不道德的，因为常将世界上的善恶混为一谈。

至新实在论的定义，美国的柏里等在其《六个新实在论者第一次宣言》（1910）中曾简单的说明："新实在论主张：物之有无与认识无关；被知识与否，被经验与否，被感觉与否，都与物之存在无关；物之有无并不依赖此种事实。"而斯坡丁在其所著《新理性论》（*New Rationalism*，1918）中有更详细的说明："新实在论是基于新论理与新玄学，而反对亚里士多德以来之陈训。论理学虽久已为发达近世科学之助，然迄今始形为系列（Series）之学或秩序之学（Science of Order），可名之曰非亚氏论理学。玄学则否认因果律与实体的普遍性，而力言关系。在此基础上，可知所谓认识乃是：能知既不影响于所知，亦不变更所知，更非创造所知，并不必假设一潜伏的实体以为此能知与所知之媒介。以此主张，故名曰实在论。此种实在论且主张有非心非物非个性的实在。此种实在可名为潜有（Subsistents），以别于空间上时间上各别化的现有（Existents）。其中含有所谓共相（Universal）理想（Ideals）及其他如数目等。此种实在论以为潜有之范围乃较现有之范围为广。”（根据陈正谟编:《现代哲学思潮》页一九二至一九三所引。）

这派所用的研究方法，注重分析，他们看一条直线，和圆之半径，方形之边线，三角之高，是同样的直线。罗素说:“我的哲学是分析的，因其主张寻求复杂体所由构成之简单的元素；并且主张复杂的事物，包摄简单的事物，而简单的事物，则不包摄复杂的事物。”他们认定实在不依赖于主观认识，因为论理、数学、物理学及其他科学，所研究的实体，不是寻常所说明的精神，而是客观存在的实体。

新实在论，对于认识问题，应用内在说及独立说以为说明。所谓内在说，是承认心物合一的，因为经验的要素，在某种关系上，可称为客观的事物；在某种关系上，又可称为知觉的内容。可是光是内在说，仍不能确立实在论，必与独立说结合而后可。这就是说，内在的事物，又同时能在客观独立而自存。即事物的本性，和被认识的事情，完全是两样的，绝不因经验与意识的关系而失却它的独立性。

新实在论者，又用分析以说明经验，以为经验，是以A及Re而表现的，A为经验的事物，Re为经验的关系，而A对Re是独立的。但通常使用经验名词，亦把Re包括在内，往往有流于现象论或泛心论（Panpsychism）之虞。故必认A能独立，不依存经验关系之有无，才能达到实在论的立场。

此外，在现代哲学中，尚有受生命哲学影响的现象学（Phänomenologie）和受生命哲学、现象学影响之下产生的实存哲学（Existenz Philosophie），以篇幅关系，只得略而不论。

第二章　结论

综观上下二千五百年来的西洋哲学史，它有着什么？它缺乏什么？编者在导言西洋哲学史的内涵与东西哲学的主要分歧点中曾扼要的指出了几点。写到这里觉得意犹未尽，现在再扼要地补述数点如下：

第一在整部西洋哲学史中所具现的人性。——照上面的划分，自纪元前六二五年至纪元后四七六年是希腊文明流行时代。在这一时代是人本、入世、主知、贵理性、尚思想自由、注重个人人性（Human Nature）的发展，人格的尊严。个人与国家为一发展的有机体。人是自然中的个人，人性是独立的。自纪元四七六年至一四五三年是基督文明流行时代。在这一时代是神本、出世、贵情意、重精神统一，纳个性于整体中，个人为上帝所创造，故信仰上帝为唯一的职志。人是神创造的个人，人性是神性的附属品。自纪元一四五三年至一八三一年黑格尔之死，是希腊文明复活的时代。在这一时代，恢复人本、主知，随着自然科学的发展，注重理性经验，主天赋人权，个人与国家有一定的界限。人是自然的和理性的个人，人性是独立的。自纪元一八三一年到现在，是希腊与基督文明错综交流，而尚未得出结论的时代。从这里就可看出西洋哲学史里具现的人性只有两种人性：即以小我为核心的个人主义和以大我为核心的全体主义。

第二在整部西洋哲学史中所发现的认识主流。——自古代希腊东派一位哲学家希拉克利泰斯（Heraclitus）认“斗争为万有之父”开始，不管任何一代的哲学家，理性的与非理性的，差不多都认矛盾斗争为历史发展的根源。黑格尔的唯心辩证法和马克思、恩格斯的唯物辩证法固无论矣。即达尔文、斯宾塞的进化论所主张的物竞天择适者生存的学说，亦以矛盾斗争为其核心。最可怪的《旧约·创世纪》说上帝造人，又造魔鬼，很明白的指出人类历史是以矛盾斗争开其端。从此可知西洋哲学中缺乏一种东方中庸所谓“致中和，天地位焉，万物育焉”底中和发展的思想。至如克鲁泡特金（P. A. Kropotkin，1842—1922）的名著《互助论》（*Mutual Aid*）所提倡互助始适于生存之说，以其影响力甚微，在西洋哲学史中未曾激起波纹。

第三在整部西洋哲学史中所具现的认识方法。——从亚里士多德的《工具》（*Organon*）开始，中间经过理性论派的演绎法和经验论派的归纳法，直到康德的批判的方法，发展到黑格尔的唯心辩证法，马克思、恩格斯的唯物辩证法，都是属于了解形象界的方法。甚至最近柏格森的直觉方法，虽有点相似东方哲学中的领悟，但他自己把它的应用范围局限于生命类，亦非觉解形而上的方法，所以西洋哲学自亚里士多德讲说形而上学（Metaphysics）以来，不管理知的与非理知的哲学家所运用的认识方法，都偏于对形象界的认知，而忽略了对形而上的觉解。这正如熊十力先生所说：缺乏观心与治心的一段工夫，换句话说，即缺乏“顿悟”的觉解。

第四在整部西洋哲学史中所发现的伦理思想。——从苏格拉底提出“知识即道德”和“道德即幸福”底幸福说（Eudaemonism）以来，不管是快乐论、功利论、克己论，甚至康德在《实践理性批判》中所倡导的意志自律说。主情意的也好，主理性的也好，都是以功利思想为其根源。研究西洋哲学的人多少有个意念，以为功利主义（Utilitarianism）的思想，要在边沁（J. Bentham，1748—1842）、约翰·穆勒以后始大昌。其实，从希腊古代开始，即有功利思想的潜流，严格的说来，在希伯来精神的体系中，它所倡导的以大我为核心的全体主义，很显然的布满了功利思想的细胞。假如问整部西洋哲学底伦理思想中，缺乏了什么？可以直截的答，它缺乏了东方的仁道之爱的伦理精神。

记得挪威戏剧家易卜生（H. Ibsen，1828—1906）在《皇帝与加力利安》（*Emperor and Galilean*）一剧中，分第一帝国以知识之树为基础，偏于肉；第二帝国以十字架为基础，偏于灵；第三帝国以二者为基础，故灵肉一致。——这恰恰可比拟西洋哲学思想的发展；但现在的西洋哲学思想虽发展到易卜生划分的第三阶段，可是还没有得到灵肉合致的结果，这恐怕要借东方所有的来补足西方缺乏的才有可能。

《西洋哲学史》评介

王韶生

一

香江书院教授丘镇英兄最近出版了一部大著——《西洋哲学史》，这是晚近出版界中一本富有学术性的著作。在红尘十丈的繁华都市中，书楼一角，正襟危坐，细心读完这本书，恰比在漫长的黑夜中，看见灿烂的北斗星；又像在沙漠当中，发现了青绿的丛林，这真是值得喜悦的事。

著者在“导言”一章里，曾揭示哲学史三个重要目的：（一）求因；穷源溯委，阐明发生此种哲学思想的因素。（二）明变；穷究古今哲学思想递嬗相沿的轨迹。（三）评论；综述各种哲学思想对当时及后代的影响、产生了何种价值，作一种“客观”的评论。这是一种主要的揭示，而著者编述本书，是忠实地、正确地达到上述三个目标，完成了哲学史的任务。

本书对于西洋哲学，古代的、中古的、近代的、现代的，提纲挈领的作一扼要的叙述，而全书的重心，是放在古代的希腊哲学，和近代的康德哲学方面。对于希腊三大哲人：苏格拉底、柏拉图、亚里士多德的学说，和康德的（一）纯粹理性批判；（二）实践理性批判；（三）判断力的批判，均有详尽的叙述，可谓“探骊得珠”。

二

著者在全书四篇之中，首先说明每一种哲学思想产生的因素，如说到西洋哲学摇篮的希腊，逐步的分析：（一）希腊的地理环境；（二）古代希腊民族的特质；（三）希腊人的精神生活；（四）希腊的政治等等。说到中古哲学和近代哲学，首先把中古哲学的历史背景及特质作一扼要地叙述，这便是“求因”。

其次著者在论述古代哲学时，由希腊哲学青春时期到成熟时期，每一种哲学思想的递嬗，和代表人物，均一一举出，加以说明。论述中古哲学时，对于经院哲学的代表人物，由爱利仁那，一直至罗杰·培根，一共举出八个重要的哲学家，把他们的哲学思想，亦逐一加以说明。论述近代哲学时，除康德之外，如英国经验论派的培根、霍布士；大陆理性论派如笛卡儿、斯宾诺莎等和启蒙运动的洛克、巴克莱、休谟、伏尔泰、孟德斯鸠、卢梭等，均一一说明他们哲学的范畴和思想轨迹。论述现代哲学家如詹姆士、杜威和柏格森，亦采同一的手法，这便是“明变”。

三

说到评论方面，著者对于每一篇每一章，都有他的见解，在这里不必一一指出，读者如果把全书浏览一遍，自然可以发现事实的存在——客观性，同时亦可发现著者的慧观——主观性。著者认为东西洋哲学分歧点，第一由文艺复兴以来，西洋哲学从发现人性的自觉，即我之自觉，同时我的世界，便分为二：“我”与“非我”；中国哲学则认“我”

与“非我”同为一气的聚散，所谓“天地与我并生，万物与我为一”。第二是对人的评价。远的且不说，自近代人文主义兴起，个人虽由全体主义之下解放出来，但不过为自然中一独立分子而已，中国哲学认人为宇宙之心，人可以参天地之化育。第三，便是关于神的观念，西洋哲学，带有极浓厚神秘色彩。而中国则只有祭祀观念的产生，并赋有艺术的意义，同时，是一种最高的伦理行为。

著者认为东方的仁道之爱的伦理精神，可以补救西方的缺乏。但笔者以为西洋的逻辑方法，亦可以补救我们的缺乏。我们既然要认识西洋哲学的缺点，同时亦要认识西洋哲学的优点。可是笔者对于著者“淑世善群”的精神，是非常尊重的。

著者学问的兴趣，是多方面的。“由博返约”，撰述此书时，学问已经到了“炉火纯青”的地步，成为专门名家之业。至于本书内容的精简，文笔的条畅，更是有目共见的了。[①]

---

① 本文原载《人生》二八三期二四卷七期（香港：人生杂志社，1962.8.16）。——编者注

中部

中国哲学史

儒家哲学之研究

No. 1

對孔家店所賣之貨色，根據過往經師們道學家們研究闡發的成果，來一個建設性的系統的整理。

茲分述其研究步驟如下：

甲、研究的方法：

近世漢學家多用歸納的實證的方法，而宋學家則多用演繹推理。蓋此認為單用歸納的實證，固足以抉發微之大義；單用演繹推理，則常失於粗疏。現決運用兩者以為研究之準繩，即先

儒家哲學之研究

過去及現在上下二千年研究儒家哲學的學者，多如過江之鯽，著作亦如汗牛充棟。但假如有人問中國的孔家底到底，有什麼貨色？能一一具答的人便有問題了。不是人言人殊，則是智見於智，無見於仁。著者以雖生當二千年翻覆之會，承古今百代之流，故於編西洋哲學史之餘，亦切古往今来上下二千年，研究儒家哲学之学者，多如过江之鲫，著作亦如汗牛充栋。但假使有人问，中国的“孔家店”究竟卖有什么货色，能一一具答的人恐怕不会太多。不是人言人殊，则多是“有见于畸，无见于全”。著者以生当五千年剧变之会，承古今百代之流，故于拙编《西洋哲学史》一稿杀青之日，窃欲对“孔家店”所卖之货色，根据过往经师们、道学家们所研究阐发的成果，对儒家哲学进行一种建设性的系统整理。

兹分述研究步骤如下：

甲、研究的方法

过去汉学家多用归纳实证的方法，而宋学家则多用演绎推理。著者认为单用归纳实证，自不足以抉发微言大义；单用演绎推理，则常失于主观独断。现决运用两者以为研究之准绳，即先将古今材料实证后，再加以推阐。

乙、研究的统一与划分

著者认为儒家哲学应先作横的划分，然后再作纵的统一。现著者把儒家哲学自孔孟以来的基本内容概分如下：

（一）儒家的教育哲学；

（二）儒家的经济哲学；

（三）儒家的政治哲学；

（四）儒家的伦理学；

（五）儒家的逻辑。

著者即据此划分内容，再根据古今学者的著述，作纵贯的综合。孔子为儒家的开山，一切解说，一切实证，均以夫子之言为归。著者当凭自己的理解以为阐发。至于今古文、宋汉学之争，著者拟站立较高一层次之观点，以统括其全。

丙、研究报告的期限

著者拟根据以上的内容，以一年的时间为限，分四期报告。第一期完成教育哲学与经济哲学；第二期完成政治哲学；第三期完成伦理学；第四期完成逻辑。全部字数以十万至十五万为度，以材料之处理为决定标准。

最后，著者的要求：著者挈家逃秦，僻处海隅，荏苒十载，虽兼教崇基、香江，所入远不足以维持大小十口之家计，现有八个儿女，七个就读中小学，以经济关系，时有辍学之虞，拟乞贵会如通过本人计划，则盼每年能津贴研究费壹千美元，不胜感谢。

一、儒家的教育哲学

如果说儒家的哲学，以伦理的研究为其特点，则“仁”便是儒家道德的中心；“仁”统摄诸德，为人与人间和人与社会间，最高的行为标准。“博爱之谓仁”，“仁者爱人”，“博爱”和“爱人”为“仁”的最高涵义，所以“仁”便很自然的成为儒家教育哲学的中心依据。

儒家的教育哲学，从孔子至孟、荀而宋明道学家，概括地说，都是从仁道出发，亦皆从“仁”的涵义上立论。

儒家的教育，从孔子开始，便标榜了两大主张：一为“有教无类”，一为“因材施教”。

孔子以前，以六艺教人，只限于少数的贵族。《庄子·天下》篇提及儒家教人的六艺，有“诗以道志，书以道事，礼以道行，乐以道和，易以道阴阳，春秋以道名分”。——此六种功课，在当时乃是极名贵的典籍学问。不单普通的一般平民无法见到，在当时便是贵族也有的无法见到。儒家从孔子开始，便以六艺教人，他没有贵族和平民的分别，这在当时的教育上是一种重要的革命。

孔子“有教无类”的主张，不但教材上打破阶级的限制，学生的身份上，他也否定了阶级的限制。《论语·述而》，孔子曾解说他招收学生的宗旨，“自行束脩以上，吾未尝无诲焉”。——他的意思是只要能缴学费的（有束脩以上的），可以不问身世，他都一律招收为学生，而教以各种功课。教育平等，和教育民众化的主张，不待近代，在二千年以前，孔子已早为我们提倡，并不折不扣地在实行了。

孔子在教育上除主张“有教无类”外，还有一种最大的成就，便是“因材施教”。孔子认为人秉赋的材质不同，所以施教的办法，亦应因人而异。他反对教一家之言，反对一条鞭的教法。譬如他的弟子问“仁”，他的答法，便因人而异。试举几例以实吾说：

子曰："巧言令色，鲜矣仁。"(《论语·学而》)

子曰："刚毅木讷，近仁。"(《论语·子路》)

樊迟问"仁"，子曰："爱人。"(《论语·颜渊》)

宪问："克、伐、怨、欲，不行焉，可以为仁矣?"子曰："可以为难矣，仁则吾不知也。"(《论语·宪问》)

颜渊问"仁"，子曰："克己复礼为仁。一日克己复礼，天下归仁焉。为仁由己，而由人乎哉?"(《论语·颜渊》)

仲弓问"仁"，子曰："……己所不欲，勿施于人。……"(《论语·颜渊》)

子曰："……夫仁者，己欲立而立人，己欲达而达人，能近取譬，可为仁之方也矣。"(《论语·雍也》)

可见"仁"的涵义最广，然亦因各人的材质表达而不同，孔子便因应各弟子所秉赋的材质而施予不同的教诲。所以他教之的学生，成就亦各有不同：如"德行：颜渊、闵子骞、冉伯牛、仲弓；言语：宰我、子贡；政事：冉有、季路；文学：子游、子夏。"又如"雍也，可使南面"；"由也，千乘之国，可使治其赋也"；"求也，千室之邑，百乘之家，可使为之宰也"；"赤也，束带立于朝，可使与宾客言也"。近代教育家极力提倡天才教育，孔子的"因材施教"，便足为天才教育的先驱。

孔子以后的儒家，因对"仁"的看法各有不同，所以便产生孟、荀的对立，和程、朱与陆、王的论争。在教育哲学上对于人的心性的主张，也就有很大的区别。

孟子从孔子的仁者"爱人"的观点出发，认为人性中本有同情心，所以认为人人之性皆有善，人之性本善；以后人之性所以变恶者，实受后天的环境影响，使兽性增长，人的本然之性为兽性所掩盖之故。孟子对于回复人性之本然的教育方法，主张“尽心”、“知性”及“反身而诚”，换言之，孟子的教育方法是以个人为本位的启发先天的方法。

荀子从孔子“克己复礼为仁”及“性相近也，习相远也”的观点出发，认为人的本然之性是恶的，《荀子·性恶》篇所说性恶的理由，是：

> 今人之性，生而有好利焉，顺是故争夺生，而辞让亡焉。生而有疾恶焉，顺是故残贼生，而忠信亡焉。生而有耳目之欲，有好声色焉，顺是故淫乱生，而礼义文理亡焉。然则从人之性，顺人之情，必出于争夺，合于犯分乱理，而归于暴。故必将有师法之化、礼义之道，然后出于辞让，合于文理，而归于治。用此观之，然则人之性恶明矣，其善者伪也。

荀子故改变人性之恶，而导之归善之教育方法，主张“积善全尽”、“化性起伪”，性中本然之恶便可除去，圣即可积之而致。荀子这种方法，虽可以与孟子的方法，殊途同归，但与孟子最大的差异点是侧重于后天环境的改造。荀子论社会国家和礼的起源，有如下的说法：

> 无君以制臣，无上以制下。天下害生纵欲，欲恶同物，欲多而物寡，寡则必争矣。故百技所成，所以养一人也。而能不能兼技，人不能兼官。离居不相待则穷；群而无分则争。穷者，患也；争者，祸也。救患除祸，则莫若明分使群矣。强胁弱也，知惧愚也；民下违上，少陵长，不以德为政，如是则老弱有失养之忧，而壮者有分争之祸矣。事业，

所恶也。功利，所好也。职业无分，如是则人有树事之患，而有争功之祸矣。男女之合，夫妇之分，婚姻聘内，送逆无礼，如是则人有失合之忧，而有争色之祸矣。故知者为之分也。(《荀子·富国》)

礼起于何也？曰，人生而有欲；欲而不得，则不能无求；求而无度量分界，则不能不争。争则乱，乱则穷。先王恶其乱也，故制礼义以分之，以养人之欲，给人之求，使欲必不穷乎物，物必不屈于欲，两者相持而长，是礼之所起也。(《荀子·臣道》)

故“明分使群”、“制礼义以分之，以养人之欲”，在创造环境和改善环境，使人可以“积善全尽”“化性起伪”，为荀子教育的主要手段。所以荀子的教育出发点为“群”，而“群”的规范则根源于“仁”。

孟、荀以后的儒家，最主要的为程（指程伊川）、朱、陆、王。由于对于“仁道”的看法不同，所以对于人的心性的教育方法也自有差别。大抵程、朱一派主张“格物穷理”，比较偏于客观的教学法；陆、王一派则主张“尽心”、“致良知”，比较偏于主观的教学法。但两派都自认为是孔氏的嫡传，其实则均偏于孟子的心印，对于孔子提倡的外部规范的“礼”，以及荀子主张的“群”的环境教育，则多少已被忽略了。

一九五三年七月廿六日晚稿

二、儒家的经济哲学

路漫漫其修远兮，吾将上下而求索。

——屈原《离骚》

（一）

以孔子为首的儒家思想，二千年来的学者不管是拥护它的或是反对它的，差不多都侧重于它的伦理体系，好像道学家和经学家们，对它的抉幽启阏，皆以它有关于伦理方面的大义微言为依归。甚至近代学者如章太炎、胡适之、梁漱溟，亦没有摆脱这种窠臼。比方过去胡适之与梁漱溟二先生关于“仁”的争论，胡先生依章太炎先生的意见，认“仁”为论理学的范畴，而梁先生则力主其为纯伦理学的范畴，其实双方均未能理解“仁”道在孔子哲学中的整体性所致。

如果问什么是儒家的思想体系？倘要详细地解答，绝非一篇两篇的文字所能做到。但真正的概括起来，只举一个“仁”字便足以统摄其余。因为“仁”道是孔子思想体系的核心。“仁”字是春秋时代的新名词，春秋以前的真正古书里找不出这个字。在金文和甲骨文里也找不出这个字。可见最先提出“仁”字的是孔子，特别强调它的也是孔子。孔子以后的儒家，不论孟荀及以后的张载、程、朱、陆、王，甚至可以说二千年来的儒者，有哪个能跳出“仁”字的圈子。

现在且将《论语》里面关于“仁”的记载，作一番归纳分析吧。

樊迟问仁，子曰：“爱人。”（《论语·颜渊》）

子曰：“巧言令色，鲜矣仁。”（《论语·学而》）

子曰：“刚毅木讷近仁。”（《论语·子路》）

宪问：“克、伐、怨、欲，不行焉，可以为仁矣？”子曰：“可以为难矣，仁则吾不知也。”（《论语·宪问》）

樊迟问仁，子曰："居处恭，执事敬，与人忠。虽之夷狄，不可弃也。"（《论语·子路》）

子张问仁于孔子，孔子曰："能行五者于天下为仁矣。恭、宽、信、敏、惠；恭则不侮，宽则得众，信则人任焉，敏则有功，惠则足以使人。"（《论语·阳货》）

子贡曰："如有博施于民，而能济众，何如，可谓仁矣？"子曰："何事于仁？必也圣乎！尧舜其犹病诸。夫仁者，己欲立而立人，己欲达而达人，能近取譬，可谓仁之方也已。"（《论语·雍也》）

仲弓问仁，子曰："出门如见大宾，使民如承大祭。己所不欲，勿施于人，在邦无怨，在家无怨。"（《论语·颜渊》）

颜渊问仁，子曰："克己复礼为仁。一日克己复礼，天下归仁焉。为仁由己，而由人乎哉？"颜渊曰："请问其目。"子曰："非礼勿视，非礼勿听，非礼勿言，非礼勿动。"（《论语·颜渊》）

子曰："志士仁人，无求生以害仁，有杀身以成仁。"（《论语·卫灵公》）

可见"仁"的涵义包罗至广。自子思、孟子以递汉之经师、宋明道学及有清一代之汉学家，对"仁"字的"成己"方面，换言之，对"仁"字的内部规范，可谓已达到阐精抉微的地步。[①]但对"仁"字的"成物"方面，换言之，对"仁"字的外部规范，则缺乏系统的阐发。自曾子、荀子以递大小戴《礼记》的作者，及汉以后之今文经学家，对

① 拙著《儒家的教育哲学》一文，对"仁"字的内部规范，亦曾作相当阐发。——见《香江教育》创刊号。

"仁"的成物方面，虽有创述，但几没有解说与"仁"的内部规范的关联，以敷其用。即是说还没有十分解明孔子"一以贯之"的道理。近人郭沫若解说孔子的"仁"道是一种由内及外，由己及人的人道主义；[①]熊十力则认为孔子的"仁"道，不单是伦理的范畴，也是政治的范畴，并力证孔子推崇尧，在揭发民权反对君主专制。[②]——这已经把"仁"底外部规范扩大了一步。不过，熊说推理多而实证少。其实，《中庸》作者对孔子的政治主张已说得很明白：

> 仲尼祖述尧舜，宪章文武，上律天时，下袭水土，辟如天地之无不持载，无不覆帱；辟如四时错行，如日月之代明，万物并育而不相害，道并行而不相悖，小德川流，大德敦化，此天地之所以为大也。

仲尼何以要祖述尧、舜，无疑的因为传说中的尧舜是推行禅让的公天下政治的关系。在《论语》中记述孔子的称道尧、舜，有所谓："大哉尧之为君也，巍巍乎唯天为大，唯尧则之。荡荡乎，民无能名焉。巍巍乎，其有成功也，焕乎其有文章。""巍巍乎，舜、禹之有天下而不与焉。"（见《论语·泰伯》）"有天下而不与"这分明是赞扬尧、舜、禹以天下为公的主张。在《论语》接着又谓："子曰：'无为而治，其舜也与？夫何为哉？恭己正南面而已。'"（见《论语·卫灵公》）一个帝王要能够"恭己"的"无为而治"，他必要选贤与能，这不是与现代的虚君立宪政治有点相似吗？孔子更讴歌礼让为国，"子曰：'能以礼让为国

---

① 说见郭著《十批判书·孔墨的批判》一文。

③ 说见熊著《原儒》上册。

乎，何有？不能以礼让为国，如礼何！’”（见《论语·里仁》）——这个“礼”字当然指的是一种制度，与上边所引的《中庸》的“万物并育而不相害，道并行而不相悖”底解释，很显然的刻画出孔子理想中以“仁”为中心底政治原则。——这比诸卢梭（J. J. Rousseau）、孟德斯鸠（Montesquieu）、约翰·穆勒（John Stuart Mill）所讴歌的西方底民主政治原则还高一着呢。

“仁”已是儒家哲学中的伦理范畴、论理范畴和政治范畴，当然也是它的经济范畴。如果不属于经济范畴，则孔子标榜的“仁”道便无处可以植根，也就是说无法成己成物“一以贯之”：

> 子曰：“参乎！吾道一以贯之。”……出。门人问曰：“何谓也？”曾子曰：“夫子之道，忠恕而已矣。”（《论语·里仁》）
>
> 子曰：“赐也，女以予为多学而识之者与？”对曰：“然。”……曰：“非也，予一以贯之。”（《论语·卫灵公》）

孔子所言之“道”，照我的研究，他一生栖栖惶惶，欲行其“道”，可见他所抱持的“道”，决不单是伦理范畴的修己之“道”，同时，必包涵政治范畴与经济范畴的治平之“道”。——这里且录一段《论语正义》（刘宝楠著）引焦循对《卫灵公》篇“一以贯之”的补疏，如次：

> ……夫通于一而万事毕，是执一之谓也，非一以贯之也。孔子以一贯语曾子，曾子即发明之云：忠恕而已矣。忠恕者何，成己以成物也。孟子曰：大舜有大焉，善与人同，舍己从人，乐取于人以为善，舜于天下之善无不从之，是真一以贯之。以一心而同万善，所以大也。一贯则为圣人，执一则为异端。董子云：夫喜怒哀乐之

发，与清暖寒暑，其实一贯也。四气者天与人所同也，天与人一贯，人与己一贯，故一贯忠恕也。孔子焉不学，无常师，无可无不可。异端反是，孟子以杨子为我，墨子兼爱，子莫执中，而不知有当为我当兼爱之时也。为杨者必斥墨，为墨者必斥杨，杨己不能贯墨，墨己不能贯杨，使杨子思兼爱之说不可废，墨子思为我之说不可废，则恕矣，则不执一矣。圣人之道，贯乎为我兼爱执中者也。执一则人之所知所行，与己不合者，皆屏而斥之，入主出奴，不恕不仁，道日小而害日大矣。……

这一段补疏很能了解孔子“一以贯之”的本义，如果单“为我”便是执一，单“兼爱”亦是执一，执一便“入主出奴”，“不恕不仁”。如果拿现在的术语来说，崇尚“个人主义”，便是执一；崇尚“全体主义”，也是执一。执一便不能人我两忘贯通天人。只有个人的伦理、政治和经济底范畴是不及；只有全体而没有个人的伦理、政治和经济底范畴，也是大过。孔子的仁道是成己成物贯通天人底大道。无怪乎张横渠先生要称赞之可“为生民立命”、“为万世开太平”呢！

孔子以后，二千年来的学者，佥受了“正其谊，不谋其利”的影响，以经济为谋利之事，为孔子所不欲言。其实，经济之事不必一定是谋利，它是一种治道。如谓孔子罕言利则可，如谓孔子不言治道，则便有点近于滑稽。孔子祖述尧、舜，祖述尧、舜的什么呢？当然是祖述他们的郅治之道。上引《雍也》的子贡问“仁”，孔子很明白地答复子贡，博施济众虽富有四海的尧、舜，亦有问题。这种博施的方法，决不是尧、舜的治道，也决不是孔子理想中以“仁”为中心的经济范畴。接着孔子解释为“仁”之方是“己欲立而立人，己欲达而达人”。——这种为“仁”之养生送死的生产条件，希望人也有这种条件；我达得到有这条件的目的，希望人也达到有这种条件的目的。人人可以仰事俯畜，人人可以养生送死，这便是仁道的经济范畴。

这里，我再引《论语》几节有关孔子对于“仁”为中心的经济问答，以实吾说吧。

> 丘也闻有国有家者，不患寡而患不均，不患贫而患不安；盖均无贫，和无寡，安无倾。(《论语·季氏》)
>
> 子曰：“庶矣哉。”冉有曰：“既庶矣，又何加焉。”曰：“富之。”曰：“既富矣，又何加焉。”曰：“教之。”(《论语·子路》)
>
> 哀公问于有若曰：“年饥，用不足，如之何？”有若对曰：“盍彻乎。”曰：“二，吾犹不足，如之何其彻也。”对曰：“百姓足，君孰与不足，百姓不足，君孰与足。”(《论语·颜渊》)

以上三节当联合起来解释。“既庶矣”，便求能“安”，要能“安”，便求能“富”，“富”了便要发生贫富的对立，所以富了之后，要求其“均”，“均”则可以消解对立而达于“和”。“和”再加以仁道之“教”，则可以由小康的“安”而达于太平。最末节所说的“百姓足”，即上两节说的“富之”、“均之”的意思。公私富足，则“孰与不足”！孔子为要达到上所说的富而均、安而和的社会，便采取他理想中周初什一而税的彻法。即孟子以后为儒家强调的井田制度。亦即孔、孟、荀以来倡导的王政仁政，换言之，为儒家主要的经济范畴。

焦循的《论语补疏》有如次的一段话：“孟子称公刘好货，太王好色，与百姓同之，使有积仓而无怨旷。孟子之学，全得诸孔子。此即己达达人，己立立人之义。必屏妃妾，减服食，而于百姓之饥寒仳离，漠不关心，则坚瓠也。故克、伐、怨、欲不行，苦心絜身之士，孔子所不取。不如因己之欲，推以知人之欲。即己之不欲，推以知人欲。絜矩取譬不难，而仁已至矣。绝己之欲则不能通天下之志，非所以为仁也。”——此段补疏，更可以确证孔子的仁道，不单是伦理、论理和政治的范畴，而也是经济的范畴。

（二）

上边已阐明了仁道的经济范畴，这里再进一步来叙述儒家理想中想实现的大同社会底经济蓝图吧。

儒家理想中的大同社会，当然是以农业经济为中心。而构成农业经济的核心的，必然地以传说中的井田制为其基础。

> 《春秋·谷梁传》，宣公十五年条中：“古者，三百步为一里，名曰‘井田’，井田者，九百亩，公田居一。……”
>
> 《孟子·滕文公》：“请野九一而助，国中什一使自赋。……方里而井，井九百亩，其中为公田，八家皆私百亩，同养公田。……”
>
> 《周礼·考工记》：“匠人为沟洫，耜广五寸，二耜为耦，一耦之伐，广尺深尺谓之甽。田首倍之，广二尺深二尺谓之遂。九夫为井（井方一里），井间广四尺深四尺谓之沟。方十里为成（十井），成间广八尺深八尺谓之洫。方百里为同，同间广二寻深二仞谓之浍。专达于川。”

以上所传的井田制，为千余年来聚讼纷纭未决的悬案。但自董（仲舒）、郑（玄）以来，承认有井田制者为多。近人胡适（著《井田研究》)、夏曾佑(著《中国古代史》)、陈伯瀛(著《中国田制丛考》)等认井田制为孟子的假托,反对古代有井田制的存在。但胡汉民认井田于前八世纪崩坏,廖仲凯根据《谷梁传》宣公十五年条中"初税亩"三字,则认井田坏于宣公改税以后。冯友兰则认孟子所说的井田制非古代原有的井田制(见冯著《中国哲学史》上册一五一至一五二页)。唯物论派的新史学家如翦伯赞、吕振羽等认井田制即中国古代的庄园。至承认井田制确实存在过,而引证最繁博的要推郭沫若(见郭著《十批判书》二〇一四三页)。不过,郭氏认古代施行豆腐干式的井田制有两种用意:一是作为榨取奴隶劳力的工作单位,另一是作为赏赐奴隶管理者的报酬单位。其实,不承认井田制存在的学者,几乎都忽视了人类社会经济史底发展过程;承认井田制存在的学者,则又多患了误用公式的毛病。

亚里士多德(Aristotle)曾归纳古代社会的财产共有三种形态:第一,土地私有,其出产则公共蓄积,以供公共消费;第二,土地公有,共同耕种,其出产则分归个人,以供其私用;第三,土地公有,共产共用(见王亚南著:《政治经济学史大纲》四〇一四一页)。至于对人类古代社会经济,以现代世界现存的落后民族作为实证研究对象的,前有《古代社会》(*Ancient Society*, 1877)的作者摩尔根(Lewis Henry Morgan),近有《经济通史》(*Allgemeine Wirtschaftsgeschichte*)的作者居诺(H. Cunow)。前者研究易洛魁人(Iroquois),后者研究塔斯马尼亚人(Tasmanier)和澳洲土人(Australier)的结果,佥认作为古代人类农耕核心的土地是氏族共有的。但在土地共有的形态之下底田制又怎样呢?这里且列举两种在西方出现过的田制,以为佐证:一是俄国的"米尔"制(Mir Opschtschina)(普鲁士的枢密顾问官 August Freihern von Haxthausen 研究俄国农村共产体的结果,1847—1852 发表),二是日耳曼人的“马克”体（Mark，Markgenossenschaft）（C. L. Maurer 研究日耳曼人农村共产体的结果，1851—1853 发表）。这两种田制，德国著名的经济史家韦柏（Max Weber）都把它们收入在他的名著《社会经济史》（*Wirtschaftsgeschichte*）中，两者均实行“耕者有其田”，土地所有权是一个氏族或一个村落所公有的，两者都有一定的期限用抽签的方式与各个家族耕种，期满又收回公有再行分配。圃舍是固定私有，但牧场与森林地又是共有。两者最大的不同点：俄国的“米尔”制是条列式的街路树落，园圃和农耕地，位于圃舍的后方，牧场在耕地之外；日耳曼的“马克”体，则是圆规形，第一圈是圃舍，第二圈是园圃，第三圈是农耕地，第四圈是牧场，第五圈是森林。——这两种西方的古代田制，都出现于氏族农村公社的时期，都不是奴隶社会更不是封建社会的产物。如谓孔孟推崇的彻法与井田制是属于奴隶社会或封建社会，实在是不可想象的错误。

井田制在中国古代存在的理由，它不单作为一种经济单位、政治单位，同时，也被作为一种战斗单位哩！我记得蒋百里先生曾说过一句兵学的名言，原句大意是生活条件与战斗条件相合者兴，相离者衰，相反者亡。如果我们一查春秋成公二年晋郤克打败了齐侯，“使齐之封内尽东其亩”、“惟戎车是利”的记载，就明白生活条件与战斗条件打成一片的必要。华族发源于黄土高原与华北大平原，农耕于一望无际的原野，与华族敌对的民族，都是较落后的游牧民族，一到他们南下牧马的时候，在长城还未开筑之前，你看华族凭什么来作他的农耕地的屏障呢？这里，就可以明白上引的《周礼・考工记》以井地为中心的沟洫制度，在战斗条件上的重要性了。所以井田制的存在，在中国的古代确有它的历史使命。至于以后的儒家底理论家，想恢复井田之旧，完全忽视了中国长江珠江两流域的地理条件，这是“食古不化”的理论家。

井田制虽不可复，亦不必复。但井田制的基本精神是值得重视的：一是“耕者有其田”，土地虽为国家公有，但为耕者使用；二是“孟子所引龙子之言：‘治地莫善于助’”的助法，助法是八家同养公田，“公事毕，然后敢治私事”这种先公后私，使公私各有其位的方法，为儒家经济哲学中仁道精神的最高表现，最值得我们加以深刻的研究和促使其发展的。

我且再引为人们乐道的孟子与《礼运》作者理想中的“小康”和“大同”的经济社会，加以比较吧。

> 不违农时，谷不可胜食也。数罟不入洿池，鱼鳖不可胜食也。斧斤以时入山林，材木不可胜用也。谷与鱼鳖不可胜食，材木不可胜用，是使民养生丧死无憾也。养生丧死无憾，王道之始也。五亩之宅，树之以桑，五十者可以衣帛矣。鸡豚狗彘之畜，无失其时，七十者可以食肉矣。百亩之田，勿夺其时，数口之家可以无饥矣。谨庠序之教，申之以孝悌之义，颁白者不负戴于道路矣。七十者衣帛食肉，黎民不饥不寒，然而不王者，未之有也。(《孟子》卷一，〈梁惠王上〉)

> 今大道既隐，天下为家。各亲其亲，各子其子。货力为己。大人世及以为礼，城郭沟池以为固。礼义以为纪，以正君臣，以笃父子，以睦兄弟，以和夫妇，以设制度，以立田里，以贤勇知，以功为己。故谋用是作，而兵由此起。禹、汤、文、武、成王、周公由此其选也。此六君子者，未有不谨于礼者也。以著其义，以考其信，著有过，刑仁讲让，示民有常。如有不由此者，在势者去，众以为殃，是谓小康。(《礼记》卷七，〈礼运〉)

这种小康世的政治，如禹、汤、文、武、成王、周公是采取家天下的制度，虽以“礼义为纪”、“谨庠序之教”、“不违农时”，经济的目的最多只能达到“黎民不饥不寒”、“养生丧死无憾”而已——这与儒家标榜的以仁道为中心的经济范畴，是有相当距离的。

至于孟子与《礼运》的作者所理想的大同社会底经济蓝图，有如次所引的两段：

> 请野九一而助，国中什一使自赋。卿以下，必有圭田，圭田五十亩，余夫二十五亩。死徙无出乡，乡田同井。出入相友，守望相助，疾病相扶持，则百姓亲睦。方里而井，井九百亩，其中为公田。八家皆私百亩，同养公田。公事毕，然后敢治私事。所以别野人也。（《孟子》卷五，〈滕文公上〉）
>
> 孔子曰：“大道之行也，与三代之英，丘未之逮也，而有志焉。大道之行也，天下为公，选贤与能，讲信修睦。故人不独亲其亲，不独子其子。老有所终，壮有所用，幼有所长，矜寡孤独废疾者，皆有所养。男有分，女有归。货恶其弃于地也，不必藏于己。力恶其不出于身也，不必为己。是故谋闭而不兴，盗窃乱贼而不作。故外户而不闭。是谓大同。”（《礼记》卷七，〈礼运〉）

这种大同社会的政治，是“不独亲其亲，不独子其子”的公天下的制度。比小康世的“各亲其亲，各子其子”的君主专政，及现在流行的“不得亲其亲，子其子”的霸政，真有天渊之别。这种仁道的政治范畴，更配合了公私各有其位的井田制度，这样便可以“使老有所终，壮有所用，幼有所长，矜寡孤独废疾者，皆有所养。男有分，女有归”——这真是一幅活现的“谋闭而不兴”、“盗窃乱贼而不作”、“外户而不闭”的人间乐园！

脱稿于一九五八年七月十九日[①]

① 本文原刊于《工商经济》第一卷第一期。——编者注

儒家的經濟哲學

丘鎮英

——路曼曼其修遠兮，吾將上下而求索。——
屈原　離騷

以孔子爲首的儒家思想，二千年來的學者不管是擁護它的或是反對它的，差不多都側重於它的倫理體系，好像道學家和經學家們，對它的抉幽啓閟，皆以它的大義微言有關於倫理方面的爲依歸。甚至近代學者如章太炎、胡適之、梁漱溟，亦沒有擺脫這種窠臼。比方過去胡適之與梁漱溟二先生關於「仁」的爭論，胡先生依章太炎先生的意見，認「仁」爲論理學的範疇，而梁先生則力主其爲純倫理學的範疇，其實雙方均未能理解「仁」道在孔子哲學中的整體性所致。

如果問什麼是儒家的思想體系？倘要詳細的解答，决非一篇兩篇的文字所能做到。但眞正的概括起來，只舉一個「仁」字便足以統攝其餘。因爲「仁」道是孔子思想體系的核心。「仁」字是春秋時代的新名詞，春秋以前的眞正古書裏找不出這個字。在金文和甲骨文裏也找不出這個字。可見最先提出「仁」字的是孔子，特別强調它的也是孔子。孔子以後的儒家，不論孟荀及以後的張載、程、朱、陸、王，甚至可以說二千年來的儒者，有那個能跳出「仁」字的圈子。

現在且將論語裏面關於「仁」的記載，作一番的歸納分析吧。

禅宗与宋明道学之研究

於禪學的著述，印[illegible]若寫自如，便指
十數種。次則為重學[illegible]專行[illegible]的
朱謙之先生過[illegible]，江[illegible]以[illegible]
籍西不無[illegible]，偶有淺見，[illegible]大
和識，亦愛[illegible]學，知行合一以後的影響。
所謂體之則用張，明[illegible]新，便是錯
這一條[illegible]是大道接受而化的。
作者[illegible]於是禪學與修[illegible]，明道以的
細乏，後以禪修然[illegible]，一生計自[illegible]，自[illegible]，
錄，以及大[illegible]。惟業修學[illegible]生無，[illegible]

NO. 1

一 禪宗與宋明道學之研究

禪宗與宋明道學為東方哲學之骨幹，幾乎為研究此界哲學者所嚮導。但能了解其中妙奧的，即專家學者亦不得一觀。余幼從佛學於庭訓，為學及後門，學為大乘法相筆記唯識續論。翻譯陳編，恍然於彼邦之所以能西化而不能者，固有其道。明清以來，印度佛學之衰，而禪學之研究，尤感，自東伊禅宗与宋明道学为东方哲学之骨干，几乎为研究世界哲学的学者所乐道。但能了解其中奥妙的，在专家学者中亦不多见。著者自幼受阳明学于庭训，及长，负笈厦门，曾在闽南佛学院索研释典，曾为太灵法师笔记《唯识论》。嗣赴东瀛，恍然于彼邦之所以能西化而不殆者，自有其道。明治维新即定佛教为国教；而禅之研究尤盛，年来关于禅学的著述，即经作者寓目的，便有十数种。次则为王学的奉行：晚明朱舜水先生质疑江户，弘扬王学，其学历数百年而不衰。倘非浅见臆说，日本自诩之“和魂”，亦受知行合一学说的影响。所谓体立则用张，日本明治维新便是循这一条去接受西化的。

作者夙有意禅宗与宋明道学的研究，徒以课务纠缠，生计日迫，向无余暇及其他。虽年来僻处海隅，作者在香江课授哲学概论，关于研究哲学之方法，亦曾授生徒以禅宗与道学家之方法。兹分述研究之步骤如次：

甲、研究的方法

禅宗不立文字，教外别传，以心传心；道学则主静主敬主定。前者自认佛陀之心印，后者则以为继孔孟的正传。其所用方法，前者为直指人心的顿悟，后者则似演绎推理。作者现拟将所有禅宗、道学之资料加以归纳分析后，再为之综合推阐。

乙、研究之对象

第一编　禅宗

第一章　禅宗的理论背景

第二章　从达摩到慧能的发展

第三章　南顿北渐之分

第四章　慧能以后顿门的五家七宗

第五章　禅宗的本体论

第六章　禅宗的认识论

第七章　日本禅宗概述

第八章　禅宗的影响

第二编　道学

第一章　道学产生的理论背景

第二章　道学家的先驱

第三章　濂溪、康节、横渠、二程

第四章　理学与心学之分派

第五章　理学之本体论

第六章　理学之认识论

第七章　心学之本体论

第八章　心学之认识论

第九章　两派之归趋

第十章　道学的影响

第三编　结论

丙、研究报告的期限

作者拟根据以上的内容，分两年完成。第一年报告第一编禅宗之结果，拟以十万字至十五万字为限。第二年报告第二编道学之结果，亦拟十万字至十五万字为限。

最后作者以禅宗、道学之卷帙浩繁，拟以一已毕业之高才生为助手，假使贵会有通过本人计划，则盼每年能津贴本人及助手研究费壹仟伍佰美元。又酌助搜购日文、英文、中文有关禅宗、道学之图籍费一次伍佰美元。

第一篇　子学研究讲稿

1. 第一章导论
第一节 经、史、子、集之区别

"史"字篆文"史"，说文段注释为"从又持中"，"又"即今之"右"，故"又"即右字，代表右手。中，代表一枝笔。"聿"古作筆，（说文：秦以后作筆）篆文为肀，亦是右手执笔，惟史字笔尖向上，聿字则笔尖向下而已。说文段注，释史为记事。文心雕龙（刘勰著）史传谓："轩辕之世，史有仓颉，主文之职，其来

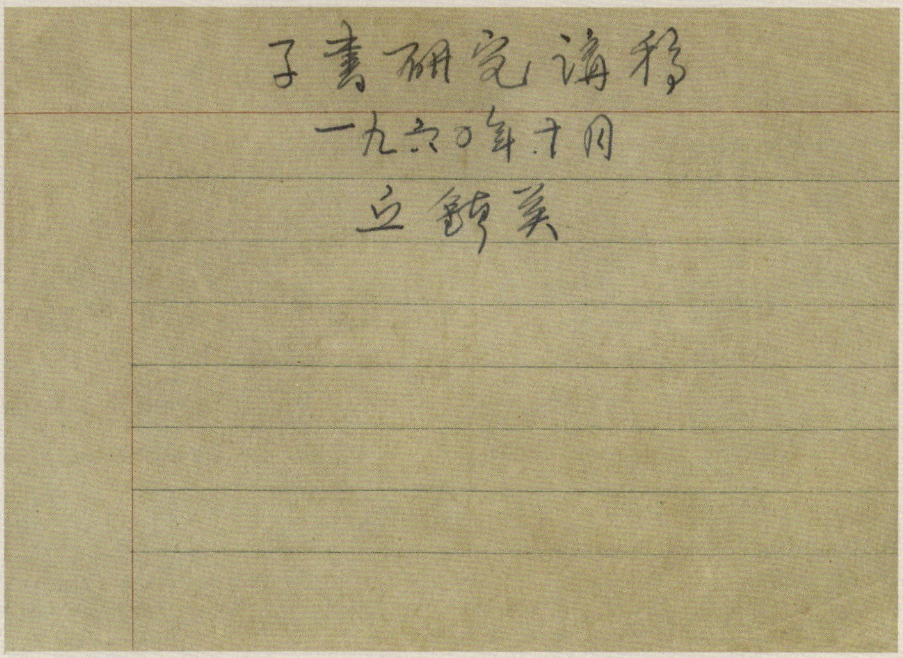

子書研究講稿

一九六〇年十月

立鈞英

第一章　导论

第一节　经、史、子之主要区别

“史”字篆文，《说文》段注释为“从又持中”，“又”即今之“右”，故即右字，代表右手。至，代表一支笔。“聿”古作笔（《说文》秦以后作笔），篆文为，亦是右手执笔，惟史字笔尖向上，而聿字则笔尖向下而已。《说文·段注》释史为记事。《文心雕龙·史传》（刘勰著）谓：“轩辕之世，史有仓颉，主文之职，其来久矣。〈曲礼〉曰：史载笔。左右。史者，使也。执笔左右，使之记也。古者，左史记事者，右史记言者。言经则《尚书》，事经则《春秋》。唐虞流于典谟，商夏被于诰誓。自周命维新，姬公定法，纳三正以班历，贯四时以联事，诸侯建邦，各有国史，彰善瘅恶，树之风声。自平王微弱，政不及雅，宪章散紊，彝伦攸斁。昔者，夫子闵王道之缺，伤斯文之坠，静居以叹凤，临衢而泣麟。于是就太师以正雅颂，因鲁史以修春秋；举得失以表黜陟，征存亡以标劝戒。褒见一字，贵踰轩冕；贬在片言，诛深斧钺。然睿旨存亡幽隐，经文婉约。丘明同时，实得微言，乃原始要终，创为传体。传者，转也。转受经旨，以授于后，实圣文之羽翮，记籍之冠冕也。”——可知古史即经也。

“经”,《说文》:“织从丝也。”〈段注〉曰:“织之从丝谓之经,必先有经而后有纬,是故三纲五常六艺谓之天地之常经。”《白虎通·论五经象五常》(班固撰)道:“经所以为五,何?经,常也。有五常之道,故曰五经。”陈立〈疏证〉:“《孔丛子执节篇》:‘经者,取其可常也。可常则为经矣。’《诗·小旻》:‘匪大猷是经。’《毛传》:‘经,常也。’《韩诗外传》引孟子云:‘常之为经。’经有五,常亦有五,故为有五常之道也。”

《文心雕龙·宗经》谓:“经也者,恒久之至道,不刊之鸿教也。故象天地,效鬼神,参物序,制人纪,洞性灵之奥区,极文章之骨髓者也。皇世三坟,帝代五典,重以八索,申以九邱,岁历绵暖,条流纷糅,自夫子删述,而大宝咸耀。于是《易》张十翼,《书》标七观,《诗》列四始,《礼》正五经,《春秋》五例,义既极乎性情,辞亦匠于文理,故能开学养正,昭明有融。然而道心惟微,圣谟卓绝,墙宇重峻,而吐纳自深。譬万钧之洪钟,无铮铮之细响矣。”又谓:“夫《易》惟谈天……《书》实记言……《诗》主言志……《礼》以立体……《春秋》辨理……”可知经亦史也。

龚自珍《古史钩沉论二》:“夫六经者,周史之宗子也。《易》也者,卜筮之史也。《书》也者,记言之史也。《春秋》也者,记动之史也。《风》也者,史所采于民,而编之竹帛,付之司乐者也。《雅》,《颂》也者,史所采于士大夫也。《礼》也者,一代之律令,史职藏之故府,而时以诏王者也。……故曰,五经者,周史之大宗也。”(见《定盦续集》卷二,页一〇二)

“子”,古为男子之美称,见《左传·昭公十二年》“从我者子乎”疏。又门弟子称师,亦称之曰子。据汪中《述学·释夫子》,认为“夫子”由爵位沿袭而来。《论语》为孔子弟子所记录,称孔子曰“子”,对人称则曰“夫子”。遂开门弟子称师之尊称,其后诸子之学说由门人和他人撰辑成书，均称为“某子”。[①]

《文心雕龙·诸子》谓：“诸子者，人道见志之书。太上玄德，其次立言。百姓之群居，苦纷杂而莫显；君子之处世，疾名德之不章。唯英才特达，则炳耀垂文，腾其姓氏，悬诸日月焉。昔风后，力牧，伊尹，咸其流也。篇述者，盖上古遗语，而战伐所记者也。至鬻熊知道，而文王咨询，余文遗事，录为《鬻子》。子自肇始，莫先于兹。及伯阳识礼，而仲尼访问，爰序道德，以冠百氏。然则鬻为文友，李实孔师。圣贤并世，而经子异流矣。”——可知“人道见志”为子书之要的，自与经史有别。

龚自珍《古史钩沉论二》：“孔子殁七十子不见用，衰世著书之徒，蜂出泉流，汉氏校录，最为诸子。诸子也者，周史之小宗也。”——龚氏认诸子为周史支蘖小宗，但其有别于史则无疑。

《论》,《孟》,《荀》主要差别点（说见王蘧常《诸子学派要诠》卷上，八六页）：“考《不苟篇》，‘君子养心莫善于诚’。致诚则无他事，唯仁之为守，唯义之为行，与子思，孟子言未尝不合。特一以仁义为归；一以礼为统。以仁义为归，故简于礼；以礼为统，则欲行仁义，必统于礼而乃成。《礼论》篇曰：‘道德仁义，非礼不成。’亦谓不统于礼，不足以成仁义也。此孟，荀所以同门异户，遂以相非，不足异也。”

余杭章氏（太炎）《与章士钊论墨学书》谓：“经多陈事实，诸子多明义理。”足明经，史，子之主要区别，但“子”，“集”又各殊趣，以子书必以一家之专学为准。《四库总目提要》云：“凡能自名一家者，必有一节之足以自立。”而集部之书，则以杂辑一人或多人之著述，所论

① 何休《公羊经诂》曰：“古者士大夫通称曰子。”古者官师合一，肄版必入官。《曲礼》言宦学事师。《说文》仕训学，足征当时非仕无从授业。

不一，自有异于一家之专学。

第二节　论诸子流派与称谓

论诸子流派，以《庄子·天下》篇为最早。首论“邹鲁之士”（当指孔孟），次分墨翟，禽滑厘；宋钘（近墨家）[①]，尹文；彭蒙，田骈，慎到（法）；关尹，老聃；庄周；惠施及与惠施相应者有恒团，公孙龙辩者之徒。

其次，为《荀子·非十二子》篇。所论述的亦分为六派：它嚣，魏牟；陈仲，史鳍[②]；墨翟，宋钘；田骈，慎到；惠施，邓析；子思，孟轲。

但《庄子》，《荀子》虽将诸子分论，然未将之名家。至司马谈《论六家要指》（见司马迁《太史公自序》），始将诸子明标为阴阳、儒、墨、名、法、道德六家，于儒、墨、道、名、法之外，加一阴阳，而犹未称诸子。洎至刘歆从父向，总括图书，撮其旨要，著为《七略》。《文心雕龙·诸子》篇所谓：“逮汉成留思，子政（刘向字）雠校，于是《七略》芬菲，九流鳞萃，杀青所编，百有八十余家矣。”《七略》：一、辑略；二、六艺；三、诸子；四、诗赋；五、兵书；六、术数；七、方技。诸子之称，实肇于此。惟《七略》不传，班固根据《七略》而作《汉志》（即《汉书·艺文志》之简称）。《汉志·诸子略》分诸子为儒、道、阴阳、名、法、墨、纵横、杂、农、小说十家。其后，《隋书经籍志·子部》

---

① 宋钘，《孟子》作宋牼，《庄子》文作宋荣子。

② 史鳍，即史鱼（似墨道）。

踵事增华，复分为儒、道、法、名、墨、纵横、杂、农、小说、兵、天文、历数、五行、医方十四家。

以上所分，如以《文心雕龙》“入道见志”之标准衡之，则《汉志》之阴阳、纵横、杂、农、小说或《隋志》之纵横、杂、农、小说、兵、天文、历数、五行、医方，均属论术而非论道之书，且无一贯之中心思想可言。实不能与儒、道、墨、法、名五家同刊。余杭章氏于《国学概论》中论诸子：“九流之中，若纵横家乃政客之技术，阴阳家近于迷信，农家为种植之技艺，杂家乃杂乱之主张，皆与哲学无关。其与哲学最有关者，厥为儒，道二家，法家，墨家，名家次之。”故从来研究诸子学者，多以儒、道、墨、法、名五家为主。

第三节　诸子学产生之时代背景

诸子学产生之说，首先见于《淮南子要略》[①]。《淮南》以为诸子之学，皆起于救世之弊，应时而兴。有如“纣为天子，赋敛无度，杀戮无止。……文王欲以卑弱制强暴。以为天下去残除贼，而成王道，故太公之谋生”。[②]“周公继文王之业，持天子之政，以股肱周室，辅翼成王。惧争道之不塞，臣下之危上也，故纵马华山，放牛桃林，败鼓折枙。搢笏而朝，以宁静王室，镇抚诸侯。……孔子修成康之道，述周公之训，以教七十子。使服其衣冠，修其篇籍，故儒者之学生。”有儒学之敝，礼文之烦扰，而后墨者之教起。有齐国之地势，桓公之霸业，

① 淮南子书名，汉淮南王安辑其宾客作。

② 《孟子·滕文公》：“圣王不作，诸侯放恣，处士横议。”

而后《管子》之书作。有战国之兵祸，而后纵横修短之术出。有韩国之法令，“新故相反，前后相缪”，而后申子刑名之书生。有秦孝公之图治，而后商鞅之法兴焉。——此所论列，虽间有考之未精，然大旨，以为学术之兴，皆本于世变之所急。近人胡适之先生《诸子不出于王官论》即据《淮南》以驳《汉志》。胡氏以《汉志》九流皆出于王官之说，为汉儒附会揣测之辞，大足贻误后学。彼以为“诸子自老聃，孔丘至于韩非，皆忧世之乱而思有以拯济之，故其学皆应时而生，与王官无涉”。

其次为班固据刘歆《七略》而作之《汉书·艺文志》，认九流皆出于王官。其说曰：“儒家者流，盖出于司徒之官。……道家者流，盖出于史官……阴阳家者流，盖出于羲和之官。……法家者流，盖出于理官。名家者流，盖出于礼官。……墨家者流，盖出于清庙之守。……纵横家者流，盖出于行人之官。……杂家者流，盖出于议官。……农家者流，盖出于农稷之官。……小说家者流，盖出于稗官。……（本十家，原文有“其可议者九家而已”之语，故但言九流）。”——近人陈钟凡在所著《诸子通谊》释之曰：“家，为畴官世业之名。周室世禄，以官为世，代守旧业。子就父学为畴官，故称畴人子弟。其在《左传·昭公二十九年》载：‘墨子曰：夫物物有官，官修其方，朝夕思之。一日失职则死及之。失官不食，官宿其业，其物乃至。’《史记·历书》言：‘畴人子弟分散。’《集解》引如淳曰：‘家业世世相传为畴律，年二十三，传之畴官，各从其父学。’《索隐》引韦昭曰：‘畴，类也。盖谓弟子之学，类其父兄，故有家学之名。’……自王官失守，家学放失，久落世业之足云。而刘《略》仍称某家者流者，以各家之书，多出于传其学者所辑录，非本人之手造也。”又章学诚于《文史通义·诗教上》释曰：“三代盛时，各守人官物典之世氏。是以相传以口耳。而孔孟以前，未尝传其书。至战国而守师传之道废，通其学者，述旧闻而著于竹帛焉。”余杭章氏（太炎）于《诸子学略说》申班〈志〉之说曰：“古之学者多出王官，世卿用事之时，百姓当家，则务农商畜牧，无所谓学问也，其欲学者，不得不给事官府，为之胥徒，或乃供洒扫，为仆役焉。故《曲礼》云‘官学事师。’学字本或作御。所谓宦者，谓其宦寺也。所谓御者，谓其仆御也。……《说文》云：‘仕，学也。’仕何以得训为学。所谓宦于士大夫，犹今之学习行走耳。是故非仕无学，非学无仕。”于〈原学〉又曰：“是故九流皆出王官，及其发舒，王官所不能与。官人守要，而九流究宣其义，是以滋长。”——此所谓“官人守要”，便认定王官确为九流所本。

至龚自珍则认为诸子皆出于史，其所著《古史钩沉论二》曰：“老于祸福，熟于成败，挈万事之盈虚，窥至人之无竞，名曰任照之史，宜为道家祖。综于天时，明于大政，考夏时之等，以定民天，名曰任天之史，宜为农家祖。左执绳墨，右执规矩，笃信谦守，以待弹射，不使王枋弛，不使诸侯骄上，名曰任约剂之史，宜为法家祖。博观群言，既迹其所终始，又迹其所出入，不蒙一物之讥，不受诸侯蹈抵，使王政不清，庶物奸生，名曰任名之史，宜为名家祖。胪引群术，爱古聚道，谦让不敢，删定整齐，以待能者，名曰任文之史，宜为杂家祖。窥于道之大原，识于吉凶之端，明王事之贵因，一呼一吸，因事纳谏，比物假事，不辞矫诬之刑，史之任讳恶者，于材最为下也，宜为阴阳家祖。近文章，眇语言，割荣以任简，养怒以积辨，名曰任喻之史，宜为纵横家祖。抱大禹之训，矫周文之偏，守而不战，俭而不夺人，名曰任本之史，宜为墨家祖。五庙以观怪，地天以观通，六合之际，无所不储，谓之任教之史，宜为小说家祖。刘向云：道家及术数家出于史。不云余家出于史。此知五纬，二十八宿异度，而不知其皆系于天也；知江河异味，而不知皆丽于地也。故曰：诸子也者，周史之支孽小宗也。”——龚氏谓诸子皆发源于周史，似较班〈志〉为近情。但班〈志〉于〈诸子略序〉结语中，则谓：“诸子十家，其可观者，九家而已。皆起于王道已微，诸侯力政，时君世主，好恶殊方，是以九家之说，蜂出并作，各引一端，崇其所善，以此驰说，取舍诸侯。其篇虽殊，辟犹水火相灭，亦相生也。……《易》曰：‘天下同归而殊途，一致而百虑。’今异家者，各推所长，穷知究虑，以明其指；虽有蔽短，含其要归，亦六经之支与流裔。”则已与其上出于王官之说背驰。

据此，诸子出于王官之说，不免牵强附会，谓为周史之支孽小宗，则从本原上说。《淮南》、胡适之说似矣，而惜未详其因。近人冯友兰于所著《中国哲学史》论〈子学时代哲学蓬勃之原因〉，认为子学之产生，由于贵族政治与井田制度之崩坏。王船山于《读通鉴论》（见《船山遗书》）中虽描述此制度谓：“三代之国，幅员之狭，直今一县耳。仕者不出于百里之中，而卿大夫之子恒为士，故有世禄者有世田，即其所世营之业也。名为卿大夫，实则今乡里之豪族而已。世居其土，世勤其畴，世修其陂池，世治其助耕之氓。……”——在此一制度之下，政教不分，非士无所受书，非吏无所得师。但构成此制度之基本原因，应属于经济。冯氏以贵族政治之崩坏，因而引起社会经济之变革，虽较《淮南》、胡适所论为高，仍不无可议之处。良以井田制坏而兼并起，兼并成而世禄之制破，即上古之政治及社会制度遂起根本之变化矣。故“时君世主，好恶殊方，是以九家之说，蜂出并作，各引一端，崇其所善，以此驰说，配合诸侯”。[①]

---

① 梁启超论周末学术思想勃兴之原因：一由于蕴蓄之宏富，一由于社会之变迁，一由于交通之频繁，一由于人才之见重，一由于文学之趋简，一由于讲学之风盛。

第四节　诸子在文学上的地位

古来以诸子为非文学作品者，首见于梁昭明《文选·序》，盖以诸子“以立意为宗，不以能文为本”。清阮芸台（元）恢张其说，一则曰：“昭明所选，名之曰文，盖必文而后选也，非文则不选也。经也，史也，子也，皆不可专名之为文也。故昭明《文选·序》后三段特明其不选之故，必沈思翰藻，始名之为文，始以入选也。……自唐宋韩苏诸大家，以奇偶相生之文为八代之衰而矫之，于是昭明所不选者，反皆为诸家所取，故其所著者非经即子，非子即史，求其合于昭明〈序〉所谓文者鲜矣。”（〈书梁昭明太子文选序后〉，见《揅经室三集》）再则曰：“昭明《选·序》体例甚明，后人读之，苦不加意。《选·序》之法，于经子史三家不加甄录，为其以立意纪事为本，非沈思翰藻之比也。今之为古文者，以彼所弃，为我所取，立意之外，惟有纪事，是乃子史正流，终与文章有别。千年坠绪，无人敢言，偶一论之，闻者掩耳，……”（阮元《与友人论古文书》）。余杭章氏则不以《文选》及阮氏之说为然，于《文学论略》中力论将经、史、子摒于文学之外之非。其言曰：“自晋以后，始有文笔之分。《文心雕龙》云：‘今之常言，有文有笔：有韵者文也，无韵者笔也。’然《雕龙》所论列者，艺文之属，一切并包，是则文笔分科，祗存时论，固未尝以此为界限也。昭明太子之序《文选》也，其于历史，则云：‘事异篇章’；其于诸子，则：‘不以能文为贵’，此为裒次总集，自成一家。体例适然，非不易之定论也。若以文笔区分，则文选所登，无韵者亦自不少。若以文之为道，贵在彣彰，则未知贾生《过秦》”，比于周秦诸子，其质其彣，竟何所判？且《汉书·艺文志》儒家者流，有贾谊五十八篇，《过秦》亦在其列。此亦诸子，何以独堪登录？有韵文中，既登汉祖《大风》之作，即《古诗》十九首，亦皆入选，而汉晋乐府，反在所遗。是其于韵文也，亦不以节奏低昂为主，惟取文采斐然，足耀观览，又失韵文之本也。是故昭明之说，本无可以成立者也。”所以士衡（陆机）《文赋》谓：“罄澄心以凝思，眇众虑而为言，笼天地于形内，挫万物于笔端，始踯躅于燥吻，终流离于濡翰，理扶质以立干，文垂条而结繁。”从可知理为文之本。故顾亭林（炎武）曰：“典谟爻象，此二帝三王之言也。《论语》，《孝经》，此夫子之言也。文章在是，性与天道，亦不外乎是。”《列子》八篇，今本出晋张湛，疑即湛所伪造（见《日知录》论文九则）。足征诸子学之旨远，而其辞亦文也。

兹引《文心雕龙·诸子》评诸子之文曰：“研夫孟荀所述，理懿而辞雅；管晏属篇，事核而言练；列御寇之书，气伟而采奇；邹子之说，心奢而辞壮；墨翟，随巢，意显而语质；尸佼，尉缭，术通而文钝；鹖冠绵绵，亟发深言；鬼谷眇眇，每环奥义；情辨以泽，文子擅其能；辞约而精，尹文得其要。慎到析密理之巧；韩非著博喻之富；吕氏鉴远而体周，《淮南》泛采而文丽。斯则得百氏之华采，而辞气文之大略也。”①“嗟乎！身与时舛，志共道申，标心于万古之上，而送怀于千载之下。”

总之，诸子书虽多，而于文学上具有不朽之价值者，则推《孟子》，《荀子》，《庄子》，《墨子》及《韩非子》五家。五家皆说理茂密，而为文则汪洋恣肆，诚为中国散文史上不灭之杰作。

以上所论，已明诸子学之奠立。兹依儒、道、墨、法、名等诸家之顺序，分章加以论列。

---

① 邹子，即邹衍。随巢为墨翟弟子（班固自注）。胡应麟谓兵家之《尉缭子》即今所传，而杂家之《尉缭》，并非此书，今杂家之兵家独传。《文子》自注为老子弟子，《吕氏春秋》秦相吕不韦辑智略士作。

第二章　儒家

第一节　总论

前论诸子产生之时代背景时，曾言由于经济变革（井田废，兼并之风开），引起世官世禄之贵族政治之崩坏。儒即“士”之一种，在贵族政治崩溃以前，“士”之阶级尚未存在。所谓“士”是指不治生产，而专以卖技艺才能为糊口之资者。在贵族政治未崩溃以前，有技艺才能之专家，皆为贵族所专养专用，故不自为阶级。迨贵族政治崩坏以后，在官之专家，流在民间，以卖其技艺为生。凡有权有钱者皆可临时雇用之，于是士之阶级出。士之本义，似是有才能者之通称。如《书·多士》所说“尔殷多士”，《诗·文王》所说“济济多士，文王以宁”。似皆泛指有才能者而言。《论语·微子》所说“周有八士”，亦以士为有才能者。——此即儒之起源。后来在儒之阶级中，有不欲止于卖技艺为事，而欲以昔日之礼乐制度平天下，而又予以理论之根据者，此即后来之所谓“儒家”。孔子非儒之创始者，而乃是儒家之创始者。

儒家之学，实大成于孔子。《史记·孔子世家》云：

> 孔子之时，周室微而礼乐废，《诗》、《书》缺，追迹三代之礼，序《书传》，上纪唐虞之际，下至秦缪，编次其事。曰：“夏礼吾能言之，杞不足征也；殷礼吾能言之，宋不足征也；足，吾则能征之矣。”观夏殷所损益，曰：“后虽百世，可知也。”以一文一质。周监二代，郁郁乎文哉。吾从周。”故《书传》、《礼记》自孔氏。孔子语鲁太师：“乐其可知也。始作，翕如；纵之，纯如；皦如，绎如

也，以成。吾自卫反鲁，然后乐正，《雅》、《颂》各得其所。”古者《诗》三千余篇，及至孔子，去其重，取其可施于礼义。上采契、后稷，中述殷周之盛，至幽厉之缺，始于衽席。故曰：“〈关雎〉之乱，以为《风》始，〈鹿鸣〉为《小雅》始，〈文王〉为《大雅》始，〈清庙〉为《颂》始。”三百五篇孔子皆弦歌之，以求合《韶》，《武》，《雅》，《颂》之音。礼乐自此可得而述，以备王道，成六艺。孔子晚而喜《易》，序〈彖〉，〈系〉，〈象〉，〈说卦〉，〈文言〉。读《易》，韦编三绝，曰：“假我数年，若是，我于《易》则彬彬矣。”孔子以《诗》、《书》、《礼》、《乐》教，弟子盖三千焉，身通六艺者七十有二人。……愿受业者甚众。……乃因史记作《春秋》，上至隐公，下迄哀公十四年，十二公。据鲁，亲周，故殷，运之三代，约其文辞而指博。……

此可见孔子集大成之学之大概矣。

自孔子之后，学派繁衍，论者统名为儒，而又加以区别。如《荀子·非十二子》篇所云：“弟佗其冠，衶禫其辞，禹行而舜趋，是子张氏之贱儒也。正其衣冠，齐其颜色，嗛然而终日不言，是子夏氏之贱儒也。偷儒惮事，无廉耻而耆饮食，必曰君子固不用力，是子游氏之贱儒也。”[①]《韩非子·显学》篇则云：“孔子之死也，有子张之儒，有子思之儒，有颜氏之儒，有孟氏之儒，有漆雕氏之儒，有仲良氏之儒，有孙氏之儒，有乐正氏之儒。”[②]——大抵随意举示，不可即据以为孔子之学，只分为此数派。韩非分儒为八，若合荀卿所论之子游，子夏，则儒分为十

① 子张姓颛孙名师，子夏姓卜名商，子游姓言名偃。

② 孔子弟子中名孟懿子，则孟氏未心即孟子。

矣。又《荀子·非十二子》篇以子思，孟轲为一派，《韩非子·显学》篇则以子思、孟氏两派。又未知韩非所指之孟氏，是否即荀卿所指之孟轲。纵以上所论之宗派正确，然各派之书，多已不传。而以后在孔门中发生壮阔之波澜者惟有孟（轲）荀（卿）二家。

至儒家自孔子以博文约礼为教，孔子死后，流派歧分，中经秦火，汉儒整理丛残，尤多牵傅。故《汉志》有云：“后世经传现已乖离，博学者又不思多闻阙疑之义，而务杂义逃难，破坏形体，说五字之文，至于二三万言，后进弥以驰逐，故幼童而守一艺，自首而后能言，安其所习，毁所不见，终以自蔽，此学者之大患也。”（《六艺略》）此可见秦汉以后儒学之失。

第二节　孔子

一、孔子略传

孔子名丘，字仲尼，姓孔氏。其先世为殷遗民而居于宋。鲁襄公二十一年（即周灵王二十年，为公元前五五二年[①]）周正之冬十月庚子为夏正之秋八月二十七日，生于鲁昌平乡陬邑，卒于鲁哀公十六年（即周敬王四十一年，为公元前四七九年），周正之夏四月己丑，为夏正之春二月十一日，时年七十三岁。

孔子幼而好学，敏求古代之学问，主要者为《诗》，《书》，《礼》。晚年有志于学《易》，“子曰：‘假我数年，卒以学《易》，可以无大过

① 《史记·孔子世家》谓生于周灵王二十一年。

矣。'”（《论语·述而》）[1]孔子之学术兴趣，着重于周代之礼节文物。卫公孙朝问于子贡曰：“仲尼焉学？”子贡曰：“文武之道，未坠于地，在人；贤者识其大者，不贤者识其小者，莫不有文武之道焉。夫子焉不学？而亦何常师之有？”（《论语·子张》）孔子曾师事多人，问礼于老聃，访乐于苌弘，学琴于师襄，问官于郯子。

孔子之生活：燕居，整饬而和舒，“申申如也，夭夭如也”。（《论语·述而》）待人，信实而诚笃，“于乡党，恂恂如也，似不能言者”。（《论语·乡党》）其日常行为，恬淡而潇洒，“子曰：‘饭疏食，饮水，曲肱而枕之，乐亦在其中矣。不义而富且贵，于我如浮云'”。（《论语·述而》）

孔子少而贱，自谓“多能鄙事”（《论语·子罕》），尝为委吏，乘田，后仕为中都宰，累官至大司寇，相定公，建夹谷之令，[2]诛少正卯，鲁国大治，后因政见不合，辞职去鲁，周游列国，“斥乎齐，逐乎宋卫，困于陈蔡之间”，终不能行其道，于是反鲁，退而讲学，“以诗书礼乐教弟子，盖三千焉”。（《史记·孔子世家》）

现研究孔子之资料，以《论语》为最可靠。《论语》之名，始见于《礼记·坊记》，其书为孔子之语录，成书于孔子殁后。《汉书·艺文志》：“《论语》，孔子应答弟子时人，及弟子相与言而接闻于夫子之语也。当时弟子各有所记。夫子既卒，门人相与辑而论纂，故谓之《论语》。”《论语》据刘向《别录》有三种：“鲁人所学谓之《鲁论》，齐人所学谓之《齐论》，孔壁所得谓之《古论》。”三论渐次相并，乃成今本。《论语集解叙》：“何晏云：‘安昌侯张禹，本授鲁论，兼讲齐说。从者善之，

---

① 古本《论语·述而》：“加我数年，五十以学易，可以无大过矣。”

② 《左传·定公十年》孔子相定公会齐景公于夹谷，以大义折服景公。

号曰张侯论，为世所贵。……郑玄就鲁论篇章，考之齐、古，为之注。’”案:《齐论》、《古论》久亡，今本《论语》即《鲁论》也。

二、孔子之为学

《春秋公羊》谓孔子受命制作。《公羊·哀公十四年·注》:“获麟之后，天下血书鲁端门曰：趋作法，孔圣殁；周姬亡，彗东出；秦政起，胡破术;书记散，孔不绝。子夏明日往视之，血书飞为赤鸟，化为白书，署曰《演孔图》。”

自号素王。

郑玄《六艺论》:“孔子既西狩获麟，自号素王，为后世受命之君，制明王之法。”又贾逵《春秋序》:“孔子览史记，就是非之说，立素王之法。”

皆视孔子为神奇不经之人，迄今日而称述其说者不衰。欲比孔子于耶稣，穆罕默德，以孔教为标帜，是皆不知孔子者也。孔子不假宗教以惑世，而卓然立人之极，故为生民以来所未有。

《孟子》:“述有若之言曰：圣人之于民，类也。出于其类，拔于其萃，自生民以来，未有盛于孔子也。”

学者欲知孔子，当自人事求之，不可神奇其说也。

孔子之学，有得之于家庭者。

《左传·昭公七年》:“孟僖子曰：孔丘圣人之后也，而灭于宋，其祖弗父何以有宋而授厉公。及正考父，佐戴武宣，三命兹益共，故其鼎铭云：一命而偻，再命而伛，三命而俯，遁墙而走，亦莫余敢侮。饘于是，鬻于是，以糊余口。其共也如是。臧孙纥有言曰：圣人有明德者，若不当世，其后必有达人，今其将在孔丘乎。”

有得之于社会者。

《史记·孔子世家》：“孔子为儿嬉戏，常陈俎豆，设礼容。南宫敬叔言于鲁君曰：请与孔子适周。鲁君与之一乘车两马一竖子，俱适周，问礼，盖见老子云。”

《仲尼弟子列传》：“孔子之所严事，于周则老子，于卫蘧伯玉，于齐晏平仲，于楚老莱子，于郑子产，于鲁孟公绰，数称臧文仲，柳下惠，铜鞮，伯华，介山，子然，孔子皆后之，不并世。”

家庭之遗传，社会之影响，虽亦有关于孔子，而孔子之所以成为孔子者，仍在其自身之好学。故其自言曰：“吾十有五而志于学，三十而立，四十而不惑，五十而知天命，六十而耳顺，七十而从心所欲，不逾矩。”“十室之邑，必有忠信如丘者焉。不如丘之好学也。”

忠信之资，初不足以过人；惟好学为所自信。自十五至七十，无一息不学，知行之功，与年俱进，是则非平生师友所可几矣。前乎孔子者，虽有传说始终典学之语，然未尝有言之亲切详备如孔子者，则虽吾民知学，自孔子始，可也。

孔子自信其学之程序，且述其学之功效。然只自明其身心所造之境地，未尝及于身外，由此可知孔子为学之目的，在先成己而后成物。其成己之法，在充满其心性之本能，至于从心所欲不逾矩之境，而一切牖世觉民之方，乃从此中自然发见于外。既非徒受外界之反感，愤激悲悯，欲学一种方法或主义以救世；亦非徒慕古人，欲蹈袭其陈迹，冀自倚于功名。至于垂老无成，乃托教学著书，以期留名后世，及与当世讲学者争技门户，独立一派别也。《论语》及《大学》、《中庸》所言，十九皆明此义。不知孔子所学为何事，第以褊狭骛外之心测孔子，宁能窥其涯涘哉。（此段摘自柳诒徵《中国文化史》三〇四页）

三、为孔子思想出发点之仁道

“仁”是孔子思想之核心，亦为其全部思想之出发点。“仁”字似为春秋时代之新名词，甲骨文与金文中未见此字，即在春秋以前之古籍中，亦未见有此字。最先提出仁字者为孔子，而加以应用者亦为孔子。孔子以后之儒家，无论孟荀及其后之周、邵、张、程、陆、王，有谁能超出“仁”道之领域?

“仁”道在孔子思想中“统摄诸德”，涵义至广。据我研究，“仁”不但为伦理范畴，而且是孔子哲学中之政治范畴、经济范畴与论理范畴。不但注重于“成己”，亦注重于“成物”。“仁”是无美不备，可以“施诸四海而皆准”。立己，齐家，治国，平天下皆以“仁”为出发点。

兹将《论语》中所见之“仁”字问答，略揭如次：

樊迟问仁，子曰：“爱人。”(《论语·颜渊》)

子曰：“巧言令色，鲜矣仁。”(《论语·学而》)

子曰：“刚毅木讷近仁。”(《论语·子路》)

宪问：“克、伐、怨、欲，不行焉，可以为仁矣?”子曰：“可以为难矣，仁则吾不知也。”(《论语·宪问》)

樊迟问仁，子曰：“居处恭，执事敬，与人忠。虽之夷狄，不可弃也。”(《论语·子路》)

子张问仁于孔子，孔子曰：“能行五者于天下为仁矣。恭、宽、信、敏、惠；恭则不侮，宽则得众，信则人仁焉，敏则有功，惠则足以使人。”(《论语·阳货》)

子贡曰：“如有博施于民，而能济众，何如，可谓仁乎?”子曰：“何事于仁?必也圣乎！尧舜其犹病诸。夫仁者，己欲立而立人，

己欲达而达人，能近取譬，可谓仁之方也已。”（《论语·雍也》）

仲弓问仁，子曰：“出门如见大宾，使民如承大祭。己所不欲，勿施于人，在邦无怨，在家无怨。”（《论语·颜渊》）

颜渊问仁，子曰：“克己复礼为仁。一日克己复礼，天下归仁焉。为仁由己，而由人乎哉？”颜渊曰：“请问其目。”子曰：“非礼勿视，非礼勿听，非礼勿言，非礼勿动。”（《论语·颜渊》）

子曰：“君子道者三，我无能焉。仁者不忧，知者不惑，勇者不惧。”（《论语·宪问》）

子曰：“志士仁人，无求生以害仁，有杀身以成仁。”（《论语·卫灵公》）

可知仁之涵义足以涵盖诸德。《论语·里仁》夫子自道：“参乎！吾道一以贯之。”“出，门人问曰：‘何谓也？’曾子曰：‘夫子之道，忠恕而已矣。’”夫尽己谓之“忠”，推己谓之“恕”。忠以成己，恕以成物，孔子一以贯之，而成其所谓内圣外王之学，此仁道之所以博大精微，无可无不可也。

四、孔子的教育哲学

孔子之道，以仁道为中心，所以他之教育主张亦以仁道为出发点。其所标榜之“因材施教”，是有关仁道之成己方面；其所标榜之“有教无类”，是有关仁道之成物方面。前者如弟子问仁，便因各人秉赋之材质不同，而所答（即所施之教诲）亦因人而异。樊迟问仁，答以“爱人”；颜回问仁，答以“克己复礼”；仲弓问仁，答以“己所不欲，勿施于人”；

子张问仁，答以“能行五者（恭、宽、信、敏、惠）于天下为仁矣”。所以，他所教之学生，成就亦各不同，如“德行：颜渊、闵子骞、冉伯牛、仲弓；言语：宰我、子贡；政事：冉有、季路；文学：子游、子夏”。又如，“雍也，可使南面”；“由也，千乘之国，可使治其赋也”；“求也，千室之邑，百乘之家，可使为之宰也”；“赤也，束带立于朝，可使与宾客言也”。——至其教材，则以六艺为主，《庄子·天下》篇曾提及儒家以六艺教人之主旨：“《诗》以道志，《书》以道事，《礼》以道行，《乐》以道和，《易》以道阴阳，《春秋》以道名分。”不但不教以一家之言，亦与今日独裁政治下一条鞭之教法殊科。兹可谓近代天才教育之先驱。

后者以古代（指春秋以前）典籍藏于官府，学术亦存于官府，教育只限于贵族。至孔子始开私人讲学之风，抱“有教无类”之旨。不但教材无阶级之区别，即招收之学生身份亦无阶级之限制。《论语·述而》上：“自行束脩以上，吾未尝无诲焉。”——足见孔子又开近代教育平等与教育民众化之先河。

此处须注意者，孔子之教诸弟子着重于修己为先，必己已立，然后再以推己及人。即先讲内圣，然后推至外王。“哀公问弟子孰为好学，孔子对曰：有颜回者，好学。不迁怒，不贰过，不幸短命死矣。今也则亡，未闻好学者也。’”观此，可知孔子所谓学，最重在修身克己。颜子虽称夫子博我以文，而孔子并不以博文许之。盖弟子之中，虽多聪明才辩之士，而即知即行，笃志克己者，无过于颜子。故孔子屡称之。又《论语》谓：“子以四教：文、行、忠、信。”知识之传授虽居其首，而有关于人格之训练者，则居其三。足见孔子之教育以成己为出发点。

孔子以后之儒家，因对“仁”之看法不同，所以便产生孟、荀在教育哲学上之分立，及其后程（程颢、程颐），朱（熹），陆（象山），王

（阳明）对于心性之论争。

孟子从孔子“仁者爱人”之观点出发，认人性中本有仁、义、礼、智之端，“恻隐之心，仁之端也。羞恶之心，义之端也。辞让之心，礼之端也。是非之心，智之端也。”所以人之性本善；以后人之性所以变恶者，实受后天环境之影响，使兽性增长，人之本性之性便为兽性所掩盖之故。孟子对于回复人性之本然之教育方法，主“尽心”“知性”及“反身而诚”。换言之，孟子之教育方法，是以个人为本位之启发先天之方法。

荀子从孔子“克己复礼为仁”及“性相近也，习相远也”之观点出发，认“人之性恶，其善者伪也”。荀子于《性恶》篇中，曾解说人性本然为恶的理由：“今人之性，生而有好利焉，顺是故争夺生，而辞让亡焉。生而有疾恶焉，顺是故残贼生，而忠信亡焉。生而有耳目之欲，有好声色焉，顺是故淫乱生，而礼义文理亡焉。然则从人之性，顺人之情，必出于争夺，合于犯分乱理，而归于暴。故必将有师法之化，礼义之道，然后出于辞让，合于文理，而归于治。用此观之，然则人之性恶明矣，其善者伪也。”（《荀子》卷十）

荀子欲改变人性之恶，而导之归善之教育方法，主张“积善全尽”，“化性起伪”，性中本然之恶便可除去，圣即可积之而致。荀子之教育方法与上述孟子之教育方法，虽殊途而似可以同归，但与孟子最大之差异点是侧重于后天环境之改造。

荀子于《富国》篇论社会国家之起源，曰：“无君以制臣，无上以制下。天下害生纵欲，欲恶同物，欲多而物寡，寡则必争矣。故百技所成，所以养一人也。而能不能兼技，人不能兼官。离居不相待则穷；群而无分则争。穷者，患也；争者，祸也。救患除祸，则莫若明分使群矣。强胁弱也，知惧愚也，民下违上，少陵长，不以德为政，如是则老弱有失养之忧，而壮者有分争之祸矣。事业，所恶也。功利，所好也。职业无分，如是则人有树事之患，而有争功之祸矣。男女之合，夫妇之分，婚姻聘内，送逆无礼，如是则人有失合之忧，而有争色之祸矣。故知者为之分也。”（《荀子》卷十，页一一三）

又于《礼论》篇中论礼之起源，曰：“礼起于何也？曰，人生而有欲；欲而不得，则不能无求；求而无度量分界，则不能不争。争则乱，乱则穷。先王恶其乱也，故制礼义以分之，以养人之欲，给人之求，使欲必不穷乎物，物必不屈于欲，两者相持而长，是礼之所起也。”（《荀子》卷十三，页一）

故“明分使群”“制礼义以分之，以养人之欲”，在创造环境与改善环境，使人可以“积善全尽”，“化性起伪”，此为荀子之主要教育手段，所以荀子之教育出发点为“群”，而“群”之规范，则根源于“仁”之“成物”方面。

五、孔子之政治哲学

“仁”已为诸德之首，亦为孔子哲学思想之中心纽带。上已言之，“仁”为伦理范畴，而同时亦为政治范畴。

在未论列孔子之政治思想以前，先有说明产生其思想之社会背景之必要。良以中国夏、商、周三代社会之发展，与西方古代社会之发展实有不同。西方氏族公社崩溃后，父权之私有制一确立，而氏族之血缘关系，即在政治经济社会中不发生支配作用。中国于夏启开始传子不传贤，虽表示母权制结束而父权制确立，但氏族之血缘关系并未随母权制之闭幕而终止，而却改头换面没入于自殷商开始之宗法社会中。迄入西周，宗法便与封建制结成不解缘，此即孔子所以说出“吾从周”之社会关系。

《中庸》作者对孔子之政治主张，曾有简要之说明：

> 仲尼祖述尧舜，宪章文武，上律天时，下袭水土，辟如天地之无不持载，无不覆帱；辟如四时错行，如日月之代明，万物并育而不相害，道并行而不相悖，小德川流，大德敦化，此天地之所以为大也。

仲尼何以祖述尧舜？以尧舜推行禅让之公天下制度，为仲尼所钦羡之故。在《论语》中孔子称道尧舜禹之记述，有所谓："大哉尧之为君也，巍巍乎唯天为大，唯尧则之。荡荡乎，民无能名焉。巍巍乎，其有成功也，焕乎其有文章。""巍巍乎，舜，禹之有天下而不与焉。"（见《论语·泰伯》）尧则天，舜，禹则尧，故"有天下而不与"，此孔子所以祖述之意。然徒公天下，尚不能达成郅治，据孔子之意，必须先选出"与天地合其德，与日月合其明，与四时合其序"之大人；然后必须建立一以礼让为主之社会制度。《论语·卫灵公》："子曰：'无为而治，其舜也与？夫何为哉？恭己正南面而已。'"要"恭己"为王，并能"无为而治"，便非选贤与能不可。此尧之选舜，舜之选禹，初为辅佐，总统大业，是以三代皆可垂拱，无为而天下治也。孔子除主张选贤与能外，进一步便讴歌礼让为国，"子曰：'能以礼让为国乎，何有？不能以礼让为国，如礼何？'"（《论语·里仁》）《正义》释之曰：让者，礼之实；礼者，让之文。先王虑民之有争也，故制为礼以治之；礼者，所以整一人之心志，而抑制其血气，使之成就于中和也。据此，非公天下之仁道之治，则不能无争，争则无礼让可言，天下亦难臻于中和之域也。《书正义·序》："勋华揖让而典谟起，汤武革命而誓诰兴。"足见揖让之治，始可垂于典谟；而征诛之局，仅能为誓诰也。上述《中庸》作者描写此种礼让社会之内涵为:“万物并育而不相害，道并行而不相悖；小德川流，大德敦化。”在公天下之大我内，小我尚可尽其性。后来《礼记》中〈礼运〉首段所述之大同社会，即孔子所推崇尧舜禹三代禅让政治之社会蓝图:

> 孔子曰:“大道之行也，与三代之英，丘未之逮也，而有志焉。大道之行也，天下为公，选贤与能，讲信修睦。故人不独亲其亲，不独子其子。使老有所终，壮有所用，幼有所长。矜寡孤独废疾者，皆有所养。男有分，女有归。货恶其弃于地也，不必藏于己。力恶其不出于身也，不必为己。是故谋闭而不兴，盗窃乱贼而不作，故外户而不闭，是谓大同。”

如以与其下段所述之小康社会，即家天下之政治经济蓝图相较，恰成为对比:

> 今大道既隐。天下为家。各亲其亲，各子其子。货力为己。大人世及以为礼，城廓沟池以为固。礼义以为纪，以正君臣，以笃父子，以睦兄弟，以和夫妇，以设制度，以立田里，以贤勇知，以功为己。故谋用是作，而兵由此起。禹、汤、文、武、成王、周公其选也。此六君子者，未有不谨于礼者也。以著其义，以考其信，著有过，刑仁讲让，示民有常，无有不由此者，在势者去，众以为殃，是谓小康。

由上所述，孔子理想中以“仁”为中心之政治原则，实较卢梭(J. J. Rousseau)、孟德斯鸠(Montesquieu)，约翰·穆勒(J. S. Mill)所讴歌之西方民主政治原则为更胜一筹。

一九六〇年十月

第二篇　中国哲学史讲义

1. 中国哲学史讲義

第一章 概論

一、東西文化發展不同的根據

經過一般科学的分析，人類文化以其發展的背景不同，雖可分为東西兩大支。所謂東方，從其起源的組成分子說，應該包括中国與印度。前者以黄河(Hwang Ho)流域文化为始基，後者則以恒河(Ganges R.)文化为根柢。一般從来都属於大陸性，

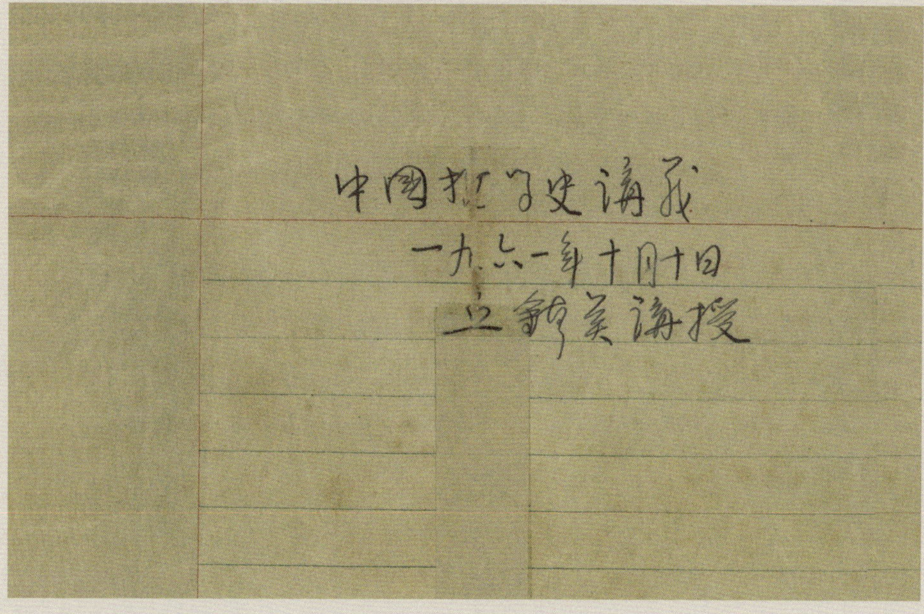
中国哲学史讲义
一九六一年十月十日
立钟英讲授

第一章　概论

第一节　东西文化发展不同的根据

经过一般科学的分析，人类文化以其发展的背景不同，确可分为东西两大支，所谓东方，从其起源的组成分子说，应该包括中国与印度。前者以黄河（Hwang Ho）流域文化为始基，后者以恒河（Ganges River）文化为根柢。一般说来都属于大陆性，又可以说是属于大陆文化体系。其特点以农业经济为基础，以自给自足经济形态为中心，反映在文化上，便主睦邻和平、重保守。所谓西方，从其起源的组成分子说，则应该包括希腊与希伯来，其上源则为两河流域（Euphrates River & Tigris River），即建立于美索不达米亚（Mesopotamia）平原之巴比伦（Babylonia）文化与尼罗河（Nile River）文化（即古埃及文化），但以希腊与希伯来根据地之巴力斯坦（Palestine）均濒临地中海，受地中海孕育孳乳，一般说来应属于海洋性文化体系。其特点以游牧、航海、商业经济为基础，以掠夺、榨取、营利为中心，反映在文化上便尚进步、主战斗。简列之则可如下表：

- 东方文化—大陆性
  - 中国以黄河流域文化为始基
  - 印度以恒河流域文化为始基
    - 以农业经济为基础，自给自足经济形态为中心
      - 主睦邻
      - 和平、
      - 重保守
- 西方文化—海洋性
  - 希腊文化
  - 希伯来文化
    - （上源为两河流域文化与古埃及文化）
      - 尚进步
      - 主战斗
    - 以游牧、航海、商业经济为基础，以掠夺、榨取、营利的经济形态为中心

东西文化与东西经济发展的差别

东西文化之发展为以上之差别，而构成东西文化主要骨干的哲学思想，亦很自然的便分为东西两大支。东支的印度与中国两系，到了汉以后，印度系输入中国系，经魏、晋、隋、唐的发展，至宋明由道学加以调和融摄，便产生了中国的中古哲学——即所谓新儒家的哲学。西支的分为希腊与希伯来（Hebrews）两系，纪元以后，希伯来系随基督教传入罗马，吸收希腊哲学中与神秘思想相合之部分，奠立所谓教父哲学（Patristic Philosophy）与经院哲学（Scholasticism）即西洋哲学中的中古哲学。文艺复兴运动后，希腊哲学思想随自然科学的发展而复兴，遂产生西洋的近世哲学，十九世纪后半到现在，为希腊希伯来两系交流时代，亦即转入西洋现代哲学的阶段。

从以上看，东支的哲学，明以后虽无大发展，但宋明之新儒家确已融摄道释而产生一种不可分的哲学体系。至于西洋哲学到近代现代，虽百家争鸣，万花齐放，但究其实，构成为西洋哲学思想主流之希腊精神与希伯来精神始终未能得到调和。据我人研究之结论：东方哲学固须赖西方哲学的科学方法为之启发传播；而西方哲学则正须东方哲学的精神为之补足调摄。

“因明论者，源唯佛说，文广义散，备在众经，故地持云，菩萨求法，

当于何求？当于一切五明处求，求因明者，为破邪论，安立正道，劫初足目，创标真似，爰暨世亲[①]，咸陈轨式。”——见《因明入正理论疏》

照论理学的程式：

五支作为可写作如下：

（一）宗——立言命题（assertion）

（二）因——立言命题之理由（reason）

（三）喻——立言命题之引例（instance）

（四）合——喻宗照合推定关系（application）

（五）结——结论（conclusion）

试用记号示之，当如下示：

（一）宗——甲为乙；

（二）因——丙故；

（三）喻——譬如子；

（四）合——

（1）子为丙，故为乙；

（2）甲为丙，故亦应为乙。

（五）结——故知甲为乙。

上论式，五段中最要者，为宗、因、喻三段。若合与结二段，则不适说前三段所表之关系而已。又其立言之果能定立与否，全视“因”一段之正确与否而定。若“因”之正否不可定，则唯举示多数事例以为标准。譬如：

（一）宗——鲸为冷血动物；

（二）因——住水中故；

① 世亲著有《论轨》、《论式》、《论心》三书。

（三）喻——譬如鲛等；

（四）合——鲛住水中而为冷血动物；鲸亦住水中，故亦为冷血动物；

（五）结——是故得知鲸为冷血动物。

此种论证之形式，虽备有因、喻，然其因之理由，未足以定其“宗”。即其所举“喻”之事例，亦不足以定立也。何则，鲸虽住于水中，实则属于温血，非如其冷血动物鲛、鲴等类也。故宗之定立与否，系在其“因”。

声论：主张声是常住，不会毁坏。

五支作法：

宗——声是无常；

因——所作性故；

喻——譬如瓶等；

合——瓶有所作性，瓶是无常；声有所作性，声亦无常；

结——是故即知声是无常。

三支作法：

宗——声是无常；

因——所作性故；

喻——同喻——若是所作，见彼无常，譬如瓶等。（合作法）

喻——异喻——若非无常，见非所作，譬如虚空。（离作法）

因明的三支作法	逻辑的三段论证法
声是无常（宗）	一切所作都是无常（大前提）
所作性故（因）	声是所作的（小前提）
若是所作见彼无常	故声是无常（结论）
譬如瓶等（喻）	

此改五支为三支，其第三分支“喻”冠诸宗或包括同喻异喻，即所以表示全称的命题。今更以记号示其形式，并比较于论证以上之推理形式如下：

（1）宗——甲是乙——断论

（2）因——为丙故——小前提

（3）喻——诸丙为乙如子——大前提

第二节　东西哲学的主要分歧点

“执有者尚创新，其失也物。夫肯定外在世界，不于人生作厌患想。佛氏呵为执有，而西洋思想，则宁可执有者也。吾《易》言大有，有而大者，富有而日新，此与‘西洋’似同而实不同。夫人之所茂者神明也。神明独运，如日之升，光辉盛大，是谓生命创新。若夫资生工具，人生不可或无，则备物致用尚焉。求丰于神而不惜绝物，少数人以是孤修则可，率群众为之，则贫于物者，将累其神。吾《易》已知此，而以制器尚象，则物用不匮，而群生亦即有开通神智之余裕。《易》之言大有者，崇神而备物，物备则众人之神得伸，故备物所以全神也。惜后儒未能衍其绪耳。‘西洋’人大抵向外发展之念重。努力于物质与社会等方面生活资具之创新，其神明全外驰。夫人之神明，炯然不昧，卓尔无倚，儒者独体是也。今一意向外驰求，而不务凝然内敛，默然自识，以泯绝外驰之纷，则神明与物对，而不获伸，即失其卓尔无倚之独体。是则驰外之所获者虽多，而神明毕竟物化（神明亦成为一物也）。人生不得离有对而入无待。故曰：其失也物。此‘西洋’人所不自知其失者也。”

——见熊十力著《读经示要》卷一，页二一

在拙讲《西洋哲学史·导言》中第四节曾简单分析过东西哲学的主要分歧点。约有三点：第一点，西洋哲学重于“求真”，所以“逻辑”在西洋哲学认识论中特别发达；中国哲学侧重于“求善”，所以伦理学在中国哲学中占最主要的部分。第二点，西洋哲学对人的评价远较东方哲学为低。基督文明认凡属人类都是罪人，所以人生于世毫无价值可然。即希腊文明亦不敢认人为自然主宰。中国哲学则恰恰相反，认“人是宇宙之心”，即认“人”是自然的主宰。即佛教亦承认人性中有佛性，对“人”的评价亦远高于基督教。第三点，西洋哲学对于神底观念的重视，中古哲学固无论矣。即古代哲学与近世哲学，神的观念亦几乎笼罩了任何哲人。中国哲学则恰恰相反，儒家哲学是以“事人”的仁道开其端，孟、荀以后的儒家，便认天地与人为一气之聚散，并以此观念批评释道的人生态度，儒家之外的《老》、《庄》思想，反对神的观念，比儒家的孔、孟更为积极。

此外，本讲要指出东西哲学的分歧点尚有主要的三点：第一点，西洋哲学自古代希腊宇宙论哲学开始，即有“唯心”与“唯物”对立之萌芽，洎乎近代，所谓理性论派与经验论派，唯心主义与唯物主义互不兼容，到现在壁垒森严，更难融会。东方哲学则无此明显之对立。儒家的孔孟讲天人之际，孔子讲性与天道，《中庸》申其义为“天命之谓性，率性之谓道”。孟子谓“万物皆备于我，反身而诚”。可见儒家开始便讲“天人合一”，当无心物的区别。道家的《老》、《庄》主游于方之外，老子讲“道”与“太一”所谓“建之以常、无、有，主之以太一”。（见《天下篇》）《庄子·齐物论》谓“万物与我为一”，又谓“彼是莫得其偶，谓之道枢。枢始得环中，以应无穷。是亦一无穷，非亦一无穷也”。——超于形象之外，更无所谓心物的区别。佛家所谓三界[①]唯心、万法唯识，非不承认有物，只是物不离心而外在故，即是摄物归心。

第二，西洋哲学不管任何一代的哲学家，理性的与非理性的。差不多都认矛盾斗争为历史发展的根源。黑格尔（Hegel）的唯心辩证法与马克思、恩格斯的唯物辩证法固无论矣。即达尔文、斯宾塞的进化论所主张的“物竞天择，适者生存”的学说，亦以矛盾斗争为其核心。最可怪的《旧约·创世纪》说上帝造人，又造魔鬼，很明白地指出人类历史是以矛盾斗争开其端。至于东方哲学，中国哲学中的儒家，自孔子以下无不强调“中和”。《易经》强调“天地交”而“泰”，“阴阳交”而“和”，〈系辞上〉传谓：“乾坤其‘易’之缊耶？乾坤成列而‘易’立乎其‘中’矣，乾坤毁则无以见‘易’；‘易’不可见，则乾坤或几乎息矣。是故形而上者谓之‘道’，形而言下者谓之‘器’，化而裁之谓之‘变’，推而行之谓之‘通’，举而措之天下之民，谓之‘事业’。”《中庸》则谓：“喜怒哀乐之未发谓之中，发而皆中节谓之和，中也者，天下之大本也。和也者，天下之达道也。致‘中和’，天地位焉，万物育焉。”儒家固无论矣。而《老》、《庄》亦认万物之发生为“和”，《老子》谓：“道生一，一生二，二生三，三生万物。万物负阴而抱阳，冲气以为‘和’。”《庄子》亦谓：“至阴肃肃，至阳赫赫，肃肃出乎天，赫赫发乎地（天、地二字，疑当互易）。两者交通成‘和’而万物生焉。”至于佛家哲学，虽不说中和，但其谓：“色不异空，空不异色；色即是空，空即是色。”系从本体上看矛盾，更无所谓斗争矣。

第三点，西洋哲学上所发现的伦理思想，差不多都建立在功利思

---

① 三界：一、欲界；二、色界；三、无色界。

想上，以小我为中心的希腊精神，开始即有功利思想的潜流，严格地说来，在希伯来精神的体系中，它所倡导的以大我为核心的全体主义，很显然的亦布满了功利思想的细胞，东方哲学中的儒家，强调“己立立人”“推己及人”的天人合一底仁道之爱。佛家虽逃避现实，但所追求之无上正等正觉（即介“阿耨多罗三藐三菩提”之意译），便是说明要成佛果，必须自觉觉他，自度度他；单自觉自度仅可得罗汉果。

第三节　中国社会的特质

中国社会的第一特质，是氏族公社，即农村共同体的残存。不特在古代中世，即在近代的中国农村机构中，也还可以看到农村共同体的继续残存。此种农村共同体残存的结果，便形成为中国社会中农业与手工业直接结合的根基，而或多或少地制约着中国社会的全部历史。所谓中国亚细亚式的专制主义或中央集权的官人的支配体制，恰恰建筑于此种农村共同体底诸关系之上。中国社会史的基本单位是农村，而此种农村的内部，虽发展着土地私有制，但总或多或少的维持着共同体的诸关系。许多场合，都是以种姓的关系为中心，形成为共同体的诸关系。这中间必然有称为“花户”的地主的存在，他们便是亚细亚型的官人的贮水池。所以，中国封建制，在官僚化的地主层或地主化的官僚群的前面，便建立了亚细亚型的王朝的支配，均田制及类似均田制的土地制度的成立，也可由此种关系来理解。《礼记》：“别子为祖，继别为宗，继祢为小宗。有百世不迁之宗，有五世则迁之宗。”——可演绎为如下之表式：

天子 ┌ 嗣王 — 嗣王— 嗣王— 嗣王— 嗣王— 嗣王— 嗣王……
└ 诸侯 ┌ 嗣君 — 嗣君— 嗣君— 嗣君— 嗣君— 嗣君……
（始祖）
└ 别子 ─ 大宗—大宗—大宗—大宗—大宗……百世不迁
（大夫）（高祖）
└ 祢 ─ 小宗—小宗—小宗—小宗……五世则迁
（士） （曾祖）
└ 祢—小宗—小宗—小宗
（祖）
└ 祢 ─ 小宗—小宗
（父）
└ 祢 — 小宗

及至均田制与类似均田制的制度崩溃，少数豪贵的力量强大化。王朝的支配，便显著的成了此等少数豪贵的代表机关。然而，中央集权的官僚支配，原则上必走向于抑止此等少数豪贵强大化的方向。所谓以儒家为中心的中国伦理思想，在某种程度上，便可说是以维持农村共同体诸关系的意识形态。

中国社会的另一种特质，是商业资本（或高利贷资本）与土地所有的结合，亦同样可由农村共同体关系底残存来理解。商业（商人资本）决非绝对的对立于封建制，反而是依据于封建制本身的范畴。大商人常以某种形式与地主的官僚相结合。他们绝不是根本的反封建的势力。商业及商品交换关系，并未深刻的浸润到农村的内部。宁是农村的共同体的关系，或成立于其上的农业与家内手工业之直接的结合，对于商品的侵入，常常发生强烈的抵抗。农民家族始终经营着和市场绝缘的独立生活，由此，便产生了中国社会的亚细亚型的停滞（静止的）状态。中国的商业——或一般的商人资本及高利资本，并未破坏农村的自然经济，宁是建基于自足的自然经济之上。这就是说，从农民吸取剩余劳动的封建地主，将其剩余分投于市场。而相反的方面，市场的成立与扩大，又加强了他们的地租收取。这样成立的封建地主的商业，又与商人的商业极密切地结合了起来。但是，农村几乎是完全和市场隔离的。在这里，便存在着中国商业的特征。

商业及手工业（工场制手工业），在中国内部一般上是通过封建的官僚而发达了起来。一方面，封建的官僚支配，是农民剩余分之大部分的独占的所有者；另方面，农村之自足的自然经济之维持。农村人口的生活水准，又降落到极度的低位。在农村低级的经济状态之下，表现了商业及对外贸的发展——这是很大的特征。

商业的发展，破坏了中国农民的生活。一方面，在官僚所组织的封建制铁鞭之下，强行着使农民经济完全荒废的剩余劳动的吸取；另方面，在商业关系发展过程中所积蓄起来的货币，作为高利贷资本，而破坏农民经济，于是形成了农民的叛乱、流亡，与王朝的倒坏、交替。但是，继此而兴的，又几乎是全然同一型的王朝的支配。商品货币关系，亦随之而趋于衰退或昂扬。然而，在这种循环过程中，社会之根本的构造，结局并无变化，于是，我们可以认定中国社会在根本上具有着亚细亚型的停滞的性格。中国社会的这种停滞的性格，在封建制与奴隶制的结合上，亦可认识出来。中国的奴隶制并未能完全使农村共同体的诸关系趋于崩溃，反而奴隶制的社会本身，结局是被这种农村共同体的残存关系所制约着。

上述的中国社会的诸特质，在中国的哲学中，不能不有其一定的反映。

第四节　由神学的宇宙观到自然的宇宙观

祖字， Santayana：“Man is pious to the sources of being.”（人类对于生命之源泉，常有一种诚虔之心。）

且古且字——《集韵》，且古且字——《玉篇》——段玉裁云：“且，古音徂。”匕，古牝字——《集韵》。所以祖字像男根，妣字像女阴。《书·洛诰》：“王入太室祼。”大，像人形。《说文》注：“故亦以比为人字。有所缠止，而识之也。”可知祖字出于生殖器崇拜，像男根之形。帝字亦然。——在祖先宗教内，神即是祖，祖即是神。当农业社会之初期时，称神为示。颜师古云：“周官古文，所论神祇，皆以为示。”（匡谬正俗）示字亦作丌字。《卜辞》中示作丌或丅。丌，古示字。(《说文》) 桂注:“示从二，此从一，皆古文上字。丌又作丅。丨即象男根。一为上字。乃推衍生殖器之源始至于最高点。丨上下通也。……引而下行，读若退。”退与帝声近。故丅字若读出之，声上退，即上帝。又示字音谥，又音歧，后转为帝。谥音与帝音，为一音之软硬。又帝字代替示字,因帝字原为花蒂之形。吴大徵以为是与“鄂不”之“不”同义。花蒂或“不”与丌字形近，故帝字借为丌字。又帝字与祖字同义，帝与父子并用。《卜辞》“贞帝多父”。

天与“帝”义同。天字从一大。大为古人字。天字有二义：一、为自然之义；象天空在人之上。二、为宗教之义；人从父而来，父之上为祖，推而上之，至于始点。大在一下，即人之源始，与帝字之义相同。天在古字作先，即前祖之义。《礼记》注郑玄云：“帝，天也。”《诗·鄘风》：“胡然而天也。胡然而帝也。”

在商殷时代的氏族制向国家组织移行的社会中，它的意识形态的特征，完全是宗教神话观念的支配。当时的人们以为宇宙万物都出于神所创造或支配。这种至上神的观念，起初在《卜辞》中称为“帝”，后来称为“上帝”，大约在殷周之际已经称为“天”。因为“天”的称谓在周初的《周书》上已经屡见，在周代的彝铭中如大丰簋和盂鼎上也是屡见，那是因袭殷末人是无疑的。由《卜辞》看，如

“帝令雨足年？帝令雨弗其足年？”（郭沫若《卜辞通纂》，三六三片，下略称《卜》。）“帝其降董（馑）？”（《卜》，三七二）“王封邑，帝若。”（《卜》，三七三及三七四），可知殷人的至上神是有意志的一种人格神，上帝能够命令，上帝是有好恶的，一切天时上的风雨晦冥，人事上的吉凶祸福，如年岁的丰啬，战争的胜败，城邑的建筑，官吏的黜陟，都是由天所主宰，这和以色列民族的神是完全一致的。但殷人的神同时又是殷民族的宗祖神，据王国维的研究，认为《山海经》中的帝俊即是帝喾，亦是《卜辞》上的“高祖夒”，足见至上神是殷民族自己的祖先。

在这儿却有一个值得注意的现象，便是《卜辞》称至上神为“帝”、为“上帝”，但绝不曾称之为“天”。“天”字本来是有的。如像“大戊”称为“天戊”，“大邑商”称为“天邑商”，都是把“天”当作为“大”字的同义语。天者颠也，在《卜辞》作 ，在周初的金文如大丰簋是作 ，大盂鼎作 ，都是画一个人形，特别显示着有巨大的头脑，那头脑便是颠，便是天。颠字是后起的。因为头脑在人体的最高处，故凡高处都称之为天。枝头称颠，日月星辰所运行着的最高的地方称天。“天”字被太空所独占了。又才有颠字出来，连山颠也都另外造出了一个“巅”字。天字在初本没有什么神秘的意思，连后人所说的“从一大”，都是臆说。《卜辞》既不称至上为神，那么至上神称天的想法，一定是后起的，至少当在武丁以后。

到了周人，关于天的思想上却有了很大的进步。《礼记》的〈表记〉上有几句话：“夏道尊命，事鬼敬神而远之，殷人尊神，率民以事神，周人尊礼尚施，事鬼敬神而远之。”如果以与〈大诰〉的“天棐忱，尔时罔敢易法。”〈康诰〉的“天畏（威）棐忱，民情大可见，小民难保。……惟命不于常。”〈君奭〉的“天不可信”来比较，便知道〈表记〉上所说周人的天道观是信而足征的。所谓“天棐忱”或“天畏棐忱”便是《小雅·小明》“天难忱，斯不易惟王。”也就是“天不可信”的意思。“棐”都是“非”字（孙诒让说），旧时的注家都训为“辅”，弄得大错。“惟命不于常”和《大雅·文王》的“天命靡常”也是同义语。像这些例子都是对于天取着怀疑的态度的，的确比殷人的关于天的思想更进一步的。

周人一面在怀疑天，一面又在仿效着殷人极端地尊崇天，这在表面上看来很像是一个矛盾。然而是一点也不矛盾的，倘把有关周初的文章拿来研究，凡是极端尊崇天的说话都是对待殷人或殷的旧时的属国说的，而有怀疑天的说话是周人对着自己说的，这是一个很重要的一个关键，便是周人之继承殷人的天的思想只是政策上的继承，他们是把宗教思想视为愚民政策，自己尽管知道那是不可信的东西，但拿来统治素来信仰它的民族——殷族，却是一个很大的方便。

周人灭殷以后，政治的封建国家虽已建立，而内部的氏族组织，并未消灭，而且改头换面的没入于宗法社会中，天人合一的思想，便在宗教神话观念之下，益趋发展。周代王室的祭祀或祷告鬼神的仪式与礼节，较商殷时代更加繁重，因而在周代国家的行政机构中，也设置了原始的分工组织。其与哲学的发生有直接关系的王官，就是用八卦占卜吉凶的筮人与撰定国家诏诰的史官。筮人的记录是《易经》；史官的作品是《书经》。在这两部最古的书籍中，实包含着原始的自然哲学。

现在的《易经》与《书经》，其中虽多有后人的伪造，而基本的构成部分则当在周初。原始的《易经》是八卦、六十四重卦、三百八十四爻，和解释卦用的卦辞及解释爻用的爻辞，与龟兆相仿。

所谓八卦者就是☰乾（天）、☱兑（泽）、☲离（火）、☳震（雷）、☴巽（风）、☵坎（水）、☶艮（山）、☷坤（地）。[①]每一重卦，各有专名，并附有卦辞，其六爻又各有爻辞；例如上坤下艮☷☶二卦相重为谦卦，其卦辞为“谦亨，君子有终”，其第一爻的爻辞为“初六，谦谦君子，用涉大川，吉”[②]——这样构成原始的《易经》，自然是周人用以占卜吉凶的宗教神话的范畴；可是，其中已经孕育着自然的宇宙观与天人合一的哲学的萌芽。第一，“卦”字从“圭”从“匕”，为男女生殖器的配合，义为生育形式。卦用两种符号造成：（1）为“❘”象男根，（2）为“<”象女阴，二者配合而产生一继体，故生育形式为三一体，所产生的继体或为男或为女，亦用生殖符号表示之。在一卦内，男女生殖符号之排列，可横可直，可左可右，无一定制。后习俗将此生殖符号横置如⚍或⚎。所生继体为男或为女，可置于男女符号之上或下，因此而造出八卦。附图：

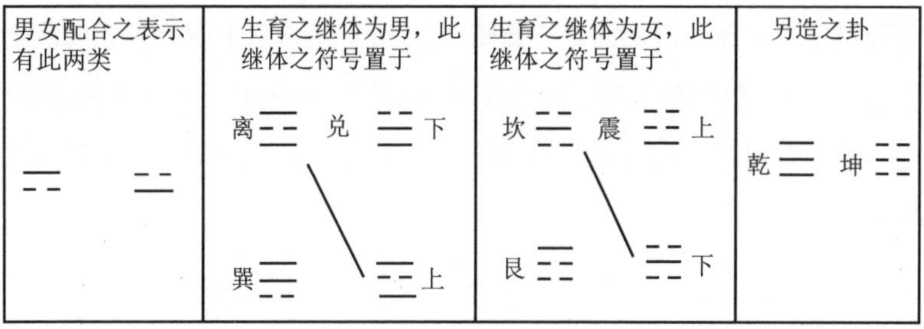

八卦衍生图

---

① “人更三圣，世历三古。”“天一、地二、天三、地四、天五、地六、天七、地八、天九、地十。”阳由一至九。一为阳之初生，三为阳之正，七为阳之众，九为阳之变。二为阴之初生，四为阴之正位，八为阴之众，六为阴之变。“阳变而进，阴变而退。”故阳变由七至九，阴变由八至六。

② 卦象曰：“地中有山，谦。”君子以裒多益寡，称物平施。

生育形式为男女配合与继体而成，男女配合有二式，继体可为男为女，继体可置于配合体之上或下，因此而衍出六卦。此等卦内有二阳一阴，或二阴一阳。创卦者另增加三阴与三阳之卦，合前六卦以成八卦。[①]后又于此八卦各设一名称，（按：从“这一卦字”下至此，采自陈元德《中国古代哲学史》）无疑的，这是商殷以来祖先崇拜的一种自然发展。《易・系辞》云：“生生之谓易”；“乾坤其《易》之门邪。乾，阳物也，坤，阴物也，阴阳合德，而刚柔有体，以体天地之撰，以通神明之德。”又云：“天地絪缊，万物化醇；男女构精，万物化生。”男女交合而生人，由此类推，宇宙间亦有对立的二原理，便产生天、地、风、雷、山、泽、水、火八种相关的客观存在物，为宇宙万有的本体。第二，由以上的八种客观存在物形成的宇宙本体，是不断的运动变化——转化过程中的范畴；因相互结合的形态不同，则吉可以变为凶，凶又可以变吉。而表现着对立物互相转化的原理。例如：乾上坤下的“☰☷否”[②]，它自身的转化便是坤上乾下的“☷☰泰”[③]：又如“☶☷剥”[④]自身的否定便是“☱☰夬”[⑤]等。所谓六十四卦和三百八十四爻都是由这样盈虚消息中错综转化出来。——将这种客观存在法则，应用到对社会和人生的理解上，便形成了天人合一的宇宙观和人生观。

---

① “一阴一阳之谓道，继之者善也，成之者性也。仁者见之谓之仁，知者见之谓之知，百姓日用而不知，故君子之道鲜矣。”——〈系辞上〉

② 否，卦辞：否之匪人，不利君子贞，大往小来。卦象曰：天地不交，否。君子以俭德辟难，不可荣以禄。

③ 泰，卦辞：泰，小往大来，吉、亨。卦象曰：天地交，泰。后以财（裁）成天地之道；辅相天地之宜，以左右民。

④ 剥，卦辞：不利有攸往。卦象：山附于地，剥也。上以厚下安宅。

⑤ 夬，卦辞：扬于王庭，孚号有厉，告自邑，不利即戎，利有攸往。卦象：泽上于天，君子以施禄及下，居德则忌。

中国的自然哲学的萌芽，除了上述的《易经》以外，在《书经》的〈洪范〉中，也有部分的存在。现存的〈洪范〉篇的内容，或不免有后人的窜改；其中所谓“九畴”的项目，实为西周初期的社会意识形态。九畴之一的五行为水、火、木、金、土。“水日润下，火日炎上，木日曲直，金日从革，土爰稼穑，润下作咸，炎上作苦，曲直作酸，从革作辛，稼穑作甘。”更与《易经》中的天、泽、火、雷、风、水、山、地的八卦一样，同是八种客观的物质，为构成宇宙万有的基本原素。“乾，天也，故称乎父。坤，地也，故称乎母。震一索而得男，故谓之长男。巽一索而得女，故谓之长女。坎再索而得男，故谓之中男，离再索而得女，故谓之中女。艮三索而得男，故谓之少男。兑三索而得女，故谓之少女。”——见《说卦》。这样的世界认识，在哲学史的意义，与印度的胜论派（Vaisesika）以地、水、风、火等为宇宙本体，希腊米利都学派（Miletus School）以水、无限、空气为宇宙根源，同为原始的唯物论。

所谓“五行”的用语，不始于《战国》，《夏书·甘誓》篇有“有扈氏威侮五行”之语。《荀子·非十二子》讥子思、孟轲曰：“案往旧造说，谓之‘五行’。”依此，则“五行”一语实存在于子思之前。《易经》之八卦说，与〈洪范〉之五行说，在先秦似为两独立之系统。至汉两说始相混合。①

总之，《易经》与〈洪范〉中所表现的自然的宇宙观已从神学的宇宙观跨进一步。

---

① 天干五行：甲乙属木，丙丁属火，戊己属土，庚辛属金，壬癸属水。
地支五行：寅卯属木，巳午属火，申酉属金，亥子属水，辰戌丑未属土。
五行生克：金生水，水生木，木生火，火生土，土生金。金克木，木克土，土克水，水克火，火克金。
河出图，洛出书，又龙负图，龟负书。

第五节　由“敬天”到“民本”思想的转化

在西周夷厉以后，“天”的思想发生了动摇。这一次的动摇和周初的不同，是很普遍而深刻的。周初的一次动摇，只是一二杰出者有意识地要利用宗教，不仅是不肯使宗教的信仰在民间稍稍动摇，甚且是用尽了全力来维系着那种信仰的。大抵可以说在夷厉以前周代关于“天”的思想的传统是一贯的，没有改变的。到了夷厉时代，那动摇是发生在民间，且看民众可以纠合起来放逐天的代理者的“天子”便可以知道那深刻的程度是怎样。

在宣王时代为政的一方面虽然努力把周初的思想唤醒起来，希图恢复周家的统治，但是已经普遍而深刻地遭了动摇的天，有意志的人格神的天，再不能有从前的那样的效力。一入春秋时代，天就和他的代理者的天子一样只是拥着一个虚名，对于他信仰的人自然也还有，但是不信仰的却特别的多。譬如在古时候王者是要仰仗龟卜来传达神命的，而楚的斗廉要说：“卜以决疑，不疑何卜！”（《左传·桓公十一年》）古时候说一切休咎祸福是由天降下来的，而郑的申繻说：“妖由人兴，人无衅焉，妖不自作。人弃常则妖兴，故有妖。”（《左传·庄公十四年》）晋的伯宗说：“民反德为乱，乱则妖灾生。”（《左传·宣公十五年》）又如鲁昭公二十六年有彗星在齐的分野，齐侯安禳，晏婴劝他莫禳。哀公六年“有云如众赤乌夹日以飞”，楚昭王命人去问周大史，周大史叫他禜，可以把祸移给令尹，楚昭王也终不肯禜。郑国的子产有一句话更说得透彻，便是“天道远，人道迩，非所及也？”（《左传·昭公十八年》）这些表示着春秋时代的为政者的思想都有点脱离了天的羁绊，连把旧时的愚民政策底各种工具都没有热心维持下去了。这层由官制的进化上也可以证明。古时候的官职是以带有宗教性质的关于天事的官居于上位的，其次才是政务官和事务官。〈曲礼下〉说:“天子建天官，先六大，曰大宰、大宗、大史、大祝、大士、大卜。天子之五官，曰:司徒、司马、司空、司士、司寇，典司五众。天子之六府，曰：司土、司木、司水、司草、司器、司货，典司六职。天子之六工，曰：土工、金工、石工、木工、兽工、草工，典制六材。”

“六大”中的大宗、大祝、大卜，都是属于宗教性质的官职，在初原是很重要的，但在春秋时代这些官职都式微了下来，转是次位的五官大出其风头。降到汉代，如司马迁《报任少卿书》上所说:“文史星历近乎卜祝之间，固主上所戏弄，倡优所畜，流俗之所轻也。”——这种官职贵贱的推移史，正明白地表现着天道思想的没落。原来从西周末期开始，一方面由于封建统治阶级对农民的剥削扩大，而引起农民的不断逃亡；一方面由于战争与连年旱灾，又加重了农民的痛苦——死亡、逃散，致发生农业劳动力缺乏的严重现象。在西周末期的所谓“民卒流亡，我居圉卒荒”。正是当时这种现象的写真。这种情形到春秋时期由于战争的扩大与持续，便更为严重。“没有母牛是无法榨取牛乳的。”——这便是西周末期到春秋以后，“敬天”思想的没落，到“民本”思想转化的社会根源。

专依靠敬神，已不能解决问题；要有益于统治，便不能不讲求“民本”了。下面便是有关“民本”思想的记事：

> 虢其亡乎？吾闻之，国将兴，听于民;将亡，听于神。(《左传·庄公三十二年》史嚚语)
>
> 持盈者与天，定倾者与人。……天道盈而不溢，盛而不骄，劳而不矜其功。……天时不作，弗为人客；人事不起，弗为之始。(《国语·越语·勾践三年》范蠡语)

民之所欲，天必从之。(《左传·襄公三十一年》引〈泰誓〉)

夫民，神之主也。是以圣王先成民而后致力于神，……故务其三时，修其五教，亲其九族，以致其禋祀，于是乎民和而神降之福。(《左传·桓公六年》季梁语)

夫惠本而民归之志，民和而后神降之福。(《国语·周语》严公语)

这些片段文字，可以看出在两千年前我国民权思想的开始孕育。

第六节　中国哲学史的划分阶段

中国哲学史不管以孔子或以老子开始，到现在都约略有二千五百余年。如果以哲学思想发展的线路来作区分的标准，则大概可区分为四个阶段：

第一阶段为成长期，由春秋战国至秦的统一。为诸子学时代，即老子、孔子、墨子、孟子、杨朱、庄子、荀子、名家、别墨派等所谓“百家争鸣”时代。此时代的哲学，可以说是包罗万有。为以后二千年来中国哲学发展的根源。

第二阶段为嬗变期，由汉至唐为由子学向经学的转化，大体上是中国哲学发展停滞的时代，这一阶段可分为前后两期。前期由前汉至后汉末，前汉武帝用董仲舒的政策，尊崇儒术，罢黜百家，儒家繁荣，而诸子衰微，而儒家之学又确定为经学，自此以后，儒家的经典，便掩蔽了学问的全体。[①] 后期由魏、晋、南北朝至隋、唐、后汉灭亡后，由社会

---

① 董仲舒：“诸不在六艺之科，孔子之术者，皆绝其道，勿使并进。”

发展的停滞，宗教的厌世思想，风起云涌，儒家思想已不能再维持其支配的地位。代之而兴的，首先是老庄思想，其次是与老庄思想并驾齐驱的佛教思想。然而，这绝不是说儒家思想已经完全不存在。儒家在此时期，依然保持着前期的余势至某种程度，经学的研究，也还相当盛行。但老庄思想已取得当时支配的地位，所以经学亦有以老庄思想为注释的表现。佛教虽由后汉明帝时输入，而其成为中国人的思想，则在三国后的晋、南北朝。佛教对风靡于当时的老庄思想加以刺激，而促进了称为道教的宗教底成立。[①]至隋唐时经学再成为国家的御用学问，唐太宗命孔颖达作《五经正义》，完成了经学的统一。可是道佛两教亦至隋唐而大盛，浸假而演成儒释道三教的对立。

第三阶段为成熟期，由中唐、五代至宋、明。自李翱作《复性书》，开了儒佛混合的端绪。由北宋初年至南宋末年，所谓“宋学”的新哲学，经周（濂溪，名敦颐）、邵（康节，名雍）、张（横渠，名载）、程（程明道，名颢；与程伊川，名颐）的阐发，已经成立。但作为理学一派的完成者为朱熹（字元晦，一字晦庵），与朱熹同时而另立心学一派者为陆象山。而心学的完成，则有待于明代的王阳明。这种新哲学又称为“新儒家”的哲学，即以儒家的立场来融会道释。

第四阶段为发展期，由清代至现在。这一阶段，亦可分为前后两期：前期由明末至清中叶，明末以心学末流流于空虚无用，复以满族入主中原，国内民族矛盾的尖锐化（反清复明的民族意识的勃兴），经济的发展及西洋自然科学的知识与方法的输入，所谓“考证学”的思想，于以生起，而形成了汉学与宋学的对立。后期由鸦片战争起至现在。鸦片战后，中国以半殖民地资格进入世界舞台，西洋文化在对外的变态心理

① 张道陵为大宗，而道教之名始立，北魏寇谦之奉老聃为教主。

（即由卑外一转而为畏外、媚外）下无条件地输入，而中国哲学很自然地亦仅作西洋哲学的附属体系。最初为康（有为）、梁（启超）、谭（嗣同）的公羊学派；其次为孙文学说的建立；再其次为五四新文化运动后，科学与玄学的论战，实验主义与辩证法、唯物论的输入。直至抗日战前与抗战中，熊十力的《新唯识论》与冯友兰的《新理学》发表，中国哲学才开始摆脱西洋哲学的附属体系，而走上开创发展的途径。

第二章　成长期的中国哲学

第一节　诸子哲学产生的时代背景

由春秋战国至秦的一统为诸子学时代，亦即中国哲学的成长期。近人冯友兰于其所著《中国哲学史》中认为自春秋迄汉初，为中国历史上一大解放时。在春秋以前。中国行的是世禄世田制度，即封建的贵族政治与井田制度。王船山于《读通鉴论》(见《船山遗书》) 中曾描述这一制度谓：

> 三代之国，幅员之狭，直今一县耳。仕者不出于百里之中，而卿大夫之子恒为士，故有世禄者有世田，即其所世营之业也。名为卿大夫，实则今乡里之豪族而已。世居其土，世勤其畴，世修其陂池，世治其助耕之氓。

在上古封建制度下，天子、诸侯及卿大夫，不论在政治上或经济上皆为人民之主。例如周以土地封其子弟为诸侯，即使其子弟为其地的君主兼地主。诸侯再以其地分与其子弟，其子弟再分与庶人耕种之。在这一制度之下，政教不分，“非仕无所受书，非吏无所得师”。但构成这一制度的基本因素，应属于经济。冯氏以贵族政治之崩坏因而引起社会经济之变革，不免倒果为因。诚如《前汉书·货殖传》论周室衰微谓：

及周室衰，礼法堕。……其流至乎士庶，人莫不离制而弃本，稼穑之民少，商旅之民多，谷不足而货有余。……于是商通难得之货，工作无用之器，士设反道之行，以追时好而取世资……富者土木被文锦，犬马余肉粟。……其为编户齐民，同列而以财力相君。

其实《汉书》这段话，应该说“商通难得之货，工作无用之器”。工商独立发展，然后促成“周室衰，礼法堕”。然后“士设反道之行，以追时好而取世资”。

就《史记》、《国语》、《左传》所记观之，齐在宗周开国之初，即“通商工之业，便渔盐之利”。至春秋初期，管仲相齐，其经国大计，以商与农工并重。齐国遂以富强。卫文公建国楚邱，且以“务材训农，通商惠工”为事。春秋中期，郑国成为商业交通的中心。郑之商人尤特别活动。《左传》载郑商人弦高犒师事，可见商人阶级已经抬头。工商业发达之结果，便很自然的引起土地的兼并。据李剑农著《先秦两汉经济史稿》认为土地兼并的形式有三：其一为诸侯之兼并，其二为世卿贵族之兼并，其三为私家豪富之兼并。春秋初期，国之存者尚有百二十余，逮至春秋，霸政衰熄，国存者不过二十余，其大国仅十余。此可见春秋兼并之烈，超迈前古。土地兼并的结果，维持世禄的井田制便先后宣告崩坏。春秋宣公十五年“初税亩”便为井田制宣告结束的第一声。井田制坏，而世禄之制破，由上古以来的政治及社会制度，遂起根本的变革。

在贵族政治未崩坏前，有技艺才能之专家，皆为贵族所专养专用，故不自为阶级。迨贵族政治崩坏以后，在官的专家，流在民间，以卖其技艺为生。凡有权有钱者，皆可临时雇用之，于是士之阶级出。（此段采自冯友兰著《原儒墨·论儒之起源》）故“时君世主，好恶殊方，是以九家之说，蜂出并作，各引一端，崇其所善，以此驰说，取合诸侯”。

第二节　老子

一、老子略传及《老子》考

《史记》老子与庄子、申不害、韩非合传，记老子事实虽不比〈孔子世家〉之详，但较墨子已详得多了。日本武内义雄作《老子原始》一文，曾以单行的《集解》本和单行的《索隐》本，校《集解》、《索隐》、《正义》合刻本，订正今本《史记》中的〈老子传〉。兹录其订正后之传文于下：

> 老子者，楚苦县厉乡曲仁里人也，名耳，字聃，姓李氏，周守藏室之史也。（以上第一段）
>
> 孔子适周，将问礼于老子。老子曰：“子所言者，其人与骨皆已朽矣，独其言在耳。且君子得其时则驾；不得其时则蓬累而行。

吾闻之：良贾深藏若虚；君子盛德，容貌若愚。去子之骄气与多欲，态色与淫志，是皆无益于子之身。吾所以告子，若是而已。”孔子去，谓弟子曰：“鸟，吾知其能飞；鱼，吾知其能游；兽，吾知其能走。走者可以为网，游者可以为纶，飞者可以为矰。至于龙，吾不能知，其乘风云而上天。吾今日见老子，其犹龙邪!”(以上第二段)

老子修道德，其学以自隐无名为务。居周久之，见周之衰，乃遂去至关。关令尹喜曰：“子将隐矣，强为我著书。”于是老子乃著书上下篇，言道德之意五千言而去，莫知其所终。(以上第三段)

或曰：老莱子亦楚人也，著书十五篇言道家之用，与孔子同时云。(以上第四段)

自孔子死之后百二十九年，而史记周太史儋见秦献公曰：“始秦与周合而离，离五百岁而复合，合七十岁而霸王者出焉。”或云“儋即老子”，或曰：“非也”；世莫知其然否。盖老子百六十有余岁，或言二百余岁，以其修道而养寿也。(以上第五段)

老子，隐君子也。老子之子名宗，宗为魏将，封于段干。宗子注，注子宫，宫玄孙假，假仕于汉孝文帝。而假之子解，为胶西王卬太傅，因家于齐焉。(以上第六段)

世之学老子者则绌儒学；儒学亦绌老子；道不同不相为谋，岂谓是邪？（以上第七段）

武内义雄把这篇〈老子传〉分作七段:(一)叙老子姓名里居;(二)叙孔子问礼于老子;(三)叙老子西游著书;(四)插叙老莱子;(五)插叙周太史儋并论老子年寿;(六)叙老子之子孙;(七)论儒家与老子之关系。〈老子传〉经过这番整理，较今本《史记》原文似清楚得多了。但里面存在有三种问题：一说老聃是孔子的先生；一说老莱子与孔子同时；一说太史儋即老子，是在孔子死后百二十九年。——这三种问题，自太史公以来都没有解决过。中间经宋儒、清儒（自毕沅、汪中、崔述，至康有为）提出讨论。迨胡适《中国哲学史大纲》论列老子哲学写在孔子之前。梁任公作胡著书评，提举六种疑问，于是《老子》问题便引起轩然大波。《古史辨》且曾一再汇编专集为之考证，反对旧说最力的有钱穆、冯友兰、顾颉刚、罗根泽。钱氏认《老子》成书于宋钘、公孙龙同时或稍后，作者大概是詹何。至于孔子问礼的老子是老莱子，即荷筱丈人。冯氏认老聃与李耳非一人;《老子》书在孔、墨、孟之后，冯著《中国哲学史》即在“战国百家之学”后，始论列老子思想。顾氏认老聃是杨朱、宋钘以后人,《老子》书成于《吕氏春秋》与《淮南子》之间。罗氏认老聃即太史儋;《老子》书即太史儋所著。此外日本津田左右吉著《儒道两家关系论》且认老子为道家一派的思想家所假设的一个架空人物。拥护旧说的，在胡著之后最有力者，著书有陈元德的《中国古代哲学史》，向林冰的《中国哲学史纲要》，吕振羽的《中国政治思想史》，均将老子思想论列在孔子之前。陈书认老聃、老彭、老莱子为一人，并从《老子》书的文体句法思想考证，认书亦为老聃所自作。向、吕两书则皆从思想的发展向路，认为老子思想应在孔子之前。可见《古史辨》派尚没有取得全部胜利。其他如张煦、马叙伦则认《老子》书绝非战国后期作品。唐兰、郭沫若虽拥护旧说，但其考证已远较胡适等为精审。唐、郭两氏均确认老子即老聃，与孔子同时，且断定曾为孔子师。唐氏认《道德经》为老聃的遗言，撰成期应当在《墨子》、《孟子》撰成之间。郭氏引〈孟荀列传〉:“自邹衍与齐之稷下先生，如淳于髡、慎到、环渊、接子、田骈、驺奭之徒，各著书言治乱之事，以干世主。……慎到，赵人；田骈、接子，齐人；环渊，楚人。皆学黄老道德之术，因发明序其旨意。故慎到著十二论，环渊著上下篇，而田骈、接子皆有所论焉。”认为“学黄老道德之术，因发明序其旨意”的环渊所著的上下篇，便是〈老子传〉所云：“于是老子乃著上下篇，言道德之意五千余言而去。”的上下篇。这的确是很重要的发现。郭氏进一步证明关尹是环渊的音变。环渊是楚人，游宦于齐，是与孟子约略同时。

本讲便根据各家的闳博的考证及中国哲学思想发展的向路，将老子思想，论列于孔子之前。其概括理由约如下数点：（一）汉戴圣所编《礼记·曾子问》篇载有孔子自述问礼于老子的故事四则。戴氏为儒家正统，当可作为主证。又《论语·述而》：“子曰：‘述而不作，信而好古，窃比于我老彭。’”“彭”与“聃”音读可通假，古人名字常有各种书法，且王夫之《四书稗疏》、葛洪《抱朴子·明本》篇认老彭即老子。这就和老聃亦作老耽，田骈一作陈骈，宋钘一作宋牼（见《孟子》）的一样。（二）老子就是老聃，而老聃曾为孔子的先生，本是秦以前人的定论。《庄子》的〈德充符〉、〈天道〉、〈天运〉诸篇，《吕氏春秋》的〈当染篇〉均说孔子学于老聃。即《史记·孔子世家》复说及孔子问礼于老聃。足见辩者谓“孔子师事老聃之说”为道家自捧“吾师”之饰辞，可不攻自破。且“道家”一名，亦不见于先秦。（三）秦以前都知道《老子》成书甚晚，那是老子的遗说而为后人所纂集的，就和《论语》是孔门弟子所纂集，《墨子》是墨家弟子所纂集的一样。唐兰、郭沫若两氏均认《老子》为老子遗言，郭氏且考证为“学黄老道德之术”的环渊所纂集，书中带有战国时代的色彩便也很自然。现在如引用《老子》可根据《孔子家语》、《列子》、《战国策》、《吕氏春秋》、《淮南鸿烈》、《韩非子》、《庄子》所引老子语加以考证。（四）《论语》中孔子的思想有与老子思想衔接的地方。《论语·宪问》篇说：“或曰：‘以德报怨，何如?’”《老子》六十三章说：

“大小多少，报怨以德。”〈宪问〉篇又说：“仁者必有勇。”《老子》六十七章说：“慈故能勇。”《论语・卫灵公》篇说：“无为而治者，其舜也欤?”《老子》三章说：“为无为，则无不治。”又《论语·述而》篇说：“圣人，吾不得而见之矣。得见君子者，斯可矣。……亡而为有，虚而为盈，约而为泰。”〈老子传〉传说老子教孔子曰：“良贾深藏若虚。君子盛德，容貌若愚。”或即为孔子的师承所自？（五）中国在春秋时代所发生的哲学，都是殷周以来宗教神话观念的正反对物。这一点，在老子哲学中，表现得最为明确。首先，老子否定了作为人格神的“帝”“上帝”“天”的至上性，而以“道”或“大”为宇宙万有的根源，世界的本体。《老子》二十五章说：“有物混成，先天地生。寂兮寥兮，独立而不改，周行而不殆，可以为天下母。吾不知其名，字之曰道，强为之名曰大。”我们在老子的“道”或“大”的性质上，可以看出他的反宗教神话底宇宙观的态度。亦可以看出这种思想发展的向路，是衔接《周易》的八卦，〈洪范〉底五行的自然的宇宙观的线迹。

二、老子的本体论

胡适《中国哲学史大纲》从老子的政治思想上称老子是革命家，这表现胡氏的卓识。其实，老子不单在政治思想上是革命的，他的整套哲学思想也是革命的。上边引的《老子》二十五章“道”与“大”的天道观，便是取消了殷周以来的人格神的天底至上权威，而建设了一个超绝时空的形而上学的本体。这种思想不是到战国时候才生出来的东西，在《庄子》和《韩非子》上是有旁证的。

《庄子》的〈天下〉篇说：

以本为精，以物为粗，以有积为不足，澹然独与神明居。古之道术有在于是者，关尹老聃闻其风而悦之。建之以常无有，主之以太一。

所谓“常无有”，所谓“太一”便是“道”与“大”。《韩非子》的〈解老〉篇上也说：

夫物之一存一亡，乍死乍生，初盛而后衰者不可谓“常”。唯夫与天地之剖判也俱生，至天地之消散也不死不衰者，谓“常”。而常者无攸易，无定理。无定理非在于常。是以不可道也。圣人观其玄虚，用其周行，强字之曰“道”。然而可论，故曰：“道可道，非常道”也。

所谓“强字之曰‘道’”，即出上引二十五章，而“道可道，非常道。”更是《老子》第一章第一句。故从资料上及文字上说来，“道”这个观念为老子所发明，是毫无疑义的。

“道”字本来是道路的道，在老子以前的人又多用为法则，如《尚书·康诰》的“皇天用训厥道，付畀四方。”《左传》中子产所说的“天道”、“人道”，以及其他所屡见的道字，都是法则或方法的意思，但到了老子才有表示本体的“道”。老子发明了本体的观念，是中国思想史上所从来没有的观念。这种思想和西洋古代的爱理亚派（Eleatic School）所倡导的“有”（Being）底观念相似。

“道”是宇宙万物的本体，为感官所不能接触的实在。一切由人的感官所生出的范畴不仅不能范围它，且都是由它所引申而出；一切物的与观念的存在，连人所有至高的观念“上帝”，都是由它所幻演出来的：

道之为物，惟恍惟惚。惚兮恍兮，其中有象。恍兮惚兮，其中有物。窈兮冥兮，其中有精。其精甚真，其中有信。自古及今，其名不去，以阅众甫。吾何以知众甫之状哉？以此。（《老子》二十一章）

道冲而用之或（又）不（弗）盈，渊兮似万物之宗，……湛兮似或存。吾不知谁之子，象帝之先。（《老子》第四章）

连“上帝”都是由“道”所生出来的，老子对于殷周的传统思想的确是起了一个天大的革命，鬼神没有道的存在，鬼神也不能存在，有了道，鬼神就失去其威严：

天得一以清，地得一以宁，神得一以灵，谷得一以盈，万物得一以生，侯王得一以为天下贞。（《老子》三十九章）

以道莅天下，其鬼不神；非其鬼不神，其神不伤人。（《老子》六十章）

老子以“道”的观念太抽象，太微妙，又从具体方面想到“无”与“无名”为之譬解：

天下万物生于有，有生于无。（《老子》四十章）

道可道，非常道；名可名，非常名。无名，天地之始；有名，万物之母。常无，欲以观其妙；常有，欲以观其徼。此二者，同出而异名，同谓之玄，玄之又玄，众妙之门。（《老子》第一章）

这里便可明白老子所说的“道”，就是“无”与“无名”。将“道”说是“无”与“无名”，更当直截了当地表明“道”之为物是形而上的本体。因为它是“迎之不见其首，随之不见其后”的“无状之状，无物之象”底无形的东西，故称之“无”与“无名”。所谓“有”与“有名”底有形的东西，是由“无”与“无名”底“道”转化而出。所以在老子的哲学体系中，本体与现象之间，并无不可逾越的鸿沟，宁是将超越的本体与现象世界统一化了的体系。这种体系不单不同于康德底“物自体”与现象界的分离，亦不同于黑格尔底纯粹的“有”与现象界底关系。

三、老子的认识论

老子的本体论已发现了形而上的本体与现象界的关系，在认识论方面自然也不是如向林冰、秋泽修二、李石岑等人所说的只是直观的辩证法、唯物论，而不是辩证法、唯物论的彻底形态。照我个人的研究，老子的认识方法是远较黑格尔、马克思的辩证法为深邃。兹分述之：

（一）胡适在所著《中国哲学史大纲》说《易》象是接着《老子》二十一章“象生而后有物”的思想的。但《易》的八卦形成上已言之，不单在孔子之前，亦在老子之前，而《易》之义理底完成则可假定为孔子及孔子的嫡传弟子或再传弟子。所以，我在这里认定老子的“惚兮恍兮，其中有象；恍兮惚兮，其中有物”是受《易》象的影响。（至于老子的思想有影响于《易传》，而《易传》将前期的《易》及《老子》底思想，互为表里，容在讲孔子思想时分析之。）

《易·系辞下》说:“八卦成列。象在其中矣。因而重之，爻在其中矣。刚柔相推，变在其中矣，系辞焉而命之，动在其中矣。”《易》的自然运动自然变化的思想亦影响到《老子》。

老子所讲的“道”是“独立而不改，周行而不殆。”换句话说，它是永久存在而无更改，内部有不息的运行——同时这种运行乃自发的，非受一主宰的命令而被动的，所以，《老子》说:“道法自然。”又说:“夫莫之命而常自然。”

道的运行，固然是自然的，而它的生物照样也是自然的。同时，它的生物非有意的创作，亦不占据为私有，所以，《老子》三十四章说:“大道泛兮，其可左右。万物恃之以生而不辞，功成不名有，爱养万物而不为主。”

还有老子认万事万物皆是对峙的思想，也与《易》八卦的思想相衔接的。《老子》四十章说:“反者道之动，弱者道之用。天下万物生于有，有生于无。”又二章说:“天下皆知美之为美，斯恶已。皆知善之为善，斯不善已。故有无相生，难易相成，长短相较，高下相倾，音声相和，前后相随。”不过，这种种对峙，并不如辩证法说的矛盾斗争。老子虽认识万事万物都是对峙的，但主张无为不争。且看他说:“道常无为，而无不为。”（三十七章）“上善若水，水善利万物而不争。”“夫唯不争，故无尤。”（八章）“夫唯不争,故天下莫能与之争。”（二十二章）“天之道，不争而善胜。”（七十三章）一切对峙的不相争，如果照辩证法的原则，则便不能产生“动”了。老子并不以为然，他说“反者道之动”，接着便说“弱者道之用”，可见是与上举的无为不争的思想相接的。如果这样，则万事万物如何能“动”？如何能“生”呢？《老子》四十二章说:“万物负阴而抱阳，冲气以为和。”五十五章说:“知和曰常，知常曰明。”四章又说:“道冲而用之，或不盈。渊兮似万物之宗。挫其锐，解其纷，和其光，同其尘。”——这个“和”字便是生物之“常”，“和”便能“动”，便能“生”，没有它万物将无以自化。

（二）老子对本体与万物生成的认识，他可能是接着“易有太极，是生两仪。两仪生四象，四象生八卦”《易·系辞上》的思想的，但老子的认识似乎是较深一层的。《老子》四十二章说：“道生一，一生二，二生三，三生万物。万物负阴而抱阳，冲气以为和。”十六章说：“致虚极，守静笃，万物并作，吾以观复。”“夫物芸芸，各复归其根。归根曰静，是谓复命，复命曰常。”二十八章又说：“常德不忒，复归于无极。”——《老子》在这里所指的“道”，便是“无极”，亦与第一章所说“天地之始”的“无名”相同。在“一”之前有“道”，“一”之后生“二”，“二”之后始生“三”、生“万物”。“道”为形而上的为“一”之发动者，为万物之“根”，所以比辩证法的“正”（these）是高一层次底，它不单不受时空的限制，亦不受因果律的限制。“万物并作，吾以观复”之“复”，亦绝不是辩证法的“合”（synthese），它就是“道”，也就是“根”。这与《易》的剥极必复的思想相衔接，但非执“西”（指西洋）不化的辩证论者所能了解。辩证论者误解为简单的机械循环，认《老子》缺乏辩证法的环状发展的螺旋式运动的把握。其实，老子并没有否认现象界由简而繁的发展，他已明明白白地说明由“一”而之“万”的事实。他不过进一步说明本体界与现象界并不因由“一”而“万”之后便要脱节，而是照样紧密地衔接，照样的不可分。《老子》十四章说：“执古之道，以御今之有。能知古始，是谓道纪。”王弼为之注曰：“无形无名者，万物之宗也。虽今古不同，时移俗易，故莫不由乎此以成其治者也，故可执古之道，以御今之有。上古虽远，其道存焉。故虽在今，可以知古始也。”——这就可以证明老子的认识论实远较辩证论者为深邃。

四、老子的人生哲学

老子的人生哲学大概亦受了《易》穷变剥复思想的影响，故冯友兰《中国哲学史》引黑格尔的辩证逻辑以解释老子的人生态度，已较认老子尚阴谋权略者为卓识。

《老子》七十七章说："天之道，其犹张弓与？高者抑之，下者举之。有余者损之，不足者补之。天之道损有余而补不足，人之道则不然，损不足以奉有余。" 二十三章说："故飘风不终朝，骤雨不终日。孰为此者？天地。天地尚不能久，而况于人乎！" 五十八章又说："祸兮福之所倚，福兮祸之所伏。"

所以，老子的理想中底圣人是"见素抱朴，少私寡欲。""不自见，故明。不自是，故彰。不自伐，故有功。不自矜，故长。夫唯不争，故天下莫能与之争。"

老子认识了每一事物发展至极点，必变为它的反面。要维持其发展而不致变成它的反面，则在发展的当中必先包含它的反面分子，使其发展永远不能到达极点。所以，他说："大成若缺，其用不弊。大盈若冲，其用不穷。大直若屈，大巧若拙，大辩若讷。"（四十五章）又说："知其雄，守其雌，为天下溪。……知其白，守其黑，为天下式。……知其荣，守其辱，为天下谷。"（二十八章）

老子进一步便反对知识，主张"绝圣弃智"，此智指个己的私智，"我独泊兮其未兆，如婴儿之未孩。"主张人生要长久，便要知足。所以说："祸莫大于不知足，咎莫大于欲得。故知足之足，常足矣。"（四十六章）又说："知足不辱，知止不殆，可以长久。"（四十四章）

至于老子底人生哲学的另一面，是有关于摄生的理论。

老子的修养方法，为保持人的本真，本真不使涣散，则生命可以长久。《老子》十章说："载营魄抱一，能无离乎？专气致柔，能婴儿乎？"

老子的修养方法的第二步，主张精神的调摄，而反对身体的"生生之厚"。《老子》五十九章说："治人事天，莫若啬。夫唯啬，是谓早服。早服谓之重积德。重积德，则无不克；无不克，则莫知其极。莫知其极，可以有国，有国之母，可以长久。是谓深根固柢，长生久视之道。"《韩非子》注云："啬之者，爱其精神，啬其知识也。"河上公又为之解云："人能以气为根，以精为蒂。如树，根不深则枯，蒂不坚则落矣。言深藏其气，固守其精，使无漏泄。"老子进一步主张永生为生命的极致。三十三章说："不失其所者久，死而不亡者寿。"范应元为之解云："人能有志于道，不离于初，故不失其所。如此者乃久也。其形虽死，其神不亡，如此者方为寿也。"

老子的这种摄生理论为汉以后的道教所重视，或即被奉为教主的原因。

五、老子的政治哲学

《太史公自传》上说："春秋之中，弑君者三十六国，亡国者五十有二，诸侯奔走不得保其社稷者，不可胜数。"这与本章第一节所引李剑农《先秦两汉经济史稿》认春秋霸政衰熄，国之存者仅二十余，兼并之烈，超迈前古。同样可以说明春秋末期社会斗争的激烈。

老子生长在封建统治日趋动摇，商工业资本日形发达，阶级斗争陷于极尖锐的时代，故他的政治思想，很自然的主张复古。他的复古不是别的，有如卢梭（J. J. Rousseau）主张之"返回自然"（return to nature）。《老子》二十五章说："人法地，地法天，天法道，道法自然。”让我们复归于自然，在自然的朴实的生活中自由发展，培育像婴儿的情感，否定过去的文明和已成制度。以下所引的几段《老子》底话，便可以证明他底这种思想：

故失道而后德，失德而后仁，失仁而后义，失义而后礼。夫礼者，忠信之薄，而乱之首。（三十八章）

大道废，有仁义。智慧出，有大伪。六亲不和，有孝慈。国家昏乱，有忠臣。（十八章）

绝圣弃智，民利百倍。绝仁弃义，民复孝慈。绝巧弃利，盗贼无有。（十九章）

五色令人目盲。五音令人耳聋。五味令人口爽。驰骋畋猎，令人心发狂。难得之货，令人行妨。是以圣人为腹不为目，故去彼取此。（十二章）

老子这种思想，可以与儒家《礼运》所说的大同世与小康世的理想互相发明。所谓礼、仁义、孝慈、智慧等，皆是“大道既隐”以后“天下为家，各亲其亲，各子其子，货力为己。大人世及以为礼”底小康世的产物。在“天下为公，选贤与能，讲信修睦”的大同世，“人不独亲其亲，子其子”，则所谓礼、仁义、孝慈、智慧等都是多余的，甚至乱人眼耳的五色五音，也可以取消。

且看《老子》八十章所描绘出的理想底社会：

小国寡民，使有什伯之器而不用，使民重死而不远徙。虽有舟舆，无所乘之；虽有甲兵，无所陈之。使人复结绳而用之。甘其食，美其服，安其居，乐其俗。邻国相望，鸡犬之声相闻。民至老死不相往来。

这种理想社会，直截了当说，老子是想回复“我无为而民自化”的远古底氏族原始公社。

此外，《老子》三十九章说：“故贵以贱为本，高以下为基。”四十九章又说：“圣人无常心，以百姓心为心。……圣人在天下，歙歙为天下浑其心，圣人皆孩之。”这种“圣人”可能是老子加以理想化的氏族公社的酋长。在氏族公社制度下的酋长，普通是由氏族成员选举的，这便是孟子以后“民贵君轻”说的根源。

一九六一年十月十日[1]

① 本讲义部分内容已失传，本书仅收录了其中第一章和第二章的内容。——编者注

下部

哲学概论

第一章　绪论[①]

第一节　哲学的起源

“哲学”，希腊语 philosophia 之译名，英文 philosophy，法文 philosophie，前节 philo 为“爱”之本义，后节 sophie 为“智”之专名，合而言之，“爱智”之谓，即努力以求知之意。（哲学的译语，日本西田氏根据汉籍《尔雅·释言》、杨子《方言》，“哲”，智也，“知之曰明哲”而来。）

哲学即求知。究于何时及如何状况之下发生呢？此可从心理的、历史的、社会的三方面加以说明。

心理的方面：

古来解释哲学之发生始于惊异的，有柏拉图（Plato）与亚里士多德（Aristotle）。柏氏所谓惊异之情，便是爱求智者之情，所以惊异，为求知之开始。亚氏于其所著《形而上学》中，谓今昔人类，均由惊异而发生哲学。确知惊异为哲学之始源，然非谓惊异可以直接发生哲学。亚氏

① 先生原哲学概论规划中所包含本体论、价值论的内容因年久失传，本书未能收录。——编者注

于前引著作中，接着说，“人类开始思考直接触目不可思议的东西而或惊异，次第推进，关于月之变化，太阳之运行，星及世界之发生等大事件，而抱着疑惑。所以由惊异进于疑惑，始发现问题。”然笛卡儿（René Descartes）以为哲学不始于疑惑，须熟虑解决提出之疑惑问题，始为哲学之发生。故由惊异而疑惑，再由疑惑进而熟虑，便为哲学之起源。

历史的方面：

惊异的萌芽，差不多与人类发生同时，惊异的显著，约在纪元前二千年间，即神话产生的时代，约在纪元前一千年到八百年间为神话组织时代，到纪元前五六百年间为脱离神话时代，而入于哲学的时代。从历史的文献上说，东方印度的《吠陀》（*Veda*，意译为智），约编纂于纪元前一千年间；中国在唐虞三代，既经谱说五教九德及〈洪范〉、〈九畴〉，至周代初期（约在纪元前一千年代），《易》已经成书；西方最古的文献，为希腊荷马（Homer）所作的史诗《奥德赛》（*Odyssey*），均属于神话之组织时代之产品。至于世界上著名之三大哲人，如释迦（557—477B.C.）、孔子（551—479B.C.）、苏格拉底（Socrates，469—399B.C.），均生于前四五百年代之间，已成为哲学时代之开端。

社会的方面：

古代希腊人，往来于小亚细亚沿海及其附近诸岛，从事于海盗及航海业。而其地适当三大陆交通之要路，到纪元前六百年顷，随世界贸易的发达，经济生活亦达于最高潮，即物资丰富与各地建设都市，成为文化的中心。经济的从物物交换转移为货币经济，政治的由专政政治转移为民主政治；由社会方面的解放，影响于精神方面，比方艺术，由叙事诗变为抒情诗，更向讽刺诗、格言诗方面转移；因而提高一般道德的关心，促发个人的自觉，对于传统的意识，开始抱持疑惑的态度。伴随这种社会状势，从自由的立场来省察自己及世界，哲学便因之而发生。

第二节 哲学与科学

哲学与科学的区别，必须从对象与方法两方面加以研究，因为一切学问，必有研究的对象和方法。哲学研究的对象是全体的，科学的是部分的；哲学的研究方法，是根柢的乃至无假定的，科学的是假定的。例如动物学以动物为研究的对象，植物学以植物为研究的对象；而哲学则以一切东西，换言之，以宇宙全体为研究的对象。又动物学以动物之存在为无条件的假定，物理学以物理现象之存在，为物理法则之假定；数学也以数之存在，作为最高原则的公理假定；唯哲学更从以求存在探讨其根柢。但哲学不是全无假定，科学限于一定范围为最高的假定；哲学则以全体的整个范围为最高的假定，哲学且可从全体的立场批判科学的个别的假定。康德（Kant）尝从自然科学的基础，批判概念的存在及认识；所以科学之终结，可以说即是哲学的开始。

从哲学史看，古代希腊全盛时代，哲学与科学合体，两者无明确的区别。哲学几乎包括现在的自然科学和社会科学；如日月星辰的运行，草木鸟兽之生长，物质能力之变化，精神肉体之现象，道德法律之究竟，国家社会之原委，皆在哲学研究范围之内；而哲学家亦即科学家。

柏拉图与亚里斯多德当时不但以天文学、数学、物理学授徒，且及于论理道德政治一切学问。但至亚里斯多德时已把一般学问分为论理的、实践的、制作的三种：理论哲学包括数学、物理学及神学；而诗学则列入制作的部门。唯直至十八世纪，科学犹为哲学之臣仆。黑格尔（Hegel）派竟认哲学为科学之最高法院。及至十九世纪，自然科学与工艺学得到空前的成功，其他社会科学亦逐渐羽毛丰满，脱离哲学而独立，科学俨有反仆为主之势。甚至有取消哲学，或只视为虚灵无用之学。十九世纪末至二十世纪初，对哲学又重新估定其地位。今试举斯宾塞（Spencer，1820—1903）、冯特（Wundt，1832—1920）与布哈林（Bucharin，1888—1938）的意见，以证明其趋势。

斯宾塞认为科学是部分的统一的知识，而哲学则是完全统一的知识。冯特则以为哲学是赖数个科学所得的一切知识，无矛盾的综合统一的普遍的学问。布哈林则谓："哲学……是一切知识的归纳，是一切科学之科学。当最初科学还没有发展，没有彼此分立专门科学时，……所有自然界的人类一切断片的知识，亦包括在哲学范围内。后来科学分成了许多的专科，各有了独立的位置，所留存哲学范围以内的，只有那些与一切科学都有关系的最普遍的东西；个别是我们自己的认识的问题，以及我们的认识对于宇宙的关系的问题等。科学已分成了许多专科，哲学就应该是这许多科学之总汇了。哲学在于聚集一切的事物，总集一切的知识，构成整个的宇宙观之基础。又谓"科学只能分论宇宙与人生，而哲学乃能综论宇宙与人生"。

第三节　哲学之内容

古代希腊哲学家分哲学为三大部分：物理学、伦理学、论理学（或称名学）。——亚里斯多德主是说。

冯友兰氏认希腊时代之分法，其范围较现在此三名所指为广。以现在之术语说之，哲学包涵三大部：

一、宇宙论——目的在求"对于世界之道理"（A theory of world）；

二、人生论——目的在求"对于人生之道理"（A theory of life）；

三、知识论——目的在求“对于知识之道理”（A theory of knowledge）。

此三分法，自柏拉图以后，至中世纪之末，普遍流行；即至近世亦多沿用。

冯氏复引申其说：就以上三分中若复再分，则宇宙论可有两部：

（一）研究“存在”之本体及“真实”之要素者，此是所谓“本体论”（ontology）；

（二）研究世界之发生及其历史，其归宿者，此是所谓“宇宙论”（cosmology）（狭义的）。

人生论亦有两部：

（一）研究人究竟是什么者，此即心理学所考究；

（二）研究人究竟应该怎么者，此即伦理学（狭义的）、政治社会哲学等所考究。

知识论亦有两部：

（一）研究知识之性质者，此即所谓知识论（epistemology）（狭义的，即认识论）；

（二）研究知识之规范者，此即所谓论理学（logic）（狭义的，即逻辑）。——冯著《中国哲学史》上册，页二。

胡适氏认哲学的内容，包括如下的门类：

一、天地万物怎样来的（宇宙论）；

二、知识思想的范围、作用及方法（名学及知识论）；

三、人生在世应该如何行为（人生哲学，旧称伦理学）；

四、怎样才可使有知识、能思想、行善去恶（教育哲学）；

五、社会国家应该如何组织、如何管理（政治哲学）；

六、人生究竟有何归宿（宗教哲学）——胡著《中国哲学史大纲》卷一，页二。

陈正谟氏所编《现代哲学思潮》第二节“哲学之内容”中分为知识论、宇宙论、行为论三大部门，兹刊表如下：

知识论

—知识之能力

—独断论

—怀疑论

—实证论

—知识之起源

—理性论

—经验论

—批评论

—知识之效力

—摹本说

—配合说

—效用说

—知识之对象

—观念论或意向论

—实在论

—现象论

宇宙论（本体论）

—本体之性质

—唯物论

—唯心论

—并行论

—中立论

—同一论

—本体之数量

—一元论

—二元论

—多元论

—本体之生成

—机械论或必定论

—目的论或无定论

个人行为（个人道德问题）

—道德之起源 —先天论

—经验论

—道德之目的 —功利论

—理性论

—道德之基础 —自律论

—感情论

—反省论

—他律论

—道德之动机 —利己主义

—利他主义

团体行为（国家政治问题）

—国家之性质问题 —伦理的国家论

—股份公司的国家论

—压迫工具的国家论

—职能的国家论

—国家应否存在之问题

—认国家有存在价值

—国家社会主义

—行会社会主义

—否认国家有永久存在价值

—个人主义

—共产主义

—无政府主义

—工团主义

第四节　哲学与人生

认识论与实在论（即本体论），当然为哲学之正当的认为，但以今日哲学的概念发达，人生倘离价值生活而单独讨究认识论与实在论，则哲学果有几何价值，颇成疑问。所以，今日之哲学必是讨究人生全体之学。

哲学可以说是有关最严格意味的人生观——依赖理论形式的普遍根本的人生观，在古来的哲学历史上已明白地被证明。假如否定此种事实和精神，哲学的本领便不免全无意义。若极简单的解释，所谓人生便是人类的价值生活。所谓价值生活，便是人生的根本特征。所谓价值生活，不单意味事实的生活，而是将百般生活的本质种类诸如形式等，分为无数的价值的优劣等级，以其优劣的价值标准作为尺度而行动，便是人生的特征。但并不是机械的必然的行动。所谓价值标准即遵守各自的规范，律己而行动，便是人生的本来面目。人生不外为规范的有目的的文化的精神生活，即由我们的道德生活开始而至经济政治艺术宗教，具有如斯意味的价值生活。不单认识论与实在论，甚至关于经济政治道德艺术宗教等的价值生活的批判乃至根本的研究，也不外是哲学的本领和价值。不消说这样的价值生活，我人不必认为是哲学的，主要的特殊科学也可以观察和研究，如各种的心理的观察和关于经济政治的事实的记述等。至于哲学的考察则与此等科学不同，直接穷究价值生活乃至规范生活之根本，从根本的立足点指示价值生活能行或可行的穷极原理。换言之，不单考察人生乃至价值生活的事实，宁可说究明人生的穷极的意义——人生之当然或必然的穷极的价值的意义。特殊科学仅说明人生之事实，而不说明人生的意义——价值的意义。故无论从道德方面，或从经济政治方面，或从艺术方面，或从宗教方面来观察整个人生而究明其绝对的又穷极的立足点底人类生活的意义的，当然只有哲学。与其说究明人生的穷极的意义，毋宁说是指明我人应如何实行有真意味的生活。艺术和宗教也从情绪的或意志的途径来说明人生穷极的意义，但哲学则恰恰相反，而是借理智或理论的形式究明人生的全底意义。故哲学的要求是人生自然的而有实际的东西，所以哲学要求的满足，便是我人真的有意义底生活实行的开始。

第五节　哲学研究之方法

关于哲学研究之方法，大体可分为演绎法、归纳法、类推法、批判的方法、辩证的方法、直觉的方法、禅宗的方法、道学的方法等。

现在依次略述之。

一、演绎法（由普遍到特殊）、归纳法（由特殊到普遍）及类推法（由特殊到特殊）

研究法最普遍的便是演绎法（deductive method）与归纳法（inductive method）二种：前者为亚里士多德、笛卡儿诸人所倡导，后者为培根（Francis Bacon，1561—1626）、洛克（John Locke，1632—1704）、穆勒（John Stuart Mill，1806—1873）诸人所倡导。前者主综合，后者主分析。前者由原理推到个件，由一般的原理推到特殊的原理。后者由个件回到一般的原理。演绎、归纳二者，在研究法上好像两个柱石，互相撑持。没有归纳，演绎便行不通；没有演绎，归纳也行不通。但严格言之，归纳法所得，亦不过是一种比论（analogy）或类推法。类推法在哲学上倒有不少的势力。叔本华（Arthur Schopenhauer，1788—1860）、陆宰（Rudolf Hermann Lotze，1817—1881）诸人，是用类推法之最有声色者。

二、批判的方法

批判的方法（critical method）之发明者是康德（Immanuel Kant，1724—1804）。康德以为研究哲学，演绎法和归纳法，决不济事。纯理派（即理性论）采用演绎法，经验派采用归纳法，康德以为二者俱非。经验派认事实性之多数可以成为法则性，是事实在先，法则在后。纯理派主张法则之生具性，亦是把法则看作事实的存在。康德以为两派都不免误解法则概念。法则性与事实性之间，不可用时间的先在性之思想去说明，因为二者是性质全异的东西。法则性不先行于事实，亦不总后于事实，乃是全然从事实独立的东西。康德特名之为先天性。以先天性为基础而建立之方法，方为批判的方法，又名为先验的方法。

三、辩证的方法

辩证的方法（dialectical method）为分析与综合之交互使用。虽在希腊时代有人注意，但组织成功一种显著的研究法的，却是黑格尔。黑格尔以为凡事必依三段顺序而发达：先有第一状态的“正”，必生第二状态的“反”，然后再生第三状态的“合”；而第三状态的“合”又为新第一状态的“正”。如此正反合三者循环演进，永无休止。由正生反，便有分析，正反对立，便生综合。所以辩证法是分析与综合交互使用的结果。黑格尔的哲学，便是由这种方法建立的。他的“有”“无”“成”的思想，他的精神哲学的展开，都可适用这种方法说明。这种方法极富有革命性。马克思（Karl Marx，1818—1883）的思想，便是由这个方法产生的。

四、直觉的方法

直觉的方法（intuitive method）系不假推理而能直接洞察事物的真相之谓。直觉正与洞观（insight）之义相同。在现代使用直觉法为哲学上之研究方法的乃是柏格森（Henri Bergson，1859—1941）。柏格森谓宇宙为生命之创造的进化。但捉住生命之本质，理智之力不如本能之力之大。本能导活动于有限之范围，为自足的，为盲目的；理智导活动于无限之范围，为选择的，为自觉的。然前者得把捉事物之实质与生命的真髓，后者但体会事物之关系与生命之皮相。故认识全实在，人工之理智，不如天赋之本能。换言之，与其用科学之方法，不如用直觉之方法。以理智之融通性、自觉性助本能之有机性、扩张性。则物质悉化为意识，而生命进化之真谛，始有可言。柏格森即使用这种方法，建立他的新形上学。

五、禅宗的方法

禅宗虽出于佛家空宗，但其所用方法，与空宗有些著作不同。空宗中有些著作，如《中论》、《百论》其工作在于破别宗的，对于实际有所肯定的理论。它们虽破这些理论，但并不是从一较高的观点，或用一种中立的方法，以指出这些理论的错误。它们的办法，是以乙宗的说法破甲宗，又以甲宗的说法破乙宗。所以它们的辩论，往往使人觉其是强词夺理的。它们虽说是破一切的别宗，但它们还是与别宗在一层次之内。

禅宗自以为他们所称的佛法，是“超佛越祖之谈”。其所谓超越二字，甚有意思。他们以佛家中所有的各宗为“教”，而以其自己为“教外别传”。他们亦是从比较高的观点，以看佛家各宗的对于实际有所肯定的理论。他们所称的佛法，严格地说，不是教“外”别传，而是教“上”别传。所谓上，就是超越的意思。

六、道学的方法

道学是儒、释、道的综合，或说是集儒、释、道的大成，但它的主要方法是总续孟子的集义的方法的。集义是孟子所谓“必有事焉”时时集义，不可间断。此所谓“义”，大概包括吾人性中所谓“善端”。此诸“善端”是在内本有，不必外求，皆倾向于取消人我界限。即将此逐渐推广，亦勿急躁求速，亦勿停止不进，“集义”既久，则行无“不慊于心”，而“塞乎天地之间”之精神状态便可得到。至此境界的人。便可以“浑然与万物同体”。此“体”是一个大全，是包括一切的。

但道学家中，集周濂溪（敦颐）、邵康节（雍）、张横渠（载）、程明道（颢）、程伊川（颐）之大成，作理学一派之完全者为朱子（名熹，字元晦，一字晦庵）；与朱子同时而在道学中另立心学一派者为陆象山（名九渊，字子静），而集心学之大成者为王阳明（名守仁，字伯安）。

一般人论朱陆异同者，多谓朱子偏重道学问，象山偏重尊德性。其实二人之哲学，根本上实有差异的地方。朱子言性即理，象山言心即理。此一言虽只一字之不同，而实代表二人哲学之重要的差异。盖朱子以心乃理与气合而生之具体物，与抽象之理完全不在同一世界之内。心中之理，即所谓性；心中虽有理而心非理。故依朱子之系统，实职能言性即理，不能言心即理也。即朱子所见之实在，有二世界，一不在时空，一在时空。而象山所见之实在，则只有一个世界，而此世界即与心为一体，所谓“宇宙便是吾心，吾心便是宇宙”。

朱子以为人人具一太极。太极即众理之全体；故吾人之心，亦“具众理而应万事”。故即物穷理，亦即穷吾心中之理，穷吾性中之理耳。唯依朱子之系统，则理若不与气合，则即无心；心虽无而理自常存。若就此点谓朱子析心与理为二，故未尝不可。依阳明之系统，则必“致吾心良知之天理于事事物物，则事事物物皆得其理”。依此则无心即无理。此点实为理学与心学之根本不同处。

第二章　认识论

> 近世哲学界中，康德派多偏重认识论。黑格尔（Hegel）派则偏重本体论，其他为德林（Dühling）之属，又偏重价值论。夫认识论者，研究之方法也。本体者，知识之内容也。价值论者，理论之应用也。兼此三者而哲学之能事始完。不因举一而废其他也。
>
> ——《哲学大纲》页十六，蔡元培编纂

哲学是如何发展出来的呢？世界为许多可疑惧惊讶的事实。人类最早向外看，想发现那些事实，于是为客观世界，于是为实观世界，背后的实在，因此为形而上学（metaphysics，Metaphysik）。而为一元论、二元论、多元论，唯心论、唯物论、现象论等种种派别发生。其后渐渐想到所谓向外看，是用什么方法向外看呢？向外看要具备什么条件呢？于是为主观世界，因此有认识论（epistemology，Erkenntnistheorie），而有纯理论、经验论、批判论种种派别发生。其后渐渐由向外看转到向内看，而有主观世界与客观世界之调和，于是为价值论（axiology，Axiologia）通为论理等，而有伦理学、美学、宗教哲学种种科学产生，以上三者，为哲学发展的程序。"形而上学讨论实在非实在的问题，认识论讨论真伪的问题，价值论讨论善恶、美丑、正邪种种问题。……形而上学在发见一个宇宙观，价值论在发见一个人生观，认识论在连接两者之关系。……"——《哲学浅说》页六，李石岑著。

第一节　认识的意义

所谓认识论（epistemology，Epistemo logic），乃是认识或说真正的知识（episteme）和理论（logos）结合而成的合成语。因而认识论是关于认识的理论为哲学的根本部门；但开始讨论认识论为哲学的基础部门的事，是从洛克（John Locke）起。若无洛克，吾人开始识论，当先识各人之能力，方不得误用悟性，进而必须研究人类的知识起源、确实性。范围和信念意见，认识的根据与其程度。（Locke，*An Essay Concerning Human Understanding*，1689—1690，P.9）的确，关于认识的事实，从古代的希拉克利泰斯（Heraclitus）以来历经几多哲学者加以论列，不正常作为形而上学、物理学或心理学的一部分而已。严格地说，连洛克也

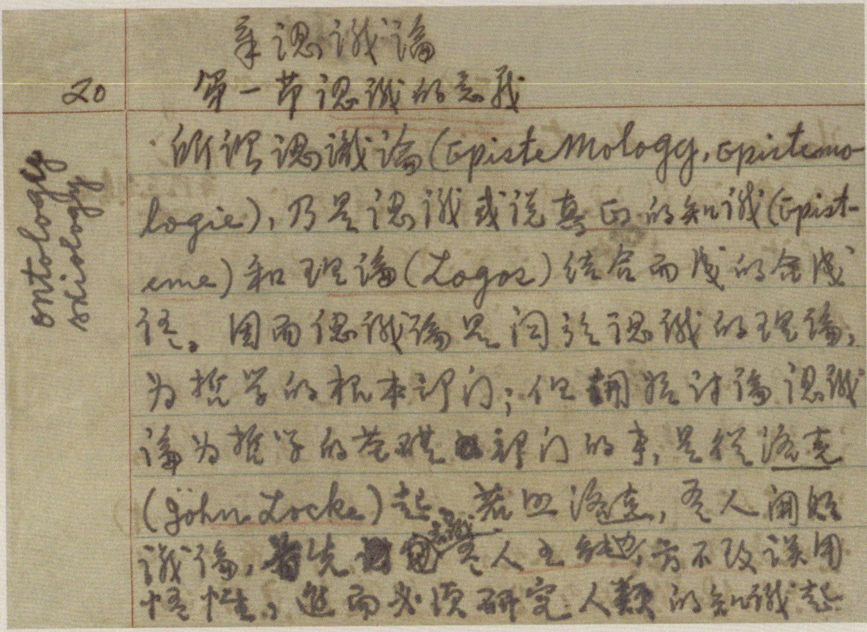
章认识论

20 第一节 认识的意义

所谓认识论（Epistemology, epistemologie），乃是认识或说真正的知识（episteme）和理论（Logos）结合而成的合成语。因而认识论是关于认识的理论，为哲学的根本部门；但确认讨论认识论为哲学的基础部门的事，是从洛克（John Locke）起。若照洛克，先人阐明认识论，首先是人之能力，为不致误用悟性，进而必须研究人类的知识起

ontology

没有将认识论与心理学区别。至于将认识论与其他部分完全独立的人是康德（Kant）。若无康德，悟性如何作为一体，可以达到一切先天的认识呢？然而首先要问，这样的先天的认识在怎样的范围才可以得到妥当性和价值认识论是作为哲学预备的批判，而且是用先验的方法。在这种意味上，康德便可以说是认识论的始祖。

然而认识论后来采取怎样的问题呢？为将认识的东西底意味阐明，首先便要问认识是基于怎样的能力？即是认识的起源乃至能力的问题。其次必须了解认识成立前有怎样的意味？即必须考虑认识的主观乃至主体和被认识的客观或对象底两者的关系。换言之，即主观和客观的关系或认识的对象和主体的问题。认识在怎样的范围才可能呢？即认识的限界问题。最后，认识要怎样才可以把握与成立呢？即认识的传统乃至真理成立的问题。以下便以这四个问题为中心的讨论。

第二节　认识的起源与能力问题

关于这问题的立场大体可分为四派：即理性论（Rationalism，Rationalismus“合理论”）、经验论（Empiricism，Empirizismus）、批判论（Criticism，Kritizismus）及现象学（Phenomenology，Phanomenologie）。

一、理性论

理论　所谓理性论认为认识的起源为理性。若从此径，所谓认识必是普遍必然的正确的知识。然而感觉因时因人而相异，所以基于感觉的经验的能力，绝不可能获得普遍必然的知识。因此之故，只有从先天的理性才可以达到真的认识。理性论是全不依经验而单依理性思维便可以把握到真实为其特色。

历史 为前述认识论能明确的自觉时代是在近世，严格的意味说来，在古代与中世没有认识论的理性论的哲学，若求相当于今说之理性论于古代，则为 Pythogoreans、Heraclitus、Parmenides、Pluralism（多元论者）Aristotle、Socrates、Plato 等。在中世则为奥古斯丁（Augustine，353—430）。一般说的理性论是说近代的笛卡儿（René Descartes，1596—1650）开始，及其后的斯宾诺莎（Baruch Spinoza），莱布尼兹（Leibniz）三人为代表。

笛卡儿试将哲学建立于最确实的基础上，将可疑的一切东西加以怀疑。首先怀疑自己的感觉，其次怀疑外界，更怀疑数字，而最后到达不得怀疑的疑的主体。即是自我。何故不能怀疑自我呢？即不能否定怀疑主体的自我的存在。这样，他便说出他有名的一句话："我思故我在"（Cogito ergo sum.），这句话便是笛氏最直接也是最确实的根本原理。因为这自我的观念是明了而且判然（clear and distinct），所以一般明了且判然的观念必是直接的确实的东西。他列举作为观念的物、实体、真理、数字的观念及神的观念，认为这些观念不是由经验可以得到，而原来由理性所赋予。即笛氏把这些观念都名为生得观念（Ideae innatae，innate Idea）。因此他明确地区别理性和感性，后者是不明了不判然，由它便不能认识学问真理；而真理只有由一切理性才可以认识。所以借这样的理性的概念和法则，便可以认识现实的话，所谓现实便为真理的意味，现实的构造，不外是与思维一样的构造。特别在几何学的体系可以寻出最纯粹的理性的构造。笛氏以为自我乃是精神的实体的，属性是思维，而物质的实体的属性是延长，两者是各无关系的独立体，借神的实体保证，两者是完全的区别的。因而理性思维的展开，同时不外是空间的几何学的构造的展开。此外，他在感觉与悟性的中间认为一种想象力为悟性思维之助，但对于悟性的思维不是本质的。因为感觉是易变，想象力是混乱的状态，相反的，悟性是可作为纯粹的明了的理解。笛氏让悟性有两种能力，其一是直观；其一是演绎。这相当于柏拉图的理性思维与悟性思维。

其次，斯宾诺莎（Baruch Spinoza，1632—1677），将笛卡儿已经启示的数学方法，特别是几何学的方法糅入于自己的哲学体系。即借定义与公理证明定理，更由此展开而树立他的哲学体系。照斯氏思维即存在，存在即思维，故现实的东西不外是论理的事态，换言之，观念的秩序与结合和事物的秩序与结合同一。斯氏将笛卡儿对立的精神与物质的两个实体，解作为唯一的神底实体的属性，存在的东西为唯一的实体底神；但这在思维的属性之下呢？抑在延长的属性之下？斯氏以为精神与物质多有成立，并主张思维与延长在同一构造之内，这为笛卡儿实体的修正，而为理性论的极致。至予斯氏的认识分为三阶段，即感觉的认识、想象与理性的认识，而最后阶段的认识又为必然的十全的认识。理性的认识又可分为二阶段，即论的认识，在普遍中包摄特殊的概念的思维，以及直接将普遍与特殊包括阶段的直观；前者为悟性（ratio），后者为知性，又叫做直观知（intuitio）。后者可达最高阶段。关于感觉和想象，斯氏以为原来存在的东西是延长的较好的论理的展开，而不是时间的东西，所以感觉和想象固易变化，故所得之知识也是谬误的。不过，斯氏以感觉和想象为认识的第一阶段，依悟性的概念，认识为第二阶段，他凭借自然之光，更列举第三阶段直观知。这直观知，斯氏以为是最多的，神智的爱（amor dei intellectuolis）。

（单子=实体=力）monade

莱布尼兹（Gottfried Wilhelm Leibniz，1646—1716），亦仿照笛卡儿

以几何学的证明方法，作为研究学问的方法。不过，他与 Descartes，Spinoza 不同，即一面承认理性的学问，同时，又承认经验的学问的成立。莱氏以为前者是永远的真理，即理性的真理，而后者是事实的真理。然而前者之原理为同一律①与矛盾律②；如果不服从这个原理，便不可而思考。后者的原理为充足理由③之原理；如果经验的事实不由此原理解释，便不能成为普遍的必然的。洛克（Locke）说："在知识中者，必先在感觉中"，莱布尼兹便答应道："除非是心意与其通用。"莱氏更从他的单子论（monadologie）的立场，能说一切观念的内在，以预定调和说（pre-established harmony）保证它的妥当性。在这样的场合，便可以指出莱布尼兹（Leibniz）的对于理性论的倾向。

莱布尼兹（Leibniz）以后，理性论当为伏尔夫（Christian Wolff，1679—1754），而康德与黑格尔（Hegel）等，亦可说为广义的理性论者。

批判　从以上看，一切理性论的主张，检视理性认识的确实性，这点为任何人所首肯。盖对感觉的个人的主观而言，关于概念的知识的普遍妥当性，确实可怀疑。但一切的认识绝不止于理性。同历史显示的一样，认识的起源除理性外，当为经验，把经验完全否定是不利的。即 Wolff 亦曾这样说过，认识的第一步，将自我及其他事物作为自意识的话，必从经验开始，即是精神的自觉，或是直接经验。何况没有经验，近代许多自然科学，将成为不可能的东西。所以，必将从认识的起源上研讨经验的关系。

---

① 同一律（Law of Identity）或称自身律。其公式为"甲为甲"。为绝对与相对之别。如云："人为理性之动物"，是为绝对同一；如云："人为生物"，"人不过生物之一种"，则二概念广狭各殊，是为相对的同一。

② 矛盾律（Law of contradiction）公式如云：某为甲，而不能谓某非甲。即已肯定之，即在同时否定之。已否定之，即不能同时肯定之。

③ 充足原理（Law of sufficient reason）谓凡事物皆有其充足之理由。

二、经验论

理论 所谓经验论，与其说在理性认识之外有经验，毋宁说认识的起源单位为经验，如所谓先天的法则，也不过是以一切经验为基础而形成，而其极端则称为感觉论（sensationalism，Sensationalismus）。即认识的起源全由外部的感觉。论者将经验区别为内外两者，外的经验属于感觉，内的经验则为记忆、想象、思维。在经验论里，无所谓理性认识的普遍的真理，以经验因人而异，故真理常是盖然的。

历史 类属于这样的经验论，在古代当推哲人（Sophists）、斯多亚学派（Stoicism）及伊壁鸠斯派（Epicureanism）。至于古代的多元论者（pluralism），则一面讲说理性认识，一面又承认感觉的认识。但古代对感觉方面作最明显主张的，应推哲人（Sophists），如普罗太哥拉斯（Protogonas）标榜"人为万物的尺度"即一切的认识皆依感觉；唯感觉因人而异，故无法谈到普遍的真理。普氏甚至否定数学的普遍性，如说感觉的知觉所得的线，不是几何学者所表现的直线，因为感觉的知觉不表示像几何学者的直线或曲线。即切线点并不是单接于圆的唯一点。Socrates、Plato、Aristotle 虽历经理性论，但 Socrates 是用归纳法，Aristotle 在解说现实的个物发展为实体论时，已指示出经验的作用。所以如果说 Plato 是先天的观念论，则 Aristotle 已开始有经验的实在论的倾向。而接受 Aristotle 的这种倾向，进而开发经验论的是斯多亚派（Stoicism）。这派的代表是齐诺（Zeno Cyprus，336—264B.C.）及克利西蒲斯（Chrysippus，280—207B.C.），受 Democritus 的影响而主张感觉论。他们以为精神为白纸，由外界或内的状态感受印象而生表象，由表象生记忆，由记忆生经验，而此际由个别进于普通的场合，依方法的思维作用而生的便是普遍的表象（ennoiai），依必然的乃至自然的历程而生的表象是自然概念。不过一般的表象与对象一致时，必伴随直接的明证（enargeia），而这样的表象是概念，即叫做概念的表象（phantasia kotaleptike）。这样的概念也单由知觉发生。但斯多亚学派认为一切感觉或知觉不正确，只有伴随把握存在的明证底概念的表象，或伴随共通的确信底自然概念是真的。唯伊壁鸠斯（Epicurus）却认为思维方是不明的谬误的起因，而直接受动的感觉才是无误的真的。基此而起的判断，作为标准的是感觉，又名为感觉标准论（kanonik）。

在中世唯名论（Nominalism）亦属于感觉论派。

随着近世自然科学的勃兴，经验论因而兴盛。培根（Francis Bacon）为经验派的先驰，继之者为洛克（Locke）、巴克莱（Berkeley）、休谟（Hume）、穆勒（Mill）等人，以培根、洛克、休谟为代表。

培根（Francis Bacon，1561—1626）——培根认为从来研究学问的方法，都是错误的，若说研究客观的自然，则不重经验，不主实验及观察，而单靠思辨；若说研究主观的，则局限于从来传统的及抽象的理论。培根以为两者其实都可以借归纳法加以改正，遂著《新工具》（*The New Organon*，或译为《新方法论》）阐述新的研究法。即一面主张实验及观察，一面则主张破除偶像。彼以为人们不能正确运用悟性的原因，是被四种偶像所局限。这四种偶像即人类的偶像（idola tribus）、洞穴的偶像（idola specus）、市场的偶像（idola boni），以及剧场的偶像（idola theatri）。而这些偶像，是意味悟性被局限于目的论的看法、个人的偏见、言语、权威等等。若能将偶像纯化，则可作为悟性的现实的借镜。培根以为归纳法已不是如蜘蛛一样，由自己的身体中引出线来，目的亦不是同蚂蚁一样，糊里糊涂的搜集食物，而是与蜜蜂一样，将采来的花汁再行加工。照这样看，培根一方承认经验，一方亦承认悟性。不过，他认为认识是由感觉的知觉发生，再由此而进展至最后的最高原理。由这点看，培根是着重点于经验论的。

洛克（John Locke，1632—1704），他的认识论可以称为科学的感觉论。他反驳笛卡儿的生得观念，认为神的观念、道德的观念和最高的思维法则，都不能称为生得的。因为这些观念，在野蛮人和孩童中无法取得证明。洛氏以为观念学由经验而生，人心本如白纸，赖经验而被丰富，故认识与思维的材料全由经验中得来。至于经验的根源，可分为二：一为外部的知觉，即感觉（sensation）；二为内部的知觉，即反省（reflection）。前者为外部的对象的知觉，关于一切外界的认识，均依靠这种知觉；后者为自身的悟性活动的知觉，关于一切内部的认识，则有赖于这种知觉。然而任何一种，都可生单纯观念，以单纯观念为基础，便可得复合观念。所谓复合观念，即属于样相（modes）、实体（substances）、关系（relations）的观念。关于实体概念的成立，表现于感觉及反省的几个的单纯观念的重叠了的结合关联，而发现这种事实的场合，发生于可以思考的存于彼此根柢自体的基体。关于关系概念，发生于观察结果，由一个东西向他一个东西的移引底结合，换言之，即两个东西结合的场合。至于因果的成立，产生于由悟性发现，无论实体或性质的某一种东西，依运动而开始存在的场合。至于时间和空间，洛克以为是单纯的样相。关于空间，由我们的视力或触觉加以阐明，便可得空间的观念。而两个物之间的空间是距离，考虑空间距离的长、阔、厚时，它的容量（capacity）叫做延长（extension），而延长之流叫流续（duration）。至所谓时间，便是计量这流续的东西。在这等单纯观念的场合，我人之心，无论如何是受动的，而在复合观念的场合，始积极的主动。因而在这样成立的观念名为概念（motion），而复合的样相概念，便由结合这些的单纯观念，并予以一个名称而成立。（Locke，*An Essay Concerning Human Understanding*，1689—1690，P.150—153、92—121、

175—182）洛克特别重视实体观念，彼认为实体的性质是可知之事，而实体的本身为不能知之事。这种事，无论物与心，都是同样的。所谓实体的性质有两种：一种可以为做实体本身的性质，一种因感觉而产生的性质。前者是第一性质，后者是第二性质。前者属不可入性、形状、数量、延长，如运动或静止底数字的以及时间的空间的规定；后者属于色、音、嗅、味、温度等。这两种性质，在洛克都以为属于经验的。但这儿便有破绽，即一方洛克的实体的本身，为似 Descartes 的生得观念，同时，承认实体的存在，不只是经验的复合观念。他从第一、第二性质说，实体已经不是复合观念，而已被认为是超越的存在了。此外，洛克一面主张感觉论，一面又承认悟性的运动，就在这点，已指明洛克为理性论的倾向。

休谟（David Hume，1711—1776），休谟比洛克更进一步，洛克承认认识的起源为感觉与反省，休氏则认为认识的起源单由于外部的印象（impression），反省也是基于印象。（尚有思维、意断、判断等，也是基于印象。）因而一切认识、一切表象及一切观念，皆由印象而生。在洛克以为复合观念，是单纯观念的复合，因而是主观的东西，而没有客观的实在性，仅有实体的概念。有客观的实在性，即实体可以解释为客观的，如前所述的，是理性论的演绎。休谟在这点上较洛克为彻底，[①] 照休谟的意思，即实体亦不外基于印象底观念的结合，在印象底观念以

① 休谟关于观念之结合，须依照次述之。三个规律引之：

第一、类似律（similarity）。此在类似之观念之间所引之结合。如从照像想原物是。

第二、接近律（contiguity）。此在空间上时间上之精通的观念之间所引之结合。如从外室想到入室，从去年想到前年皆是。

第三、因果律（causality）。此在促成因果关系之观念之间所引之结合。如思伤痕而感若病是。

以上三种，通称为联想律（Law of association）。一切复杂观念皆由此种方法而形成。

“后于那个”（after that）不同于“由于那个”（by that）。

外，没有任何东西。比方积的果，不外是某种感性的性质的不断结合。这点与巴克莱（Berkeley）相同。然而休谟更进一步，否定自我的概念，所谓自我是迅速地互相继起众多的表象之结合（来）。更在这结合（来）的背后，为所谓灵魂与自我的基体，这是我人的错觉。就这样，把无论物与心的实验概念都否定了。

但休谟特别重视因果的概念，直俟洛克的见解更加彻底。休氏认为因果的东西无论先天的或经验的，也是不能知之事。因为先天的可知之事，限于同一性，而结果跟原因不是同一。又经验的可知之事，单靠两个过程的时间的缘起，而彼此有原因和结果的关系的事，不能知。唯我人对某种事物及他种事物，习惯于时间的继起，所以必然那样继起的表象便发生，这就叫做因果的概念。但不单因果关系，一切关系也是同样。换言之，即由观念的联合而产生的东西。照休谟所谓空间是可以见到感到的点的顺序；所谓时间是关联的意识状态的系列。一切知识是基于感觉的主观的，所以没有必然性与普通性，但承认只有纯粹数学是可以严密证明的学问。然而这样的纯粹数学，也不是以对象为关系，而是观念结合的学问。所谓 Enclid 的图和像不存在于自然中，而仅作为观念是真的。至于其他的学问，因只能用基于经验的归纳法证明，所以不正是盖然的。例如，所谓“凯撒不存在”，是可以思考的，所以认识，必可以由经验证明的。然休谟已从感觉论陷于怀疑论。又因他主张知识基于印象的缘故，所以又被称为印象论（impressionism）。

批判 如上所述，经验论认为仅见有一面真理的，都是为错误的，即单有理性便不能贯通一切认识。所以认识的起源，当然承认经验。相反地看，一切认识，如果单靠经验，也是有错误的。不论说，所谓经验作为何解呢？其说甚多，但依一般的说来，所谓经验论，即指依感觉的经验而言。然而我人之认识，则不单依这样的经验，依赖思维的方面亦有。因为单依感觉的经验，结局则一切的知识可被否定。比方穆勒（指 John Stuart Mill，1805—1873）陷于循环论，而休谟则坠入怀疑论。认识借经验的动机而起，亦不单赖经验的要素而成立。因经验论一面否定理性论而一面则没有想法全面的否定以悟性思维为中坚的数学。

Külpe[①]（1862—1915）对于经验论以为的三点批判:（1）既可观察到的现象适用因果律，无须许多反复的经验。（2）因果关联，与主观的强制，无关系，因因果关系，实为论理的必然性。（3）经验论在说明普通的知识的场合有破绽。

三、批判论

理论关于认识的起源，一面容纳理性论的主张，同时示以限界；一面把经验论的主张，在正当的限界内收入，这，便称做批判论，即承认两者的正当权利。若依批判论，认识的成立，形式的要素和质料的要素均为必要，若缺一种，认识便不能成立。前者基于理性，后者则基于经验。所谓认识，借经验的质料和理性的形式互相构成时便即成立。不过，前者是先天的要素，而后者是后天的。所以，一面虽承认理性的先天的性质，同时，若无经验，则单依理性，认识亦不能成立。相反的，经验论只承认经验才可以认识，即经验是认识的要素，然而不是唯一的，宁可说经验依形式构成时，认识才成立。批判论的创始者康德（Kant）曾说:“吾人的一切认识，随经验而开始，是全无疑问。——虽然今为是说，

① 奥斯瓦尔德·屈尔佩（Oswald Külpe，1862—1915），德国心理学家、哲学家、符兹堡学派的创始人，格式塔心理学思想的先驱。一生从事内容心理学和实验心理学研究，提出了著名的无形象思维论，曾任教莱比锡大学和符兹堡大学。——编者注

但吾人的一切认识，必不是由经验而成立。”又说：“无内容的思维是空虚，无概念的直观是盲目。”所以，批判论承认理性和经验均为认识之起源，不过，对理性方面，即形式方面，更加着力；以形式的体系的研究，作为哲学的主要问题。Paulsen 谓 Kant 为形式的理性论，不为无因，Kant 认批判论是认识纯力的批判，同时，并企图将批判论作为哲学的认识的基础。

历史 批判论为康德（Kant）所倡导。康德认为认识，决不单由感觉成立，如对于几的认识，单以色、重固等的感觉的集合，“几”的概念尚不能成立，必须将那些杂然的感觉综合统一于一定的秩序里。这就是形式了。康德以为由物自体可以触发感性。由感性便生直观（见附注）。所谓感性已是由对象即物自体而触发，因而是没表象的能力，即是受容性（Rezeptivität）；所谓直观是这种感性的作用，单靠这种认识与对象发生关系。这样，感性是直观能力，所谓直观是感性作用。而直观意味着这样作用的时候，则随这种作用而成立的表象，也可以称为直观。不过，这样意味的直观，正确地说是现象（Erscheinung），即是直观（作用）的不定的对象。如前述的直观乃至现象的成立，必一面为感觉所受入，这种感觉，可以说是随对象而触发的感性，对那表象能力的对象的作用。凭现象与这感觉相应的东西，称为现象的质料。因而将现象乃至直观的质料受入的时候，发现其与对象的关系时，便为感觉。但这些现象质料是非常的杂多，要成为直观乃至现象时，必须以一定的形式受入。这些质料受入方面，是直观乃至感性的形式，又因它为构成现象形式的缘故，遂称为现象的形式。这样，现象便由形式与质料而成之。就在这时候，质料乃至感觉形成的东西，绝不是先立定的，而是后天的经验的东西。但将它受入方面的形式，是先天的。即这种形式是空间和时间的，前者可称为外感的形式，后者可称为内感的形式。而前者是将外界的一切东西受入，后者是关于我们内的心意的受入。它被称为先天的形式，即将现象所有感觉开除，尚为空间或时间残存。倘若空间成时间，则一切现象不能成立。盖一切外的事物，必为延长即空间性，内的心意，只为时间的连续，才有可能。然而这些时间空间的先天的形式，是直观的形式而不是悟性的形式或概念。这就是概念中包含相异的种类，而时间空间，不包含相异的种类的原因。无限量的全体，不过只占它的一部分，这样，质料是经验的，形式是先天的（*a priori*），而在这里叫做先天的，并不称为生得（angeborne）。所谓生得的是理的意味，在时间的以前。而在这儿，所谓先天的，可说是先之于论理的认识，经验说有纯粹的意味，即意味着有认识成立的理论上的条件。这样，直观由质料和形式构成，而包含这些经验的要素的直观，可称经验的直观。相反的，时间空间的先天的形式本身，被直观时又称为纯粹直观。在这儿，纯粹直观为纯粹数学成立的基础。几何学以空间为对象，数学以数为对象，而空间和数（数由时间导出）的先天性与它的认识的先天性，便可保证。如前述的，时间是内感的形式，空间是外感的形式，但外感限于它成为意识的事实，始可认识，而所谓意识的事实，结局入于意识之内，因而意味外感的空间组入于内感形式的时间之中。这样，时间的形式，一面与空间并立，一面则将空间包含于叙写的地位。结果，一切现象于时间中成立。像以上论感性形式的部门，是先验的感性论（die Transzendentale Ästhetik）。更论关联和构成现象的形式的悟性形式的部门，称为先验的论理学（die Transzendentale Logik）。在这儿，所谓先验的，不是关于对象的认识，而是使吾人对于对象认识底方法的认识，但于有先天的可能为限。像这样，感性借直观以时间空间的形式构成现象，然而悟性以现象为质料更构成悟性的形式，所谓悟性是思维感性的直观的对象底能力，是对表象乃至概念自动作用的能力，即是自发性的认识。换言之，所谓悟性，是将直观的杂多已经综合及构成底个个的表象，统一于一般的表象及概念之下的能力。所以悟性是判断能力，所谓判断及思维是悟性的作用。这样，将一般的表象及概念自动作用，更统一直观而成为根柢形式时，便叫做纯粹悟性或范畴（Kategorie）。由这些范畴的构成开始，现象便成为对象，在知识成为普通的场合，客观的认识便成立。在这时，“自然”开始成立，即与现象关联的 cosmos（秩序、和谐）便构成。因而所谓悟性便是思维的能力，它的形式，可由判断形式而得。由判断的十二种区别，便导出十二种范畴。表列如下：

- （一）质量（Quantät）
  - 单一性（Einheit）
  - 数多性（Vielheit）
  - 总体性（Allheit）
- （二）性质（Qualität）
  - 实在性（Realität）
  - 否定性（Negation）
  - 制限性（Limitation）
- （三）关系（Relation）
  - 局性和实体（Inhärenz und Substanz）
  - 原因性和依存性（Kausalität und Dependenz）
  - 相互性（Gemeinschaft）
- （四）样相（Modolität）
  - 可能性—不可能性（Möglichkeit und Unmöglichkeit）
  - 现实性—虚无性（Dasein und Nichtsein）
  - 必然性—偶然性（Notwendigkeit und Zufälligkeit）

论这些范畴的部门，是先验的论理学的分析论。然而于论认识的成立间时，亦以数学的自然科学的成立根据为基础。

这样，将洛克、休谟已否定的实体及因果性的概念底先天性，加以确定。即一切的现象，随着这些悟性概念的构成，便开始成为对象，于是自然成立，范畴随这些自然成立的根据的提示，而修改它的先天性。因而经验可以预想任何形式，认识借直观与思维的结合便有可能。此外，康德尚思考悟性形式与直观形式的中间底图式（Schema），更考虑作为这些全体的综合统一底最多形式，而意识一般的东西。这，留待以后论列先验的观念论底场合，再加以叙述。

柯亨（Herman Cohen）①，若照康德，将感性和悟性、直观和思维加以严密的区别，而 Cohen 则把这区别除去。即以康德而论，亦认为在感性的认识中，它的根柢，存有一般意识及悟性，离开悟性便无感性，所谓感性和悟性毕竟不过是一种能力的两面。注目于这点，Cohen 的认识已是一切思维的。在康德为多样的直观的所与的东西，在 Cohen 是被课于思维的问题，把思维纯化和体系化，已将认识提高。故感觉也不外是可以思维的 X。这样，认识依一切思维而成立，而思维自己将它的内容产出。Cohen 的最初原理是所谓根源的原理（das Prinzip des Ursprungs），不外是这些内容产出的原理，而思维的自己产出，由论理到数学，进而由数学到自然科学，结局是形成范畴的体系。然而思维不外构成判断，所以是判断的体系。即表示如次的判断体系。

第一级思维法则的判断（Urteil der Denk Gesetze）

1　根源的判断（Urteil der Ursprungs）

2　同一性的判断（Urteil der Identität）

3　矛盾性的判断（Urteil der Widerspruchs）

---

①　Cohen Herman，1842—1918，德国哲学家，为康系哲学派中 Marburgschule 派的创始人。

第二级数学的判断（Urteil der Mathematik）

1　实在性的判断（Urteil der Realität）

2　数多性的判断（Urteil der Mehrheit）

3　全体性的判断（Urteil der Allheit）

第三级数学的自然科学的判断（Urteil der mathematischen Naturwissenschaft）

1　实体的判断（Urteil der Substanz）

2　法则的判断（Urteil der Gesetzes）

3　概念的判断（Urteil der Begriffs）

第四级方法论的判断（Urteil der Methodik）

1　可能性的判断（Urteil der Möglichkeit）

2　现实性的判断（Urteil der Wirklichkeit）

3　必然性的判断（Urteil der Notwendigkeit）

这样，一切的认识基于思维。经验、直观不外由于思维的要求，在思维展开的途上有它的意味而已。这样，Cohen 较康德更接近于理性论。这些内容的产出，决不是存在的本身，而是关于存在的认识的东西，因而不过是学的认识的方法论的基础底体系。又学的认识的完成是理念的，对于解说可进展于无线底目标之点，Cohen 可以说必属于批判论的立场。Cohen 之外，可以列入批判论的人，尚有 Paul Natorp（1854—1929），及 Baden School（即西南学派）的 Wilhelm Windelband（1848—1915）、Heinrich Rickert（1863—　）等。

批判　认识不论说是依经验与理性的两面，而纠正经验论或理性论任一方的批判论，可说是最正确的。然而如在康德的场合，将经验与思维分离时，它的结合联络便成为困难。同时，康德的批判论发展而为 Cohen 的方法论的形式论，认识的起源，由经验与理性的问题，转变而为形式与内容的问题，甚至发生偏重形式与思维的思想。其极端是 Cohen 罢。然而认识单思维是不能构成的，在构成之前，可以构成的东西是有必要，即直观可以说是主要的东西。Rickert 把直观分为感性的与非感性的两种，这样，经验与理性的问题，透过形式内容的问题，而成为直观与思维的问题。在这儿，一方批判论对于形式主义主张直观主义，对于构成主义则主张采取事实的立场；他方批判论，偏于康德一面的，超越意识问题，而对已经视的事实的认识问题，则又主张必须由意识出发。这种由意识出发的认识问题，已为以后断加讨论的现象学的立场了。

附注：Kant 的认识过程

概念——包含相异的种类

先天的直观形式——不包含相异的种类

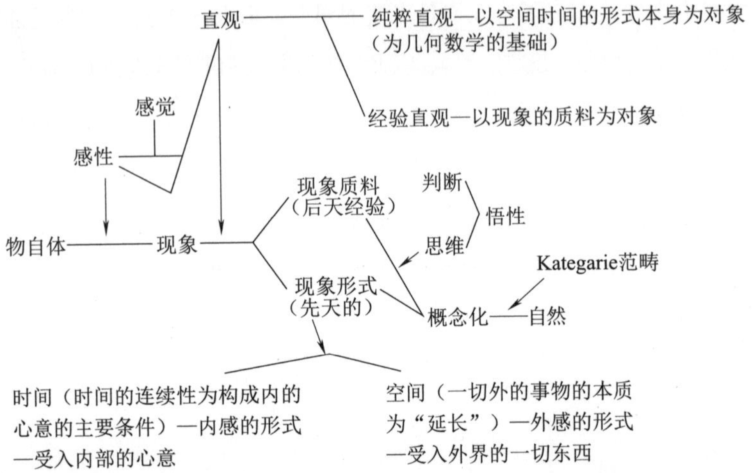

秩序（Cosmos）——普遍妥当的认识

空间、时间——先天的形式——直观的形式（不包含相异的异种类）

先天的形式——先立于论理的认识的形式。

先验的理念（anogeborne）——是心理的意味，在时间的以前。

人类思维认识的发展过程

古代
- Ionians学派：以感觉经验为认识的手段
- Eleatic School：以理性为认识的手段

——多元论者（Pluralism）、原子论派（atomist）

统一感觉与理性的认识
- Sophists（哲人）以感觉经验为认识的手段
- Socrates以理性（概念）为认识的手段

→ Plato — Aristotle以理性认识为中心，承认感觉认识的相对价值
- Epicureanism以感觉为认识的中心
- Stoicism以感觉中心，终则统一于理性

中古
- Augustine以理性之光，可以认识普遍的真理
- Nominalism—Rocellinus—William of Occam只承认感觉的知识

近代
- 以理性为认识中心的为Rationalism理性论 → Descartes → Spinoza → Leibniz
- 以感觉经验为认识中心的为Empericism经验论 → Francis Bacon → Locke → Hume

→ 批判论

Criticism->Kant统一理性与经验的认识
- Hegel以唯心的辩证法为认识的中心（精神现象学），由感觉、知觉、悟性的对象意识进于自意识，更成为自觉的理性
- 直观（感觉、注意），表象（想起，称想力记忆）、概念的属性（悟性、判断、理性）
- Marx-Engels以唯物辩证法为认识的中心（认识客观现实的发展过程）
  感觉、表象、概念、判断、推理、分析、综合

现代
- 新原生学派—Cohen-Windelband-Rickert-以思维为认识的中心
- 现象学派—Hussel以精神现象为认识的中心
- 生命哲学派—Bergson以直觉的自悟方法为认识的手段

东方哲学　　佛学　　宋明理学　　由凡入圣
　　　　　　　　　　　　　　　　由圣入凡

悟——无对象一得及得
（无与理冥）
（境与神会）

有时夺人不夺境
有时夺境不夺人
有时人境俱夺—（人我两忘）
有时人境俱不夺

第三章　理则学讲稿

第一节　逻辑

一、何谓“逻辑”

“逻辑”即“Logic”的音译，“论理学”、“名学”、“理则学”则是意译。这乃是运用思想的一种学问。但不知道逻辑也可以作出合乎逻辑的论断。正如没有研究过文法，也能够实际应用语言一样。不过正如研究文法可以提高我们口说和笔写的技能一样，研究逻辑科学也可以提高我们的思维的技能。

为了学会严整地和首尾一贯地阐述自己的思想，正确地使用逻辑形式，应当知道逻辑学。

然而思想的内容、具体的知识，始终都是正确思维中最主要、最基本的东西。因此不应当以为单靠逻辑的帮助就能够学会如何正确地去思考。逻辑并不能够代替靠别的科学研究、靠积极生产和社会工作所获得的实际知识。但逻辑学的研究，在掌握新知识过程中却是一个很大的帮助。逻辑帮助我们更迅速更深刻地去了解教材的内容，去准备功课，去解答问题，去一贯地叙述自己的思想（不论是口说的或是笔写的）以及去论证自己的论断。逻辑帮助我们去找出和分出所研究的材料中主要的和基本的东西，更好地去通晓它的内容。

在1960年代的现在世界，人们为了要具有高度的思想水平和广阔的眼界，对于作为思考的正确构造底规律与形式的逻辑学，便增加了学习的必要性。

二、逻辑与因明学的关系

西洋逻辑开始于 Sophists（译为“哲人”或“辩者”），所谓“辩证术”（dialectics）便是逻辑的始源。但真正提出具体形式加以研究的是亚里士多德（Aristotle）。亚氏的 *Organon*（明末李之藻译为《名理探》），即为讨论逻辑基本形式底演绎推理的最早的一本书。

至于东方相当于逻辑学的有印度的“因明学”和中国的“名学”。本节且先讨论因明学与逻辑学的关系。

“因明”是印度古代“五明”中的一种。（所谓“五明”：第一种“内明”，是现代所说的广义的哲学；第二种“因明”，是现代所说的理则学；第三种“声明”是现代所说的语言声韵学；第四种“医方明”是现代所说的医药学；第五种“工巧明”是现代所说的工程学。）“因明”起源很早，据说是尼耶也学派（Nyaya）的足目（Aksapada）所创。尼耶也学派又翻作正理学派，大抵和我国古代的名家相近，注重理则的研究。因明是辨别真伪的学问。各派作学术上的辩论，都不能不仰仗“因明”来建立自家的学说，和破斥敌派的议论，大家都得明白“因明”，所以“因明”便渐渐成为各派公共的学问了。佛教兴盛以后，也颇注重“因明”，所以经论里也时常讲到“因明”的义理。到陈那（Dignaga），对于当时的“因明”，有很多重要的改进，使“因明”真能负担起立正破邪的重责，不愧为一个完整的理则学。所以在“因明”史上是一件重要的划时代的改革，后人称陈那以前的“因明”为“古因明”，称陈那改革以后的为“新因明”。陈那关于“因明”的著书很多，传入中国的有玄奘译的《因明正理门论》和义净译的《集量论》，可惜后者已经亡失。陈那弟子天主（Camkorasvamin）著有《因明入正理论》，也经玄奘译成中文。自玄奘介绍这两部“因明”论到中国以来，唐代作疏的人很

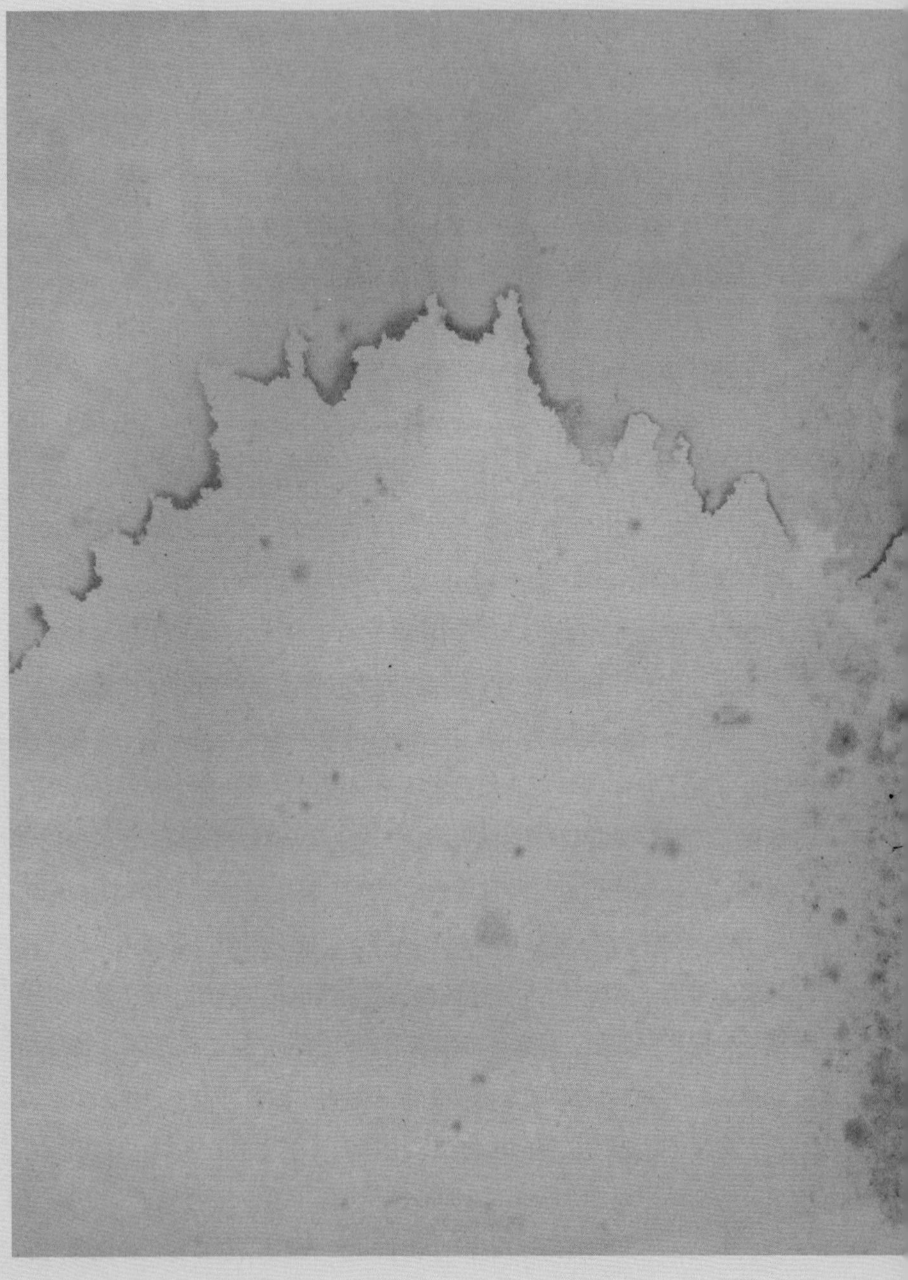

丘鎮英教授編講

理財學

己的思想—不論是口說的或筆寫的—以及去論證自己的論斷。邏輯幫助我們去找出和分出所研究的材料中主要的和基本的東西，更好地去通曉它的內容。

在一千九百六十年代的現世界，人們爲要具有高度的思想水平和廣濶的眼界，對于作爲思考的正確構造底規律与形式的邏輯學，便增加了學習的必要性。

第二節　邏輯与因明學的關係

西洋邏輯開始于Sophists（譯爲哲人或辯者），所謂辯證術(Dialectics)便是邏輯的始源。但真正提出具体形式加以研究的是亞里士多德(Aristotle)。亞氏的organon(明末李之藻譯爲名理探)，即爲討論邏輯基本形式底演繹推理最早的一本書。

至于東方相當于邏輯學的有印度的因明學和中國的名學。本節且先討論因明學与邏輯學的關係。

因明是印度古代五明中的一種。（所謂五明：第一種內明是現代所說的廣義的哲學；第二種因明是現代所說的理則學；第三種聲明是現代所說的語言聲韻學；第四種醫方明是現代所說的醫藥學；第五種工巧明是現代所說的工程學。）因明起源很早，據說是尼耶也

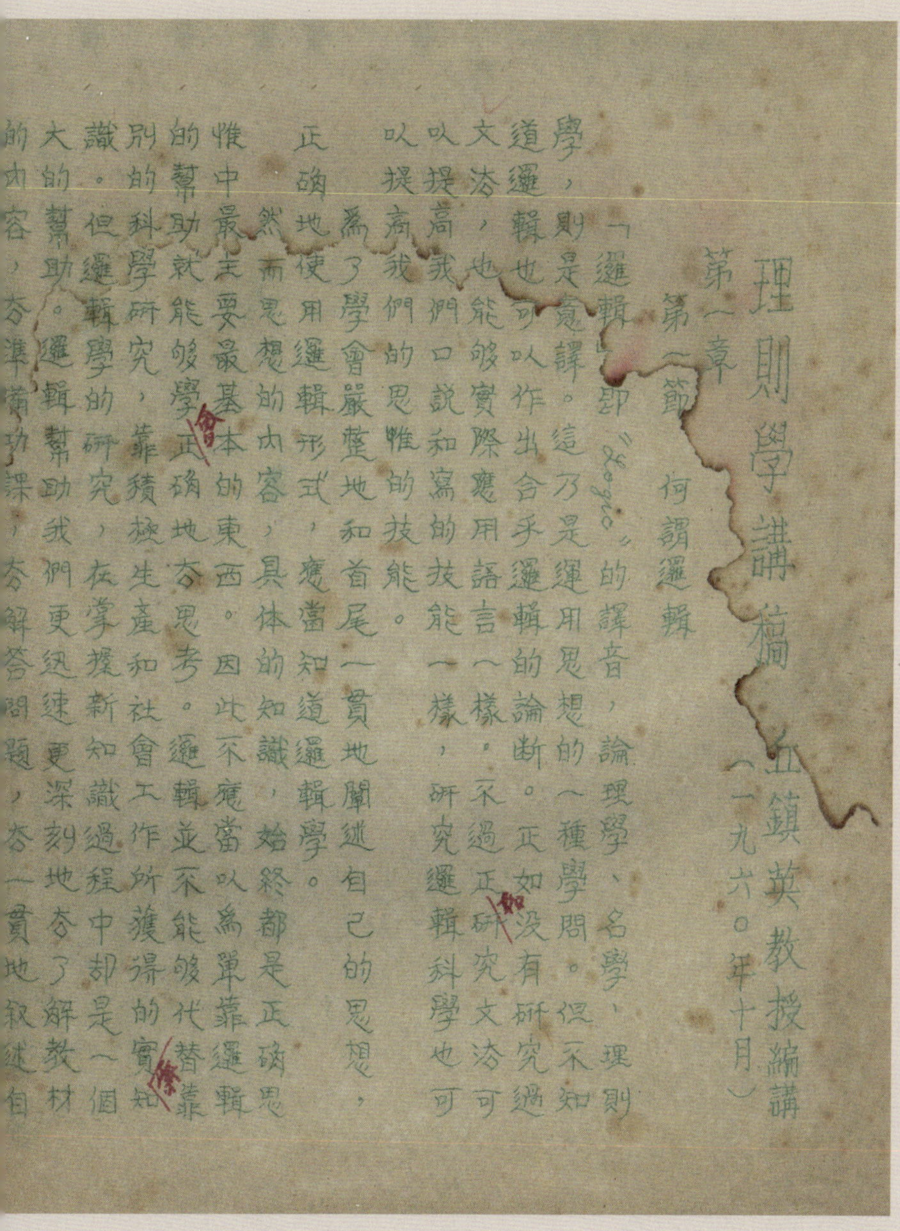

理則學講稿

丘鎮英教授編講

（一九六〇年十月）

第一章

第一節　何謂邏輯

「邏輯」即"Logic"的譯音，論理學、名學、理則學，則是意譯。這乃是運用思想的一種學問。但不知道邏輯也可以作出合乎邏輯的論斷。正如沒有研究過文法，也能夠實際應用語言一樣。不過正研究文法可以提高我們口說和寫的技能一樣，研究邏輯科學也可以提高我們的思惟的技能。

為了學會嚴整地和首尾一貫地闡述自己的思想，正確地使用邏輯形式，應當知道邏輯學。

然而思想的內容，具体的知識，始終都是正確思惟中最主要最基本的東西。因此不應當以為單靠邏輯的幫助就能夠學正確地去思考。邏輯並不能夠代替靠別的科學研究，靠積極生產和社會工作所獲得的實知識。但邏輯學的研究，在掌握新知識過程中卻是一個大的幫助。邏輯幫助我們更迅速更深刻地去了解教材的內容，去準備功課，去解答問題，去一貫地敘述自多，据日本凤潭的《瑞源记》所录，有十余种，可惜大都遗佚了。现在尚存而首尾完整的，只有窥基的《因明正理论疏》一种，普通称为《大疏》。所以现在要研究“因明”，只有依靠《大疏》。此外，还有智周的〈前记〉和〈后记〉，是《大疏》的注释，现在也还保存着。前引的《瑞源记》，可说是《大疏》的集注。

“因明”，梵文的原名叫做“醯都费陀”（hetu-vidga）。“醯都”（hetu）是“因”，“费陀”（vidga）是“明”。“因”即是原因或理由。我们要建立理论，不能没有理由；要驳斥别人的议论，也不能没有理由。假使没有理由，便是胡说乱驳；胡说不能使人信从，乱驳也不能令人悦服。所以理由是异常重要的。

“因明”分“因”为两种：一是“生因”，二是“了因”。“生”是生起或启发的意思，“了”是了悟或明了的意思。一粒种子撒在土里，到了相当日子，便会生出芽来。“生因”和种子同样，能生起别的东西。在暗室里，伸手不见五指，用灯光一照，一切都了然。“了因”和灯光同样，能使我们明了一切。假使有人不明白人都要死的道理，我对他说道：“人都是要死的，为什么呢？因为人是有生的。”“因为有生”这句话和其所包涵的意义，就是“因明”之所谓“因”。人都要死，是我对别人的一种主张，凡作某种主张的人，“因明”称之为“立者”或“立论者”，有时也简称为“立”。当我刚提出主张的时候，对方还没有同意于我，或竟和我的意见相反，所以“因明”称对方为“敌者”或“敌论”，也可以简称为“敌”。我说“作人都要死”的主张，随即提出“有生”的理由。这理由很正确，证明力量很强大。所以对方听了，便了然于人之一定要死。由此认识天地间的一种正理。“立者”用此“因”以启发“敌者”的正智，正如种子发芽，所以就“立者”说，称之为“生因”；“敌者”借此“因”以了悟天地间的正理，正如灯光照物，故就

"敌者"说，称之为"了因"。"生因"、"了因"又各为三。先说"生因"：第一"言生因"，就是"立者"所用以举"因"的言语，例如"因为有生"这句话使"敌者"听了，得以了悟人之有死，所以是"生因"。第二"智生因"，就是"立者"的智识，"立者"在未主张之前，假使自己不先知道"有生必有死"，他怎能提出理由，怎能说得出"因为有生"这句话？必先自己有此智识，方能发此议论。智识是立言之本，是"言生因"的因，所以也称"生因"。第三"义生因"，"义"有二种：一是"道理义"，即言语所涵的意义；二是"境界义"，即言语所指的对象。言语若是空的声音，不能启发他人的智识，必须有内容，有所指，方能使人了悟，所以言语的"义"，也归入"生因"。次说"了因"三种。第一"智了因"，即"敌者"的智慧和智识，用以了悟"立者"所说的道理。"敌者"若是顽石，本来不具智识，"生公说法"无论如何美妙，也不会点头。即使不是顽石，若智识不够，也不会了解"立者"深奥的道理。"敌者"的"智"是了悟的本源，所以称为"了因"。第二"言了因"，乃指"立者"的言语。"敌者"没有智，诚然不会了悟，然若有智而没有"立者"的言语为之启发，也无从明了"立者"所持的主张。"敌者"了悟"立者"的主张，一方面靠自家的智，他方面也靠"立者"的言；"立者"的言语引发"敌者"的智，俾其了悟，"言"是"智了因"的"因"，所以也是"了因"。第三"义了因"，也是立者言语所诠的义理。"敌者"听"立者"的言语，不是光听声音，要体会声音里所包涵的义理，方能了悟。"义"是"智了因"的"因"，所以也是"了因"。以上共六因。我们看了这些"因"的名称和解释，当可知道："因明"之所谓"因"，不仅有理则学的意义，同时也含有心理学上、认识论上的意义。

以上把"因"字的意义解释完了。此下要解释"因明"二字的意义。

因明学家的解释颇不一致。大体说起来，有人把“因”字解作“生”、“了”两因的总称；有人把“因”字解作“生因”或“言生因”。“明”字也有不同的解释，有人解作“阐明”或“明显”，有人解作“了因”或“智了因”。所以把“因”、“明”二字合起来，便有各种不同的定义。第一说以“因”为“生”、“了”二“因”的总称，以“明”作“阐明”解。“因”和“明”合起来，解作“因”的“阐明”，亦即阐明“因”的学问。第二说谓“因”阐明一切正理，“明”是“因”的功用，可说“因”即是“明”。依第一说，“因”是所“明”；依第二说，“因”是能“明”。其实“因明”是“五明”的一种，所以“因明”的“明”字最好和其他四明的“明”字作同样的解释。阐明正理，启发真智，本是“因”的基本功能，“因”字内已含有此义，用不到像第二说那样再以“明”字来阐述了。故第一说的解释，可谓最圆满。我们根据此说，可为“因明”作一定义：“因明”是研究“因”的学问。“因明”所研究的，本不止“因”，何以单标一个“因”字来作斯学的称号呢？上面说过，要建立一种主张，或驳斥他人的议论，最要紧的是拿出理由来。“因明”最重理由，所以单标一个“因”字作自己的称号。——从上述“因明”的解释看来，可知印度“因明学”与西方的逻辑学讨论的主题是大同小异的。

三、逻辑与名学的关系

“名”，《说文》训为“命”，释云：“名自命也。从口从夕。名者，冥也；冥不可见，故以口自名。”古代人禽杂处，亲敌莫辨，黑暗夜行，动遭不测，故常以口自呼，以免对方错觉。造字者便取此意象，会意制为"名"字。刘熙《释名》云:"名者,明也。"名实使分明,所以代表内心的概念,而为言语的发端、判断的工具。近人陈钟凡谓:"名与声音而俱起,造端在文字之前,必有文字而后名之迹象者。溯名学起源,当在文籍既兴之后。"至于名的功用,细至一事一物,大至社会国家,若执名以绳,便如网之在纲。尸子曰:"天下之可治,分成也;是非之可辨,名定也。"尹文子曰:"名定则物不竞,非无心,由名定。"荀子曰:"故圣王之制名,名定而实辨。"由上诸说可征:正"名"不单是论理的首要,亦是经世的大本。现就论理的范围衡定,名可以区别事物,抒发意见,及推论是非。

我国名学,向无专家,孔子虽主"正名",然较偏于伦理方面,并未以此专其所学。厥后道家一流,若杨朱、庄周诸子,承老子无名学说的影响,遂有"名伪无实"《列子·杨朱篇》、"是非齐一"《庄子·齐物论》说之产生,究其本意,端在破除名相,追究本体。"正名"者流,乃思有以自卫自立之道,于是对于自身进而讨论"正名"的工具,期自宗足以成立;对于他宗转而研求推论的方法,期立义以破敌。相激相渗,蔚成宗风。此时的著述,可以公孙龙子的〈名实论〉、孙卿的〈正名篇〉为代表,而墨子之〈经上〉、〈经下〉、〈经说上〉、〈经说下〉、〈大取〉、〈小取〉,更可视为中国名学之圭臬。唯各家虽有名学的材料,但无一名学的专著,以故辨析名理,远不逮希〔腊〕、印〔度〕二土。迨唐玄奘大师译《因明正理门论》及《因明入正理论》,复经其高足窥基疏解注释,遂为我国有完密论理学专著之始。历宋而元而明,李之藻译亚里士多德(Aristotle)之 *Organon*(为《名理探》),是为西洋的逻辑输入中国之始。顾以国人受《易》、《老》、《庄》及禅学之影响,名理自先秦以后,即未见发扬。

中国名学,依班固《汉书·艺文志》所称"名家",只有邓析、尹文子、公孙龙、成公生、惠子、黄公、毛公七家。其实诸子之中、各有谈“名”的材料，老、庄则以道家谈“名”，孔子、孟子、荀子则以儒家谈“名”，墨子则以墨家谈“名”。

兹略述名家与墨辩关于逻辑之贡献。

战国时名家约可分为二派：一派为“合同异”；一派为“离坚白”。前者以惠施为首领；后者以公孙龙为首领。惠施的观点注意于个体的物，故曰“至大无外，谓之大一；至小无内，谓之小一。”“大同而与小同异，此之谓小同异；万物毕同毕异，此之谓大同异。”而归结于“泛爱万物，天地一体。”（见《庄子·天下篇》）普通人皆以天地为大，毫末为小。然依逻辑推之，则必“无外”者，方可谓之“至大”；“无内”者，方可谓之“至小”。由此推之，则毫末不足以“定至细之倪”；天地不足以“穷至大之域”。又天下之物，若谓其同，则皆有相同之处，谓“万物毕同”可也；若谓其异，则皆有相异之处，谓“万物毕异”可也。至于世俗之所谓异同，乃此物与彼物的同异，乃“小同异”，非“大同异”也。《庄子·德充符》曰：“自其异者视之，肝胆楚越也；自其同者视之，万物皆一也。”“泛爱万物，天地一体”，自万物之同者而观之也。公孙龙之观点，则注重于“共相”，故曰：“坚、白、石三，可乎？曰：不可。曰：二，可乎？曰：可。曰：何哉？曰：无坚得白，其举也二；无白得坚，其举也二。……视不得其所坚，而得其所白者，无坚也；拊不得所白，而得其所坚，得其坚也，无白也。……得其白，得其坚，见与不见，见（按：此见字据俞樾校补）与不见离；一一不相盈故离。离也者，藏也。”此可见“坚”与“白”“不相盈”，所谓“不相盈”者，即此不在彼中也。此就知识论上证明坚白之为两个分离的共相。又曰：“坚未与石为坚而物兼。未与为坚而坚必坚。其不坚石物而坚，天下未有若坚而坚藏。白固不能自白，恶能白石物乎？若白者必白，则不白物而白焉。黄黑与之然，石其无有，恶取坚白石乎？故离也，离也者因是。”谢希深注：“坚者不独坚于石，而亦坚于万物，故曰：‘未与石为坚而物兼也。’亦不与万物为坚而固当自为坚，故曰：‘未与为坚而坚必坚’也。天下未有若此独立之坚而可见，然亦不可谓之无坚，故曰：‘而坚藏’也。独立之白，虽亦不可见，然白实能自白。盖假使白而不能自白，即不能使石与物白。若白而能自白，则不借他物而亦自存焉。黄黑各色亦然，白可无石，白无石则无坚白石矣。由此可见坚白可离而独存也。”此就形上学上言“坚”及“白”之共相皆有独立的潜存。“坚”及“白”之共相，虽能独立的自坚自白，然人之感觉之则只限于其表现于具体的物者，即人只能感觉其与物为坚与物为白者。然即其不表现于物，亦非无有，不过不能使人感觉之耳。此即所谓“藏”也。其“藏”乃其自藏，非有藏之者；故坚白论曰：“有自藏也，非藏而藏也。”柏拉图谓个体可见而不可思，概念可思而不可见，即此义也。于此可见“坚”“白”之离矣。岂独“坚”“白”离，一切共相皆分离而有独立的存在，故〈坚白论〉归结于“离也者，天下故独而正”。（此段摘编自冯友兰《中国哲学史》第九章〈惠施公孙龙及其他辩者〉）

名家以后为墨辩。但墨家的论理思想，在墨子本人的著作中，已有萌芽，这就是〈非命篇〉上所说的关于论证的“三表法”：

> 子墨子曰：“言必立仪（规范、原理）。言而毋仪，譬犹运钧之上而立朝夕者也；是非利害之辨，不可得而明知也，故言必“三表”。何谓“三表”？……有本之者，有原之者，有用之者。于何本之？上本之于古者圣王之事。于何原之？下原察百姓耳目之实。于何用之？发以为刑政，观其中国家百姓人民之利。此所谓言有“三

表”也。(《非命上》)

第一表，“本”之往古之事；第二表，“原”察人类之经验；第三表，“用”之于社会，以察其效果。墨子的这种三法，是就人类的过去、现在、未来的三个阶段中底效验，以解决一问题。第一项所谓“本”，就是一种演绎法；第二项所谓“原”，是依经验的事实产生出来的归纳法；第三项所谓“用”，则是逻辑原理的实际应用。

墨子的“三表法”以后为《墨辩》。《墨辩》(晋人鲁胜称〈经上·下〉、〈经说上·下〉为《墨辩》。胡适之先生因之，称〈经上·下〉,〈经说上·下〉,〈大取〉、〈小取〉为《墨辩》；又以作《墨辩》者为“别墨”。)的主要目的，在于阐明墨学，反对辩者名家。名家的学说：

(1)白马非马。(《公孙龙子·白马》)

(2)牛无齿。(《公孙龙子·通变》)

(3)狗非犬。(《庄子·天下》)

此种“觭偶不仵之辞”，冯友兰先生谓是“从理智之观点，以解释宇宙”。墨辩则一反名家之说，其学说为：

(1)白马，马也；乘白马，乘马也。(〈小取〉)

(2)牛有齿。(〈经说下〉)

(3)狗，犬也。(〈经下〉)

冯友兰先生谓墨家乃从感觉之观点，以解释宇宙。

墨辩论理学的特点在发明原理及法则，若论辩律，则不如西洋逻辑及印度因明之完备。但亦有其特点。即以〈小取〉“以说出故”为例，是以二辞或三辞而推论其原因与结果。亦即逻辑之所谓“推理”（inference），以既知的判断为据，而推知新的判断之谓。所以“故”当英文的cause，即“因明”三支中的“因支”（reason or middle term; hetu），亦即逻辑的“小前提”（minor premise）。

《墨经》开端释“故”字如下：

> “经”故，所得而后成也。(〈经上〉)
>
> “说”故：小故，有之不必然，无之必不然。体也，若有端。大故，有之必然，无之必不然，若见之成见也。(“大故”下依孙诒让校，〈经说〉)

凡立论的根据，谓之“故”。小故，即一部分的原因；大故，为各小故的总和。如人见物，须有种种原因，如眼光之远近，物之距离，光线之传达，与能领会之心知等，合诸“小故”，以成“大故”，乃可见物。故曰：“若见之成见也。”《墨辩》以为凡立论之根据，所以有不正确者，皆缘立论者，或因见理不明，将不相干之事物，牵强附会，强谓有因果关系；或因见理不全，将一部分之小故，误作全部之大故，以致辩论超出前提，推论流于谬误。

设将《墨辩》的辩律与西洋逻辑的三段论法及印度的“新因明”相较，则少三段的一段，三支的一支。

逻辑三段论法，其式如下：

大前提——凡所作性必无常，

小前提——声是所作性，

断案——故声是无常。

"新因明"三支作法，其式如下：

宗——声是无常，

因——所作性故，

喻 ┬ 同喻——若是所作，见彼无常，譬如瓶等（合作法）。
　 └ 异喻——若非无常，见非所作，譬如虚空（离作法）。

《墨辩》辩律合小故（小前提）及大故（大前提）二者而成，其式如下：

小故——声（宗依）是所作性（因）。

大故——凡所作性皆是无常（同喻体）。

以上三种演绎推理，《墨辩》之辩律最为简便。

《墨辩》在名学方法上，立说的方法有七种：一"或"，二"假"，三"效"，四"辟"，五"侔"，六"援"，七"推"。〈小取篇〉云：

> "或"也者，不尽也。"假"也者，今不然也。"效"也者，为之法也。所效者，所以为之法也。故中效则是也；不中效则非也，此效也。"辟"也者，举也物而以明之也。"侔"也者，比辞而俱行也。
>
> "援"也者，曰：子然，我奚独不可以然也。"推"也者，以其所不取之同于其所取者予之也。是犹谓也者同也，吾岂谓也者异也。

此七法中之"推"法，与西洋论理学中的"归纳法"（inductive method）相近。自穆勒（J. S. Mill，1806—1873）以来，西洋论理学中的归纳法，大概分为五种："契合法"（method of agreement，又译为"求同法"），"差异法"（method of difference，又译"求异法"），"契合差异并用法”（joint method or method of agreement and difference，又译“同异交得法”），“残余法”（method of residues），“共变法”（method of concomitant variation），《墨辩》有其三种：

（一）“契合法”

> “经”：法同则观其同。
>
> “说”：法，法取同，观巧传法。
>
> 《释名》云：“巧，考也；考合异类共成一体也。”

“契合法”为探讨事物中相同之处，以断定已知与未知的关系。

（二）“差异法”

> “经”：法异则观其宜。
>
> “说”：法，取此择彼，问故观宜。以人之有黑者、有不黑者也，正黑人，与以有爱人者、有不爱者，正爱人，是孰宜？

“差异法”为研求事物间相异之处，以定已知与未知之关系。

（三）“契合差异并用法”

> “经”：同异交得，放有无。
>
> 〈玉篇〉云：“放，比也。”

“契合差异并用法”，乃比照有无之法。

凡举推理之际，将同品及异品交遍之中，即得知其有此性质或无此性质，同品中定有，异品中绝无。

第二节　概念

一、何谓“概念”

普通思考的运用有三种要素：一、“概念”（concept），或“名”（names），或“词”（terms）；二、“判断”（judgements），或“命题”（propositions）；三、“推理”（inference）。这里且先讲什么叫做“概念”。

“概念”（concept）的界说，自来哲学界论说不一。实在论者（realist）以为“概念”的实体存于客观界。唯名论者（nominalist）以为“概念”仅属个体的共同属性底名目，并无相当的客观存在。概念论者（conceptionalist）则综合前二说，以为所谓普遍性即存在个体中的实在，如使普遍性离开个体，即成“概念”。实在论者与唯名论者固有不当，但概念论者以“概念”为一定不变的成果，亦未免于误谬。因为人类的意识的活动并非固定不变的，“概念”的意义，亦随人类的知识的增进而始臻于一般普遍的定则。

“概念”是反映对象的一般属性（attribute）和本质属性的一种思考。它是概括杂多的观念内容而成。例如，在“彗星”这一概念中，反映了彗星下面的这些属性：（1）星球，（2）由极稀薄的瓦斯构成，（3）接近太阳时，逐渐抛出一条发光的尾巴。

表现对象的根本底特性的便是属性，又叫做“本质属性”。如果某一对象的“本质属性”没有了，那么它就不成其为该对象了。例如：化学元素的本质属性是原子构造，而非本质属性则是各种物理状态，各种外表形式等。

“概念”，只有当它们确实地反映现实时，才是正确的。倘若某一个概念是现实的歪曲的反映，那么，这样的概念是不正确的。不正确的概念发生于理论跟实践割裂之时。

“概念”和“表象”不同，“表象”是对象、现象的直觉的形象。比方关于光的运动速度的表象，虽然不可能获得这种运动底直觉形象；但我们可以思考光的运动速度，同时可以有一个每秒钟三十万公里速度的光的运动底概念。“表象”是始终具有个体的性质，而概念只具有普遍的性质，概念的特征就是固定性，是由许多人的思考活动所产生，同样一个“概念”，不特可以为各式各样的人所使用，而且借人类语言之助，也可以由一个人传给另一个人。

此外，“概念”的表现，建筑在正确的语词的基础上。同样一个概念常常可以用各种不同的语词来表现。比方“获胜的人”和“胜利者”，所用的语词虽然不相同，但表示的则是同一的概念。又如“正在读书的学生”和“读着书的学生”，也是一样。如果不正确的使用同音异义语，则必使概念混乱，同时亦必使论断发生错误。例如：“杜鹃”一词，是一种植物的概念，同时也是一种鸟的概念。又如“白头翁”一词，是一种鸟的概念，同时也是一种多年生草本植物的概念，又是一白头老翁的概念。

二、概念的“内涵”与“外延”

概念已是反映对象的一般属性和本质属性的思考，则每一概念必有它的“内涵”（或称“内包”）和“外延”。例如在金属这一概念中，它不单包含有构成它底一般属性（如元素、一定的光泽、展延、传热、导电、熔合诸性质）；同时又包括具有这等属性底一般相类的个体（如金、银、铜、铁等）。从此可知形成概念的同类对象底本质属性的总和，名曰“内涵”（intension）；凡隶属于或适用于这种概念底各个个体的全部范围，名曰“外延”（extension）。比方“三角形”这一概念，它的属性是“三直线围绕而成的平面图形”，这就是它的“内涵”。凡具有以上属性的三角形，不管是“等边三角形”或“二等边三角形”或“不等边三角形”等，这就是它的“外延”。又如“植物”这一概念，它的属性有五：一、无知觉；二、不能自由行动；三、摄取无机物质以为生活；四、其营养唯赖液体及气体，而不能摄取固体；五、各机关在体之外部。这就是植物这一概念的内涵；同时这一概念可以适用到植物的无限范围，适用到过去曾经有过的，现在有的和将来会有的一切植物。

凡概念虽具有“内涵”与“外延”的两种性能，但以使用上的目的的不同，往往只表显一方，而他方则隐藏不显。例如固有名词的人名、地名等类，则多用于表示事物对象（个体），而不用于表示事物性质（属性）。又如无形名词“白”“长”等类，则多用于表示事物性质（属性），而不用于表示事物对象（个体）。

三、概念的“内涵”与“外延”的关系

概念的“内涵”和“外延”之间，存在着一定的关系。比方从较一般的概念转为比较不一般的概念，换句话说，即从较一般的概念中加入适当的新的属性，使这一概念的“内涵”增加丰富，而它的“外延”则遂形缩小。“内涵”愈丰富，“外延”愈缩小，这就是概念的“限定”（determination）。现举例来考察概念的限定过程。比方要说明什么是钠，可以从一般“元素”是什么开始，然后在元素这一概念中加入某些金属所固有的属性。这些属性的加入，就缩小了“元素”这一概念的外延，

限定了这个概念的外延，因而获得了另外一个外延较小的概念——“金属”这一概念。其次，在“金属”这一概念中，加入“钠”所特有的属性，这样又限定“金属”这一概念，因而提供了更小的钠底概念。在概念的限定过程中，最后就会达到其外延等于一个个体，因而不能再将它们来作限定。这样的概念只反映单一的个体的对象。

至于概念的“概括”，是从较不一般的概念达到较一般的概念。换句话说，即从一般性较小的诸概念中排除某些特殊的属性，它的结果，“内涵”渐次减少，而“外延”则渐次扩充，这就叫做概念的“概括”（generalization）。——概念的“概括”恰恰是“限定”的相反过程，例如从“钠”的概念，到“金属”的概念，从“金属”的概念，到“元素”的概念。概括概念时，最后会达到外延极广的概念，到达不能再继续加以概括时，这样的概念，叫做“范畴”（category）。比方物质、时间、空间、数量、形式等都属一种“范畴”。

以上所讲的概念的“内涵”与“外延”之间的依存关系，具有规律的意义，这种规律称之为“概念的内涵与外延反比例关系律”，它的公式是：概念的内涵愈广，其外延愈狭；反之，概念的内涵愈狭其外延就愈广。哈密尔顿（Hamilton）尝用“三角塔形”来表明这种依存关系，兹列举如下：

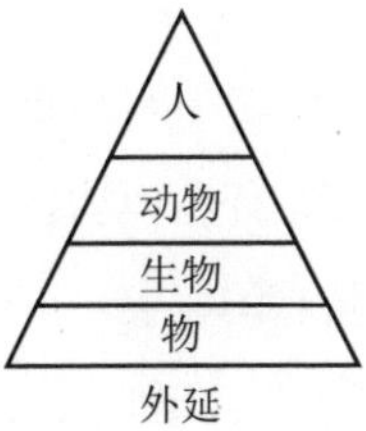

甲图

乙图

丙图

四、概念与内涵外延的关系

在上面所讲概念的“限定”和“概括”过程中，便产生了一系列的不同底概念。这些概念有一些是一般性较小的，有一些是一般性较大的。普通一般性较大的概念是概括个体概念的共通属性而成；所以叫做类概念（或单称“类”；genre）；一般性较小的概念而其属性被类概括过程中的，叫做“种概念”（“属概念”；species）。例如从“动物”——“人”——“黄种人”这一系列概念看来，“动物”这一概念对“人”这一概念的关系来说是“类概念”，而“人”这一概念对“黄种人”这一概念的关系来说也是“类概念”。但相反的，“黄种人”这一概念对“人”的这一概念的关系来说是“种概念”，而“人”的这一概念对“动物”这一概念的关系来说也是“种概念”。可见，同样一个概念，在同一时间，可以是“种概念”也可以是“类概念”。

“类概念”不能离开“种概念”而单独存在，而“种概念”也不能离开“类概念”而单独存在。“类”和“种”始终是互相联系着的，这种互相联系是存在于对象中的一般的东西和个别的东西底联系的反映，即客观世界的每一对象。包含着它跟同类对象相联结的一般特性，也包含着它自己的特有的特性。例如，苹果是水果（苹果和别的水果所固有的一般特性），但苹果也有它自己的特有的为别的水果所没有的特性。

“类概念”的内涵已系由概括各个“种（属）概念”的共通属性而成，则“种概念”的内涵，必系“类概念”的内涵之外，再加各个“种概念”特有的属性限定之而成。这种“种概念”特有的属性，可以互相区别的叫做“种差”（或称“属差”，又称为“特性”；differentia）。例如：以“三角形”为类，则“等边三角形”、“二等边三角形”、“不等边三角形”等，均是它的种或属。而“等边三角形”的种差，在于三边或三角的相等；“不等边三角形”的种差，则在于三边或三角的各不相等。因各个“种概念”中有“种差”。故种的内涵，较多于类。不过类中则包摄有一切种中所示的许多个体概念，故类的外延则大于种。——以上所举的内涵外延增减的反比例律，在类概念与种概念的比较中；更可得到适当的证明。

五、概念与概念间的关系及其主要种类

依照外延，概念可分为“单称概念”和“普通概念”。表显某一个个体的概念叫做“单称概念”。例如长江、南京等，就是这一类概念。表显许多同类对象的概念，叫做“普通概念”。例如星球、学校、书籍等，都可适用于一群同类对象。“普通概念”有普遍性较大和较小的分别，例如教科书是一概念，对于书籍这一概念来说，是普遍性较小的概念，但对于历史教科书或地理教科书这一概念来说，则是普遍性较大的概念，至于普通概念中所包含的对象数目，又有有限的与无限的之分。例如，“船”这一概念，它是适用于过去有的，现在有的和将来会有的一切船的概念。这便是具有无限外延的普通概念。如像“希腊哲学家”、“十九世纪文学家”这些概念，则就属于有限外延的普通概念了。

普通概念与单称概念，也可以是一种“集合概念”，所谓“集合概念”是一种把同类对象的集合体作为统一的整体来思考的概念。例如“森林”是多数树木的集合体；“图书馆”是多数图书的集合体等。这种概念可以应用于作为统一整体的对象底一个集合体，在这种场合，便是

单称的集合概念，例如："国立南京图书馆"、"大熊星座"等。也可以应用于作为统一整体的对象底许多集合体，在这场合，便是普通的集合概念，例如："图书馆"、"星座"等。

"集合概念"的特点在不能应用于集合体中底个别对象，即集合概念与个别对象的关系，不是类与种的关系，而是全体与部分的关系。例如不能把"森林"的概念应用于个别"树木"，把"学校"概念应用于个别"学生"。此外，集合概念与普通概念亦有不同，比方"高度"这一概念，是属于普通概念，但非集合概念。而"集会"这一概念，是普通概念，同时又是集合概念。

概念既是客观世界的反映；客观世界的一切事物和现象，都是处于普遍联系和互相依存中，所以概念与概念间，也就处于共同联系与互相依存中。不过，照内涵来说，有的概念其关系是彼此很疏远的，例如："小鸟"与"画板"，其间找不出彼此相关的关系。这等概念，在逻辑学上叫做"不可比较的概念"。其余有相关关系的概念，叫做"可比较的概念"。这等概念，普通分为两类：（一）"相合概念"（compatibility）和（二）"不相合概念"（incompatibility）。如果两个（或两个以上）概念的外延完全符合或一部分符合，则是"相合概念"，如果不相符合，则是"不相合概念"。据此，它们的主要区别在概念之间的外延，因而概念之间的关系，又可说是一种外延关系。

（一）相合概念——相合概念的关系约可分"同一关系"、"从属关系"和"交错关系"三种。

（1）同一关系（identity）——凡两个概念的外延与内涵，彼此全相一致的，便是同一关系。如"唐太宗"与"唐朝的第二世皇帝"，"伦敦"与"英国的首都"之例，两个概念没有丝毫之差，所以叫做"同一概念"（identical concepts）。如图一（以甲乙代表两个概念）：

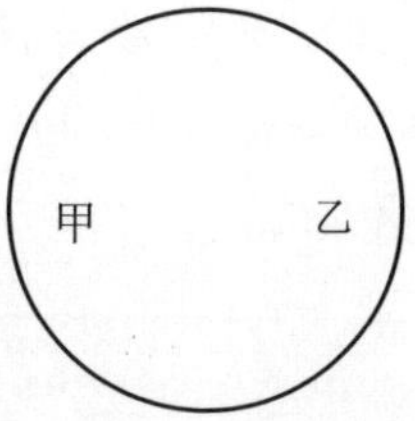

图一

（2）从属关系（subordination）——从属关系是种与类的关系，即种概念的外延和类概念的外延底一部分相符合。例如“白桦”与“树木”的关系，外延较大的概念“树木”完全包含了外延较小的概念“白桦”。如图二：

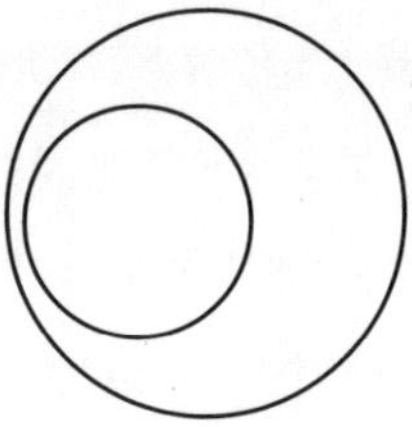

图二

这里要特别注意的，“从属关系”是种与类的关系，它跟部分与全体的关系是不同的。比方“灌木”与“植物”,“月”和“年”这两个例，“灌木”与“植物”是种与类的关系，而“月”和“年”则是部分与全体的关系。当然，灌木也是“植物”的一部分，但同时也是植物的一个种。可是，“月”只是年的一部分，而不是“年”的一个种。所以，普通称类概念为“上位概念”（super-ordinate）,种（属）概念为“下位概念”（sub-ordinate）。

（3）交错关系（interfering relation）交错关系是两个概念的外延部

分相符合关系。即一个概念的外延跟另一个概念的外延有部分相交切。例如“美术家”与“画家”,“亚细亚人”与“黄种人”等概念便是处于这种关系中的。如图三:

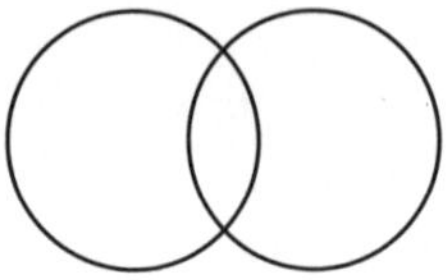

图三

（二）不相合概念——在不相合概念间，也有三种关系，即“同位关系”,“反对关系”和“矛盾关系”。

（1）同位关系，又叫做“离接关系”(disjunctive relation)——同位关系，是一个类概念所统一的各个种概念间的关系。因为各个种概念底外延互相分离，所以又叫做“离接关系”。例如:“白桦”、“松”、“枞”三个概念，都是属于“树木”这一类概念之下的种概念，同时均处于同位关系中，彼此的外延又互相分离。“金”、“银”、“铜”、“铁”等概念对于“金属”概念也是一样。——这等种概念对类概念来说，名曰“离接肢”(disjunct member)。现以类概念以“丁”代表，种概念以甲、乙、丙代表，如图四:

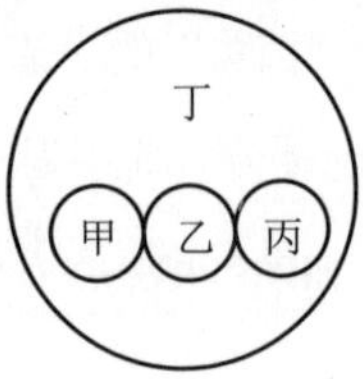

图四

（2）反对关系（contrary relation）——反对关系是指包含在同一类概念的外延中底两个内涵互相反对的概念而言，而每一个反对概念不仅以自己的内涵否定了另一个反对概念，同时也肯定了另一个反对概念的相反的内涵。例如：“黑”“白”，“寒”“热”，“优”“劣”等概念，“黑”与“白”的共同的类概念是“色”，如图五：

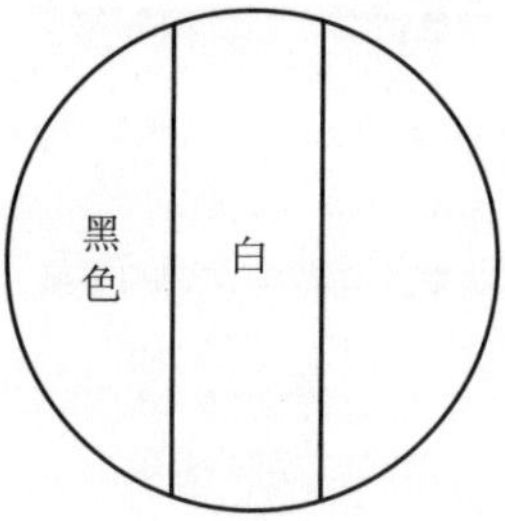

图五

（3）矛盾关系（contradictory relation）——矛盾关系是指两个概念间相反对的关系，其中一个完全否定了另一个，但所否定的概念底内涵没有被确定。

例如“白”“非白”，“黑”“非黑”，“高”“不高”，“善”“不善”，“金属”“非金属”等。如图六：

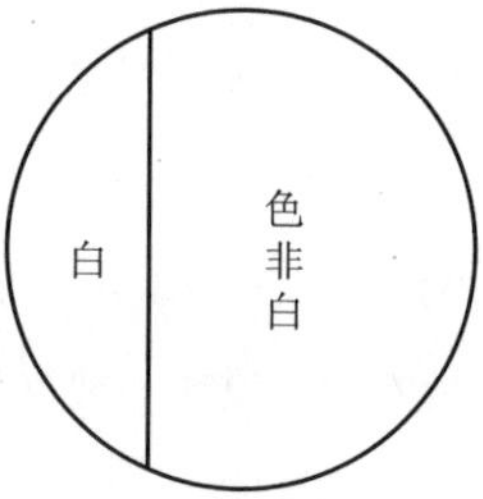

图六

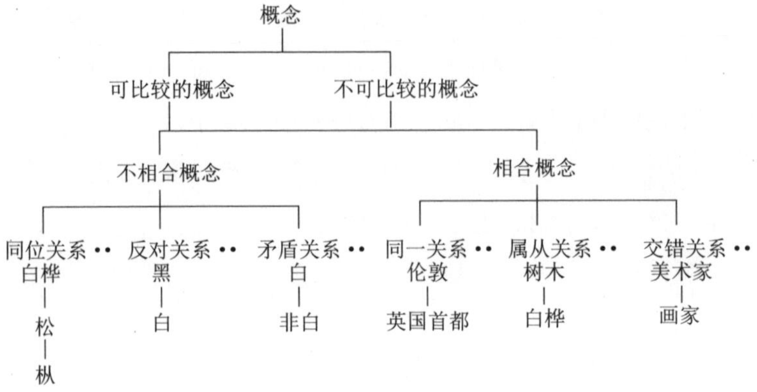

概念与概念之间的关系

第三节　判断

一、判断的本质与结构

所谓“判断”（judgement），就是一种关于对象及其属性作某种肯定或否定的思考。例如，在研究了某种金属对象以后，我们就会对它表示出这样一个思考：“这个物体具有光亮，可锤薄（即具有展性）、熔化、传热和传电的一些特性。”——在这个表示中，我们在对对象作了判断，并说出了对它的判断，这个判断便是关于对象及其属性的思考。

“判断”始终都是在肯定某种东西或否定某种东西，凡对象存在或不存在某种属性，在我们思维中就反映于肯定判断的形式中或否定判断的形式中。例如“金属是电的传导体”，或“这匹马不是白马”。判断的真实性，即现实的正确反映，是判断最重要的品质。没有这种品质，判断就要丧失任何真实性。

判断和概念一样，是客观现实在我们意识中的反映形式。在判断中可以表现出客观世界的对象和现象底特性和关系。

在每一判断中都有三个部分：即“主辞”（subject）、“宾辞”（predicate）和“系辞”（copula）。试举“人是动物的一种”为例，“人”是判断的逻辑的主语或主辞；“动物的一种”是判断的逻辑的述语或宾辞；“是”是主辞与宾辞的系辞。判断的“主辞”是表示我们思考所指向的对象，而判断的“宾辞”则是表现我们的借“系辞”之助来肯定（或否定）对象中具有那个属性。

判断中的主辞和宾辞叫做判断的名辞。从前在逻辑学上曾采用拉丁文“Subjectum”的第一个字母“S”来表示判断的“主辞”，而用拉丁文“Presdicatum”的第一个字母“P”来表示判断的“宾辞”。所以，判断可用这样的公式来表示：

S 是 P 或 S—P。

对于否定的判断，则可用如下的公式：

S 不是 P。

但常常也有将系辞省去不用的，例如：“参也鲁”，“柴也愚”，“此梅花也”等，便是将系辞省去不用的判断。

判断已是对对象作某种肯定或否定的思考，表现它的则为语句。在逻辑学上，普通把判断的语句与判断的本身认为一事。但判断的各部分和语句的各组成部分之间可能完全适合。也可能不完全适合。有时一个语句是由一个词组成的，例如无人称句：“破晓”，“静”，“发冷”，虽然没有文法上的主辞，但却表现了一定的判断。又如当我们说：“月明之夜的水是美丽的”的时候，我们在判断里只承认那“月明之夜的水”与“美丽”的关系是世界上的一件事实，却并不把“美丽”

去形容那“月明之夜的水”。所以文法上的宾辞与逻辑上的判断是有分别的。

什么字、什么句子是表现判断的呢？照普通的理论，只有“说明句”是可以表现判断的。但若说除了“说明句”之外，就没有其他的句子可以表现吾人所判断的事实，这却不是真话。实际上，单字亦可以胜此任；而且在思维初发达的时期，单字乃是判断的唯一表现。当小孩子说：“热、烧、伤”的时候，已经充分地表现了一个判断，而不致令人误会；这就等于说：“这东西很热，烧着我，我受了伤”了。

感叹句，在原始的时候，只表现一种感觉，随着语辞的发展，有的感叹句同时也表现判断。例如：“呀！多么好的天气！”已经含有判断的意味了。疑问句所问的多是纯粹的问题，当然不是判断；但有些疑问句，发问人的目的不在于要知其所未知，而在于强迫别人承认他的判断。比方说：“这朵花是不是很美丽？”在这种疑问的句子里已经含有判断的意味，所以，疑问句也可以表现判断。至于命令句，所表达的只是一种希望，并没有事实给他判断。

二、判断的种类

判断由于有许多特征，所以，判断间各有各的不同。判断的主辞和宾辞之间的关系确定了对象和它们的性质之间各种不同的联系。例如，在判断的主辞中可以讲一个对象和某类对象的全体。判断的宾辞和系辞可以表示某个对象和某些对象存在或不存在某一种性质。

依照对象的数量和它们之间联系底特性，一切判断可以分为下列几个种类：

（一）性质（quality）的分类：即肯定或否定某一对象的某种性质，可分“肯定判断”（affirmative judgement）和“否定判断”（negative judgement）。

（二）分量（quantity）的分类：即反映对象多少的判断。可分为“单称判断”（singular judgement）、“特称判断”（particular judgement）和“全称判断”（universal judgement）。

（三）关系（relation）的分类：即依对象及其特性之间的联系的性质如何底判断，可分为“定言判断”（categorical judgement）、“假言判断”（hypothetical judgement）和“选言判断”（disjunctive judgement）。

（四）样式（modality）的分类：即依反映于判断中的属性对于对象的重要程度底判断，可分为“盖然判断”（probable judgement）、“实然判断”（asserting judgement）和“必然判断”（apodeictic judgement）。

现在且先解说性质与分量的判断：

（一）“肯定判断”和“否定判断”——任何判断对于对象及其性质必加以某种肯定或否定，表现这种肯定或否定的形式，叫做判断的性质。依照判断的性质，可以分为“肯定判断”和“否定判断”。

甲、凡反映对象和属性的关系底判断，叫做“肯定判断”，它的公式如下：S是P。例如：“达尔文是进化论者”；“人是理性的动物”。

乙、凡反映对象和属性之间缺乏某种联系底判断，叫做“否定判断”。它的公式如下：S不是P。例如：“瓷不是电的传导体”；“人非木石”。

（二）“单称判断”、“特称判断”和“全称判断”——对象的一定范围在判断中的反映，称为判断的分量。即为判断的宾辞所表明的属性，可以属于一个对象、几个对象或某一类的全部对象，依照判断的分量，一切判断可以分为“单称判断”、“特称判断”和“全称判断”。

甲、凡肯定（或否定）属性跟单独个体的联系底判断，叫做“单称判断”。例如：“密士失必河是世界最长的河流”；“此树非槐”。

“单称判断”在人类的思维中有很大作用，不研究对象的个别代表，便不可能认识这一类对象。每一个单称判断，如果它正确地反映对象，就可以使我们接近于认识这一类对象底本质。但如果需要认识的并不是一个对象，而是几个对象或这一类对象的全部，那么我们的思考就不能停留在单称判断的阶段上。

乙、凡肯定（或否定）属性跟某一类对象的一部分的关系底判断，叫做“特称判断”。表现特称判断的公式是这样的：某些 S 是（非）P。例如：“某些人是（非）音乐的爱好者”。

在“特称判断”中，对象与属性间的关系已经表现得更加广泛。在这种判断中表现了所发现的属性可以适用于许多对象，但如果要解决某一属性是否为这一类对象的全部所具有，那特称判断就有所不能了。

丙、凡肯定（或否定）某一类对象的每个对象都具有某种属性底判断，叫做“全称判断”。表现全称判断的公式是这样的：凡 S 是（非）P。例如：“凡马是动物”；“凡人非木石”。

全称判断的意义在这里，给我们提供了一种知识，即某种状况对于某一类的全部对象都是真的。

上述的“单称判断”、“特称判断”和“全称判断”，都有互相联系的关系，因为它们反映着单一对象和一群对象跟对象底类的实在关系。

三、判断的质和量分类的结合

每一判断都具有性质的属性，同时也具有分量的属性。如果将这两种属性结合，则可以把所有的判断分为四个主要种类：

（一）“全称肯定判断”——这种判断同时是全称和肯定的判断。表现它的公式是：凡 S 都是 P。例如：“凡马都是动物”；“凡等边三角形都是等角三角形”。

（二）“特称肯定的判断”——这种判断同时是特称和肯定的判断。表现它的公式是：某些 S 是 P。例如：“某些学生是美术的爱好者”。

（三）“全称否定判断”——这种判断同时是全称和否定的判断。表现它的公式是：凡 S 非 P。例如：“凡鸟非哺乳动物”；“凡人非木石”。

（四）“特称否定判断”——这种判断同时是特称和否定的判断。表现它的公式是：某些 S 非 P。例如：“某些学生非音乐的爱好者”；又如：“某些人非政治家”。

为简便起见，把这四种判断，每种各用一个字母来表示：

A（拉丁字 Affirmo 的第一个母音字母[①]，这个字的意思是“我肯定”）——表示“全称肯定判断”。

I（Affirmo 的第二个母音字母）表示“特称肯定判断”。

E（拉丁字 Nego 的第一个母音字母，这个字的意思是“我否定”）——表示“全称否定判断”。

O（Nego 的第二个母音字母）——表示“特称否定判断”。

四、判断的关系和样式的分类底内容

（一）判断关系的分类，为“定言判断”、“假言判断”和“选言

---

① 即元音字母。——编者注

判断”。

甲、凡以无条件的形式，反映对象和属性间联系的存在或不存在这一事实的判断，叫做“定言判断”。它的公式是：

S是P。

S非P。

第一种肯定公式的例，如：“中国钨的储量居世界各国中的第一位。”

第二种否定公式的例，如：“脂肪在水中不溶解。”

除有上述肯定和否定的公式外，“定言判断”尚有单称的、特称的或全称的之分。

乙、凡肯定或否定对象在一定条件下具有某种属性的判断，叫做“假言判断”。它的一般公式是：若S是P则S_1是P_1。（“若甲为乙，则丙为丁”）

依照上面的公式，“假言判断”是由两部分组成，在第一部中说的是假说的条件，普通称为“根据”（又称为“前件”：antecedent）；被条件所制约的第二部分，普通称为“结果”（又称“后件”；consequent）。

假言判断除上述的公式外，尚有种种不同的形式：

（1）若S是P，则S_1是P_1。例如：“若太阳光通过三棱镜，则遮光板上就可以看到光谱”；又如“假使一个物体可以自由坠落，它一定倾向于地球的中心。”

（2）若S非P，则S_1非P_1。例如：“若学生不用心，则他就不能了解功课。”

（3）若S是P，则S_1非P_1。例如：“若电流通过电线，则电线的化学结构不变。”

（4）若S非P，则S_1是P_1。例如：“若马铃薯的周围不培土，则它的收成就会低。”

在假言判断中，表现了一个现象对另一个现象的依存性（或缺乏依存性）。如果认识这种依存性的种种场合，就可以注意到每个对象在各种不同条件下，具有各种不同的甚至相对立的属性。例如：若把水烧热，水会变成汽；若把水冷却，水会变成冰。

丙、凡在判断中给对象加入了几个属性，而只有其中一个是属于这个对象的，这种判断，叫做“选言判断”。它的一般公式是：

S 或为 P_1，或为 P_2，或为 P_3。

例如：“物体或处于固体状态，或处于液体状态，或处于气体状态。”

在这个判断中有一个主辞和三个宾辞。每一个宾辞都有可能表现物体（主辞）的一种物理状况。因为宾辞与宾辞之间的可能性是互相排斥的，所以表现它们的概念（即宾辞）也是不能两立的概念。——这种“选言判断”又称为“排他的选言判断”。但此种判断有一个基本条件：即宾辞外延的总合应当等于主辞的外延。比方上举的例子中，仅仅指出物体底任两种状态，那么判断就不会正确的。

上述“排他的选言判断”另有对几个对象肯定一种性质，而这种性质应当仅属于某一对象的。此类判断的一般公式是：

或 S_1，或 S_2，或 S_3 是 P。

例如：“或甲教室，或乙教室，或丙教室将作为考试的地点。”

此外，尚有一种“联合的选言判断”。此种判断中的宾辞并不互相排斥，因为判断的宾辞中所说的一切因素，是可以同时发生作用的。例如：“人体致病的原因，或是工作过度，或是营养不良，或是受病原菌的侵袭”；又如：“资本家的致富，或是用增加工人工作时间的方法，或是用减低工资的方法，或是用更完善的生产工具的方法来达到的。”

（二）判断样式的分类，为“盖然判断”、“实然判断”和“必然判断”。

甲、人是从推测、假定来确定客观现实的规律性底联系和关系的。当对象和它的特性底联系的可能性只能推测时，在这种场合，表现它的判断，叫做“盖然判断”。它的公式是：

S 或是（非）P。“甲或为（或不为）乙”。

例如：“火星可能有生物”；“明天的天气或许很好”。

此种判断，只是一种推测，它只能肯定对象与性质间的联系底或然性或可能性。

“盖然判断”的真实性，完全决定于表现于判断中的预期因素来临的可能性底程度如何。事件的可能性，系于这些事件所发生的条件。

乙、当对象跟性质底联系已事实上为我们所确定，而不是推测之时，在这种场合，表现它的判断，叫做“实然判断”（“确言判断”）。它的公式是：

S 是（非）P。“甲为（不为）乙”。

例如：“我们学校中的物理实验室的设备很好”；“园里的白兰花正在开放”。

在这些判断中反映了存在于现实中的对象和性质底联系，反映了事物的实际底状况。但在这些判断中我们并没有思考到这种现象的规律性（换句话说，这些判断只说明现象的实然，而不说明其所以然）。

丙、当判断的样式不仅确定了事物的实际状况，而且也确定了对象与性质的联系具有规律性时，这种判断，叫做“必然判断”。表现它的公式是：

S 必是（非）P。“甲必为（不为）乙”。

例如：“人皆不能免于死”；“一切物体在真空中，均以同一速度下落”；“水到温度百度时就沸腾”。

在这些判断中，所思考的不仅“是”、或者“将是”，而主要的是

“必然是”、“将必然是”。一切物体在真空中不论过去、现在和将来，始终都是以同一的速度下落，因为是自然的一种规律性的缘故。

如果在“盖然判断”中所反映的是那种“或许是”的东西，在“实然判断”中反映的是那种“已经是”的东西，则在“必然判断”中反映的不仅是那种“是”的东西，而且是那种“必定是”的东西。

以上所讲的各种判断中，每个正确的判断，都可以从各种不同的关系来考察。例如：“但丁（Dante）是《神曲》的作者”，这种判断，是“实然判断”、“肯定判断”、“单称判断”、“定言判断”。它的公式是：

S 是 P。

又如：“如果物体沉于液体中，则它所失去的重量等于为它所排挤的液体的重量”。这种判断，是“必然判断”、“全称判断”、“假言判断”。它的公式是：

如 S 为 P，则 S_1 为 P_1。

五、判断中的主辞和宾辞的外延

“判断”中主辞和宾辞的外延底关系，普通分为“周延”（distributed）与“不周延”（undistributed）两种。

当主辞或宾辞所表示的不是这一类对象的全部，而仅只是它们的某一部分时，在这种场合，主辞或宾辞所取的并非全部外延，这就称为“不周延”。例如：在“某些飞机有喷气式推进器”这个判断中，主辞所表示的只是飞机的一部分，而不是飞机的全部，因而主辞所表示的是“不周延”。

当主辞所表示的是这类对象的全部时，在这种场合，主辞采取了全部外延，这就称为“周延”。例如：在“凡飞机都比空气重”这个判断中，主辞所表示的是飞机的全部，因而主辞所表示的是“周延”。

在判断中的名辞底周延性的知识，帮助我们了解判断本身的意义。确定判断的名辞系表示这类对象的全部抑或表示它的一部分。如果在分析判断中的名辞的周延性时，需要改变判断的形式，则对于这种知识尤其重要。例如：将全称判断“凡金属都是元素”，变为特称判断“有些元素是金属”。但“凡金属都是元素”却不可以转变成“凡元素都是金属”。为什么？因为在“凡金属都是元素”这个判断中，“元素”这个名辞所采取的并非全部外延，即并不周延。所以，在已经变成的判断中，当“元素”这个名辞表示为判断的主体时，不可能采用整个的外延。

现在试一考察全称肯定判断，特称肯定判断，全称否定判断和特称否定判断中的主辞与宾辞的外延。

（一）在“全称肯定判断”中，主辞是周延的，这从“凡 S 是 P”这个公式本身中即可看出。因为判断中的主辞表示了某一类的全部的缘故。至于宾辞则可以有周延和不周延。兹分述之。

甲、在宾辞的外延等于主辞的外延的全称判断中，宾辞是周延。例如：在“凡圆周都是至一定点的等距离远的点的轨迹”这一判断中，宾辞采取了整个外延，因为至一定点的等距离远的点的几何地位就是圆周，因而在判断中说的是一切等距离远的点的几何地位。如图：

乙、在宾辞的外延宽于主辞的外延的全称肯定判断中，宾辞不周延。例如：在“凡卤素都是化学元素”这一判断中，宾辞所取的并非全部外延，因为在判断中并不是说的一切化学元素；换言之，宾辞在这个判断中不周延。主辞在这个判断中是“种”，而宾辞则是“类”。如图：

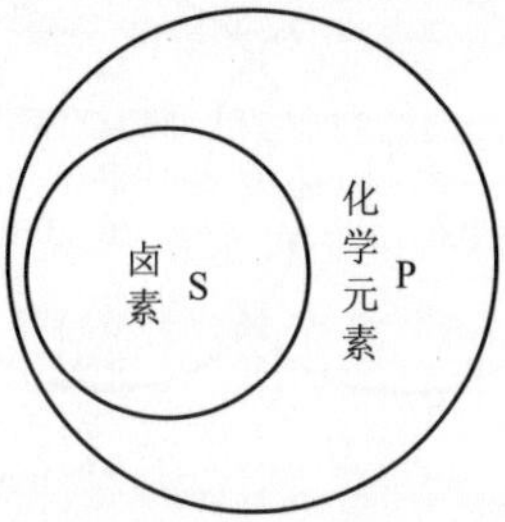

（二）在“特称肯定判断”中，主辞不周延。这从“有些 S 是 P”这个判断的公式本身便可看出。因为在这个判断中的主辞只表示某些对象，并不表示这类对象的全部外延。至于宾辞，则可以有周延和不周延。

甲、在宾辞的外延包含于主辞外延中的那些特称肯定判断中，宾辞是周延。例如：在“有些作家是小说作家”的判断中，宾辞是周延的，因为宾辞所说的是全部小说作家。如图：

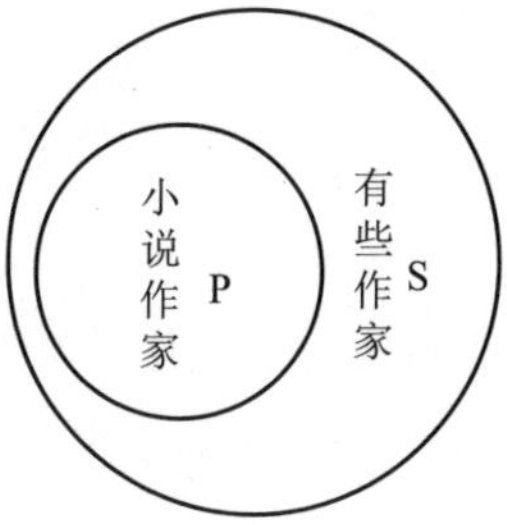

乙、在宾辞的外延宽于主辞的外延那些特称肯定判断中，宾辞不周延。例如：在“有些学者是教科书的编者”这一判断中，不仅主辞不周延，而且宾辞也不周延。因为在宾辞中表示的并非指全部教科书的编者，同时，也只是学者的部分。如图：

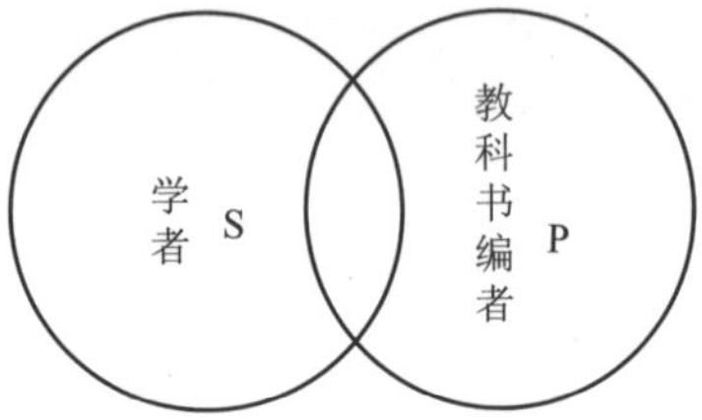

（三）在“全称否定判断”中，主辞和宾辞都周延。这从“凡S非P”的否定的公式中就可以看出。例如：“凡金属都非有机体”。在这例子中，主辞是周延的，因为它肯定了所有的金属都不是有机体。同时宾辞也是周延的，因为没有一种金属是有机体，也没有一种有机体是金属的缘故。如图：

表示主辞与宾辞底两个外延不相接触。

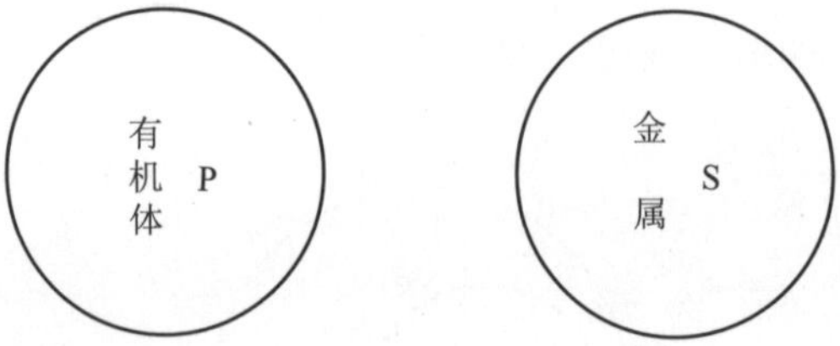

（四）在“特称否定判断”中，主辞不周延。这从“有些S不是P”的否定判断底公式中即可明显的看出。在这个判断中所说的，只是这类对象的一部分。例如：在“有些运动员不是学生”这个判断中，主辞不周延，因为它只说及运动员的一部分；但宾辞是周延的，因为它从整个外延中排除了主辞。虽然一部分运动员是学生，但其余的运动员却不是学生，被排除于宾辞的一部分之外。如图：

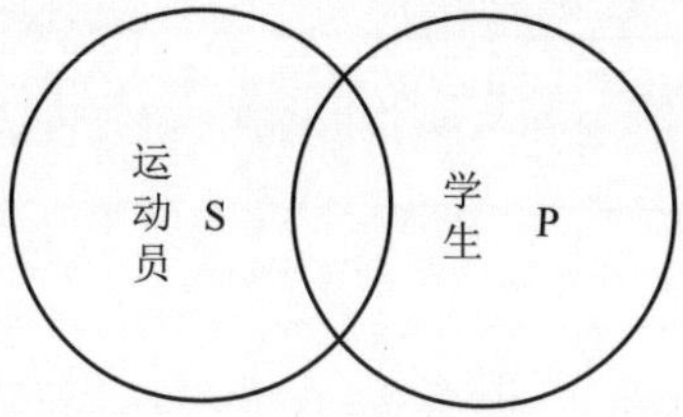

一九六〇年十月

第四章　人类爱的三种类型及其价值

一、人类爱三种类型的史的发展

甲、在东方的发展

（一）孟子与杨墨之争

孟子之述孔子的仁道。

孔子的为“仁”之方：“能近取譬，推己及人。”

己所不欲勿施于人；己欲立而立人，己欲达而达人。（见《论语》〈颜渊〉〈雍也〉）

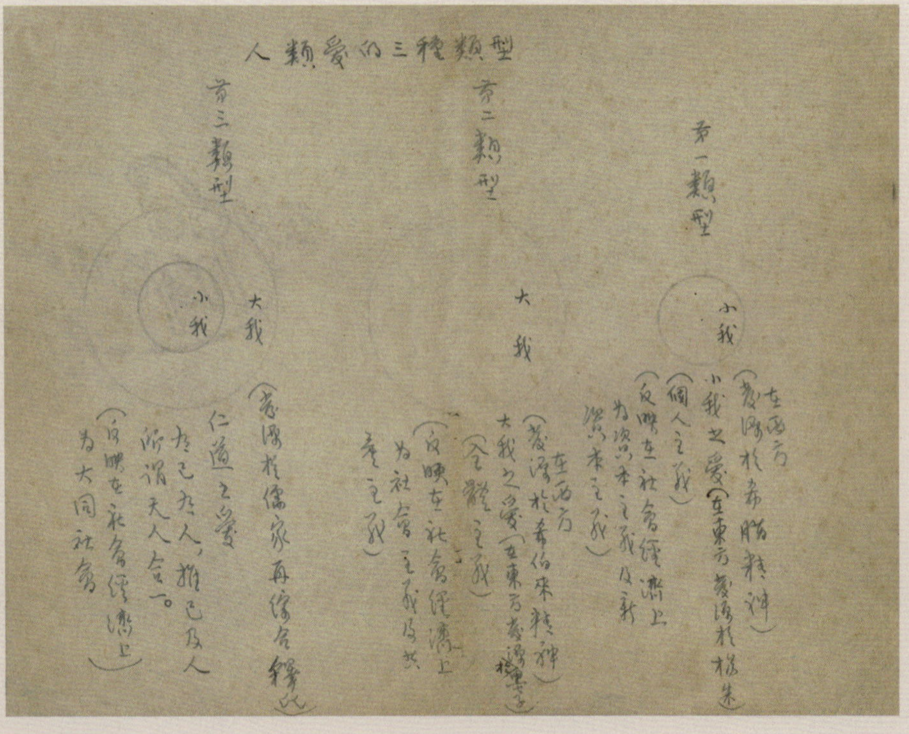
人類愛的三種類型
第一類型
小我
在西方(發源於希臘精神)
小我之愛(在東方發源於楊朱)
(個人主義)
(反映在社會經濟上為資本主義及新資本主義)
第二類型
大我
在西方(發源於希伯來精神)
大我之愛(在東方發源於墨子)
(全體主義)
(反映在社會經濟上為社會主義及共產主義)
第三類型
小我
大我
(發源於儒家再傳合釋氏)
仁道之愛
於己於人，推己及人
所謂天人合一。
(反映在社會經濟上為大同社會)

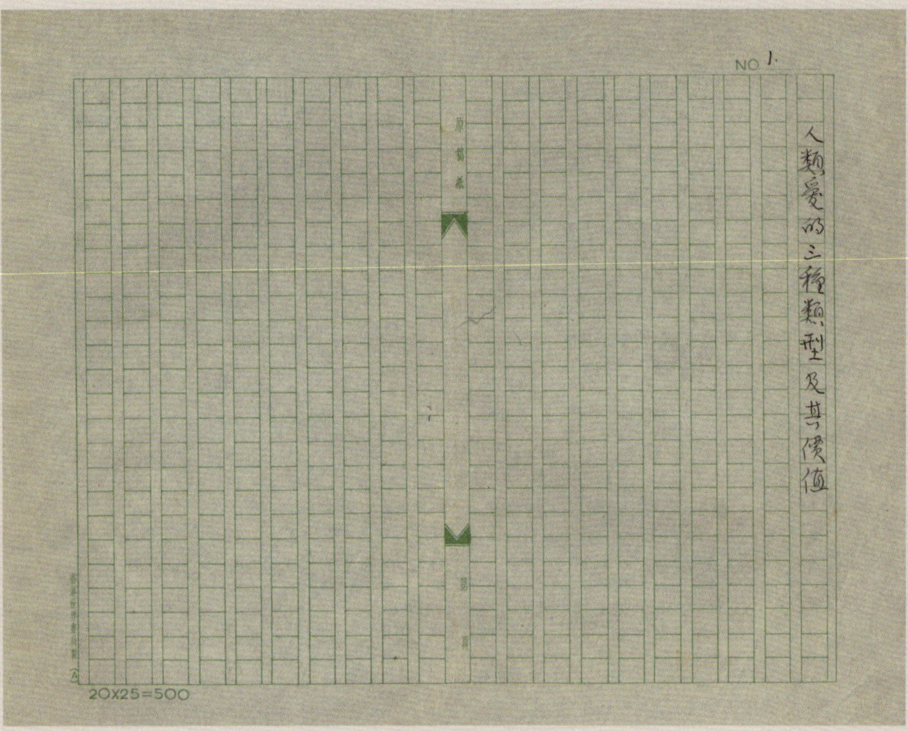

NO 1.

人類愛的三種類型及其價值

原稿紙

第　頁

20X25=500

《孟子·梁惠王上》：

老吾老以及人之老，幼吾幼以及人之幼，治天下可运于掌。……故推恩，足以保四海；不推恩，无以保妻子。古之人所以大过人者无他焉，善推其所为而已矣。

又〈梁惠王下〉：

齐宣王谓己好货好色，不能行王政。孟子答以“王如好货”，“王如好色”，“与百姓同之，于王何有?”

〈公孙丑上〉：（仁是性，恻隐是情。）

人皆有不忍人之心。……今人乍见孺子将入于井，皆有怵惕恻隐之心。非所以内交于孺子之父母也，非所以要誉于乡党朋友也，非恶其声而然也。由是观之，无恻隐之心，非人也。……恻隐之心，仁之端也。

《论语·子路》：

叶公语孔子曰：“吾党有直躬者，其父攘羊，而子证之。”孔子曰：“吾党之直者异于是，父为子隐，子为父隐，直在其中矣。”

《孟子·尽心上》：

杨子取为我，拔一毛而利天下不为也。

《韩非子·显学》：

今有人于此，义不入危域，不处军旅，不以天下大利易其胫一毛。世主必从而礼之，贵其智而高其行，以为轻物重生之士也。

《墨子》卷七：

兼相爱，交相利。

《孟子·滕文公下》：

杨氏为我，是无君也。墨氏兼爱，是无父也。无父无君，是禽兽也。

（二）宋明新儒家与释氏之争

1. 宋张横渠（载）《正蒙·乾称篇》（西铭）

乾称父，坤称母；予兹藐焉，乃浑然中处。故天地之塞吾其体，天地之帅吾其性。民吾同胞，物吾与也。尊高年所以长其长，慈孤弱所以幼其幼，圣其合德，贤其秀也。凡天下疲癃残疾，惸独鳏寡，皆吾兄弟之颠连而无告者也。……知化则善述其事，穷神则善总其志。……富贵福泽，将厚吾之生也；贫贱忧戚，庸玉女于成也。存，吾顺事，没，吾宁也。

《西铭朱子注》：

盖以乾为父，以坤为母，有生之类，无物不然，所谓理一也。而人物之生，血脉之属，各亲其亲，各子其子，则其分亦安得而不殊哉。一统而万殊，则虽天下一家，中国一人，而不流于兼爱之弊。万殊而一贯，则虽亲疏异情，贵贱异等，而不牿于为我之私。此《西铭》之大指也。观其推亲亲之厚，以大无我之公，因事亲之诚，以明事天之道。盖无适而非所谓分殊而推理一也。

2. 明王守仁（阳明）《王文成公全书·传习录下》

问："大人与物同体，如何《大学》又说个厚薄？"先生曰："惟是道理自有厚薄。比如身是一体，把手足捍头目，岂是偏要薄手足？其道理合如此。禽兽与草木同是爱的，把草木去养禽兽又忍得。人与禽兽同是爱的，宰禽兽以养亲与供祭祀，燕宾客，心又忍得。至亲与路人同是爱的，如箪食豆羹，得则生不得则死，不能两全，宁救至亲不得救路人，心又忍得。这是道理合该如此。及至吾身与至亲，更不得分别彼此厚薄；盖仁民爱物皆从此出，此处可忍，更无所不忍矣。《大学》所谓厚薄，是良知上自然的修理，不可逾越。此便谓之义。顺这个条理便谓之礼。知此条理便谓之智。始终是这条理便谓之信。"

又《传习录上》：

问："程子云：'仁者以天地万物为一体。'何墨氏兼爱反不得谓之仁?”先生曰:“此亦甚难言，须是诸君自体认出来始得。仁是造化生生不息之理，虽弥漫周遍，无处不是，然其流行发生，亦只有个渐，所以生生不息。……譬之木，其始抽芽，便是木之生意发端处。……父子兄弟之爱，便是人心生意发端处，如木之抽芽。

自此而仁民，而爱物，便是发干生枝生叶。墨氏兼爱无差等，将自家父子兄弟与途人一般看，便自没了发端处。不抽芽，便知他无根，便不是生生不息，安得谓之仁?”

乙、在西方的发展

（一）希腊精神（雅典型）与斯巴达型

1. 雅典型主张发展个人自由，尚人性尊严，亚里士多德（Aristotle）称希腊人的性情为“超卓的意志”（highmindness）。意指希腊人昂昂然若千里之驹，自视甚尊。

2. 斯巴达型主张限制个人自由。由六岁开始入军营至六十岁始退役。主公产公妻，公教，私人完全受国家的控制。但代表希腊精神的主流为雅典型，由 B.C.625—A.D.476。

（二）希伯来精神（即基督精神，A.D.476—1453）

《旧约·出埃及记》第二十章三至五节摩西传十诫:

除了我以外，你不可有别的神。”“不可为自己雕刻偶像，也不可作甚形像，仿佛上天下地和地底下，水中的百物。”“不可跪拜那些像，也不可事奉他，因为我耶和华你的上帝是忌邪的上帝，恨我的，我必追讨他的罪，自父及子，直至三四代。爱我守我诫命的，我必向他发慈爱，直到千代。

《新约 · 马太福音》第十章三十至三八节：

你们不要想我来，是叫地上太平。我来，并不是叫地上太平，乃是叫地上动刀兵。因为我来，是叫人与父亲生疏，女儿与母亲生疏，媳妇与婆婆生疏。人的仇敌，就是家里的人，爱父母过于爱我的，不配作我的门徒，爱女儿过于爱我的，不配作我的门徒。不背着他的十字架跟从我的，也不配作我的门徒。

又《路加福音》第十四章二六节，都有同上的意见。又《马太福音》第十二章四六至五十节：

耶稣还对众人说话的时候，不料，他母亲和他兄弟站在外边，要与他说话。有人告诉他说，看哪，你母亲和你兄弟站在外边，要与你说话。他却回答那人说，谁是我的母亲，谁是我的兄弟。就伸手指着门徒说，看哪，我的母亲，我的兄弟，凡遵行我天父旨意的人，就是我的兄弟姐妹和母亲了。

（三）一四五三年以后文艺复兴运动，提倡人本主义，启蒙运动，人性觉醒。到一八三一年，Hegel 之死为希腊精神复活时代。

一八三一年至今，为希腊精神与希伯来两大文明错综交流时代。

希腊精神反映在社会经济上为资本主义与新资本主义。——以个人为本位，小我之爱。希伯来精神反映在社会经济上为社会主义及共产主义。——以全体为本位，大我人类爱。

二、三种类型的价值及其将来之爱

仁道之爱的最高表现：

“万物并存而不相害，诸道并行而不相悖。”

附录 1

参考文献

1 F. Thilly: A History of Philosophy.
2 A. K. Rogers: A Student's History of Philosophy.
3 A. Weber: History of Philosophy，translated by Thilly.
4 C. C. J. Webb: History of Philosophy.
5 W. T. Marvin: The History of European Philosophy.
6 W. Windelband: History of Philosophy
7 顾西曼著　瞿世英译：西洋哲学史上下两册（H. E. Cushman: A Beginner's History of Philosophy.）（商务版）
8 刘伯明教授讲　缪凤林笔记：西洋古代中世哲学大纲（中华版）
9 刘伯明教授讲　缪凤林笔记：近代西洋哲学史大纲（中华版）
10 李长之编著：西洋哲学史（正中版）
11 范锜著：西洋哲学史大纲（华国版）
12 张东荪著：道德哲学（中华版）
13 全增嘏著：西洋哲学小史（商务版）
14 李石岑著：哲学浅说（商务版）
15 陈正谟编：现代哲学思潮（商务版）
16 冯友兰著：新知言（商务版）
17 冯友兰著：中国哲学史上下册（商务版）
18 米定等著　艾思奇、郑易里合译：新哲学大纲（生活三联版）
19 恩格斯著　郑易里译：自然辩证法（生活三联版）
20 马克思著　郭沫若译：政治经济学批判（群益版）
21 新旧约全书中华圣经会印发
22 康德著　胡仁源译：纯粹理性批判（商务版）
23 瞿菊农编著：哲学大纲（独立版）
24 桑木严翼著：西洋哲学史概说（日本早稻田大学出版）
25 岩崎武雄著：西洋哲学史（日本有斐阁版）
26 大西祝著：西洋哲学史
27 安倍能成著：西洋古代中世哲学史　西洋近世哲学史
28 金子马治著：现代哲学概论（日本东京堂版）
29 高坂正显著：现代哲学（日本弘文堂版）
30 山本万二郎著：哲学概论（日本好学社版）

附录 2

重要人名地名对照表

英文	旧译	今译
Alexandria	亚力山大城	亚历山大城
Asia Minor	小亚西亚	小亚细亚
Aegean Sea	爱琴海	
Athens	雅典	
Anaximander	安纳西门德	阿那克西曼德
Anaximenes	安纳西门尼斯	阿那克西美尼
Anaxagoras	安纳撒哥拉斯	安纳萨格拉斯
Abdera	阿勃特拉	阿布德拉
Aristotle	亚里斯多德	亚里士多德
Alexander the Great	亚历山大王	
Augustinus	奥古斯丁	
Abelard	阿勃拉特	亚伯拉德
A. Collins	高林斯	柯林斯
A. Comte	孔德	
Bucharin, 1888—1938	布哈林	
Balkan Pen.	巴尔干半岛	
B. Russell	罗素	
Cologne	哥隆	科隆
Constantinople	君士坦丁堡	
Crete	克里特	
Cleisethenes	克里色尼	克里斯提尼
Crotona	克罗多纳	克罗托纳
Cynic School	犬儒学派	
Cyrenaic School	西勒尼学派	居勒尼学派
Dorians	多利亚	多里安人
Democritus	德摩克利泰斯	德谟克利特
Duns Scotus	藤斯·司各脱斯	邓斯·司各脱
Descartes	笛卡儿	
Darwin	达尔文	
Elea	爱理亚城	爱利亚
Eleatic School	爱理亚学派	爱利亚学派
Empedocles	恩譬多克里斯	恩培多克勒
Epicureanism	伊壁鸠鲁派	
Erigena	爱利仁那	埃里金纳
Engels	恩格斯	
Florence	佛罗棱萨	佛罗伦萨
Francis Bacon	法兰西斯·培根	弗朗西斯·培根
Feuerbach	费尔巴哈	
Greek	希腊	
Gorgias	哥基亚斯	高尔吉亚
Giordano Bruno	白鲁诺	布鲁诺
Galileo Galilei	伽利略	
G. Berkeley	巴克莱	
Hegel	黑格尔	
Heraclitus	希拉克利泰斯	赫拉克利特
H. Cohen	柯恩	
H. Bergson	柏格森	
Holt	何尔特	

英文	旧译	今译
H.Ibsen	易卜生	
Ionians	爱奥尼亚	
I.Kant	康德	
John Locke	洛克	
John Toland	约翰·托兰	
J.G. Fichte	费希特	
J.S.Mill	约翰·穆勒	J.S. 密尔
J.Dewey	杜威	
Kropotkin	克鲁泡特金	
Leucippus	陆起步斯	留基伯
Leibniz	莱布尼兹	
Laplace	拉普拉斯	
Lange	郎格	
Liebmann	李普曼	
Miletus	米利都	
Miletus School	米利都学派	
Melissos	美利苏斯	梅里索斯
Martin Luther	马丁路德	马丁·路德
Marx	马克斯	马克思
Moore	摩尔	
Montague	孟特鸠	
Marvin	马文	
Neo-Platonism	新柏拉图学派	
Pericles	伯里克理斯	伯里克利
Pythagorean School	毕达哥拉斯学派	
Parmenides	巴门尼底斯	巴门尼德
Pythagoras	毕达哥达斯	毕达哥拉斯
Protagoras	普罗太哥拉斯	普罗泰戈拉
Plato	柏拉图	
Pella	彼拉	佩拉
P. Natorp	讷道甫	纳托尔普
Perry	柏里	佩里
Pitkin	皮特金	
Roscellinus	罗塞林奴	洛色林
Roger Bacon	罗杰·培根	
Rickert	李克特	李凯尔特
Sicily	西西里	
Sparta	斯巴达	
Solon	梭伦	
Socrates	苏格拉底	
Stoicism	斯多亚派	斯多葛学派
Skepticism	怀疑派	
St. Anselm	圣·安瑟伦	
St. Thomas Aquinas	圣多玛斯·阿奎那斯	圣托马斯·阿奎那
Spinoza	斯宾诺莎	
S. Clarke	克拉克	
Schelling	谢林	

英文	旧译	今译
Schiller	席勒尔	席勒
Schopenhauer	叔本华	
Spencer	斯宾塞	
Saint Simon	圣西门	
Spaulding	斯坡丁	
Theodosius l	狄奥多西一世	
Thales	泰理斯	泰勒斯
Thrace	塞来斯	色雷斯
Thomas Hobbes	霍布斯	托马斯·霍布斯
Thomas Reid	李德	托马斯·里德
William of Occam	威廉·屋干	奥康的威廉
Wollaston	吴那斯登	
W. James	詹姆士	威廉·詹姆斯
W. Windelband	文德尔班	
Xenophanes	齐诺芬尼斯	克塞诺芬尼
Zeno	齐诺	芝诺

附录 3

重要事项名词对照表

爱琴文明	Aegean Civilization
无限	Apeiron
原子	Atom
禁欲主义	Asceticism
实现	Actuality
联想心理学	Association Psychology
单子类似说	Analogy of Monads
分析判断	Analytisches Urteil
二律背反	Antinomie
美学	Aesthetica
美的灵魂寓美的体魄	A Beautiful Soul Housed in a beautiful body
私生子式知识	Bastard Knowledge
概念	Begriff
存在或有	Being
城邦或市府国家	City States
我思故我在	拉丁 *Cogito ergo Sum*； 英语 I think，therefore I am； 法语 Je Ponse，donc Je Suis
自因	Cauoa Sui
常识学派	Common-Sense School
创造的智慧	Creative intelligence
教条	Dogma
辩证法	Dialectics
理神论	Deism
物自体	Ding an sich； 英 Thing in itself
绝对者	Des absolute
三段辩证法	Dialektische Methode
宇宙只是我的表象	Die Welt ist Meine Vorstellung
元素	Elements
伦理时期	Ethical Period
存在等于被知觉	拉丁文 *Esse Est Percipi*； 英文 to be is to be Perceived
进化	Evolution
生之冲动	Élan Vital
现有	Existents
力	Force
真知识	Genuine Knowledge
形	Form
超卓的意志	Highmindness
荷马史诗	Homeric Epic
调和	Harmony
物活论	Hylozoism
至善	Highest Good
历史背景	Historical Background

预定调和说	Harmonie Préétablie
本质的观念	Idea of Physio
灵魂不死	Immortality
偶像	Idola
天赋观念	Ideae innatae, Innate Ideas
印象	Impressions
同一哲学	Identitäts-Philosophie
意识形态	Ideologie
直觉主义	Intuitionism
知识即道德	Knowledge is Virtue
批判的方法	Kritische Methode ; 英 Critical Method
范畴	Kategorie
目的王国	A Kingdom of ends
逻各斯	Logos
中节	Moderation
迈锡尼文明	Mycenean Civilization.
唯物主义的泛神论	Materialistic Pantheism
一神论	Monotheism
轮回说	Metempsychosis
人是万事万物的权衡	Man is the Measure of all things
质	Matter
神秘的冥想	Mystical Contemplation
单子	Monad
计算法	Method of Computation
一贯的怀疑法	Method of Systematic Doubt
忆象	Memory images
唯物史观	Materialistische Geschichtsauffassung
唯名论	Nominalism
自然辩证法	Naturdialektik
新康德学派	Neo-Kantians
新实在论	New Realism
奥林匹克宗教	Olympic Religion
奥尔佛克宗教	Orphic Religion
暧昧的见解	Obscure insight
幸福说	Eudaemonism
先知	Prophet
全民政治	Pure democracy
多神论	Polytheism
多元论	Pluralism
潜在	Potentiality
现象界	Phaenomena
泛理论	Panlogismus
实用主义	Pragmatism

生命哲学	Philosophy of life
教父哲学	Patristic Philosophy
文艺复兴运动	Renaissance
实在论的唯物论	Realistic Materialism
宗教时期	Religious Period
唯实论	Realism
宗教改革	Reformation
观念的关系	Relations of ideas
种子	Seeds
诡辩术	Sophistry
哲人或智者	Sophists
三段论法	Syllogism
灵魂	Soul
经院哲学	Scholasticism
知识即权力	Scientia est Potentia
本体即神	Substantia Sive Deus
综合判断	Synthetisches Urteil
超自觉的自我	A Super-Conscious Self
有	Sein
同情的智慧	Sympathetie Intelligence
潜有	Subsistents
希腊启蒙运动	The Age of Greek Enlightenment
流出说	Theory of Effluxes
家生子式知识	Trueborn Knowledge
中世纪	The middle ages
二重的真理	The Twofold Truth
我想客观的我	I think me
共相	Universal
功利主义	Utilitarianism
智者	Wise Man
战争为万有之父，为万有之王	War is the Father of all, and King of all.
理念的世界	World of ideas
费希特的知识学	Wissenschaftslehre
本质	Wesen
生活的意志	Wille Zum Leben
濯足长流，抽足再入，已非前水。	You Cannot Step into the Same Rivers, For Fresh Waters are ever flowing in upon you.